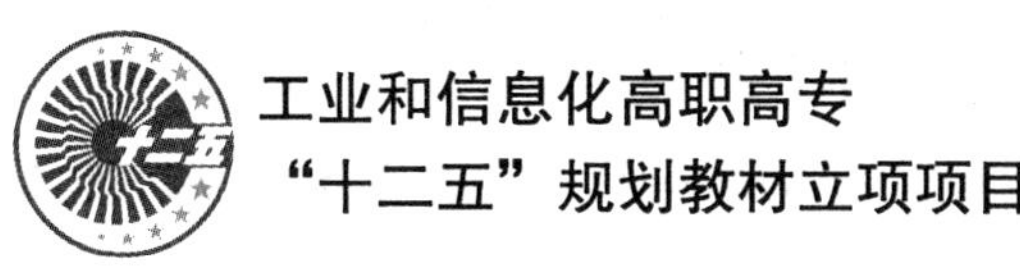

职业教育财经类“十二五”规划教材

财务会计

Financial Accounting

董乃全 主编
王玲启 刘倩文 副主编

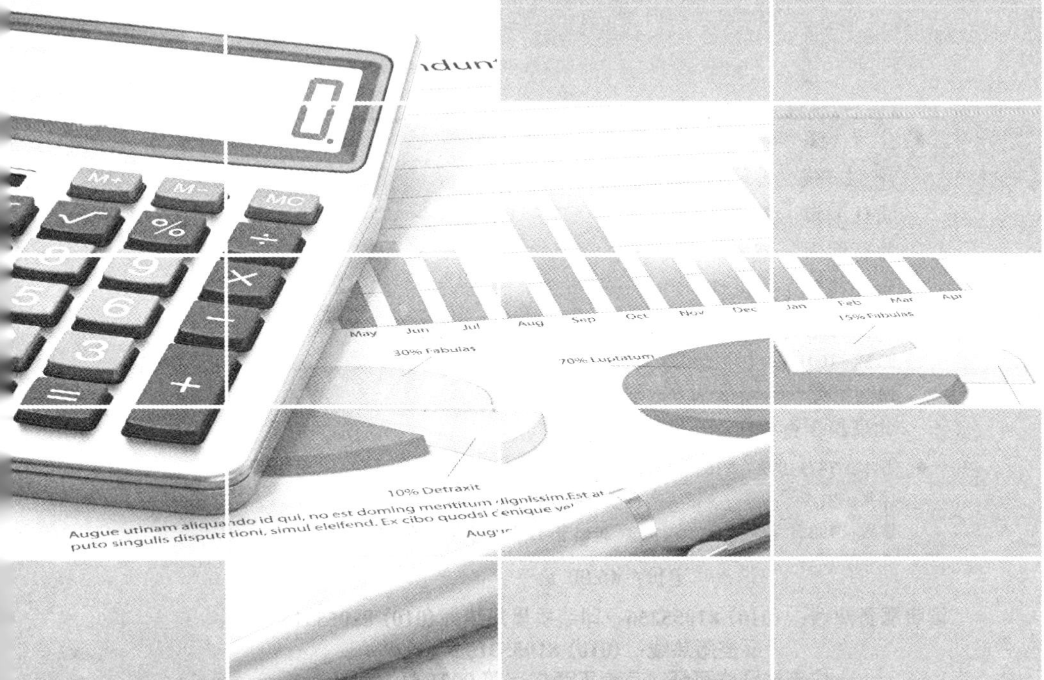

人民邮电出版社
北京

图书在版编目（CIP）数据

财务会计 / 董乃全主编. -- 北京 : 人民邮电出版社, 2014.11
职业教育财经类“十二五”规划教材
ISBN 978-7-115-36399-2

Ⅰ. ①财… Ⅱ. ①董… Ⅲ. ①财务会计－高等职业教育－教材 Ⅳ. ①F234.4

中国版本图书馆CIP数据核字(2014)第176529号

内容提要

本书从高等职业教育人才培养模式的特点出发，针对会计电算化及相关的财务会计专业人才培养目标，结合我国经济社会发展的阶段性特点，全面介绍了财务会计核算中的货币资金、金融资产、存货、长期股权投资、固定资产、投资性房地产、无形资产及其他资产、负债、所有者权益、收入、费用和利润、财务报告等内容。各个部分配有练习题和案例分析,以巩固和复习所学知识。通过本课程学习，学生可掌握会计核算工作的各项专业知识和财务处理的操作技能。

本书作为高职高专会计电算化专业教材，适用于高职高专会计及相关经管类专业师生使用，同时可供会计相关从业人员参考阅读。

◆ 主　　编　董乃全
副 主 编　王玲启　刘倩文
责任编辑　刘盛平
执行编辑　刘　佳
责任印制　焦志炜

◆ 人民邮电出版社出版发行　北京市丰台区成寿寺路 11 号
邮编　100164　电子邮件　315@ptpress.com.cn
网址　http://www.ptpress.com.cn
北京昌平百善印刷厂印刷

◆ 开本：787×1092　1/16
印张：21.5　2014 年 11 月第 1 版
字数：490 千字　2014 年 11 月北京第 1 次印刷

定价：46.00 元

读者服务热线：(010) 81055256　印装质量热线：(010) 81055316
反盗版热线：(010) 81055315
广告经营许可证：京崇工商广字第 0021 号

前言

财务会计是企业会计的一个分支，是以会计准则为主要依据，运用确认、计量、记录和报告等一系列专门的程序与方法，对会计主体的经济活动进行加工及处理。其目标旨在向企业财务报告的使用者提供与企业财务状况、经营成果和现金流量等有关的会计信息，反映企业管理层受托责任的履行情况，有助于财务会计报告使用者做出经济决策。

2006年2月15日，我国财政部正式发布了包括1项基本准则和38项具体准则在内的新企业会计准则体系，并自2007年1月1日起在上市公司范围内施行，同时鼓励其他企业执行。新的企业会计准则体系既与我国社会主义市场经济体制相适应，又与国际会计准则相趋同；同时，涵盖各类企业、各种经济业务，对提高我国企业会计信息的质量、保护投资者利益、促进资本市场的健康发展具有深远意义。

在我国，实施新企业会计准则体系，彻底打破了企业会计制度与企业会计准则并存，分行业制定会计制度的格局，顺应了我国建立和完善社会主义市场经济体制，特别是适应了国有企业改革、建立和完善现代企业制度的要求；推动了企业及个人扩大对外投资，确立企业及个人对外投资主体地位，发挥自身优势到境外开展投资合作，以创新方式走出去开展绿地投资、并购投资、证券投资、联合投资等；围绕着使市场在资源配置中起决定性作用，深化经济体制改革，坚持和完善基本经济制度，加快完善现代市场体系、宏观调控体系、开放型经济体系，加快转变经济发展方式，加快建设创新型国家，推动经济更有效率、更加公平、可持续发展。可以说，我国会计理论和实务界又迎来了前所未有的发展机遇，同时也面临着巨大的挑战。因而，会计教育也必须从实际出发，紧跟时代潮流，不断进行教学改革和教材建设。

本书以财政部最新发布的《企业会计准则》、《企业会计准则——应用指南》、《企业会计准则讲解》、《企业会计准则实施问题专家工作组意见》和《企业会计准则解释第 1 号》为依据，并根据最新颁布的《企业会计准则解释第4号》（财会［2010］15号）、《关于执行企业会计准则的上市公司和非上市企业做好2010年年报工作的通知》（财会［2010］25号）、《关于做好执行企业会计准则的企业2011年年报监管工作的通知》（财会［2011］25号）、《关于印发〈营业税改征增值税试点有关企业会计处理规定〉的通知》（财会［2012］13号）、《企业会计准则解释第5号》（财会［2012］19号）、2012年财政部印发的《企业会计准则第30号——财务报表列报（修订）》（财会［2014］7号）和《企业会计准则第9号——职工薪酬（修订）》（财会［2014］8号）等8项调整、2014年1月26日财政部发布的《企业会计准则第39号——公允价值计量》（财会［2014］6号）（自2014年7月1日起在所有执行企业会计准则的企业范围内施行）等内容进行编写。

前言

本书是根据教育部高职高专财务会计课程的基本要求，按照理论够用为度、知识注重实用的原则，努力探索模块化教学而编写的。本书的特点在于不仅注重全面、系统地介绍现代财务会计理论的最新成果和实践操作技能，将教材和多媒体课件相结合，利用多媒体信息技术开发了可视化财务会计教学系统，以确保教学效果和提高教学质量，而且更加注重培养和提高学生运用所学理论分析和解决实际问题的职业能力，突出了针对性、实用性和可操作性。

本书由天津电子职业技术学院经济管理系董乃全教授任主编，王玲启、刘倩文任副主编，关剑参加了编写。学习情境一、三、五、十三由董乃全编写，学习情境二、四、六、八由刘倩文编写，学习情境七、九、十、十一由王玲启编写，学习情境十二由关剑编写。全书共十三个部分，具体内容包括：财务会计认知，货币资金，金融资产，存货，长期股权投资，固定资产，无形资产及其他资产，投资性房地产，流动负债，非流动负债，所有者权益，收入、费用和利润，财务报告等。董乃全对全书进行修改定稿。

本书力求选材合理、内容丰富、结构新颖严谨、叙述深入浅出。为方便学生学习，本书在主要业务处理后附有复习思考题，寓练于学，以便于学生巩固所学的基础知识。同时，书中精心编写了模拟实务工作环境的案例，以提高学生的应用能力和综合处理问题的能力。

本书在编写过程中，参考了大量的教材和相关资料，在此对其作者表示感谢。同时，在编写本书的资料收集过程中，得到张金来老师的帮助，在此一并表示感谢。

由于编者水平有限，书中难免存在不足之处，请广大读者批评指正。

编 者

2014 年 6 月

目 录

目 录

目 录

学习情境一　财务会计认知

学习目标

本学习情境阐述企业财务会计的基本概念与基本理论。

通过本学习情境的学习，应该了解和掌握以下内容：

1. 了解会计的定义、起源和企业会计的分类，熟悉我国企业会计准则体系的构成；
2. 掌握我国财务会计报告的目标；理解会计基本假设、会计基础、会计信息质量要求和会计计量属性的含义；
3. 掌握会计要素的定义及其确认条件；了解我国财务会计报告的构成。

情境导航

会计是管理信息系统，会计是经济决策工具。会计是数字平衡的艺术，会计是货币流动的音乐。它记录了资金从哪里来，它反映了财富到哪里去。是资金在循环中带来财富，是货币在周转中创造增值。请聆听会计大师的教诲：未来会计领袖们，要具备更敏锐的商业直觉，以及从更为广阔的财务和商业生涯中获得核心财务理解力。会计是开启人类记录生产活动的一把金钥匙。那么，让我们走进会计知识的海洋，用好这把金钥匙。

模块一　会计概述

一、会计的定义和起源

会计是以货币为主要计量单位，反映和监督一个单位经济活动的一种经济管理工作。对于一般企业而言，会计主要反映企业财务状况、经营成果和现金流量，并对企业的经营活动和财务收支进行监督。会计目标是会计职能的具体化，是指在一定经济环境下，人们通过会计实践活动所期望达到的结果。在会计理论结构体系中，会计目标是会计核算和会计管理的出发点和归宿，也是会计理论的逻辑起点。

会计作为一项记录、计算和收支考核的工作，很早就已出现。但是，作为近代生产活动和经济管理的工具，经系统地总结并形成较为完整的理论方法，还是 15 世纪的事情。如 1494 年意大利的数学家卢卡·帕乔利在其《算术、几何、比与比例概要》一书中系统地阐述了复式记账的基本原理。使账簿组织与记账程序规范化与系统化，进一步从理论上明确了分录账在确定“借主”与“贷主”记账地位中的重要性，他不仅明确了建立平衡关系对于勾稽账目之重要性，而且还建立了借贷复式簿记的第一方程式：“一人所有之财产＝其人所有权之总值”。该书成为最早论述复式簿记发展的总结性文献，它有利地推动了西式簿记的传播和发展。后来，会计技能又由英国的会计师带到了美国，促进了美国现代会计业的发展和会计理论方法的形成。

20 世纪以来，随着现代社会生产活动的不断发展，产生了对生产活动进行专门计量与记录的会计。伴随人类文明不断进步，社会经济活动不断革新，生产力不断提高，生产规模不断扩大，会计的核算内容、核算方法、技术等也得到了较大发展。会计逐步由简单的计量与记录行为，发展成为以货币作为计量单位，综合反映和监督经济活动过程的一种经济管理工作，形成了较为完善的会计核算方法和体系，并在参与单位经营管理决策、提高资源配置效率、促进经济绩效提高方面发挥着积极和重要的作用。

二、企业会计的分类

随着西方企业公司制的建立和所有权、经营权的分离以及资本市场的发展，企业会计逐步演化为两大分支：一是服务于内部管理者及其决策需要的管理会计，或者称为对内报告会计；二是服务于企业外部信息使用者及其决策需要的财务会计，或者称为对外报告会计。前者主要侧重于向企业内部管理者提供进行经营规划、经营管理、预测决策所需的相关信息，后者主要侧重于向企业外部利益关系人提供有关企业财务状况、经营成果和现金流量等方面的信息。因而，管理会计反映的是未来信息，主要为内部管理部门提供数据，财务会计反映的是过去信息，主要为外部有关方面提供所需数据。

三、企业会计准则体系

由于财务会计主要服务于企业外部信息使用者的决策需要，在保护投资者及社会公众利益、维护市场经济秩序及稳定方面扮演着越来越重要的角色。因此，财务会计在社会经济生活中的地位也越来越突出，并且迫切需要一套社会公认的、统一的会计原则来规范其行为。2006 年 2 月 15 日，为了适应我国市场经济发展和经济全球化的需要，按照立足国情、国际趋同、涵盖广泛、独立实施的原则，财政部对我国原有准则体系做了系统性的修改，制定出一套较为完善的准则体系，并在不断地改进与完善，从而实现了我国会计准则与国际财务报告准则的实质性趋同。

继2006年2月15日，财政部发布了包括1项基本准则、38项具体准则和相关应用指南构成的新企业会计准则体系以来，到2014年，中国会计准则又发生了重大变化。

2014年财政部印发了《企业会计准则第30号——财务报表列报（修订）》（财会［2014］7号）、《企业会计准则第9号——职工薪酬（修订）》（财会［2014］8号）等8项调整。2014年1月26日，财政部发布了《企业会计准则第39号——公允价值计量》（财会［2014］6号），自2014年7月1日起在所有执行企业会计准则的企业范围内施行。对企业而言，充分认识和有效把握中国新会计准则的最新变化与发展趋势，对于财务报告信息质量的提高和企业决策科学性的提高都有十分重要的意义。

我国企业会计准则体系由基本准则、具体准则、会计准则应用指南和解释公告等部分组成。其中，基本准则在整个企业会计准则体系中起着统驭作用；具体准则是在基本准则的基础上对具体的交易或事项的会计处理的规范；会计准则应用指南是对具体准则的一些重点和难点问题的操作性规定；解释公告是随着企业会计准则的贯彻实施，就会计实务中遇到的具体问题而对准则做出的具体解释。

（一）基本准则

在我国现行企业会计准则体系中，基本准则类似于国际会计准则理事会的《编报财务报表的框架》和美国财务会计准则委员会的《财务会计概念公告》，它规范了包括财务报告目标、会计基本假设、会计信息质量要求、会计要素的定义及其确认、计量原则、财务报告等在内的基本问题，是会计准则制定的出发点，是制定具体准则的基础。其作用主要表现在以下两点：一是统驭具体准则的制定，各项具体准则都严格按照基本准则的要求加以制定和完善；二是为会计实务中出现的，具体准则尚未规范的新问题提供会计处理依据，从而确保企业会计准则体系对所有会计实务问题的规范作用。

**小贴士**

国际会计准则理事会（IASB）于2001年成立，其前身是国际会计准则委员会，是制定及批准国际财务报告准则的一个独立的私营机构。其在国际会计准则委员会基金会的监督下运作，其发展目标是制定和发布国际会计准则，促进国际会计的协调。理事会由13个国家的会计职业团体的代表以及不超过4个在财务报告方面利益相关的其他组织的代表组成。除理事会外，IASC还成立了咨询团（Consultative Group）、顾问委员会（Advisory Council）和常设解释委员会（Standing Interpretation Committee）3个机构。

（二）具体准则

在我国现行的企业会计准则体系中，具体准则包括存货、投资性房地产、固定资产等38项准则。各项准则规范的内容与有关国际财务报告准则的内容基本一致，企业会计准则体系发布后，于2007年1月1日起首先在上市公司施行，并逐步扩大实施范围。经过各方的共同努力，新准则较好地实现了新旧转换和平稳实施，在社会上形成较好反响。在此基础上，经过多次磋商和谈判，

2007 年 12 月 6 日，《关于内地企业会计准则与香港财务报告准则等效的联合声明》得以签署，两地会计准则实现等效。2008 年 11 月 14 日，由欧盟成员国代表组成的欧盟证券委员会就第三国会计准则等效问题投票决定，自 2009 年至 2011 年年底前的过渡期内，欧盟将允许中国证券发行者在进入欧洲市场时使用中国会计准则。欧盟的这一决定，表明其已认可中国会计准则与国际财务报告准则的等效性。

我国企业会计准则体系

我国企业会计准则体系中，基本准则属于部门规章，是由财政部于 2006 年 2 月 15 日以第 33 号部长令签发的；具体准则、应用指南和解释属于规范性文件；2007 年 11 月 16 日和 2008 年 8 月 7 日财政部又分别印发了第 1 号和第 2 号企业会计准则解释。

模块二 财务报告的目标

财务报告目标也是会计目标，在整个财务会计系统和企业会计准则体系中，具有十分重要的地位，是构成会计要素确认、计量和报告原则，并制定各项基本准则的基本出发点。

一、财务报告的概念

财务报告是企业对外提供的反映企业某一特定日期的财务状况和某一会计期间的经营成果、现金流量等会计信息的文件，是企业财务会计确认与计量的最终结果体现。财务报告的概念包括以下三层含义。

（1）财务报告应当是对外报告，其服务对象主要是投资者、债权人等外部信息使用者。专门为了内部管理需要的、具有特定目的的报告不属于财务报告的范畴。

（2）财务报告应当综合反映企业的生产经营状况，包括某一时点的财务状况和某一时期的经营成果、现金流量等信息，应全面报告企业整体生产经营活动和成果。

（3）财务报告必须形成一个系统的文件，不应是零散或不完整的信息。

投资人等信息使用者主要通过财务报告来了解企业当前的财务状况、经营成果和现金流量等情况，从而预测企业未来的发展趋势。因此，财务报告是向投资人等财务报告使用者提供对决策有用的信息的媒介和渠道，是沟通投资者、债权人等信息使用者与企业管理层之间的信息桥梁和纽带。我国会计法、公司法、证券法等出于保护投资者、债权人等利益的需要，都规定了企业应当定期编报财务报告。

二、财务报告的组成

财务报告包括财务报表和其他应当在财务报告中披露的相关信息和资料。为了达到财务报表支持有关决策和评价企业管理层受托责任的目标，一套完整的财务报表至少应当包括“四表一注”，即资产负债表、利润表、现金流量表、所有者权益变动表以及附注。小企业编制的报表可以不包括现金流量表。

三、财务报告目标的重要作用

财务会计作为对外报告会计，其目的是向外部会计信息使用者提供有用的信息，帮助财务报告使用者做出相关决策。财务报告的目标定位是财务会计系统的核心与灵魂。

四、财务报告目标

我国财务报告的目标是向财务报告使用者提供企业财务状况、经营成果和现金流量等有关的会计信息，反映企业管理层受托责任的履行情况，有助于财务报告使用者做出经济决策。

（一）向财务报告使用者提供对决策有用的信息

企业编制财务报告的主要目的是满足财务报告使用者的信息需要，有助于财务报告使用者做出正确的经济决策。因此，向财务报告使用者提供对决策有用的信息是财务报告的基本目标。如果企业在财务报告中提供的会计信息与使用者的决策无关，没有使用价值，那么财务报告就失去了其编制的意义。

根据向财务报告使用者提供对决策有用的信息这一目标的要求，财务报告所提供的会计信息应当如实反映企业所拥有或者控制的经济资源，对经济资源的要求权以及经济资源要求权的变化情况；如实反映企业的各项收入、费用、利得和损失的金额及其变动情况；如实反映企业各项经营活动、投资活动和筹资活动等所形成的现金流入和现金流出情况等，从而有助于现在的或者潜在的投资者、债权人以及其他使用者正确、合理地评价企业的资产质量、偿债能力、盈利能力和营运效率等；有助于使用者根据相关会计信息做出理性的投资和信贷决策；有助于使用者评估与投资和信贷有关的未来现金流量的金额、时间和风险等。我国企业财务报告的目标是向财务报告使用者提供对决策有用的信息。其中，满足投资者决策的要求是会计准则的主要目标，也是我国资本市场的核心定位。除了投资者之外，企业财务报告的使用者还有债权人、政府及有关部门、银行、社会公众、企业内部管理者等。通常情况下，财务报告应该能够满足这些群体的会计信息需求。

（二）反映企业管理层受托责任的履行情况

在现代公司制度下，企业所有权和经营权相分离，企业管理层是受委托人之托经营管理企业及其各项资产，负有受托责任，即企业管理层所经营管理的企业各项资产基本上为投资者投入的资本（或者留存收益作为再投资）或者向债权人借入的资金所形成的，企业管理层有责任妥善保管并合理、有效地运用这些资产。企业投资者和债权人等需要及时或者经常性地了解企业管理层保管、使用资产的情况，以便于评价企业管理层受托责任的履行情况和业绩情况，并决定是否需要调整投资及信贷政策，是否需要加强企业内部控制和其他制度建设，是否需要更换管理层等。因此，财务报告应当反映企业管理层受托责任的履行情况，以有助于评价企业的经营管理责任和资源使用的有效性。

我国企业会计准则之基本准则对财务报告目标进行了明确定位，将保护投资者利益、满足投资者信息需要放在了突出的位置，彰显了财务报告目标在企业会计准则体系中的作用，突出了投资者的地位，是市场经济发展的必然结果。对管理层受托责任履行情况的反映，对财务报告使用者做出正确的经济决策具有积极的作用。这两点即体现了财务报告的两个具体目标：“决策有用观”和“受托责任观”。

模块三　会计基本假设与会计基础

一、会计基本假设

会计基本假设是企业会计确认、计量和报告的前提，是对会计核算所处时间、空间环境等所作的合理设定。会计基本假设包括会计主体、持续经营、会计分期和货币计量。

（一）会计主体

会计主体是指会计上作为其服务的特定单位或组织。由此确定了企业会计确认、计量和报告的空间范围。因为，只有明确会计主体，才能划定会计所要处理的各项交易或事项的范围。在实务中，会计核算中涉及的资产、负债的确认，收入的实现，费用的发生等，都是针对特定会计主体而言的。比如，苹果公司的会计所要记录的资金运动是苹果公司这个空间范围内的资金运动，而且是站在苹果公司的角度进行反映和描述的，所以苹果公司就是会计主体。只有明确会计主体，才能将会计主体的交易或者事项与会计主体所有者的交易或者事项区分开来；只有明确会计主体，才能将会计主体的交易或者事项与其他会计主体的交易或者事项区分开来。例如，两个企业之间发生一笔产品赊销业务，对于销货企业而言，形成一笔应收款项，是一项资产；而对于购货企业来讲，则形成一笔应付款项，是一项负债。

就是说，会计应当是为特定的会计主体服务。明确界定会计主体就是划定会计所要处理的各事项的范围，是开展会计确认、计量和报告工作的重要前提。

应当指出，会计主体不同于法律主体。一般来说，法律主体必然是一个会计主体。例如，一个企业作为一个法律主体，应当建立财务会计系统，独立反映其财务状况、经营成果和现金流量。但是，会计主体不一定是法律主体。一般来说，只要是独立核算的经济组织都可成为会计主体。比如，一个经济上独立核算的车间可以确认为一个会计主体，设置会计核算体系，描述属于该空间范围的资金运动。在企业集团的情况下，母子公司就是不同的法律主体，但母公司对于子公司拥有控制权，就有必要将企业集团作为一个会计主体，编制合并财务报表，以全面反映企业集团的财务状况、经营成果和现金流量。同时，总公司和分公司之间在法律上虽是同一主体。但是，可以分别编制它们各自的财务报告，建立各自的会计系统，分别反映总公司和分公司的经营状况，以便进行考核和管理。

【例 1-1】北方公司投资于南方公司，拥有南方公司 80%的股权。北方公司作为投资企业形成一项资产，南方公司作为受资企业则形成一项所有者权益。

【例 1-2】上述北方和南方公司形成母子公司关系，母子公司均为不同的独立的法律主体，但北方公司对南方公司拥有控制权，为了全面反映由它们组成的企业集团整体的财务状况、经营成果和现金流量，就需要将企业集团作为一个会计主体，编制合并财务报表，也要编制各自的财务报告。然而，企业集团却不是一个独立的法律主体。

（二）持续经营

持续经营是指在可以预见的将来，企业将会按当前的规模和状态继续经营下去，不会停业，也不会大规模削减业务。在持续经营前提下，会计确认、计量和报告应当以企业持续、正常的生产经营活动为前提。在可预见的将来，可以理解为从编制财务报告之日起至少 12 个月的持续经营能力。

因为企业是否可持续经营，在会计原则、会计方法的选择上有很大差别。一般情况下，明确企业可持续经营这个基本假设，就意味着会计主体将按照既定用途使用资产，按照既定的合约条件清偿债务，会计人员就可以在此基础上选择会计原则和会计方法。如果判断企业会持续经营，就可以假定企业的固定资产会在持续经营的生产经营过程中长期发挥作用，并服务于生产经营过程，固定资产就可以根据历史成本进行记录，并采用折旧的方法，将历史成本分摊到各个会计期间或相关产品的成本中。如果判断企业不会持续经营，固定资产就不应采用历史成本进行记录并按期计提折旧。若企业破产，则将按破产会计来处理企业的资产。

当然，若可以判断企业不能持续经营，企业就应当改变会计核算的原则和方法，并在企业财务报告中做相应披露。

【例 1-3】北方公司购入机床一台，预计使用寿命为 10 年。而且该企业将会持续经营并且不少于 10 年。会计可以合理地预见该固定资产会在持续的生产经营过程中发挥作用，并服务于生产经营过程。为此，该生产设备就应当根据历史成本进行记录，并采用恰当的折旧方法，将历史成本分摊到预计使用寿命期间所生产的相关产品的成本当中。若企业经营 6 年后，不能再持续经营，破产清算，则该资产就不能再按历史成本计提折旧，而应按现行市场价格进行破产清算的特别规定处理。因此，作为例外情况，当有确凿证据（通常是破产公告的发布）证明企业已经不能再持续经营下去，该假设会自动失效，此时企业将由清算小组接管，会计核算方法随即改为破产清算会计。

“持续经营是指企业按当前的规模和状态永远经营下去。”这句话对吗？说说你是怎样理解的。

（三）会计分期

会计分期是指将一个企业持续不断的资金运动过程人为地划分为若干连续的、长短相同的期间，以分期提供会计信息。

根据持续经营假设，在可预见的未来，企业将按当前的规模和状态持续经营下去。要想确定企业的生产经营成果就必须将企业持续经营的生产活动期间人为地划分为若干连续的、长短相同的期间，据以结算盈亏，按期编制财务报告，从而及时地向财务报告使用者提供有关企业财务状况、经营成果和现金流量的信息。

分期结算账目和编制财务报告。在我国，会计期间分为年度和中期。年度和中期均按公历起讫日期确定，即每年的 1 月 1 日起至 12 月 31 日止。中期，是指短于一个完整的会计年度的报告期间，包括半年度、季度和月度，也可以是其他短于一个会计年度的期间，如 1 月 1 日至 9 月 30 日等。但是，其他国家会计期间则根据各国对预算年度的规定不同而有所不同，会计年度采用的形式有：公历制（即每年 1 月 1 日起至本年 12 月 31 日止），如德国、匈牙利、波兰、瑞士、朝鲜等国；四月制（即每年 4 月 1 日起至次年 3 月 31 日止），如英国、加拿大、印度、日本、新加坡等国；七月制（即每年 7 月 1 日起至次年 6 月 30 日止），如瑞典、澳大利亚等国；十月制（即每年 10 月 1 日起至次年 9 月 30 日止），如美国、缅甸、泰国、斯里兰卡等国。

在我国，最常见的会计期间是一年。以一年确定的会计期间称为会计年度，按年度编制的财务会计报告也称为年报。按半年度、季度和月度等中期编制的财务会计报告也称为中期财务报告。

根据持续经营假设，一个企业将按当前的规模和状态持续经营下去。但是，无论是企业的生产经营决策还是投资者、债权人等的决策都需要及时的信息，都需要将企业持续资金运动通过分期来确认、计量和报告企业的财务状况、经营成果和现金流量。因此，明确会计分期假设意义重大，由于会计分期，才产生了当期与以前期间、以后期间的差别，才使不同类型的会计主体有了记账的基准，进而出现了折旧、摊销等会计处理方法。所以，会计分期假设目的就在于分段提供会计信息，以达到实时反映和监督企业资金运动的目的。

（四）货币计量

货币计量，是指会计主体在进行会计确认、计量和报告时以货币计量，反映会计主体的财务状况、经营成果和现金流量。会计的货币计量隐含着以下两层含义。

其一，会计仅反映那些能以货币表达的信息，若一信息应纳入会计核算体系，但无法用货币来表达，则只能排除在会计核算范围之外。比如，人力资源作为企业的一个关键资产的货币计量尚无法广泛地在实践中进行操作，所以无法进行账务反映。

其二，币值稳定假设，为了会计信息的稳定性，货币计量假设还包含一个假定币值不变的含义。货币的币值是变化的，但是，若币值每天在变，则会计的核算将无法进行。例外情况是，当发生严重的通货膨胀时，该假设不成立，应改用物价变动会计或通货膨胀会计进行核算。

企业在会计的确认、计量和报告过程中选择货币作为基础进行计量是由货币本身的属性决定的。因为货币是一般等价物，是衡量一般商品价值的共同尺度，并假设货币的币值是稳定的。其他计量单位，如重量、长度等，都只能从一个侧面反映企业的生产经营情况，无法在量上进行汇总和比较，不便于会计计量和经营管理。

当然，统一采用货币计量有时也存在缺陷。对于企业经营战略、研发能力、市场竞争力、产品的质量等影响企业财务状况和经营成果的因素而言，往往难以用货币来计量，而这些信息对于会计信息的使用者的决策同样重要。为此，企业应通过在财务报告中补充披露有关非财务信息来弥补上述缺陷。

在我国，企业的会计核算应当以人民币为记账本位币，业务收支以人民币以外的货币为主的单位，可以选定其中一种货币作为记账本位币，但是编制的财务会计报告应当折算为人民币。

二、会计基础

企业会计的确认、计量和报告应当以权责发生制为基础。权责发生制要求凡是当期已经实现的收入和已经发生或应当负担的费用，无论款项是否收付，都应当作为当期的收入和费用，计入利润表；凡是不属于当期的收入和费用，即使款项已在当期收付，也不应当作为当期的收入和费用。

在会计实务中，企业交易或者事项的发生时间与相关货币资金收支时间有时并不完全一致。为了更加真实、公允地反映特定会计期间的财务状况和经营成果，根据《企业会计准则——基本准则》的规定，企业在会计确认、计量和报告中应当以权责发生制为基础。事实上，权责发生制会计基础不仅应用于对收入和费用的确认，而且广泛应用于其他会计要素。

【例 1-4】企业因销售商品而预提的产品保修费，虽然实际发生该笔支出的时间在将来。但是，由于企业在当期已经销售了商品，从而使企业承担了一项将来要履行的不可推卸的责任。所以，在符合条件的情况下，企业应当在当期确认为费用。

【例 1-5】企业因赊销业务而发出商品，虽然实际收款的时间在将来。但是，由于企业在当期已经实现了销售，企业已经拥有向购货方收取货款的权利。因此，在符合条件的情况下，应当在当期确认为收入。

与权责发生制相对应的另一种会计基础是收付实现制，它是以现金的实际收付作为确认收入和费用等的依据。目前，我国的行政单位会计采用收付实现制，事业单位会计除经营业务可以采用权责发生制外，其他大部分业务采用收付实现制。

模块四　会计信息质量要求

会计信息质量要求是对企业财务报告中所提供会计信息质量的基本要求，对会计信息的“好”和“坏”的评价和要求，是使财务报告中所提供的会计信息对投资人等使用者的决策有用且应具备的基本特征，主要包括可靠性、相关性、可理解性、可比性、实质重于形式、重要性、谨慎性和及时性等。

一、可靠性

可靠性是指要求企业应当以实际发生的交易或者事项为依据进行会计确认、计量和报告，如实反映符合确认和计量要求的各项会计要素及其他相关信息，保证会计信息真实可靠、内容完整。为贯彻可靠性要求，企业应当做到以下几点。

（1）以实际发生的交易或者事项为依据进行确认、计量，将符合会计要素定义及其确认条件的会计要素如实反映在财务报表中，不得根据虚构的、没有发生或尚未发生的交易或者事项进行确认、计量和报告。

（2）在符合重要性和成本效益原则的前提下，保证会计信息的完整性，其中包括应当编报的报表及其附注内容等应当保持完整，不能随意遗漏或减少应予披露的信息，与使用者决策相关的有用信息都应当充分披露。

（3）财务报告中的会计信息应当是中立的，无偏的。若企业在财务报告中为了达到事先设定的结果或效果，通过选择或列示有关会计信息以影响决策和判断的，这样的财务报告信息就不是中立的。

二、相关性

相关性是指要求企业提供的会计信息应当与投资者等财务报告使用者的经济决策需要相关，有助于投资者等财务报告使用者对企业过去、现在或者未来的情况做出评价或者预测。相关性应以可靠性为基础，即会计信息应在可靠性的前提下，尽可能地做到相关性，以满足投资者等财务报告使用者的决策需要。

三、可理解性

可理解性是指要求企业提供的会计信息应当清晰明了，以便财务报告使用者理解和使用。企业编制财务报告的根本目的是在于使用，而要让使用者有效地使用会计信息，这就要求财务报告提供的会计信息简单明了，便于理解。

四、可比性

可比性是指要求企业提供的会计信息应当具有可比性，此可比性要求企业达到如下标准。

其一，同一企业不同会计期间的可比，即纵向可比。为达到此要求，企业在选择会计方法时，应保证前后期一致，即使发生了会计政策的变更，也应当按规定方法进行会计口径的调整，以保证会计信息的前后期一致。

其二，同一会计期内不同企业之间的可比，即横向可比。为了达到此要求，企业应采用国家统一规定的方法进行会计处理。

五、实质重于形式

实质指的是经济实质，形式指的是法律形式，实质重于形式的原则是指要求企业在进行会计处理时，应当以经济实质为准，而不受法律形式的制约。

企业发生的交易或事项在多数情况下，其经济实质和法律形式是一致的。但在有些情况下会出现不一致。例如，以融资租赁方式租入的资产，虽然从法律形式来讲企业并不拥有其所有权，但是由于租赁合同中规定的租赁期相当长，接近于该资产的使用寿命；租赁期结束时承租企业有优先购买该资产的选择权；在租赁期内承租企业有权支配资产并从中受益等。因此，从其经济实质来看，企业能够控制融资租入资产所创造的未来经济利益，在会计确认、计量和报告上就应当将以融资租赁方式租入的资产视为企业的资产，列入企业的资产负债表。

【例 1-6】从形式上来讲，母公司和子公司是两个独立的法人（法律形式），但是从经济实质上讲，母子公司构成的企业集团是一个整体。因此会计上要从实质出发，为这个集团编制一张合并报表综合反映其会计信息。

六、重要性

重要性是指要求企业提供的会计信息应当反映与企业财务状况、经营成果和现金流量有关的所有重要交易或者事项。

在实务中，如果会计信息的省略或者错报会影响投资者等财务报告使用者据此做出决策，该信息就具有重要性。重要性的应用需要依赖职业判断，企业应当根据其所处环境和实际情况，从会计业务项目的性质和金额大小两方面加以判断。

七、谨慎性

谨慎性是指要求企业对交易或者事项进行会计确认、计量和报告时应当保持应有的谨慎，不应高估资产或者收益、低估负债或者费用。在市场经济环境下，企业的生产经营活动面临着许多风险和不确定性，如应收款项的可收回性、固定资产的使用寿命、售出存货可能发生的退货或者返修等。会计信息质量的谨慎性要求，需要企业应当保持应有的谨慎，充分估计到各种风险和损失。例如，要求企业对可能发生的资产减值损失计提资产减值准备、对售出商品可能发生的保修义务等确认预计负债等，就体现了会计信息质量的谨慎性要求。

但是，谨慎性的应用并不允许企业设置秘密准备，如果企业故意低估资产或者收益，或者故意高估负债或者费用，将不符合会计信息的可靠性和相关性要求，损害会计信息质量，扭曲企业实际的财务状况和经营成果，从而对使用者的决策产生误导，这是会计准则所不允许的。

八、及时性

及时性是指要求企业对于已经发生的交易或者事项，应当及时进行会计确认、计量和报告，不得提前或者延后。

会计信息的价值在于帮助所有者或者其他相关方面做出经济决策，具有时效性。在会计确认、计量和报告过程中贯彻及时性，一是要求及时收集会计信息，即在经济交易或者事项发生后，及时收、集整理各种原始单据或者凭证；二是要求及时处理会计信息，即按照会计准则的规定，及时对经济交易或者事项进行确认或者计量，并编制财务报告；三是要求及时传递会计信息，即按照国家规定的有关时限，及时地将编制的财务报告传递给财务报告使用者，便于其及时使用和决策。

模块五　会计要素及其确认

会计对象是指会计核算和监督的内容，而会计要素则是会计对象的基本分类，是会计核算对象的具体化。会计要素包括资产、负债、所有者权益、收入、费用和利润，这六大会计要素可以划分为反映财务状况的会计要素和反映经营成果的会计要素两大类。

一、反映财务状况的会计要素

反映财务状况的会计要素包括资产、负债和所有者权益；反映经营成果的会计要素包括收入、费用和利润。将企业所发生的经济业务按会计要素的定义进行界定和分类，可以使财务会计信息系统更加科学、严密，可以为投资者等财务报告使用者提供更加有用的信息。

（一）资产的定义及其确认条件

1. 资产的定义

资产，是指企业过去的交易或者事项形成的，由企业拥有或者控制的，预期会给企业带来经济利益的资源。资产应具备如下特征。

（1）资产预期会给企业带来经济利益。

经济利益流入是指直接或者间接导致现金和现金等价物增加。资产能带来经济利益，这种经济利益可以是来自企业日常的生产经营活动，也可以是非日常的生产经营活动。如销售商品、以资产归还债务、处置闲置的生产设备。若某项资源不能为企业带来经济利益，那么就应当作为损失或费用进行核销，不能再确认为企业的资产，如化工企业的过期化工原料。

（2）资产应为企业拥有或者控制的资源。

资产作为一项资源，应当由企业拥有或者控制，具体是指企业享有某项资源的所有权，或该资源能被企业所控制，如融资租入的固定资产。

企业享有资产的所有权，通常表明企业能够排他性地从资产中获取经济利益，一般在判断资产是否存在时，所有权是考虑的首要因素。有时，资产虽然不为企业所拥有，即企业并不享有其所有权，但企业控制了该项资产，同样表明企业能够从资产中获取经济利益，符合会计上对资产的定义。如果企业既不拥有也不控制资产所能带来的经济利益，就不能将其作为企业的资产予以确认。

（3）资产是由企业过去的交易或者事项形成的。

资产应当由企业过去的交易或者事项所形成，包括购买、生产、建造行为或者其他交易或事项。换句话说，只有过去的交易或者事项才能产生资产，企业预期在未来发生的交易或者事项不形成资产。例如，企业有购买某存货的意愿或者计划，但是购买行为尚未发生，就不符合资产的定义，不能因此而确认为存货资产。

2. 资产的确认条件

在同时满足以下条件时，确认为资产。

（1）与该资源有关的经济利益很可能流入企业。从资产的定义看，能否带来经济利益是资产的一个本质特征，但是，在现实的企业经营活动中，与资源有关的经济利益能否流入企业或者流入多少带有不确定性。因此，资产的确认还应与经济利益流入的不确定性程度的判断结合起来，若在编制财务报表时，有证据表明，与该资源有关的经济利益很可能流入企业，那么就将其作为资产予以确认；反之，不能确认为资产。

【例 1-7】北方公司赊销一批商品给客户，形成了对该客户的应收账款，而在未来能否收回全部货款，带有一定的不确定性。若企业在销售时判断未来很可能收到款项或者能够确定收到款项，就应当将该应收账款确认为一项资产；若企业判断在通常情况下很可能部分或者全部无法收回，表明该部分或者全部应收账款已经不符合资产的确认条件，应当计提坏账准备，减少资产的价值。

（2）该资源的成本或者价值能够可靠地计量。财务会计是通过货币来计量的信息报告的系统，可计量性是所有会计要素确认的重要条件。因此，只有当有关资源的成本或者价值能够可靠地计量时，资产才能予以确认。在实务中，企业取得的许多资产都是发生了实际成本的。例如，企业购买或者生产的存货，购置的厂房或者设备等，这些资产只要实际发生的购买成本或者生产成本能够可靠计量，就视为符合了资产确认的可计量条件。在有些情况下，企业取得的资产没有发生实际成本或者发生的实际成本很小，例如，企业持有的某项衍生金融工具期间形成的资产增值，对于这项资产，若其公允价值能够可靠计量，则被认为符合了资产可计量性的确认条件。

3. 资产的分类

资产按其流动性可以分为流动资产和非流动资产。流动性资产通常包括货币资金、金融资产、应收票据、应收账款、预付账款、应收利息、应收股利、其他应收款、存货和一年内到期的非流动资产。流动资产以外的资产归为非流动资产。按其性质分类为：长期股权投资、固定资产、在建工程、无形资产等。

（二）负债的定义及其确认条件

1. 负债的定义

负债是指企业过去的交易或者事项形成的，预期会导致经济利益流出企业的现时义务。负债具有以下几个方面的特征。

（1）负债是企业承担的现时义务。负债必须是企业承担的现时义务，它是负债的一个基本特征。其中，现时义务是指企业在现有条件下应承担的义务。未来发生的交易或者事项形成的义务，不属于现时义务，不应当确认为负债。

这里所指的义务可以是法定义务或是推定义务。其中法定义务是指具有约束力的合同或者法律法规规定的义务，通常在法律意义上需要强制执行。例如，企业购买原材料形成应付账款，企业向银行贷入款项形成借款，企业按照税法规定应当交纳的税款等，均属于企业承担的法定义务，需要依法予以偿还。推定义务是指根据企业多年经营的习惯做法，公开的承诺或者公开宣布的政策而导致企业将承担的责任，这些责任也形成了企业将履行义务解脱责任的合理预期。例如，某企业多年来制定有一项销售政策，对于售出商品提供一定期限内的售后保修服务，预期将为售出商品提供的保修服务就属于推定义务，应当将其确认为一项负债。

（2）负债的清偿预期会导致经济利益流出企业。预期会导致经济利益流出企业也是负债的一个本质特征，只有企业在履行义务时会导致经济利益流出企业的，才符合负债的定义，如果不会导致企业经济利益流出的，就不符合负债的定义。在履行现时义务清偿负债时，导致经济利益流出企业的形式多种多样，例如，用现金偿还或以实物资产形式偿还；以提供劳务形式偿还；部分转移资产、部分提供劳务形式偿还；将负债转为资本等。

（3）负债是由企业过去的交易或者事项形成的。负债应当由企业过去的交易或者事项所形成。换句话说，只有过去的交易或者事项才形成负债，企业将在未来发生的承诺，签订的合同等交易或者事项不形成负债。

2. 负债的确认条件

将一项义务确认为负债，需要符合负债的定义，并同时满足以下两个条件。

（1）与该义务有关的经济利益很可能流出企业。

从负债的定义可以看出，预期会导致经济利益流出企业是负债的一个本质特征。在实务中，履行义务所要流出的经济利益带有不确定性，尤其是与推定义务相关的经济利益通常需要依赖于大量的估计。因此，负债的确认应当与经济利益流出的不确定性程度的判断结合起来，若有确凿证据表明，与现时义务有关的经济利益很可能流出企业，就应当将其作为负债予以确认；反之，如果企业承担了现时义务，但是会导致企业经济利益流出的可能性很小，就不符合负债的确认条件，不应将其作为负债予以确认。

（2）未来流出的经济利益的金额能够可靠地计量。负债的确认在考虑经济利益流出企业的同时，对于未来流出的经济利益的金额应当能够可靠计量。对于与法定义务有关的经济利益流出金额，通常可以根据合同或者法律规定的金额予以确定，若考虑到经济利益流出的金额在未来且期限较长，有关金额的计量需要考虑货币时间价值等因素的影响。对于与推定义务有关的经济利益流出金额，企业应当根据履行相关义务所要支出的最佳估计数进行估计，并综合考虑有关货币时间价值、风险等因素的影响。

3. 负债的分类

负债按偿还期长短可以分为流动负债和非流动负债。流动负债是指可以合理预计和需要动用流动资产或其他流动负债加以清偿的短期负债。流动负债一般包括短期借款、应付账款、其他应付款、一年内到期的非流动负债、预收账款、应付职工薪酬、应付利息和应付税费等。这些项目的清偿到期日不超过一年或一个营业周期。非流动负债是超过一年或一个营业周期需要动用流动资产或新的债务来清偿的债务，包括长期借款、应付债券、长期应付款等。

（三）所有者权益的定义及其确认条件

1. 所有者权益的定义

所有者权益是指企业资产扣除负债后，由所有者享有的剩余权益，即净资产。公司的所有者权益又称为股东权益。所有者权益是所有者对企业资产的剩余索取权。

2. 所有者权益的来源构成

所有者权益按其来源主要包括所有者投入的资本、直接计入所有者权益的利得和损失、留存收益等。

（1）所有者投入的资本是指所有者投入企业的资本部分，它既包括构成企业注册资本或者股本部分的金额，也包括投入资本超过注册资本或者股本部分的金额，即资本溢价或者股本溢价，如资本公积。

（2）直接计入所有者权益的利得和损失是指不应计入当期损益的，会导致所有者权益发生增减变动的，与所有者投入资本或者向所有者分配利润无关的利得或者损失。其中，利得是指由企业非日常活动所形成的，会导致所有者权益增加的，与所有者投入资本无关的经济利益的流入。

损失是指由企业非日常活动所发生的，会导致所有者权益减少的，与向所有者分配利润无关的经济利益的流出。

（3）留存收益是企业历年实现的净利润留存于企业的部分，主要包括计提的盈余公积和未分配利润。

所有者权益具有如下特征。

（1）除非发生减资、清算，企业不需要偿还。

（2）企业清算时，只有在清偿所有负债后，再向所有者返还其所有者权益。

（3）所有者凭借所有者权益能够参与企业利润的分配。

3. 所有者权益的确认条件

由于所有者权益体现的是所有者在企业中的剩余权益，因此，所有者权益的确认主要依赖于其他会计要素，尤其是资产和负债的确认；所有者权益金额的确定也主要取决于资产和负债的计量。例如，投资人投入现金 500 万元作为股本，资金已经打入企业账户，取得银行的相关凭证。企业据以确认为资产，同时，也确认为所有者权益。

二、反映企业经营成果的会计要素及其确认条件

反映企业经营成果的会计要素是收入、费用和利润，是指企业在一定时期内生产经营活动的结果，具体讲：它是指企业生产经营过程中取得的收入与耗费相比较的差额。经营成果一般通过利润表来反映。

（一）收入的定义及确认条件

1. 收入的定义

收入是指企业在日常活动中形成的，会导致所有者权益增加的，与所有者投入资本无关的经济利益的总流入。收入具有以下几个方面的特征。

（1）收入是企业在日常经营活动中形成的。这是指企业为完成其经营目标而进行的经常性活动及相关活动所形成的经济利益的流入才能确认为收入，例如，工业企业制造并销售产品、商业企业销售商品，即属于日常活动；而企业接受捐赠则属于非日常活动中所形成的经济利益的流入，应当计入利得。

（2）收入最终会导致所有者权益的增加。与收入相关的经济利益的流入应当会导致所有者权益的增加，不会导致所有者权益增加的经济利益的流入不符合收入的定义，不应确认为收入。例如，企业向银行借入款项，尽管也导致了企业经济利益的流入，但该流入并不导致所有者权益的增加，反而使企业承担了一项现时义务。企业对于因借入款项所导致的经济利益的增加，不应将其确认为收入，而应确认为一项负债。

（3）收入是与所有者投入资本无关的经济利益的总流入。收入应当会导致经济利益的流入，从而导致资产的增加。例如，企业销售商品，取得现金，该交易符合收入的定义，其经济利益流入计入产品销售收入。然而，在实务中经济利益的流入，若是所有者投入资本的增加所导致的，应计入股本不应当确认为收入，将其直接确认为所有者权益。

2. 收入的确认条件

收入在确认时除了应当符合收入定义外，还应当满足严格的确认条件。收入只有在经济利益很可能流入，从而导致企业资产增加或者负债减少，且经济利益的流入额能够可靠计量时才能予以确认。因此，收入的确认至少应当符合以下条件：一是与收入相关的经济利益很可能流入企业；二是经济利益流入企业的结果会导致企业资产的增加或者负债的减少；三是经济利益的流入额能够可靠地计量。

【例 1-8】以下事项中，不属于企业收入的是（　　）。

A. 销售商品所取得的收入　　　　B. 提供劳务所取得的收入

C. 出售无形资产取得的净收益　　D. 出售投资性房地产取得的收入

由于出售无形资产取得的净收益不属于日常活动，因此，C 项不属于收入。

（二）费用的定义及其确认条件

1. 费用的定义

费用是指企业在日常活动中发生的，会导致所有者权益减少的，与向所有者分配利润无关的经济利益的总流出。根据费用的定义，费用具有以下几个方面的特征。

（1）费用应当是企业在日常活动中发生的。将费用界定为必须是企业在日常活动中形成的，这里的界定与收入定义中的日常活动是一致的。因而，日常活动所产生的费用通常包括销售成本、职工薪酬、折旧费、无形资产摊销费等。将费用界定为日常活动所形成的，其目的是为了与损失相区分，企业非日常活动所形成的经济利益的流出不能确认为费用，如处置固定资产产生的净损失而应当计入损失。

（2）费用会导致所有者权益的减少。与费用相关的经济利益的流出应当会导致所有者权益的减少，不会导致所有者权益减少的经济利益的流出不符合费用的定义，不应确认为费用。

（3）费用是与向所有者分配利润无关的经济利益的总流出。费用的发生应当会导致经济利益的流出，从而使资产的减少或者负债的增加。其表现形式包括现金或者现金等价物的流出，存货、固定资产和无形资产等的流出或者消耗等。鉴于企业向所有者分配利润也会导致经济利益的流出，而该经济利益的流出显然属于所有者权益的抵减项目，不应确认为费用，应当将其排除在费用的定义之外。

2. 费用的确认条件

费用的确认至少应当符合以下条件:一是与费用相关的经济利益应当很可能流出企业；二是经济利益流出企业的结果会导致资产的减少或者负债的增加；三是经济利益的流出额能够可靠计量。

（三）利润的定义及其确认条件

1. 利润的定义

利润是指企业在一定会计期间的经营成果。反映的是企业的经营业绩情况，是业绩考核的重要指标。通常情况下，若企业实现了利润，表明企业的所有者权益将增加，经营业绩得到了提升；反之，若企业发生了亏损（即利润为负数），表明企业的所有者权益将减少，经营业绩下滑。因此，利润往往是评价企业管理层业绩的一项重要指标，也是投资者等财务报告使用者进行决策时的重要参考。

2. 利润的来源构成

利润由收入减去费用后的净额及直接计入当期利润的利得和损失等组成。其中收入减去费用后的净额反映的是企业日常活动的经营业绩，直接计入当期利润的利得和损失反映的是企业非日常活动的业绩。直接计入当期利润的利得和损失是指应当计入当期损益的，最终会引起所有者权益发生增减变动的，与所有者投入资本或者向所有者分配利润无关的利得或者损失。直接计入所有者权益的利得，如接受捐赠计入资本公积中的其他资本公积；而先计入利润表中的利得和损失，如计入营业外收入、营业外支出、投资收益等，最终还是会影响所有者权益。企业应当严格区分收入和利得、费用和损失之间的区别，以更加全面地反映企业的经营业绩，如表 1-1 所示。

表 1-1　　收入与利得、费用与损失的比较

项目	区别	联系
收入与利得	收入与日常活动有关，利得与非日常活动有关； 收入与经济利益总流入有关，利得是经济利益净流入	都会导致所有者权益增加，且与所有者投入无关
费用与损失	费用与日常活动有关，损失与非日常活动有关； 费用是经济利益总流出，损失是经济利益净流出	都会导致所有者权益减少，且与所有者分配利润无关

【例 1-9】下列各项中，属于利得的有（　　）。

A. 出租投资性房地产收取的租金

B. 投资者的出资额大于其在被投资单位注册资本中所占份额的金额

C. 处置固定资产产生的净收益

D. 持有可供出售金融资产因公允价值变动产生的收益

E. 以现金清偿债务形成的债务重组收益

由于出租投资性房地产收取的租金属于日常活动；而利得与投资者投入资本无关，所以正确选项是 CDE。

3. 利润的确认条件

由于利润反映的是收入减去费用，利得减去损失后的净额，因此，利润的确认主要依赖于收入和费用以及利得和损失的确认，其金额的确定也主要取决于收入、费用、利得、损失金额的计量。

模块六　会计要素计量属性及其应用原则

一、会计要素计量属性

会计计量是为了将符合确认条件的会计要素登记入账并列报于财务报表及附注中而确定其金额的过程。企业应当按照规定的会计计量属性进行计量，确定相关金额。计量属性是指所计量的某一要素的特性方面等。从会计角度看，计量属性反映的是会计要素金额的确定基础，主要包括

历史成本、重置成本、可变现净值、现值和公允价值等。

1. 历史成本

历史成本又称为实际成本，就是取得或制造某项财产物资时所实际支付的现金或者其他等价物。在历史成本计量下，资产按照其购置时支付的现金或者现金等价物的金额，或者按照购置资产时所付出的对价的公允价值计量。负债按照其因承担现时义务而实际收到的款项或者资产的金额，或者承担现时义务的合同金额，或者按照日常活动中为偿还负债预期需要支付的现金或者现金等价物的金额计量。

2. 重置成本

重置成本又称现行成本，是指按照当前市场条件，重新取得同样一项资产所须支付的现金或现金等价物的金额。在重置成本计量下，资产按照现在购买相同或者相似资产所须支付的现金或者现金等价物的金额计量。负债按照现在偿付该项债务所须支付的现金或者现金等价物的金额计量。在会计实务中，重置成本多应用于盘盈固定资产的计量等。

3. 可变现净值

可变现净值是指在正常生产经营过程中，以预计售价减去进一步加工成本和销售所必需的预计税金、费用后的净值。在可变现净值计量下，资产按照其正常对外销售所能收到现金或者现金等价物的金额扣减该资产至完工时估计将要发生的成本、估计的销售费用以及相关税金后的金额计量。

4. 现值

现值是指对未来现金流量以恰当的折现率进行折现后的价值，是考虑货币时间价值因素等的一种计量属性。在现值计量下，资产按照预计从其持续使用和最终处置中所产生的未来净现金流入量的折现金额计量。负债按照预计期限内需要偿还的未来净现金流出量的折现金额计量。

5. 公允价值

公允价值是指市场参与者在计量日发生的有序交易中，出售一项资产所能收到或者转移一项负债所须支付的价格。在公允价值计量下，企业以公允价值计量相关资产或负债，应当考虑该资产或负债的特征。相关资产或负债的特征应当是市场参与者在计量日对该资产或负债进行定价时考虑的特征，包括资产状况及所在位置、对资产出售或者使用的限制等。而且，交易或转移的资产、负债可以是单项资产或负债，也可以是资产组、负债组或者资产和负债的组合，并且应当假定出售资产或者转移负债的交易在相关资产或负债的主要市场或最有利市场中进行。

二、各种计量属性之间的关系

在各种会计要素计量属性中，历史成本通常反映的是资产或者负债过去的价值，而重置成本、可变现净值、现值以及公允价值通常反映的是资产或者负债的现时成本或者现时价值，是与历史成本相对应的计量属性。当然这种关系也并不是绝对的。比如，资产或者负债的历史成本许多就是根据交易时有关资产或者负债的公允价值确定的；在非同一控制下的企业合并交易中，合并成本也是以购买方在购买日为取得对被购买方的控制权而付出的资产、发生或承担的负债等的公允价值确定的。再比如，在应用公允价值时，当相关资产或者负债不存在活跃市场的报价或者不存在同类或者类似资产的活跃市场报价时，需要采用估值技术来确定相关资产或者负债的公允价值，而现值是比较普遍采用的一种估值技术方法，这样的话，公允价值就是以现值为基础确定的。

三、计量属性的应用原则

企业在对会计要素进行计量时，一般应当采用历史成本。采用重置成本、可变现净值、现值、公允价值计量的，应当保证所确定的会计要素金额能够取得并可靠计量。

在企业会计准则体系建设中适度、谨慎地引入公允价值这一计量属性是因为随着我国资本市场的发展，越来越多的股票、债券、基金等金融产品在交易所挂牌上市，使得这类金融资产的交易已经形成了较为活跃的市场，因此，我国已经具备了引入公允价值的条件。这样引入公允价值更能反映企业的现实情况，对投资者等财务报告使用者的决策更加有用，而且只有如此，才能实现我国会计准则与国际财务报告准则的趋同。

在引用公允价值过程中，我国充分考虑了国际财务报告准则中公允价值应用的三个级次，即：第一，存在活跃市场的资产或负债，活跃市场中的报价应当用于确定其公允价值；第二，不存在活跃市场的，参考熟悉情况并自愿交易的各方最近进行的市场交易中使用的价格或参照实质上相同的其他资产或负债的当前公允价值；第三，不存在活跃市场，且不满足上述两个条件的，应当采用估值技术等确定资产或负债的公允价值。

值得注意的是，考虑到我国尚属新兴的市场经济及国家，引入公允价值应是适度、谨慎和有条件的，若不加限制地引入公允价值，有可能出现公允价值计量不可靠，甚至借此人为操纵利润的现象。所以，在投资性房地产和生物资产等具体准则中规定，只有在公允价值能够取得并可靠计量的情况下，才能采用公允价值计量。但是，在金融资产和金融负债方面已经全面应用公允价值计量。

复习思考题

一、单项选择题

1. 凡是当期已经实现的收入和已经发生的或应当负担的费用，无论款项是否收付，都应当作为当期的收入和费用，计入利润表的会计核算基础或要求的是（　　）。

A. 相关性　　B. 收付实现制　　C. 权责发生制　　D. 及时性

2. 下列对会计基本假设的表述中恰当的是（　　）。

A. 在会计分期的前提下，会计确认、计量和报告应该以企业持续、正常的生产经营活动为前提

B. 一个会计主体必然是一个法律主体

C. 持续经营确定了会计核算的空间范围

D. 会计分期确立了会计核算的时间范围

3. 以下关于财务报告的说法中不正确的是（　　）。

A. 财务报告是企业对外提供的反映企业某一特定日期的财务状况和某一会计期间经营成果、现金流量等会计信息的文件

B. 财务报告是对外报告

C. 财务报告必须是一个系统的文件

D. 财务报告只提供给企业的投资者使用

4. 企业的资产按取得时的实际成本计价，这满足了（ ）会计信息质量要求。

A. 可靠性 B. 明晰性 C. 历史成本 D. 相关性

5. 从会计信息成本效益看，对所有会计事项应采取分轻重主次和繁简详略进行会计核算，而不应采用完全相同的会计程序和处理方法。其体现的会计信息质量要求是( )。

A. 谨慎性 B. 可比性 C. 相关性 D. 重要性

6. 如果企业资产按照现在购买相同或者相似资产所须支付的现金或者现金等价物的金额计量，负债按照现在偿付该项债务所须支付的现金或者现金等价物的金额计量，则其所采用的会计计量属性为（ ）。

A. 可变现净值 B. 重置成本 C. 现值 D. 公允价值

7. 如果企业资产按照购买时所付出对价的公允价值计量，负债按照日常活动中为偿还负债预期需要支付的现金或者现金等价物的金额计量，则其所采用的会计计量属性为（ ）。

A. 公允价值 B. 历史成本 C. 现值 D. 可变现净值

8. 下列各项中，不属于反映会计信息质量要求的是（ ）。

A. 会计核算方法一经确定不得随意变更

B. 会计核算应当注重交易或事项的实质

C. 会计核算应当以实际发生的交易或事项为依据

D. 会计核算应当以权责发生制为基础

9. 企业对于已经发生的交易或者事项，应当及时进行会计确认、计量和报告，不得提前或者延后，这体现的是（ ）。

A. 及时性 B. 相关性 C. 谨慎性 D. 重要性

10. 企业提供的会计信息应当清晰明了，便于财务会计报告使用者理解和使用。这体现的是（ ）。

A. 相关性要求 B. 可靠性要求 C. 及时性要求 D. 可理解性要求

11. 企业提供的会计信息应有助于财务会计报告使用者对企业过去、现在或者未来的情况做出评价或者预测，这体现了会计核算质量要求的是（ ）。

A. 相关性 B. 可靠性 C. 可理解性 D. 可比性

12. 强调不同企业发生的相同或者相似的交易或者事项，应当采用规定的会计政策，确保会计信息口径一致的会计信息质量要求的是（ ）。

A. 可靠性 B. 可理解性 C. 及时性 D. 可比性

13. A 公司 2011 年 10 月发生了一项费用，会计人员在 2012 年 1 月才入账，这违背了会计信

息质量要求中的（　　）。

A. 重要性　　B. 可比性　　C. 谨慎性　　D. 及时性

二、多项选择题

1. 下列有关会计主体的说法中正确的有（　　）。

A. 法律主体一定是会计主体

B. 对于拥有子公司的母公司来说，企业集团应作为一个会计主体来编制财务报表

C. 会计主体一定是法律主体

D. 分公司和子公司一样都是法律主体，也是会计主体

2. 我国企业财务报告的目标是向（　　）提供与企业财务状况、经营成果和现金流量等有关的会计信息，反映企业管理层受托责任履行情况，有助于财务报告使用者做出经营决策。

A. 银行　　B. 投资者　　C. 股东　　D. 债权人　　E. 管理者

3. 所有者权益的来源包括（　　）。

A. 所有者投入的资本　　B. 直接计入所有者权益的利得

C. 直接计入所有者权益的损失　　D. 盈余公积和未分配利润

4. 反映企业财务状况的会计要素有（　　）。

A. 资产　　B. 所有者权益　　C. 费用　　D. 成本

5. 下列各项中属于财务报告目标的有（　　）。

A. 向财务报告使用者提供决策有用信息

B. 反映企业管理层受托责任的履行情况

C. 与同行业信息做比较

D. 客观地反映企业的财务和经营状况

三、判断题

1. 以权责发生制为基础进行会计确认、计量和报告是会计信息质量的一项基本要求。（　　）

2. 我国会计要素不包括利得和损失。（　　）

3. 费用是指企业在日常活动中发生的，会导致所有者权益减少的，与向所有者分配利润有关的经济利益的总流出。（　　）

4. 谨慎性要求企业对交易或者事项进行会计确认、计量和报告时应当保持应有的谨慎，不应高估资产或者收益，但在特殊情况下，可适当低估负债或者费用。（　　）

学习情境二　货币资金

学习目标

本学习情境主要讲授货币资金的核算。

通过本学习情境的学习，应该了解和掌握以下内容：

1. 了解现金管理制度、银行结算账户的管理；
2. 掌握库存现金的核算、现金的清查；
3. 掌握银行结算方式、银行存款的核算、银行存款的清查及其他货币资金的核算。

情境导航

作为新入职的会计人员，一般应先从出纳工作开始，熟悉现金和银行存款的管理制度和报销制度；熟悉现金日记账和银行存款日记账，银行有关的汇款结算规定和要求，业务流程单据，每天存取款的规定和要求；熟悉公司的各个开户银行，单位印鉴的使用范围、审批流程和要求。

模块一　库存现金

货币资金是指企业生产经营过程中处于货币形态的资产，是企业资产中流动性最强的一种资产，包括库存现金、银行存款和其他货币资金。

企业必须加强对货币资金的管理，建立良好的货币资金内部控制，以确保全部应收取的货币资金均能收取，并及时、正确地予以记录；全部货币资金支出是按照经批准的用途进行的，并及时、正确地予以记录；库存现金、银行存款报告正确，并得以恰当保管；正确预测企业正常经营所需的货币资金收支额，确保企业有充足又不过剩的货币资金余额。

库存现金是指存放于企业财会部门、由出纳人员经管的货币。库存现金是企业流动性最强的资产，企业应当严格遵守国家有关现金管理制度，正确进行现金收支的核算，监督现金使用的合法性与合理性。

一、库存现金的管理

根据国务院发布的《现金管理暂行条例》的规定，现金管理制度主要包括以下内容。

（一）库存现金的使用范围管理

企业可用现金支付的款项有：

（1）职工工资、津贴；

（2）个人劳务报酬；

（3）根据国家规定颁发给个人的科学技术、文化艺术、体育等各种奖金；

（4）各种劳保、福利费用以及国家规定的对个人的其他支出；

（5）向个人收购农副产品和其他物资的价款；

（6）出差人员必须随身携带的差旅费；

（7）结算起点（1 000 元）以下的零星支出；

（8）中国人民银行确定需要支付现金的其他支出。

除上述情况可以用现金支付外，其他款项的支付应通过银行转账结算。

（二）库存现金的限额管理

现金的限额是指为了保证单位日常零星开支的需要，允许单位留存现金的最高数额。这一限额由开户银行根据单位的实际需要核定，一般按照单位 3～5 天日常零星开支所需确定。边远地区和交通不便地区的开户单位的库存现金限额可按多于 5 天，但不得超过 15 天的日常零星开支的需要确定。经核定的库存现金限额开户单位必须严格遵守，超过限额的现金应及时存入银行；库存现金低于限额时，可以签发现金支票从银行提取现金，补足限额。需要增加或者减少库存现金限额的，应当向开户银行提出申请，由开户银行核定。

（三）现金收支管理

开户单位现金收支应当依照下列规定办理。

（1）开户单位现金收入应当于当日送存开户银行，当日送存确有困难的，由开户银行确定送存时间。

（2）开户单位支付现金，可以从本单位库存现金限额中支付或从开户银行提取，不得从本单位的现金收入中直接支付（即坐支）。因特殊情况需要坐支现金的，应当事先报经开户银行审查批准，由开户银行核定坐支范围和限额。坐支单位应当定期向开户银行报送坐支金额和使用情况。

（3）开户单位从开户银行提取现金时，应当写明用途，由本单位财会部门负责人签字盖章，经开户银行审核后，予以支付。

（4）因采购地点不确定，交通不便，生产或市场急需，抢险救灾以及其他特殊情况必须使用现金的，开户单位应向开户银行提出申请，由本单位财会部门负责人签字盖章，经开户银行审核后，予以支付现金。

（5）不准用不符合制度的凭证顶替库存现金，即不得“白条顶库”；不准谎报用途套取现金；不准用银行账户代其他单位和个人存入或支取现金；不准用单位收入的现金以个人名义存储，不准保留账外公款，不得设置“小金库”等。

良好的货币资金内部控制

一般而言，一个良好的货币资金内部控制应该达到以下几点：①货币资金收支与记账的岗位分离；②货币资金收支要有合理、合法的凭据；③全部收支及时、准确入账，并且支出要有核准手续；④控制现金坐支，当日收入现金应及时送存银行；⑤按月盘点现金，编制银行存款余额调节表，做到账实相符；⑥加强对货币资金收支业务的内部审计。

二、库存现金的核算

为了反映和监督企业库存现金的收入、支出和结存情况，企业应当设置“库存现金”科目，该科目属于资产类科目，借方登记企业库存现金的增加，贷方登记企业库存现金的减少，期末借方余额反映库存现金的期末结存金额。

企业发生现金收入业务时，借记“库存现金”科目，贷记有关科目；发生现金支出业务时，借记有关科目，贷记“库存现金”科目。

【例 2-1】2011 年 1 月 5 日，北方公司发生下列经济业务从银行提取现金 1 000 元，公司员工李某因公出差，预借差旅费 500 元，用现金支付管理部门购买办公用品费用 200 元，收回公司职工张某借款 400 元。发生时，做如下账务处理。

（1）北方公司从银行提取现金 1 000 元。

借：库存现金　　1 000

　　贷：银行存款　　1 000

（2）公司员工李某因公出差，预借差旅费 500 元。

借：其他应收款　　500

　　贷：库存现金　　500

（3）用现金支付管理部门购买办公用品费用 200 元。

借：管理费用　　200

　　贷：库存现金　　200

（4）收回公司职工张某借款 400 元。

借：库存现金　　400

　　贷：其他应收款　　400

企业内部各部门周转使用的备用金，可以单独设置“备用金”科目进行核算。为了全面、系统、连续、详细地反映企业现金的收支结存情况，企业应设置现金日记账。现金日记账由出纳人员根据审核无误的收付款凭证，按照业务发生的先后顺序逐日逐笔登记。每日终了，应当计算现金收入合计、现金支出合计及现金结余金额，并将结余金额和实际库存现金金额进行核对，保证账款相符。月份终了，现金日记账的余额应与现金总账的余额核对，做到账账相符。

三、现金的清查

为了保证账款相符，防止现金发生差错、丢失或被贪污、挪用，企业应经常对库存现金进行清查。现金清查是指对库存现金的盘点与核对，包括出纳人员每日终了前进行的现金账款核对以及清查小组进行的定期或不定期的现金盘点、核对。现金清查一般采用实地盘点法，对于清查的结果应当编制现金盘点报告表。

库存现金清查中发现的待查明原因的库存现金短缺或溢余，应通过“待处理财产损益——待处理流动资产损益”账户核算。库存现金短缺，借记“待理财产损益——待处理流动资产损益”账户，贷记“库存现金”账户；“待处理财产损益”科目属于资产类科目，且具有“备抵”和“备增”的双向性。库存现金溢余，借记“库存现金”账户，贷记“待处理财产损益——待处理流动资产损益”账户。待查明原因后，如为现金短缺，属于应由责任人赔偿或保险公司赔偿的部分，借记“其他应收款——应收库存现金短缺款”，贷记“待处理财产损益——待处理流动资产损益”账户；应由保险公司赔偿部分，借记“其他应收款——应收保险赔款”，贷记“待处理财产损益——待处理流动资产损益” 账户；无法查明原因部分，经批准后，借记“管理费用——现金短缺”账户，贷记“待处理财产损益——待处理流动资产损益”账户。如为现金溢余，属于应支付给有关人员或单位的，应借记“待处理财产损益——待处理流动资产损益”，贷记“其他应付款——应付现金溢余（××个人或单位）”账户；无法查明原因的，经批准后，借记“待处理财产损益——待处理流动资产损益”账户，贷记“营业外收入——现金溢余”账户。

【例 2-2】北方公司在现金清查中发现库存现金溢余 500 元，经核查，无法确定溢余原因，经批准将其作为企业的营业外收入处理。其账务处理如下。

（1）发现现金溢余时。

	借方	贷方
借：库存现金	500	
贷：待处理财产损益——待处理流动资产损益		500

（2）经核查后，批准为营业外收入时。

	借方	贷方
借：待处理财产损益——待处理流动资产损益	500	
贷：营业外收入		500

【例 2-3】北方公司在 2013 年 6 月末，现金清查中发现库存现金短缺 4 000 元，经核查，系出纳人员过失所致，由出纳赔偿损失。其账务处理如下。

（1）查出库存现金短缺时。

	借方	贷方
借：待处理财产损益——待处理流动资产损益	4 000	
贷：库存现金		4 000

（2）查明原因后。

借：其他应收款 ——出纳员×× 4 000

　　贷：待处理财产损益——待处理流动资产损益 4 000

【例 2-4】企业现金清查中，经检查仍无法查明原因的现金短款，经批准后应计入（　　）。

A. 管理费用　　B. 财务费用　　C. 冲减营业外收入　　D. 营业外支出

【解析】正确答案是 A。无法查明原因的现金短款经批准后要计入“管理费用”；无法查明原因的现金溢余，经批准后计入“营业外收入”。

兴趣思考

在现金清查中，如有白条，可以抵充现金，以便账实相符吗？

模块二　银行存款

银行存款是企业存放于银行或其他金融机构的货币资金，是企业货币资产的重要组成部分。

一、银行存款的管理

（一）银行存款的开户管理

根据中国人民银行制定的《人民币银行结算账户管理办法》的规定，企业一般应在注册地或住所地开立银行结算账户，以办理存款、取款和转账等结算，符合规定条件的，也可以在异地开立银行结算账户。凡是在银行开立存款账户的企业，必须遵守《人民币银行结算账户管理办法》的各项规定。银行存款账户分为基本存款账户、一般存款账户、专用存款账户和临时存款账户。

基本存款账户是企业因办理日常转账结算和现金收付需要而开立的银行结算账户，它是企业的主办账户，企业日常经营活动的资金收付及其工资、奖金和现金的支取，应通过该账户办理；一般存款账户是企业因借款或其他结算需要，在基本存款账户开户银行以外的银行营业机构开立的银行结算账户，用于办理借款转存、借款归还和其他结算的资金收付，该账户可以办理现金缴存，但不得办理现金支取；专用存款账户是企业按照法律、行政法规和规章，对其特定用途资金进行专项管理和使用而开立的银行结算账户，用于办理各项专用资金的收付；临时存款账户是企业因临时需要并在规定期限内使用而开立的银行结算账户，用于办理临时机构以及企业临时经营活动发生的资金收付，企业可以通过该账户办理转账结算和根据国家现金管理的规定办理现金收付。

一个企业只能在一家银行的一个营业机构开立一个基本存款账户，不得在多家银行机构同时开立基本存款账户；不得在同一家银行的几个分支机构同时开立一般存款账户。银行存款的收付由出纳人员办理，由专人保管空白支票和签发支票。银行存款总账由会计登记掌管，银行存款日记账由出纳逐笔登记，并经常与银行提供的对账单进行核对，以便进行内部控制。

（二）银行存款的结算管理

（1）企业应当严格按照《支付结算办法》等有关规定，加强对银行账户的管理，严格按照规定开立账户，办理存款、取款和结算。银行账户的开立应当符合企业经营管理的实际需要，不得随意开立多个账户，禁止企业内设管理部门自行开立银行账户。

（2）企业应当定期检查、清理银行账户的开立及使用情况，发现未经审批擅自开立银行账户或者不按规定及时清理、撤销银行账户等问题，应当及时处理并追究有关责任人的责任。

（3）企业应当加强对银行结算凭证的填制、传递及保管等环节的管理与控制。

（4）企业应当严格遵守银行结算纪律，不得签发没有资金保证的票据或远期支票以套取银行信用；不得签发、取得和转让没有真实交易和债权债务的票据；不得无理拒绝付款，任意占用他人资金；不得违反规定开立和使用银行账户。

（5）企业应当指定专人定期核对银行账户，每月至少核对一次，编制银行存款余额调节表，并指派对账人员以外的其他人员进行审核，确定银行存款账面余额与银行对账单余额是否调节相符。如调节不符，应当查明原因，及时处理。

（6）企业应当加强对银行对账单的稽核和管理。出纳人员不得同时从事银行对账单的获取、银行存款余额调节表的编制等工作。

（7）实行网上交易、电子支付等方式办理货币资金支付业务的企业，应当与承办银行签订网上银行操作协议，明确双方在资金安全方面的责任与义务、交易范围等。操作人员应当根据操作授权和密码进行规范操作。

（8）使用网上交易、电子支付方式的企业办理货币资金支付业务，不应因支付方式的改变而随意简化、变更支付货币资金所必需的授权批准程序。企业在严格实行对网上交易、电子支付操作人员不相容岗位相互分离控制的同时，应当配备专人加强对交易和支付行为的审核。

（三）票据及有关印章的管理

1. 企业应当加强与货币资金相关的票据的管理

明确各种票据的购买、保管、领用、背书转让、注销等环节的职责权限和处理程序，并专设登记簿进行记录，防止空白票据的遗失和被盗用。企业因填写、开具失误或者其他原因导致作废的法定票据，应当按规定予以保存，不得随意处置或销毁。对超过法定保管期限可以销毁的票据，在履行审核批准手续后进行销毁，但应当建立销毁清册并由授权人员监销。企业应当设立专门的账簿对票据的转交进行登记；对收取的重要票据，应留有复印件并妥善保管；不得跳号开具票据，不得随意开具印章齐全的空白支票。

2. 企业应当加强对银行预留印鉴的管理

财务专用章应当由专人保管，个人名章应当由本人或其授权人员保管，不得由一个人保管支付款项所需的全部印章。按规定需要由有关负责人签字或盖章的经济业务与事项，必须严格履行签字或盖章手续。

（四）货币资金内部控制制度

内部控制制度是企业重要的内部管理制度，是在处理各种业务活动时，依照分工负责的原则在有关人员之间建立的相互联系、相互制约的管理体系。货币资金的内部控制制度是企业最重要的内部控制制度，它的具体内容因企业规模的大小和货币资金收支量的多少而不同。

（1）企业应当建立货币资金业务的岗位责任制，明确相关部门和岗位的职责权限，确保办理货币资金业务的不相容岗位相互分离、制约和监督。

货币资金业务的不相容岗位至少应当包括：货币资金支付的审批与执行；货币资金的保管与盘点清查；货币资金的会计记录与审计监督。

另外，出纳人员不得兼任稽核、会计档案保管和收入、支出、费用、债权债务账目的登记工作。

（2）企业应当配备合格的人员办理货币资金业务，并结合企业实际情况，对办理货币资金业务的人员定期进行岗位轮换。企业关键财会岗位，可以实行强制休假制度，并在最长不超过五年的时间内进行岗位轮换。

（3）企业应当建立货币资金授权制度和审核批准制度，并按照规定的权限和程序办理货币资金支付业务。

（4）严禁未经授权的部门或人员办理货币资金业务或直接接触货币资金。

二、银行转账结算方式

结算方式是指用一定的形式和条件来实现企业间或企业与其他单位和个人间货币收付的程序和方法。结算分为现金结算和转账结算方式。现金结算是指收付款双方直接用现金进行货币收付的结算业务；转账结算时收付款双方通过银行，以转账的方式进行货币收付的结算业务，也称非现金结算。根据中国人民银行发布的《支付结算办法》规定的国内人民币支付的非现金结算方式包括支票、银行本票、银行汇票、商业汇票、信用卡、托收承付、委托收款、汇兑八种；另外还有国内信用证结算方式等。企业采用上述各种结算方式办理结算，必须遵守国家的法律、法规和中国人民银行颁布的《支付结算办法》等的各项规定，遵守结算纪律。严格按照《银行账户管理办法》的规定开立、使用账户，不准出租、出借账户。下面主要介绍企业单位常用的支付结算方式。

（一）支票

支票是出票人签发的，委托办理支票存款业务的银行在见票时无条件向收款人或者持票人支付确定的金额的票据。支票分为现金支票、转账支票和普通支票。支票上印有“现金”字样的为现金支票，现金支票只可用于从银行支取现金。支票上印有“转账”字样的为转账支票，转账支票只能用于转账。支票上未印有“现金”或“转账”字样的为普通支票，普通支票既可支取现金，又可转账。在普通支票左上角划有两条平行线的为划线支票，划线支票只能用于转账，不得支取现金。

支票结算适用于在同城及同一票据交换区域内各种款项的结算。它是同一票据交换区域内广泛使用的结算方式。支票的提示付款期限为10天，超过提示付款期限提示付款的，持票人开户银行不予受理，付款人不予付款。在签发支票时内容要齐全，大小写金额要相符；签发现金支票必须符合库存现金管理的规定；不得签发空头支票；不得出租、出借支票。

支票结算的程序是：付款单位根据商品交易、劳务提供或其他往来向收款单位签发转账支票；收款单位收到支票后，填写进账单，连同支票一并送交开户银行；收款单位开户银行向付款单位开户银行提出清算资金；收款单位开户银行为收款单位收妥款项。

采用转账支票结算的入账时间，收款单位应在收到支票的当日填制进账单连同支票送交银行，根据银行盖章退回的进账单和有关原始凭证编制收款凭证；付款单位对于开出的支票，应根据支票存根和有关原始凭证及时编制付款凭证。

（二）银行本票

银行本票是银行签发的，承诺在见票时无条件向收款人或者持票人支付确定的金额的票据。银行本票按照其金额是否固定可分为不定额和定额两种。不定额银行本票是指凭证上金额栏是空白的，签发时根据实际需要填写金额，并用压数机压印金额的银行本票；定额银行本票是指凭证上预先印定固定面额的银行本票。定额本票面值为 1 000 元、5 000 元、10 000 元、50 000 元。银行本票可以用于转账，注明“现金”字样的银行本票可以用于支取现金，但单位不得申请签发现金银行本票。单位和个人在同一票据交换期限需要支付各种款项均可采用这种结算方式。银行本票的提示付款期限为出票日起最长不得超过 2 个月，超过期限的银行不受理。在有效期限内收款人可以将银行本票背书转让给被背书人。

申请人需要使用银行本票办理结算时，应向银行提交“银行本票申请书”；出票银行受理银行本票申请书后，收妥款项、签发银行本票；申请人取得银行本票后，即可向填明的收款单位办理结算；收款单位收到银行本票向开户银行提示付款时，应填写银行进账单，连同银行本票一并交开户银行办理转账。

采用银行本票结算方式的入账时间是：收款单位按规定受理本票后，应将银行本票连同进账单一并送交银行办理转账，根据银行退回的进账单和有关的原始凭证编制记账凭证。

（三）银行汇票

银行汇票是出票银行签发的，由其在见票时按照实际结算金额无条件支付给收款人或者持票人的票据。银行汇票可以用于转账，填明“现金”字样的银行汇票也可以用于支取现金。

单位或个人各种款项结算均可使用这种结算方式，但签发现金银行汇票只适用于申请人和付款人均为个人，单位不得使用。银行汇票具有使用灵活、票随人到、兑现性强等特点。银行汇票的提示付款期限为自出票日起 1 个月，持票人超过付款期限提示付款的，代理付款人不予受理；代理付款人也不得受理未在本行开立存款账户的持票人为单位直接提交的银行汇票；收款人可以将银行汇票背书转让给被背书人，但银行汇票的背书转让以不超过出票金额的实际金额为准，未填写实际结算金额或实际结算金额超过出票金额的银行汇票不得背书转让；银行汇票的实际结算金额不得更改。

银行汇票结算的程序是汇款单位申请办理银行汇票，应按规定填写“银行汇票申请书”交给出票银行；银行受理银行汇票申请书，收妥款项后向申请人签发银行汇票；申请人取得银行汇票后即可持银行汇票向填明的收款单位办理结算；收款单位在收到银行汇票时，根据实际需要的金额填写进账单，连同银行汇票和解讫通知一并送交开户银行办理结算；收款人开户银行审核无误后，办理转账；收款人开户银行与付款人开户银行之间清算资金；有多余款的，由申请人开户银行主动转入申请人账户中。

采用银行汇票结算方式的入账时间是：收款单位应根据银行的收账通知和有关的原始凭证编制收款凭证；付款单位应在收到银行签发的银行汇票后，根据“银行汇票申请书”（存根联）编制付款凭证；如有多余款退回，应根据通知编制收款凭证，进行账务处理。

（四）商业汇票

商业汇票是出票人签发的，委托付款人在指定日期无条件支付确定的金额给收款人或者持票人的票据。商业汇票按其承兑人的不同，分为商业承兑汇票和银行承兑汇票；商业承兑汇票由银行以外的付款人承兑，银行承兑汇票由银行承兑。商业汇票的付款人为承兑人。在银行开立存款账户的法人以及其他组织之间，必须具有真实的交易关系或债权债务关系才能使用商业汇票。商业汇票的付款期限由交易双方商定，最长不超过 6 个月。商业汇票的提示付款期限自商业汇票到期日起 10 日内。商业汇票同城、异地都可使用，而且没有结算起点的限制，未到期的商业汇票可以到银行办理贴现。

商业承兑汇票的结算程序。商业承兑汇票的承兑人是付款人，也是交易中的购货方。承兑时，应在汇票正面记载“承兑”字样和承兑日期并签章。商业承兑汇票到期时，购货单位的开户银行将票款划给销货单位。若付款人的存款不足支付票款或付款人存在着合法的抗辩事由拒绝支付的，付款人开户银行应填制付款人未付票款通知书或取得付款人的拒绝付款证明，连同商业承兑汇票，一起邮寄持票人开户银行转持票人，银行不负责付款，由购销双方自行处理。

采用商业承兑汇票结算方式的入账时间是收款单位将到期的商业承兑汇票送交银行办理收款，在收到银行的收款通知时，据以编制收款凭证；付款单位在收到银行付款通知时，据以编制付款凭证。

银行承兑汇票的结算程序是付款单位填制“银行承兑汇票”，持票向开户银行申请承兑；银行接到汇票后，按规定审查无误后受理承兑，与承兑申请人签署“银行承兑协议”；银行在承兑汇票上盖章表示承兑，对汇票与承兑申请收取汇票面额万分之五的手续费；承兑申请人将银行已承兑的汇票寄给收款人（销货单位）；收款人收到承兑后的汇票，办理商品发运；承兑申请人应于银行承兑汇票到期前，将票款足额交存其开户银行；汇票到期日，付款银行向承兑申请人发出支款通知；收款人在银行承兑汇票到期时，应填制进账单连同银行承兑汇票一并交开户银行收款；收款人开户银行收到上述汇票审核无误后，即代替承兑人开户银行（承兑银行）将票款付给收款人，以进账单回联通知收款人款已收妥。然后，收款人开户银行与承兑银行清算代付资金。

（五）信用卡

信用卡是指由银行或专营机构签发，可在约定银行或部门存取现金、购买商品及支付劳务报酬的一种信用凭证。持卡人可在同城和异地凭卡支取现金、转账结算和消费信用等。信用卡产生的结算关系一般涉及三方当事人，即银行、持卡人和商户。商户向持卡人提供商品或服务的商业信用，然后向持卡人的发卡行收回货款或费用，再由发卡行或代办行向持卡人办理结算。

凡在中国境内金融机构开立基本存款账户的单位可申领单位卡。单位卡可申领若干张，持卡人资格由申领单位法定代表人或其委托的代理人书面指定或注销。凡具有完全民事行为能力的中国公民可申领个人卡，个人卡的主卡持卡人可为其配偶及年满 18 周岁的亲属申领附属卡，也有权要求注销附属卡。单位卡账户资金一律从其基本存款账户转账转入，不得交存现金，也不得将销货收入的款项存入信用卡存款账户。销户时，单位卡账户余额转入其基本存款账户，不得提取现金。个人卡账户的资金以其持有的现金存入或以其工资性款项及属于个人的劳务报酬收入转账存入。销户时，个人卡账户可以转账结清，也可以提取现金。持卡人可持信用卡在特约单位购物、消费，单位卡不得用于 10 万元以上的商品交易、劳务供应款项的结算。持卡人凭卡购物、消费时，须将信用卡和身份证件一并交特约单位。

信用卡可以透支，但不能恶意透支，而且透支金额有明确的规定，金卡不得超过 10 000 元，普通卡不得超过 5 000 元。透支期限最长为 60 天。采用信用卡结算方式时，单位按照有关规定填制信用卡申请表，连同有关资料一并交送发卡银行，并按银行要求交存备用金后，银行为申请人开立信用卡存款账户；发给信用卡后，单位根据银行盖章退回的交存备用金的进账单编制付款凭证。收款单位对于受理的信用卡签购单，填写进账单，连同签购单一并送交收单银行办理进账，单位根据银行的进账单及有关凭证编制收款凭证。

使用信用卡可以透支，透支要付利息吗？

（六）托收承付

托收承付是指根据购销合同由收款企业发货后，委托银行向异地付款单位收取款项，由付款单位向银行承付的一种结算方式。使用托收承付结算方式的收款单位和付款单位，必须是国有企业、供销合作社以及经营管理较好并经开户银行审查同意的城乡集体所有制工业企业。办理托收承付结算的款项，必须是商品交易以及因商品交易而产生的劳务供应的款项。代销、寄销、赊销商品的款项，不得办理托收承付结算。

根据规定，收付双方使用托收承付结算必须签有符合《经济合同法》的购销合同，并在合同上订明使用托收承付结算方式；托收承付结算的每笔金额起点为 10 000 元，新华书店系统的托收承付结算每笔的金额可降到 1 000 元。

托收承付结算款项的划回方法分为邮寄和电报两种。采用托收承付结算方式时，收付双方必须签有符合合同法的购销合同，并在合同上注明使用托收承付结算方式。销售方在按照合同规定向购货单位发货后，应填写一式五联的托收承付结算凭证，连同合同以及能够证明货物确实发出的发运证件交开户银行办理托收。待开户银行收回托收款并通知企业时，收款单位才能凭收到开户银行转来的收款通知编制收款凭证。根据付款条件的不同，承付货款分为验单付款和验货付款两种，由收付双方在合同中明确规定。验单付款的承付期为 3 天，从付款人开户银行发出承付通知的次日算起；验货付款的承付期为 10 天，从运输部门向付款人发出提货通知的次日算起。付款人在银行发出承付通知的次日起 10 日内未收到提货通知的，应在第 10 天将货物尚未到达的情况通知银行，在第 10 天付款人没有通知银行的，银行即视为已经验货，于 10 天期满的次日上午银行开始营业时，将款项划给收款人。

托收承付结算的入账时间：采用托收承付结算方式时，收款单位对于托收的款项应在收到银行的收账通知时，根据收账通知和有关原始凭证，编制收款凭证；付款单位对于承付的款项应于承付时根据承付通知和有关发票账单等原始凭证，编制付款凭证。

（七）委托收款

委托收款是收款人委托银行向付款人收取款项的一种结算方式。同城、异地均可采用。单位和个人凭已承兑商业汇票、债券、存单等付款人债务证明办理款项的结算，均可以使用这种结算方式。委托收款结算款项的划回方式分为邮寄和电报两种，付款期为 3 天。

收款人委托开户银行收款应填写一式五联的委托收款结算凭证，连同有关债务证明送交开户银行，经开户银行审查后，据以办理委托收款手续。收款人开户银行受理委托收款后，将委托收款凭证寄交付款单位开户行，由付款单位开户行审核，并通知付款单位。付款单位收到银行转来的委托收款凭证及债务证明，应签收并在 3 日内审查债务证明是否真实，是否为本单位的债务，确认之后通知银行付款；如果付款单位不通知银行，银行视其为同意付款，并在第 4 日从单位账户中付出此笔托收款项。根据委托收款凭证的付款通知联和有关的原始凭证编制付款凭证。收款单位对于委托收款，应在收到银行的收款通知时，根据收款通知编制收款凭证。

（八）汇兑

汇兑是汇款单位委托银行将款项支付给收款人的结算方式。分为信汇和电汇两种，信汇费用较低，但速度较慢；电汇速度快，但费用比较高。电汇是指汇款人委托银行通过电报将款项划转给收款人。信汇是指汇款人委托银行通过邮寄方式将款项划转给收款人。

采用汇兑结算方式时，结算流程是：付款单位汇出款项时，填写银行印发的汇款凭证送达开户银行后，根据经银行办理汇款的汇款回执编制付款凭证；收款银行将汇款收进单位存款账户后，向收款单位发出收款通知，收款单位根据收到的银行收账通知编制收款凭证。

采用汇兑结算方式时，入账时间是收款单位对于汇入的款项，应在收到银行的收账通知时，据以编制收款凭证；付款单位对于汇出的款项，应在向银行办理汇款后，根据汇款回单编制付款凭证，进行账务处理。

（九）信用证

信用证结算方式是国际贸易结算的一种主要方式。为适应国内贸易的需要，促进社会主义市场经济的健康发展，1997 年 6 月，中国人民银行制定并印发了《国内信用证结算办法》。该办法旨在通过信用证结算维护贸易双方有关当事人的合法权益，同时丰富了国内结算种类。

信用证是指开证行依据申请人的申请开出的，凭符合信用证条款的单据支付的付款承诺。信用证为不可撤销、不可转让的跟单信用证。采用信用证结算方式的，付款单位在按购销合同填写“信用证委托书”向银行申请签发信用证并交存信用证保证金后，根据银行盖章退回的交存保证金进账单编制付款凭证；收款单位收到信用证后，即备货装运，签发有关发票账单，连同运输单据和信用证送交开户银行结算，企业根据退还的信用证等有关凭证编制收款凭证。

小贴士

最早的信用卡出现于19世纪末。19世纪80年代，英国服装业发展出所谓的信用卡，旅游业与商业部门也都跟随这个潮流。但是，当时的卡片仅能进行短期的商业赊借行为，款项还是要随用随付，不能长期拖欠，也没有授信额度。

三、银行存款的核算

为了总括反映银行存款的收支和结存情况，企业应设置“银行存款”科目。该科目属于资产类科目，借方登记银行存款的增加数，贷方登记银行存款的减少数，期末借方余额反映期末企业实际持有的银行存款的金额。企业在不同的结算方式下，根据有关的原始凭证编制银行存款的收付款凭证，记入“银行存款”科目。

企业存在其他金融机构的存款应在本账户内核算，但企业在银行的外埠存款、银行本票、银行汇票、信用卡、信用证保证金、存出投资款等存款不在本账户核算。

银行存款总账可以直接根据收、发凭证逐笔登记，也可定期或与月份终了时，根据科目汇总表或汇总收付款凭证登记。

为了系统反映有关银行存款收支、结存的情况，企业应当按照开户银行、存款种类等，分别设置“银行存款日记账”。银行存款日记账由出纳人员根据审核无误的银行存款收付款凭证，按照业务发生的先后顺序逐日逐笔登记。每日终了时应计算银行存款收入合计、支出合计及结余数。银行存款日记账应定期与银行转来的对账单进行核对，至少每月核对一致。

企业将款项存入银行时，借记“银行存款”账户，按存款来源贷记“主营业务收入”、“应收账款”、“应交税费——应交增值税（销项税额）”等账户；提取或支出存款时，按用途借记“材料采购”、“应交税费——应交增值税（进项税额）”等账户，贷记“银行存款”账户。

【例2-5】2011年3月4日，北方公司用银行存款支付管理部门电话费1 500元；2011年3月5日收到南方公司前欠货款182 000元，款项已存入银行。其账务处理如下。

（1）2011年3月4日支付管理部门电话费时。

借：管理费用　　1 500

　　贷：银行存款　　1 500

（2）2011年3月5日收到欠款，并存入银行时。

借：银行存款　　182 000

　　贷：应收账款　　182 000

银行存款的清查

银行存款的清查是通过将银行存款日记账与开户银行转来的对账单进行核对，以查明银行存款的实有数额。为了保证银行存款的安全和核算的正确，企业应按期对账。核对的内容包括：银行存款日记账与银行存款收、付款凭证相互核对，做到账证相符；银行存款日记账与银行存款总账相互核对，做到账账相符；在账证、账账相符的基础上，银行存款日记账与银行对账单相互核对，做到账单相符。

银行存款日记账余额与银行对账单余额如有不符，除记账错误外，未达账项的影响是主要原因。所谓未达账项是指在企业和银行之间，由于结算凭证传递的时间差，而造成的一方已经入账，另一方因未收到结算凭证，尚未入账的款项。其主要包括以下四种情况：企业已收款入账，银行尚未收款入账；企业已付款入账，银行尚未付款入账；银行已收款入账，企业尚未收款入账；银行已付款入账，企业尚未付款入账。

对于未达账项，应编制“银行存款余额调节表”进行调节。调节后，若无记账差错，双方调整后的银行存款余额应该相等。需要注意的是，银行存款余额调节表是用来核对企业和银行的记账有无错误，不能作为记账的依据。对于未达账项，无须进行账面调整，待结算凭证收到后再进行账务处理。

银行存款余额调节表的编制主要采用余额调节法进行。余额调节法是指编制调节表时，在企业和其开户行现有银行存款余额的基础上，各自加减未达账项进行调节的方法。银行存款余额调节表如表 2-1 所示。

表 2-1　　银行存款余额调节表

项 目	金额	项 目	金额
企业银行存款日记账余额 加：银行已收、企业未收款 减：银行已付、企业未付款		银行对账单余额 加：企业已收、银行未收款 减：企业已付、银行未付款	
调节后的存款余额		调节后的存款余额	

【例 2-6】北方公司 6 月 30 日的企业银行存款日记账账面余额为 83 820 元，银行对账单余额为 171 820 元。经逐笔核对，发现有以下未达账项：

（1）29 日银行代企业收取货款 52 000 元，企业尚未收到收款通知；

（2）30 日银行代企业支付电话费 3 600 元，企业尚未收到付款通知；

（3）30 日企业送存银行的转账支票 16 700 元，银行尚未入账；

（4）30 日企业开出汇票 56 300 元并已入账，但会计人员尚未送银行办理电汇手续。

该公司根据以上未达账项进行相关账务处理后编制“银行存款余额调节表”，则调节后的银行存款余额应为（　　）元。

A. 97 220　　B. 132 220　　C. 153 520　　D. 188 520

【解析】正确答案是 B。可以分别从银行存款日记账余额和银行对账单余额进行调整。从银行存款日记账余额进行调整：调节后的银行存款余额=83 820＋52 000−3 600=132 220（元）。从银行对账单余额进行调整：调节后的银行存款余额=171 820+16 700−56 300=132 220（元）。

【例 2-7】关于银行存款余额调节表编制方法的说法，不正确的有（　　）。

A. 银行存款余额调节表是用来核对企业和银行的记账有无错误，并作为记账依据

B. 调节后的银行存款日记账的余额，反映企业可以动用的银行存款实有数额

C. 调节后的银行对账单的余额，反映企业可以动用的银行存款实有数额

D. 对于未达账项，无须进行账面调整，待结算凭证收到后再进行账务处理

【解析】正确答案 CDB。选项 A，银行存款余额调节表不能作为记账依据。

兴趣思考

企业银行存款的账面余额与银行对账单余额因未达账项存在差额时，应按照银行存款余额调节表调整银行存款日记账，对吗？

模块三　其他货币资金

其他货币资金是指企业除库存现金、银行存款以外的各种货币资金，主要包括外埠存款、银行汇票存款、银行本票存款、存出投资款、信用卡存款、信用证保证金存款等。

一、外埠存款

外埠存款是指企业到外地进行临时和零星采购时，汇往采购地银行开立采购专户存款的款项。企业将款项委托当地银行汇往采购地开立专户时，根据汇出款项凭证编制付款凭证，借记“其他货币资金——外埠存款”科目，贷记“银行存款”科目；企业收到采购人员交来的供货单位发货票、账单等报销凭证时，借记“材料采购”或“原材料”、“库存商品”、“应交税费——应交增值税（进项税额）”等科目，贷记“其他货币资金——外埠存款”科目；用外埠存款采购结束将多余资金转回时，根据银行的收账通知编制收款凭证，借记“银行存款”科目，贷记“其他货币资金——外埠存款”科目。

【例 2-8】2011 年 4 月 5 日北方公司汇往天津银行 50 000 元开立采购物资专户；2011 年 5 月 4 日在天津采购原材料，支付材料价款 30 000 元，增值税 5 100 元，材料已经入库。2011 年 5 月 12 日将多余的外埠存款转回开户银行。其账务处理如下。

（1）2011 年 4 月 5 日将款项汇往天津银行开立采购物资专户时。

借：其他货币资金——外埠存款　　50 000

　　贷：银行存款　　50 000

（2）2011 年 5 月 4 日天津采购原材料，支付材料价款，材料已经入库。

借：原材料　　30 000

　　应交税费——应交增值税（进项税额）　　5 100

　　贷：其他货币资金——外埠存款　　35 100

（3）2011 年 5 月 12 日余款转回时。

借：银行存款　　14 900

　　贷：其他货币资金——外埠存款　　14 900

二、银行汇票存款

企业从银行取得汇票后，借记“其他货币资金——银行汇票”科目，贷记“银行存款”科目。企业使用银行汇票支付款项后，借记“材料采购”、“原材料”或“库存商品”、“应交税费——应交增值税（进项税额）”等科目，贷记“其他货币资金——银行汇票”等科目。银行汇票使用完毕，应转销“其他货币资金——银行汇票”科目。如实际采购支出小于银行汇票面额，多余部分应借记“银行存款”科目，贷记“其他货币资金——银行汇票”科目。汇票因超过付款期限或其他原因未曾使用而退还款项时，应借记“银行存款”科目，贷记“其他货币资金——银行汇票”科目。

【例 2-9】北方公司为增值税一般纳税人，2011 年 5 月 13 日向银行申请办理银行汇票用以购买原材料，将款项 250 000 元交存银行转作银行汇票存款。其账务处理如下。

2011 年 5 月 13 日将款项交存银行转作银行汇票存款时。

借：其他货币资金——银行汇票　　250 000

　　贷：银行存款　　250 000

【例 2-10】2011 年 5 月 14 日北方公司购入原材料一批，取得的增值税专用发票上的原材料价款为 200 000 元，增值税税额为 34 000 元，已用银行汇票办理结算，多余款项 16 000 元退回开户银行，企业已收到开户银行转来的多余款收账通知。其账务处理如下。

2011 年 5 月 14 日购入原材料一批，用银行汇票办理结算，多余款项退回开户银行时。

借：原材料　　200 000

　　应交税费——应交增值税（进项税额）　　34 000

　　贷：其他货币资金——银行汇票　　234 000

借：银行存款　　16 000

　　贷：其他货币资金——银行汇票　　16 000

三、银行本票存款

银行本票存款是指企业为取得银行本票，按照规定存入银行的款项。企业取得银行本票时，借记“其他货币资金——银行本票”科目，贷记“银行存款”科目。企业使用银行本票后，应根据发票账单等有关单据编制转账凭证，借记“材料采购”、“原材料”或“库存商品”、“应交税费——应交增值税（进项税额）”等科目，贷记“其他货币资金——银行本票”科目。如企业因本票超过付款期等原因未曾使用而要求银行退款时，应填制一式两联进账单，连同本票一并交给银行，然后根据银行收回本票时盖章退回的一联进账单，借记“银行存款”科目，贷记“其他货币资金——银行本票”科目。

【例 2-11】2011 年 5 月 23 日北方公司为取得银行本票，向渤海银行填交“银行本票申请书”，并将 11 000 元银行存款转作银行本票存款。5 月 24 日用银行本票购买办公用品 11 000 元。其账务处理如下。

（1）2011 年 5 月 23 日向渤海银行将银行存款转作银行本票存款。

借：其他货币资金——银行本票　　11 000

　　贷：银行存款　　11 000

（2）2011 年 5 月 24 日用银行本票购买办公用品。

借：管理费用　　11 000

　　贷：其他货币资金——银行本票　　11 000

四、存出投资款

存出投资款是指企业已存入证券公司但尚未进行交易性投资的现金。企业向证券公司划出资金时，应按实际划出的金额，借记“其他货币资金——存出投资款”科目，贷记“银行存款”科目；购买股票、债券等时，按实际发生的金额，借记“交易性金融资产”科目，贷记“其他货币资金——存出投资款”科目。

【例 2-12】2011 年 5 月 18 日一北方公司将在天津银行的存款 1 000 000 元存入中信证券公司，以备购买有价证券。5 月 23 日用存出投资款 1 000 000 元，购入股票作为交易性金融资产。某账务处理如下。

（1）2011 年 5 月 18 日北方公司将在天津银行存款存入中信证券公司，以备购买有价证券。

借：其他货币资金——存出投资款　　1 000 000

　　贷：银行存款　　1 000 000

（2）5 月 23 日用存出投资款购入股票作为交易性金融资产。

借：交易性金融资产　　1 000 000

　　贷：其他货币资金——存出投资款　　1 000 000

五、信用卡存款

信用卡存款是指企业为取得信用卡按照规定存入银行的款项。企业应按规定填制申请表，根据银行盖章退回的进账单第一联，借记“其他货币资金——信用卡”科目，贷记“银行存款”科目；企业用信用卡购物或支付有关费用，在收到开户银行转来的信用卡存款的付款凭证及所附发票账单后，借记有关科目，贷记“其他货币资金——信用卡”科目；企业信用卡在使用过程中，需要向其账户续存资金的，借记“其他货币资金——信用卡”科目，贷记“银行存款”科目。

【例 2-13】企业申请信用卡，将信用卡申请表连同 50 000 元的支票一并送交发卡银行。根据银行盖章退回的进账单，编制会计分录如下。

借：其他货币资金——信用卡存款　　50 000

　　贷：银行存款　　50 000

【解析】企业申请信用卡将减少基本存款账户的金额，应记入“银行存款”账户贷方，而信用卡存款增加，应借记“其他货币资金——信用卡存款”账户。

【例 2-14】企业用信用卡支付费购买办公用品用共 28 000 元，根据银行转来的付款凭证及所附发票账单，经核对无误后，编制会计分录如下。

借：管理费用　　28 000

　　贷：其他货币资金——信用卡存款　　28 000

六、信用证保证金存款

信用证保证金存款是指企业为取得信用证按规定存入银行的保证金。企业向银行交纳保证金，根据银行退回的进账单第一联编制付款凭证，借记“其他货币资金——信用证保证金”科目，贷记“银行存款”科目；根据开证行交来的信用证通知书及有关单据列明的金额，借记“材料采购”、“原材料”或“库存商品”、“应交税费——应交增值税（进项税额）”等科目，贷记“其他货币资金——信用证保证金”科目；企业未用完的信用证保证金余额转回开户银行时，根据收款通知编制收款凭证，借记“银行存款”科目，贷记“其他货币资金——信用证存款”科目。

【例 2-15】企业为购买设备，委托银行对境外供货单位开出信用证 700 000 元（人民币）时，根据开户银行盖章退回的“信用证委托书回单”编制会计分录如下：

（1）借：其他货币资金——信用证保证金　　700 000

　　　　贷：银行存款　　700 000

企业收到设备（不须安装）及境外供货单位信用证结算凭证及所附发票账单，固定资产的全部买价及相关费用为 650 000 元，经核对无误后，应编制会计分录如下：

（2）借：固定资产　　650 000

　　　　贷：其他货币资金——信用证保证金　　650 000

企业未用完的信用证存款余额转回银行结算户时，应编制会计分录如下：

（3）借：银行存款　　50 000

　　　　贷：其他货币资金——信用证保证金　　50 000

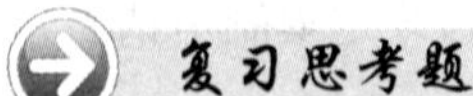

复习思考题

一、单项选择题

1. 企业将款项委托开户银行汇往采购地银行，开立采购专户时，应借记的科目是（　　）。

A. “银行存款”　　B. “材料采购”

C. “其他货币资金”　　D. “其他应收款”

2. 下列各项中，不属于“其他货币资金”科目核算内容的是（　　）

A. 信用证存款　　B. 存出投资款　　C. 备用金　　D. 银行汇票存款

3. 企业在现金清查中发现多余现金，在未经批准处理之前，应借记“现金”科目，贷记（　　）科目。

A. “营业外收入”　　B. “待处理财产损益”

C. “其他应付款”　　D. “其他业务收入”

4. 企业的银行存款账户中，办理日常转账结算和现金收付业务的是（　　）。

A. 基本存款账户　　B. 一般存款账户　　C. 临时存款账户　　D. 专用存款账户

5. 经过“银行存款余额调节表”调整后的银行存款余额为（　　）。

A. 企业账上的银行存款余额

B. 银行账上的企业存款余额

C. 企业可动用的银行存款数额

D. 企业应当在会计报表中反映的银行存款余额

6. 根据《现金管理暂行条例》规定，下列经济业务中，不能用现金支付的是（　　）。

A. 支付职工奖金 5 000 元　　B. 支付零星办公用品购置费 800 元

C. 支付物资采购货款 1 200 元　　D. 支付职工差旅费 2 000 元

7. 企业对现金清查中发现的确实无法查明原因的长款，应将其计入（　　）。

A. 其他业务收入　　B. 资本公积　　C. 盈余公积　　D. 营业外收入

8. 商业汇票的提示付款期限为自汇票到期日起（　　）日内。

A. 5　　B. 10　　C. 20　　D. 30

二、多项选择题

1. 按照《银行账户管理办法》规定，银行存款账户分为（　　）。

A. 基本存款账户　　B. 一般存款账户

C. 临时存款账户　　D. 专用存款账户

2. 企业发生的下列支出中，可用现金支付的有（　　）。

A. 发放本月职工工资 185 000 元　　B. 购买原材料价款 68 000 元

C. 购买办公用品 580 元　　D. 报销退休职工张某医药费 6 300 元

3. 下列各项中，属于其他货币资金的有（　　）。

A. 银行本票存款　　B. 信用卡存款　　C. 银行汇票存款　　D. 外埠存款

4. 导致企业账银行存款的余额与银行账企业存款的余额在同一日期不一致的情况有（　　）。

A. 银行已记作企业的存款增加，而企业尚未接到收款通知，尚未记账的款项

B. 银行已记作企业的存款减少，而企业尚未接到付款通知，尚未记账的款项

C. 企业已记作银行存款增加，而银行尚未办妥入账手续的款项

D. 企业已记作银行存款减少，而银行尚未支付出账的款项

5. 下列各项中，通过“其他货币资金”科目核算的有（　　）。

A. 银行汇票存款　　B. 银行承兑汇票　　C. 备用金　　D. 存出投资款

6. 汇票按承兑人不同，分为（　　）。

A. 商业承兑汇票　　B. 银行承兑汇票　　C. 银行本票　　D. 存出投资款

三、判断题

1. 根据现行银行结算办法的有关规定，异地托收承付结算方式可适用于各种企业办理商品交易，以及因商品交易而产生的劳务供应的款项。（ ）

2. 企业与银行核对银行存款账目时，对已发现的未达账项，应当编制银行存款余额调节表进行调节，并进行相应的账务处理。（ ）

3. 未达账款是指企业与银行之间由于凭证传递上的时间差，一方已登记入账而另一方尚未入账的账项。（ ）

4. 托收承付结算方式既适用于同城结算，又适用于异地结算。（ ）

四、案例分析

北方公司 2010 年 6 月份发生与银行存款有关的业务如下。

（1）6 月 28 日，北方公司收到 B 公司开出的 480 万元转账支票，交存银行。该笔款项系 B 公司违约支付的赔款，北方公司将其计入当期损益。

（2）6 月 29 日，北方公司开出转账支票支付 C 公司咨询费 360 万元，并于当日交给 C 公司。

（3）6 月 30 日，北方公司银行存款日记账余额为 432 万元，银行转来对账单余额为 664 万元。经逐笔核对，发现以下未达账项。

① 北方公司已将 6 月 28 日收到的 B 公司赔款登记入账，但银行尚未记账。

② C 公司尚未将 6 月 29 日收到的支票送存银行。

③ 北方公司委托银行代收 D 公司购货款 384 万元，银行已于 6 月 30 日收妥并登记入账，但北方公司尚未收到收款通知。

④ 6 月份北方公司发生借款利息 32 万元，银行已减少其存款，但北方公司尚未收到银行的付款通知。

要求：

（1）编制北方公司上述业务（1）、（2）的会计分录。

（2）根据上述资料编制北方公司银行存款余额调节表。

学习情境三　金融资产

学习目标

本学习情境主要讲授金融资产的分类定义、计量和核算。

通过对本学习情境的学习，应该掌握以下内容：

1. 掌握以公允价值计量且其变动计入当期损益的金融资产的定义及其核算；
2. 掌握持有至到期投资的含义及其核算；
3. 掌握可供出售金融资产含义及其核算；
4. 掌握金融资产减值的会计处理。

情境导航

作为从事工业产品生产和经营的北方公司，近年来，看到国内外金融市场的交易火爆，投资回报十分可观，亦欲在金融市场大显身手，刀光剑影拼搏一番，来此淘金。为此，该公司抽调几位年轻人，组成金融投资小组，了解金融产品的市场机会，分析市场走势，看准时机“杀入”市场。金融市场潮起潮落、风云变幻，抓住投资的时机是关键一环。学会金融投资的理论与核算是重要的技能之一。

模块一　金融资产概述

一、金融资产的定义和分类

金融资产主要包括：库存现金、银行存款、应收账款、应收票据、其他应收款项、股权投资、债权投资和衍生金融工具形成的资产等，是企业资产的重要组成部分。但是，本章不讲解以下金融资产的会计处理：①货币资金；②长期股权投资。

企业对金融资产的管理、投资和核算，应当结合资产的性质、管理风格、投资策略和风险管理要求等，将取得的金融资产在初始确认时划分为以下几类：①以公允价值计量且其变动计入当期损益的金融资产；②持有至到期投资；③贷款和应收款项；④可供出售的金融资产。

金融资产分类与金融资产计量密切相关。不同类别的金融资产，其初始计量和后续计量采用的基础也不完全相同。因此，上述分类一经确定，不应随意变更。

企业在初始确认时已将金融资产划分为以公允价值计量且其变动计入当期损益的金融资产后，即不能重分类为其他类别的金融资产；反之，也不可以。持有至到期投资、贷款和应收款项、可供出售的金融资产三类金融资产之间，也不得随意重分类。

（一）交易性金融资产

以公允价值计量且其变动计入当期损益的金融资产可以进一步划分为交易性金融资产和直接指定为以公允价值计量且其变动计入当期损益的金融资产两类，但其会计处理是一致的。

交易性金融资产主要是指企业为了近期内出售而持有的金融资产，例如，企业以赚取差价为目的从二级市场购入的股票、债券、基金等，包括如下资产：

（1）属于进行集中管理的可辨认金融工具组合的一部分，且有客观证据表明企业近期采用短期获利方式对该组合进行管理；

（2）属于衍生工具，但是，被指定为有效套期关系中的衍生工具除外。

注意：有效套期中的衍生工具初始确认后，其公允价值变动应根据其对应的套期关系（即公允价值套期、现金流量套期或境外经营净投资套期）不同，采用相应的方法进行处理，适用《企业会计准则第 24 号——套期保值》。

小贴士

金融衍生工具衍生金融资产也叫金融衍生工具（Financial Derivative），又称“金融衍生产品”，是在货币、债券、股票等传统金融工具的基础上衍化和派生的，以杠杆和信用交易为特征的金融工具。它是指建立在基础金融产品或基础变量之上，其价格随基础金融产品的价格（或数值）变动的派生金融产品。这里的基础产品是一个相对的概念，包括现货金融产品（如债券、股票、银行定期存款单等）。作为金融衍生工具基础的变量则包括利率、汇率、各类价格指数甚至天气（温度）指数等。常见工具包括:期货合约、期权合约、远期合同、互换合同等。

（二）直接指定为以公允价值计量且其变动计入当期损益的金融资产

企业将某项金融资产直接指定为以公允价值计量且其变动计入当期损益的金融资产，通常是指该金融资产不满足确定为交易性金融资产的条件，企业仍可在符合某些特定条件时将其按公允价值计量，并将其公允价值变动计入当期损益。

通常情况下，只有符合下列条件之一的金融资产，才可在初始确认时直接指定为以公允价值计量且其变动计入当期损益的金融资产。

（1）该指定可以消除或明显减少由于该金融资产的计量基础不同所导致的相关利得或损失在确认或计量方面不一致的情况。比如，甲金融企业的某金融负债和某金融资产密切相关且均具利率敏感性，该企业将该金融资产划分为可供出售金融资产，而将相关负债划分为交易性金融负债，在这种情况下，该金融资产期末以公允价值计量，但公允价值变动却计入所有者权益，而相关的金融负债却以公允价值计量且公允价值变动计入当期损益，由此出现会计计量基础不同导致会计处理结果不能较好地反映交易实质的情况。如果将该金融资产指定为以公允价值计量且其变动计入当期损益的金融资产，就可以避免上述问题。

（2）企业风险管理或投资策略的正式书面文件已载明，该金融资产组合或该金融资产和金融负债组合，以公允价值为基础进行管理、评价并向关键管理人员报告。比如，某企业集团采用金融资产和金融负债组合方式进行管理，每日均以公允价值对该组合进行评价以及时调整组合来应对相关财务风险。该企业集团管理层对该组合的管理也以公允价值为基础。在这种情况下，该企业集团可以直接指定组合中的金融资产和金融负债为以公允价值计量且其变动计入当期损益的金融资产和金融负债。

二、交易性金融资产的会计处理

企业对交易性金融资产的会计处理应着重于该金融资产与金融市场的紧密结合性，反映该类金融资产相关市场变量变化对其价值的影响，进而对企业财务状况和经营成果的影响。

以公允价值计量且其变动计入当期损益的金融资产初始确认时，应按公允价值计量，相关交易费用应当直接计入当期损益。其中，交易费用是指可直接归属于购买、发行或处置金融工具新增的外部费用。所谓新增的外部费用是指企业不购买、发行或处置金融工具就不会发生的费用。交易费用包括支付给代理机构、咨询公司、券商等的手续费和佣金及其他必要支出，不包括债券溢价、折价、融资费用、内部管理成本及其他与交易不直接相关的费用。企业为发行金融工具所发生的差旅费等，不属于此处所讲的交易费用。

企业取得以公允价值计量且其变动计入当期损益的金融资产所支付的价款中，包含已宣告但尚未发放的现金股利或已到付息期但尚未领取的债券利息的，应当单独确认为应收项目。在持有期间取得的利息或现金股利，应当确认为投资收益。

资产负债表日，企业应将以公允价值计量且其变动计入当期损益的金融资产或金融负债的公允价值变动计入当期损益。

处置该金融资产或金融负债时，其公允价值与初始入账金额之间的差额应确认为投资收益，同时调整公允价值变动损益。

为了核算交易性金融资产的取得、收取现金股利或利息、处置等业务，企业应当设置“交易性金融资产”、“公允价值变动损益”、“投资收益”等科目。

“交易性金融资产”科目核算企业为交易目的所持有的债券、股票、基金投资等交易性金融资产的公允价值。企业持有的直接指定为以公允价值计量且其变动计入当期损益的金融资产也通过

“交易性金融资产”科目核算。该科目的借方登记交易性金融资产的取得成本、资产负债表日其公允价值高于账面价值的差额等；贷方登记资产负债表日其公允价值低于账面价值的差额，以及企业出售交易性金融资产时结转的成本和公允价值变动损益。企业应当按照交易性金融资产的类别和品种，分别设置“成本”、“公允价值变动”等明细科目进行核算。

“公允价值变动损益”科目核算企业交易性金融资产等公允价值变动而形成的应计入当期损益的利得或损失，贷方登记资产负债表日企业持有的交易性金融资产等的公允价值高于账面余额的差额，借方登记资产负债表日企业持有的交易性金融资产等的公允价值低于账面余额的差额。

“投资收益”科目核算企业持有的交易性金融资产期间取得以及处置时实现的投资收益或损失。贷方登记企业出售交易性金融资产等取得的收益，借方登记企业出售的交易性金融资产等发生的投资损失。

【例 3-1】2013 年 5 月 3 日，北方公司支付价款 1 050 000 元从二级市场购入中信公司发行的股票 100 000 股，每股价格 10.50 元（含已宣告但尚未发放的现金股利 0.50 元），另支付交易费用 3 000 元。北方公司将持有的中信公司股权划分为交易性金融资产，且持有中信公司股权后对其无重大影响。

北方公司的其他相关资料如下：

（1）5 月 13 日，收到中信公司发放的现金股利；

（2）6 月 30 日，中信公司股票价格涨到每股 13 元；

（3）8 月 15 日，将持有的中信公司股票全部售出，每股售价 15 元。

假定不考虑其他因素，北方公司的账务处理如下。

（1）5 月 3 日，购入中信公司股票，取得金融资产时公允价值作为其初始确认金额。

	借方	贷方
借：交易性金融资产——成本	1 000 000	
应收股利	50 000	
投资收益	3 000	
贷：银行存款		1 053 000

支付相关交易费用等时，计入投资收益的借方。

在取得交易性金融资产时所支付的价款中包含了已宣告但尚未发放的现金股利或已到付息期但尚未领取的债券利息的，应计入“应收股利”或“应收利息”科目。在交易性金融资产持有期间，被投资企业宣告发放的股利或债券利息应当确认为应收项目，计入“应收股利”或“应收利息”科目，并记入当期投资收益。

（2）5 月 13 日，收到中信公司发放的现金股利。

	借方	贷方
借：银行存款	50 000	
贷：应收股利		50 000

（3）6 月 30 日，资产负债表日确认中信公司股价上涨，确定购入该笔股票的公允价值变动损益，其公允价值高于账面余额 300 000=100 000×13-1 000 000。应计入“公允价值变动损益”科目的贷方；若股票的价格较购买时价格下跌，则应计入“公允价值变动损益”科目的借方。

借：交易性金融资产——公允价值变动　　300 000

　　贷：公允价值变动损益　　300 000

（4）8 月 15 日，将持有的中信公司股票全部售出。

借：银行存款　　1 500 000

　　公允价值变动损益　　300 000

　　贷：交易性金融资产——成本　　1 000 000

　　　　　　　　　　　——公允价值变动　　300 000

　　　　投资收益　　500 000

出售交易性金融资产时，应当将其出售时的公允价值与初始入账之间的差额确认为投资收益，同时调整公允价值变动损益。企业应按实际收到的金额，借记“银行存款”等科目，按该金融资产的账面余额，贷记“交易性金融资产”科目，按其差额，贷记或借记“投资收益”科目。同时，将原计入金融资产公允价值变动转出，借记或贷记“公允价值变动损益”科目，贷记或借记“投资收益”科目。以最终反映该项投资的全部投资收益金额。应当注意，该笔业务处理其目的是将未实现的持有期间的损益转为已实现的损益；该笔业务处理只影响投资收益的金额，对企业的利润总额没有影响。

【例 3-2】对于以公允价值计量且其变动计入当期损益的金融资产，下列有关业务中，应贷记“投资收益”的有（　　）。

A. 被投资方宣告持有期间获得的股票股利

B. 被投资方宣告持有期间获得的现金股利

C. 被投资方宣告持有期间获得的债券利息

D. 资产负债表日，持有的股票市价大于其账面价值

E. 企业转让该金融资产收到的价款大于其账面价值

【解析】正确答案是 BCE。选项 A，被投资单位宣告分配股票股利时，投资方不做处理；待股本转增手续办完后再贷记“股本”科目。选项 D，属于交易性金融资产的公允价值变动，应贷记“公允价值变动损益”科目。

模块二　贷款和应收款项

一、贷款和应收款项的概念

贷款和应收款项是指在活跃市场中没有报价，回收金额固定或可确定的非衍生金融资产。它主要指金融企业发放的贷款和其他债权，但又不限于金融企业发放的贷款和其他债权。非金融企业持有的现金和银行存款，销售商品或提供劳务形成的应收款项，企业持有的其他企业的债权（不包括在活跃市场上有报价的债务工具）等，只要符合贷款和应收款项的定义，就可以划分为这一类。

企业不应当将下列非衍生金融资产划分为贷款和应收款项：①准备立即出售或在近期出售的非衍生金融资产，这类非衍生金融资产应划分为交易性金融资产；②初始确认时被指定为以公允

价值计量且其变动计入当期损益的非衍生金融资产；③初始确认时被指定为可供出售的非衍生金融资产；④因债务人信用恶化以外的原因，使持有方难以收回几乎所有初始投资的非衍生金融资产，如企业所持有的证券投资基金或类似的基金等。

划分为贷款和应收款项的金融资产与划分为持有至到期投资的金融资产的主要差别在于：前者不是在活跃市场上有报价的金融资产，并且不像持有至到期投资那样在出售或重分类方面受到较多限制。如果某债务工具投资在活跃市场上没有报价，则企业不能将其划分为持有至到期投资。

二、贷款和应收款项的会计处理

贷款属于银行等金融机构核算的内容，工业企业、商品流通企业等一般不会涉及贷款的核算。因此本章只涉及应收款项的核算，应收账款包括企业出售商品、材料、提供劳务等应向有关债务人收取的价款及代购货方垫付的运杂费等，不包括其他应收而未收的款项。同时，它仅指是在一年以内或长于一年的一个营业周期内的应收款项。因而，应收账款属于流动资产，但它的流动性小于应收票据，所以在资产负债表上，它处于应收票据的下方。

（一）应收账款的确认

应收账款是指企业在正常经营活动中，由于销售商品或提供劳务等，应向购货方或接受劳务单位收取的款项，在企业发生赊销业务后，应收账款作为应向客户收取款项的权利，应当与营业收入的确认同时反映出来。因此，应收账款的初次确认应当于营业收入实现时确认。按照营业收入的确认惯例，营业收入应当符合下列条件才予以确认：商品或劳务已经向买方提供或交易已经发生，或已经收到现金或获得收取现金的权利。我国的《企业会计准则第 14 号——收入》关于商品销售收入的确认条件是：①企业已将商品所有权上的主要风险和报酬转移给购货方；②企业既没有保留与所有权相联系的继续管理权，又没有对已售出的商品实施有效控制；③收入的金额能够准确地计量；④相关的经济利益很可能流入企业；⑤相关的已发生或将发生的成本能够可靠地计量。会计实务中，商品所有权上有关的风险和报酬转移会因企业所在行业或销货条件的不同而有所区别。但是，通行的习惯是以发票开出日作为应收账款的确认时间。另外，还有一些特殊的销售业务，其应收账款和营业收入的确认应遵循一些特殊规则，如分期收款销售可按约定收款时间确认应收账款和营业收入。

（二）应收账款的计价

应收账款是因企业销售商品或提供劳务等产生的债权，一般应当按买卖双方交易发生时的实际发生额记账。其入账价值包括销售货物或提供劳务的价款、增值税，以及代购货方垫付的包装费、运杂费等。在确认应收账款的入账价值时，商业折扣、现金折扣、销货折让与退回、坏账等因素的存在与变动都会影响应收账款价值的确定。

1. 商业折扣

商业折扣是指企业为促进销售而在商品标价上给予的价格扣除，通常用百分数表示，如 10%、20%等。商业折扣实质上是一种促销手段，实际销售价格是扣除商业折扣后的价格。因此，在存在商业折扣的情况下，企业应收账款的入账价值应按扣除商业折扣后的金额确认。

2. 现金折扣

现金折扣是指债权人为鼓励债务人在规定的期限内付款，而向债务人提供的债务扣除。现金折扣通常发生在以赊销方式销售产品及提供劳务的交易中。企业为了加速货款的回笼，对客户在折扣期内付款给予价款上的一定优惠，通常用符号“折扣率/付款期限”表示。例如，“2/10、1/20、N/30”表示：如果客户在 10 天内付款，销货方给予客户 2%的折扣；如果客户在 11 至 20 天内付款，销货方给予客户 1%的折扣；如果客户在 21 至 30 天内付款，将不享受现金折扣。

存在现金折扣的情况下，对应收账款的入账价值的确定有两种方法，即总价法和净价法。根据我国企业会计制度规定，企业销货并附有现金折扣条件的应收账款的入账价值，应按总价法确定，即应收账款的入账价值按未减去现金折扣前的金额入账，当销售方给客户的现金折扣实际发生时，将现金折扣确认为当期的财务费用。对可能发生的现金折扣不予考虑。

现金折扣只有客户在折扣期内支付货款时，才予以确认，计入当期损益。在这种做法下，销售方把给予客户的现金折扣视为融资的理财费用，会计上作为财务费用处理。

净价法是指在确认应收账款时按照扣除顾客可能享受的现金折扣的净额作为应收账款的入账金额。在实际收到应收账款时，对顾客放弃现金折扣而多收的款项，作为理财收入或冲减财务费用。

3. 销货折让与退回

销售折让是指企业因售出商品的质量不合格等原因而在售价上给予的减让。销售退回是指企业售出的商品由于质量、品种不符合要求等原因而发生的退货。

企业已经确认销售商品收入的售出商品发生销售折让或退回的，应当在发生时冲减当期销售商品收入。

（三）应收账款的核算

应收账款的核算是通过“应收账款”科目进行的，该科目属资产类科目。企业销售商品或材料等发生应收款项时，借记“应收账款”科目，贷记“主营业务收入”、“应交税费——应交增值税（销项税额）”、“其他业务收入”等科目；收回款项时，借记“银行存款”等科目，贷记“应收账款”科目。

企业代购货单位垫付包装费、运杂费时，借记“应收账款”科目，贷记“银行存款”等科目；收回代垫费用时，借记“银行存款”等科目，贷记“应收账款”科目。

如果企业应收账款改用应收票据结算，则在收到承兑的商业汇票时，借记“应收票据”科目，贷记“应收账款”科目。

企业与债务人进行债务重组，应当分别按照债务重组的不同方式进行账务处理。

1. 没有现金折扣

在没有现金折扣的情况下，应收账款应按应收的全部金额入账。

【例 3-3】北方公司采用托收承付结算方式向乙企业销售商品一批，货款 20 000 元，增值税额 3 400 元，以银行存款代垫运费 2 000 元，已办理托收承付手续。

（1）北方公司在办理托收承付手续时应做如下处理。

借：应收账款　　　　　　　　　　　　　　　　　25 400

贷：主营业务收入　　20 000

应交税费——应交增值税（销项税额）　　3 400

银行存款　　2 000

（2）北方公司实际收到款项时，应做如下处理。

借：银行存款　　25 400

贷：应收账款　　25 400

2. 带现金折扣

【例 3-4】2011 年 9 月 1 日，北方公司向万科公司销售产品一批，按照价目表上标明的价格计算，其售价金额为 100 000 元，由于是批量销售，企业给予 10%的商业折扣，金额为 10 000 元，适用的增值税税率为 17%。

北方公司有关会计处理如下。

借：应收账款——万科公司　　105 300

贷：主营业务收入　　90 000

应交税费——应交增值税（销项税额）　　15 300

【解析】　收入确认额=100 000× 90%=90 000（元）

应交增值税税额=90 000×17%=15 300（元）

【例 3-5】假如【例 3-4】中北方公司提供现金折扣，折扣条件是“2/10，N/30”。万科公司在 9 月 10 日归还其中 2/3 的款项，余款在 9 月 30 日归还。规定应收账款的入账金额按总价法确定，则有关会计分录如下。

（1）9 月 1 日销售产品时。

借：应收账款——万科公司　　105 300

贷：主营业务收入　　90 000

应交税费——应交增值税（销项税额）　　15 300

（2）9 月 10 日收到 2/3 款项时。

借：银行存款　　68 796

财务费用　　1 404

贷：应收账款——万科公司　　70 200

（3）9 月 30 日收到余款时。

借：银行存款　　35 100

贷：应收账款——万科公司　　35 100

三、坏账的确认与核算

坏账是指企业无法收回或收回的可能性极小的应收账款。由于发生坏账而产生的损失，称为坏账损失。坏账与呆账是两个不同的概念，两者既有区别也有联系。呆账，在会计上没有严格的定义，一般是指超过付款期或一年以上长期不能收回的应收账款；而坏账是指已经确认无法收回的应收账款。坏账损失实际上包括两项内容：应收账款在存续期内的利息成本和账面成本，但会计实务中坏账损失实际上仅指无法收回应收账款的账面成本。

（一）坏账的确认

企业确认坏账时，应具体分析各应收款项的特性、金额的大小、信用期限、债务人的信誉和当时的经营情况等因素。一般来讲，企业对有确凿证据表明确实无法收回的应收款项，如债务单位已撤销、破产、资不抵债、现金流量严重不足等，根据企业管理权限，经股东大会或董事会，或经理（厂长）会议或类似机构批准作为坏账损失。

企业应当定期或至少于每年年度终了，分析各项应收款项的可收回性，预计可能产生的坏账损失。对没有把握能够收回的应收款项，应计提坏账准备。

企业计提坏账准备的方法由企业自行确定，企业应当制定计提坏账准备的政策，明确计提坏账准备的范围、提取方法、账龄的划分和提取比例。按照管理权限，经股东大会或董事会，或经理会议或类似机构批准，按照法律、行政法规的规定报送有关方备案，并备置于企业所在地，以供投资者查阅。坏账准备计提方法一经确定，不得随意变更。如须变更，仍须按上述程序，经批准后报送有关方备案，并在会计报表附注中予以说明。

在确定坏账准备的计提比例时，企业应注意考虑如下因素：以前与债务单位发生业务往来形成的经验；债务单位目前的实际财务状况；债务单位现金流动情况；债务单位的产品销售情况和市场前景；债务单位的资信状况等。

在计提坏账准备时，应注意下列问题。

（1）如果有确凿证据表明某项应收款项不能收回或收回的可能性不大，则企业可以对其计提全额坏账准备。这些情况如：①债务单位资不抵债或现金流量严重不足；②发生严重的自然灾害等导致债务单位停产而在短期内无法偿付债务；③应收款项逾期 3 年以上等。

但是，下列情况一般不能全额计提坏账准备：①当年发生的应收款项；②计划对应收款项进行重组；③与关联方发生的应收款项；④其他已逾期，但无确凿证据表明不能收回的应收款项。

如果不考虑企业的实际情况，故意设立秘密准备，则应作为重大会计差错进行处理。比如，企业上年度对某应收账款计提了 100%的坏账准备，而在本年度应收账款又全额收回，就属于设立秘密准备。

（2）企业的预付账款如有确凿证据表明其不符合预付账款性质，或者因供货单位破产、撤销等原因已无望再收到所购货物的，应当将预付账款的金额转入其他应收款，并按规定计提坏账准备。

（3）企业不对应收票据计提坏账准备，如果应收票据到期不能收回，应将其转入应收账款，再按规定计提坏账准备。但是，如有确凿证据表明不能收回或收回的可能性不大，应将其账面余额转入应收账款，并计提相应的坏账准备。

（二）坏账的核算

坏账损失的核算有两种：直接转销法和备抵法。我国的《企业会计制度》要求企业只能采用备抵法核算坏账损失。

备抵法是指以赊销额或应收账款余额为基础，采用一定的方法，按期估计坏账损失，形成坏账准备，当某一应收账款全部或部分被确认为坏账时，应根据其金额冲减坏账准备，同时转销相应的应收账款金额的一种核算方法。采用备抵法，由于提前计列坏账损失，因而使同期营业收入与其相关且可能发生的坏账损失共同影响本期损益的确认，因而体现了收入与费用配比原则的要求。

采用这种方法，一方面按期估计坏账损失计入资产减值损失，一方面设置“坏账准备”科目，待实际发生坏账时冲销坏账准备和应收账款金额，使资产负债表上的应收账款反映扣减估计坏账后的净值。采用备抵法，企业须设置“坏账准备”科目，本科目可按应收款项的类别进行明细核算。坏账准备可按下列公式计算：

当期应计提的坏账准备=当期按应收款项计算应提坏账准备金额-（或+）“坏账准备”科目的贷方（或借方）余额。

1. 应收款项减值损失的确认

企业应当在资产负债表日对应收款项的账面价值进行检查，有客观证据表明该应收款项发生减值的，应当将该应收款项的账面价值减记至预计未来现金流量现值，减记的金额确认减值损失，计提坏账准备。

2. 计提坏账准备的账务处理

企业应当设置“坏账准备”科目，核算应收款项的坏账准备计提、转销等情况。企业当期计提的坏账准备应当计入资产减值损失。

资产负债表日，应收款项发生减值的，按应减记的金额，借记“资产减值损失”科目，贷记“坏账准备”科目。如果本期应提取的坏账准备大于其账面余额，应按其差额提取坏账准备；如果当期应提坏账准备金额小于“坏账准备”科目的贷方余额，应按其差额冲减已计提的坏账准备，借记“坏账准备”科目，贷记“资产减值损失”科目；如果当期按应收款项计算应提坏账准备金额为零，应将“坏账准备”科目的余额全部冲回。

本科目期末贷方余额，反映企业已计提但尚未转销的坏账准备。

企业对于确实无法收回的应收款项，按管理权限报经批准后作为坏账，转销应收款项，借记“坏账准备”科目，贷记“应收账款”、“预付账款”、“其他应收款”、“长期应收款”等科目。

已确认并转销的坏账损失，如果以后又收回，应按实际收回的金额，借记“应收账款”、“预付账款”、“其他应收款”、“长期应收款”等科目，贷记“坏账准备”科目；同时，借记“银行存款”科目，贷记“应收账款”、“预付账款”、“其他应收款”、“长期应收款”等科目。已确认并转销的应收款项以后又收回的，也可以按照实际收回的金额，借记“银行存款”科目，贷记“坏账准备”科目。

备抵法首先要按期估计坏账损失。估计坏账损失主要有三种方法：应收账款余额百分比法、账龄分析法和销货百分比法。

（1）应收账款余额百分比法。这种估计坏账损失的方法是假设坏账的发生与应收账款的余额存在直接关系。如果企业的应收账款余额越大，则估计的坏账损失余额也越大。

采用这种方法，首先应估计一个坏账百分比，用这一百分比与会计期末应收账款的余额相乘，即为当期应估计的坏账损失，据此提取坏账准备。估计坏账率可以按照以往的数据资料加以确定，也可根据规定的百分比计算。会计期末企业应提取的坏账准备大于其账面余额的，按其差额提取；应提取的坏账准备小于其账面余额的，按其差额冲回坏账准备。

【例 3-6】 2008 年 12 月 31 日，北方公司对应收乙公司的账款进行减值测试。应收账款余额合计为 800 000 元，假设坏账准备没有期初余额。北方公司根据乙公司的资信情况确定按 10% 计提坏账准备。2009 年甲公司的应收账款实际发生坏账 40 000 元。2009 年年末，应收乙公司账款余额为 1 000 000 元。经减值测试，北方公司确定按 8% 计提坏账准备。2010 年 4 月 20 日，收到已经转销的坏账 20 000 元，存入银行。2010 年末，应收乙公司账款余额为 500 000 元。经减值测试，北方公司确定按 8% 计提坏账准备。

要求：根据上述资料，编制 2008 年年末、2009 年年末、2010 年年末与坏账准备有关的会计分录。

（1）北方公司 2008 年年末会计处理如下。

借：资产减值损失　　80 000

　　贷：坏账准备　　80 000

（2）北方公司 2009 年发生坏账，会计处理如下。

借：坏账准备　　40 000

　　贷：应收账款　　40 000

（3）2009 年年末坏账准备科目应有的余额=1 000 000 × 8%=80 000（元）

在计提坏账准备之前坏账准备科目的余额=80 000−40 000=40 000（元）

因此，本期需要补提的坏账准备=80 000-40 000=40 000（元）

借：资产减值损失　　40 000

　　贷：坏账准备　　40 000

（4）北方公司 2010 年收回已经转销的坏账，会计处理如下。

借：应收账款　　20 000

　　贷：坏账准备　　20 000

借：银行存款　　20 000

　　贷：应收账款　　20 000

或者，

借：银行存款　　20 000

　　贷：坏账准备　　20 000

（5）2010 年年末坏账准备科目应有的余额=500 000 × 8%= 40 000（元）

计提坏账准备之前坏账准备科目的余额=80 000+20 000=100 000（元）

因此，本期需要计提的坏账准备=40 000−100 000=−60 000（元）

借：坏账准备　　60 000

　　贷：资产减值损失　　60 000

（2）账龄分析法。它是先分析客户所欠账款的账龄，再根据应收账款账龄长短估计坏账损失，提取坏账准备的方法。虽然应收账款能否收回以及能收回多少，不一定完全取决于时间的长短，但一般来说，账款拖欠的时间越长，发生坏账的可能性越大。公司可以分析一定时期内各级账龄余额中的坏账经验，为各个级别拟定他们认为可能成为坏账的比率，把这些比率应用到账龄分析表中的各组总计数，就能算出所需的备抵额。

（3）销货百分比法。它是以企业本期销货总额或赊销总额的一定百分比估计坏账损失的一种方法。这种方法将坏账损失的预计与赊销业务相联系。本期赊销金额越大，则估计的坏账损失也越多。由于坏账产生与当期赊销有关而与现销无关，因此，如果以本期销货总额为依据估计坏账损失，则应根据现销比例正确确定估计坏账的比率。销货中现销比例越高，坏账估计率应越低；反之，现销比例越低，坏账估计率应越高。确定坏账估计比率后，将其与本期销货总额或赊销总额相乘，即为当期应当估计的坏账损失金额。

四、应收票据

（一）应收票据概述

应收票据是指企业因销售商品、提供劳务等而收到的商业汇票。商业汇票按承兑人不同，分为商业承兑汇票和银行承兑汇票。商业承兑汇票是指由付款人签发并承兑，或由收款人签发交由付款人承兑的汇票。银行承兑汇票是指由在承兑银行开立存款账户的存款人（这里也是出票人）签发，由承兑银行承兑的票据。企业申请使用银行承兑汇票时，应向其承兑银行按票面金额的万分之五交纳手续费。

商业汇票按是否计息可分为不带息商业汇票和带息商业汇票。不带息商业汇票是指商业汇票到期时，承兑人只按票面金额（即面值）向收款人或被背书人支付款项的汇票。带息商业汇票是指商业汇票到期时，承兑人必须按票面金额加上应计利息向收款人或被背书人支付票款的票据。

（二）应收票据的核算

（1）企业因销售产品、提供劳务等收到购货单位开出、承兑的商业汇票，对于不带息的应收票据按商业汇票的票面金额，借记“应收票据”科目；按实现的营业收入，贷记“主营业务收入”等科目；按专用发票上注明的增值税额，贷记“应交税费——应交增值税（销项税额）”科目。

对于带息应收票据的核算，在企业收到的带息应收票据，除按照上述原则进行核算外，该票据不跨会计结算期间的，平时不单独计息，到期收回本息一次入账。会计结算期是指法定报表公开时期（半年末、年末）。对持有期间跨期的带息应收票据，按权责发生制的要求，应于中期期末和年度终了时，按规定计提票据利息，并增加应收票据的票面价值，同时，冲减“财务费用”。到期不能收回的带息应收票据，转入“应收账款”科目核算后，期末不再计提利息，其未计提的利息，在有关备查簿中进行登记，待实际收到时再冲减收到当期的财务费用。

票据利息的计算公式为：应收票据利息=应收票据票面金额×票面利率×期限

票据的期限有按日表示和按月表示两种。票据期限按日表示时，应从出票日起按实际经历天数计算。通常出票日和到期日，只能计算其中的一天，即“算头不算尾”或“算尾不算头”。票据期限按月表示时，应以到期月份中与出票日相同的那一天为到期日，且不论各月份实际经历天数多少。如果票据签发日为某月份的最后一天，其到期日应为若干月后的最后一天。例如，11 月

30 日签发的、3 个月期限的商业汇票，到期日为下一年 2 月 28 日或 29 日；2 月 28 日签发的、5 个月期限的商业汇票，到期日为 7 月 31 日，依此类推。

带息应收票据到期收回款项时,应按收到的本息，借记“银行存款”科目，按账面余额，贷记“应收票据”科目，按其差额（未计提利息部分），贷记“财务费用”科目。

（2）企业持未到期的应收票据向银行贴现，应按实际收到的金额（即减去贴现息后的净额），借记“银行存款”科目；按贴现息部分，借记“财务费用”科目；按商业汇票的票面金额，贷记“应收票据”（适用满足金融资产转移准则规定的金融资产终止确认条件的情形）或“短期借款”科目（适用不满足金融资产转移准则规定的金融资产终止确认条件的情形）。

贴现的商业承兑汇票到期，因承兑人的银行存款账户不足支付，申请贴现的企业收到银行退回的商业承兑汇票时，按商业承兑汇票的票面金额，借记“应收账款”科目，贷记“银行存款”科目。若申请贴现企业的银行存款账户余额不足，应按商业承兑汇票的票面金额，借记“应收账款”科目，贷记“短期借款”。银行做逾期贷款处理。

（3）企业将持有的商业汇票背书转让以取得所需物资时，按应计入取得物资成本的金额，借记“材料采购”或“原材料”、“库存商品”等科目；按可抵扣的增值税额，借记“应交税费——应交增值税（进项税额）”科目；按商业汇票的票面金额，贷记“应收票据”科目；如有差额，借记或贷记“银行存款”等科目。

（4）商业汇票到期，应按实际收到的金额，借记“银行存款”科目；按商业汇票的票面金额，贷记“应收票据”科目。

因付款人无力支付票款，收到银行退回的商业承兑汇票、委托收款凭证、未付票款通知书或拒绝付款证明等，按商业汇票的票面金额，借记“应收账款”科目，贷记“应收票据”科目。

企业应当设置“应收票据备查簿”，逐笔登记每一商业汇票的种类、号数和出票日、票面金额、交易合同号和付款人、承兑人、背书人的姓名或单位名称、到期日、背书转让日、贴现日、贴现率和贴现净额、收款日和收回金额、退票情况等资料，商业汇票到期结清票款或退票后，应当在备查簿内逐笔注销。

【例 3-7】北方公司 2011 年 4 月 15 日向乙企业销售商品一批，货款为 30 000 元，增值税税额 5 100 元，发票已开出。收到乙企业开来的期限为 3 个月的不带息商业承兑汇票一张，面值为 35 100 元。

（1）北方公司账务处理如下：

借：应收票据　　　　3 500
　　贷：主营业务收入　　　　30 000
　　　　应交税费——应交增值税（销项税额）　　　　5 100

（2）2011 年 7 月 15 日，北方公司将上述应收票据到期收回的款项 35 100 元存入银行。其会计处理如下。

借：银行存款　　　　35 100
　　贷：应收票据　　　　35 100

（3）假定 2011 年 5 月 15 日，北方公司将上述应收票据背书转让以取得生产所需 A 材料，金额 30 000 元，适用的增值税税率为 17%，则北方公司账务处理如下。

借：原材料　　30 000

　　应交税费——应交增值税（进项税额）　　5 100

　　贷：应收票据　　35 100

（4）假定 2011 年 6 月 15 日，北方公司将持有的上述应收票据到银行贴现并且不附加追索权，月贴现息为 1%，则北方公司账务处理如下。

借：银行存款　　34 749

　　财务费用　　351

　　贷：应收票据　　35 100

带息的应收票据到期收回款项时，应按收到的本息，借记“银行存款”科目，按账面价值，贷记“应收票据”科目，按其差额贷记“财务费用”科目。

【例 3-8】北方公司 2011 年 10 月 1 日销售一批产品给万科公司，货已发出，发票上注明的价税合计为 200 000 元。北方公司收到万科公司交来的商业承兑汇票一张，期限为 6 个月，票面利率为 8%。

北方公司会计处理如下。

（1）收到票据时。

借：应收票据　　200 000

　　贷：主营业务收入　　170 940[200 000/(1−1.17%)]

　　　　应交税费——应交增值税（销项税额）　　29 060

（2）年度终了（2011 年 12 月 31 日），计提票据利息。

票据利息= 200 000 × 8% × 3 ÷ 12= 4 000（元）

借：应收票据　　4 000

　　贷：财务费用　　4 000

（3）票据到期收回款项。

收款总额=200 000 ×（1+ 8% × 6 ÷ 12）= 208 000（元）

2012 年应计提的票据利息=200 000 × 8% × 3 ÷ 12=4 000（元）

借：银行存款　　208 000

　　贷：应收票据　　204 000

　　　　财务费用　　4 000

（三）应收票据转让的账务处理

企业可以将自己持有的商业汇票背书转让。背书是指持票人在票据背面签字，签字人称为背书人，背书人对票据的到期付款负连带责任。

企业将持有的应收票据背书转让，取得所需物资时，按应计入取得物资成本的价值，借记“在途物资”或“原材料”、“库存商品”等科目，按专用发票上注明的增值税税额，借记“应交税费——应交增值税（进项税额）”科目；如按应收票据的账面余额，贷记“应收票据”科目；若有差额，借记或贷记“银行存款”等科目。若为带息应收票据，在以上处理的基础上还应按尚未计提的利息，贷记“财务费用”科目。

【例 3-9】 北方公司 2011 年 12 月 1 日将兴源公司于上月 1 日交来的面额为 200 000 元、期限为 6 个月、票面利率为 6%的商业承兑汇票转让给金星公司，从金星公司获得一批原材料，发票上注明的价税合计额为 234 000 元。材料已验收入库，另支付银行存款 33 000 元。

北方公司会计处理如下。

票据利息=200 000 × 6% × 1 ÷ 12=1 000（元）

借：原材料　　200 000

　　应交税费——应交增值税（进项税额）　　34 000

　　贷：应收票据　　200 000

　　　　财务费用　　1 000

　　　　银行存款　　33 000

（四）应收票据贴现的账务处理

贴现是指企业将未到期的商业汇票经过背书交给银行，经银行审核同意后，银行买入票据，并从票面金额中扣除按银行的贴现率计算确定的贴现息后，将余额付给贴现企业。票据贴现实质上是一种融通资金的行为。在贴现中，企业给银行的利息称为贴现息，所用的利率称为贴现率，票据到期值与贴现息之差称为贴现所得。

用应收票据向银行申请贴现时，如果是带息票据，由于受票面载明的利率与银行贴现率的差异和贴现期的影响，其贴现所得与票面金额会产生差异，在会计上作为利息收支处理；如果是不带息票据，其贴现所得与票面金额产生的差异，在会计上作为利息支出处理。企业以应收票据向银行贴现的贴现息及贴现所得计算公式如下：

票据到期价值=票据面值 ×（1 + 年利率 × 票据到期天数 ÷ 360）

或　　　　=祟据面值 ×（1 + 年利率 × 祟据到期月数 ÷ 12）

对于无息票据来说，票据的到期价值就是其面值。

贴现息=票据到期价值 × 贴现率 × 贴现天数 ÷ 360

贴现天数=贴现日至票据到期日实际天数-1

或　　　　=票据天数-企业持票天数

贴现所得金额=票据到期价值-贴现息

按照中国人民银行《支付结算办法》的规定，实付贴现金额按票面金额扣除贴现日至汇票到期前一日的利息计算。承兑人在异地的，贴现利息的计算应另加 3 天的划款日期。

企业持未到期的应收票据向银行贴现，应根据银行盖章退回的贴现凭证第四联收账通知，按实际收到的金额（即减去贴现息后的净额），借记“银行存款”科目，按贴现息部分，借记“财务费用”科目，按应收票据的票面余额，贷记“应收票据”科目。若为带息应收票据，按实际收到的金额，借记“银行存款”科目，按应收票据的账面余额，贷记“应收票据”科目，按其差额，借记或贷记“财务费用”科目。

【例 3-10】2011 年 3 月 10 日，北方公司持所收取的金星公司出票日期为 1 月 10 日、期限为 6 个月、面值为 30 000 元的不带息商业承兑汇票一张到银行贴现，假设该企业与承兑企业在同一票据交换区域内，银行年贴现率为 8%。

贴现息=30 000×8%×4÷12=800（元）

贴现净额=30 000−800 =29 200（元）

有关会计处理如下：

借：银行存款　　29 200

　　财务费用　　800

　　贷：应收票据　　30 000

【例 3-11】2011 年 3 月 10 日，北方公司将所持有金星公司于 1 月 10 日开出的期限为 6 个月、面值为 30 000 元、票面利率为 8%的商业承兑汇票一张到银行贴现，假设该企业与承兑企业在同一票据交换区域内，银行年贴现率为 9%。

到期值=30 000×（1+8%×6÷12）= 31 200（元）

贴现息=31 200×9%　×4÷12 = 936（元）

贴现净额=31200−936 =30 264（元）

有关会计处理如下：

借：银行存款　　30 264

　　贷：应收票据　　30 000

　　　　财务费用　　264

贴现的商业承兑汇票到期，因承兑人的银行账户不足支付，申请贴现的企业收到银行退回的应收票据、支款通知和拒绝付款理由书或付款人未付票款通知书时，按所付本息，借记“应收账款”科目，贷记“银行存款”科目；如果申请贴现企业的银行存款账户余额不足，银行做逾期贷款处理时，应按转作贷款的本息，借记“应收账款”科目，贷记“短期借款”科目。

【例 3-12】【例 3-11】中所贴现票据到期，金星公司无力还款，贴现银行通知北方公司，银行已将款项扣除，则北方公司的会计分录如下。

借：应收账款——金星公司　　31 200

　　贷：银行存款　　31 200

【例 3-13】如上述北方公司也无力还款，银行则将此款作为逾期贷款处理。北方公司的会计分录如下：

借：应收账款——金星公司　　31 200

　　贷：短期借款　　31 200

企业应当设置“应收票据备查簿”，逐笔登记每一应收票据的种类、号数、出票日期、票面金额、票面利率、交易合同号和付款人、承兑人、背书人的姓名或单位名称，到期日、背书转让日、贴现日期、贴现率和贴现净额、计提的利息，以及收款日期和收回金额等资料，应收票据到期结清票款或退票后，应当在备查簿内逐笔注销。期末编制会计报表时必须在报表附注中说明已贴现应收票据的金额，以表明企业已存在的或有负债金额，供报表使用人参考。

五、预付账款和其他应收款

（一）预付账款

预付账款是指企业按照购货合同或劳务合同的规定，以现金或现金等价物预先支付给供货方或提供劳务方的账款。在卖方市场上，买方为了及时采购所需商品，往往采取预付部分或全部货款的方式进行采购。就买方而言，是先付款后收货，在收货之前就形成了短期性债权。为了加强对预付账款的管理，一般应单独设置"预付账款"科目进行核算。企业因购货而预付的款项，借记本科目，贷记"银行存款"等科目。

企业收到所购物资时，应根据发票账单等列明的应计入购入物资成本的金额，借记"在途物资"或"原材料"、"库存商品"等科目，按专用发票上注明的增值税税额，借记"应交税费——应交增值税（进项税额）"科目，按应付金额，贷记本科目。补付的款项，借记本科目，贷记"银行存款"等科目。本科目期末借方余额，反映企业预付的款项；期末如为贷方余额，反映企业尚未补付的款项。本科目可按供货单位进行明细核算。

【例 3-14】2011 年 3 月红星公司向兴源公司采购材料 1 000 千克，单价 40 元，所要支付的款项总额为 40 000 元。按照合同规定，红星公司向兴源公司预付 40％的货款，验收货物后补付其余款项。预付 40％的货款时，其账务处理如下：

借：预付账款——兴源公司　　16 000

　　贷：银行存款　　16 000

【例 3-15】红星公司收到兴源公司发来的上述 1 000 千克材料，经验收无误，有关发票记载的货款为 40 000 元，增值税税额为 6 800 元，红星公司据此以银行存款补付不足款项 30 800 元。其账务处理如下：

借：原材料　　40 000

　　应交税费——应交增值税（进项税额）　　6 800

　　贷：预付账款　　46 800

借：预付账款　　30 800

　　贷：银行存款　　30 800

企业的预付账款如有确凿证据表明其不符合预付账款性质，或者因供货单位破产、撤销等原因已无望再收到所购货物的，应将预付账款的金额转入其他应收款。除转入"其他应收款"科目的预付账款外，其他预付账款不得计提坏账准备。

（二）其他应收款

1. 其他应收款核算的内容

其他应收款是指企业除应收票据、应收账款、应收股利、应收利息、长期应收款等以外的其他各种应收、暂付款项，包括：应收的各种赔款、罚款；应收出租包装物的租金；应向职工收取的各种垫付款项；不设置"备用金"科目的企业拨出的备用金；存出保证金；租入包装物支付的押金；其他各种应收、暂付款项。本科目可按对方单位（或个人）进行明细核算。

2. 其他应收款的账务处理

（1）备用金的核算。

备用金是指为了满足企业内部各部门和职工个人生产经营活动的需要，而暂付给有关部门和职工个人使用的备用现金。为了反映和监督备用金的领用和使用情况，应在“其他应收款”科目下设置“备用金”明细科目，借方登记备用金的领用数额，贷方登记备用金的使用数额，期末余额在借方，反映企业暂付周转使用的备用金数额。

备用金的核算分为定额备用金制和非定额备用金制两种情况。

定额备用金制是指根据使用部门工作的实际需要，先核定其备用金定额并依此拨付备用金，使用后再拨付现金，补足其定额的制度。各部门对于领用的备用金应当定期向财务会计部门报销。财会部门根据报销数用现金补足备用金定额时，借记“管理费用”等科目，贷记“库存现金”或“银行存款”科目，不再通过“其他应收款”科目核算。

【例 3-16】北方公司根据需要设置 20 000 元的备用金。会计分录如下：

借：其他应收款——备用金　　20 000

　　贷：库存现金　　20 000

【例 3-17】北方公司管理部门报销经费 500 元。会计分录如下：

借：管理费用　　15 000

　　贷：库存现金　　15 000

非定额备用金制是指为了满足临时性需要而暂付给有关部门和个人现金，使用后实报实销的制度。

【例 3-18】红星公司小王外出预借差旅费 5 000 元，以现金付讫。会计分录如下：

借：其他应收款——小王　　5 000

　　贷：库存现金　　5 000

【例 3-19】小王出差归来，报销 5 100 元，补付现金 100 元。会计分录如下：

借：管理费用　　5 100

　　贷：其他应收款——小王　　5 000

　　　　库存现金　　100

（2）其他各种应收、暂付款项的会计处理。

【例 3-20】2011 年 10 月红星公司发生如下经济业务。

（1）8 日，以银行存款代职工杨梅垫付由其个人负担的住院医药费 8 000 元。会计分录如下：

借：其他应收款——杨梅　　8 000

　　贷：银行存款　　8 000

（2）14 日，从杨梅工资中扣回垫付医药费。会计分录如下：

借：应付职工薪酬　　8 000

　　贷：其他应收款——杨梅　　8 000

（3）20 日，公司租入包装物一批，以银行存款向出租方支付押金 3 000 元。

借：其他应收款——存出保证金　　3 000

　　贷：银行存款　　3 000

（4）26 日，租入包装物按期如数退回，收到出租方退还的押金 3 000 元，已存入银行。

借：银行存款　　3 000

　　贷：其他应收款——存出保证金　　3 000

模块三　持有至到期投资

一、持有至到期投资概述

持有至到期投资是指到期日固定、回收金额固定或可确定，且企业有明确意图和能力持有至到期的非衍生金融资产。通常情况下，能够划分为持有至到期投资的金融资产主要是债权性投资，比如，企业从二级市场上购入的固定利率国债、浮动利率金融债券等。股权投资因其没有固定的到期日，因而不能划分为持有至到期投资。持有至到期投资通常具有长期性质，但期限较短（1 年以内）的债券投资，符合持有至到期投资条件的，也可将其划分为持有至到期投资。

企业不能将下列非衍生金融资产划分为持有至到期投资：①在初始确认时即被指定为以公允价值计量且其变动计入当期损益的非衍生金融资产；②在初始确认时被指定为可供出售的非衍生金融资产；③符合贷款和应收款项定义的非衍生金融资产。

企业在将金融资产划分为持有至到期投资时，应当注意把握其以下特征。

（一）该金融资产到期日固定、回收金额固定或可确定

“到期日固定、回收金额固定或可确定”是指相关合同明确了投资者在确定的期间内获得或应收取现金流量（如投资利息和本金等）的金额和时间。

（二）企业有明确意图将该金融资产持有至到期

“有明确意图持有至到期”是指投资者在取得投资时意图就是明确的，除非遇到一些企业所不能控制、预期不会重复发生且难以合理预计的独立事项，否则将持有至到期。

二、持有至到期投资的会计处理

企业对持有至到期投资的会计处理，应着重于该金融资产的持有者打算“持有至到期”，未到期前通常不会出售或重分类，主要应解决该金融资产实际利率的计算、摊余成本的确定、持有期间的收益确认以及将其处置时损益的处理。

（一）持有至到期投资的初始计量

持有至到期投资初始确认时，应当按照公允价值和相关交易费用之和作为初始入账金额。实际支付的价款中包括的已到付息期但尚未领取的债券利息，应单独确认为应收项目。

持有至到期投资初始确认时，应当计算确定其实际利率，并在该持有至到期投资预期存续期

间或适用的更短期间内保持不变。

实际利率是指将金融资产或金融负债在预期存续期间或适用的更短期间内的未来现金流量，折现为该金融资产或金融负债当前账面价值所使用的利率。企业在确定实际利率时，应当在考虑金融资产或金融负债所有合同条款（包括提前还款权、看涨期权、类似期权等）的基础上预计未来现金流量，但不应考虑未来信用损失。

金融资产合同各方之间支付或收取的、属于实际利率组成部分的各项收费、交易费用及溢价或折价等，应当在确定实际利率时予以考虑。金融资产的未来现金流量或存续期间无法可靠预计时，应当采用该金融资产在整个合同期内的合同现金流量。

（二）持有至到期投资的后续计量

企业应当采用实际利率法，按摊余成本对持有至到期投资进行后续计量。其中，实际利率法是指按照金融资产或金融负债（含一组金融资产或金融负债）的实际利率计算其摊余成本及各期利息收入或利息费用的方法。摊余成本是指该金融资产的初始确认金额经下列调整后的结果：①扣除已偿还的本金；②加上或减去采用实际利率法将该初始确认金额与到期日金额之间的差额进行摊销形成的累计摊销额，这个实际上指的就是利息调整的摊销，也就是投资收益（期初摊余成本×实际利率）与应收利息（债券面值×票面利率，即现金流入）之间的差额；③扣除已发生的减值损失。

企业应在持有至到期投资持有期间，采用实际利率法，按照摊余成本和实际利率计算确认利息收入，计入投资收益。实际利率应当在取得持有至到期投资时确定，实际利率与票面利率差别较小的，也可按票面利率计算利息收入，计入投资收益。

对于期末摊余成本的计算可用公式表示如下：

期末摊余成本＝期初摊余成本＋投资收益－现金流入（实收利息）－已收回的本金－已发生的减值损失。

其中：

投资收益＝期初摊余成本×实际利率

现金流入（实收利息）＝债券面值×票面利率

若债券为到期一次还本付息债券，则各期现金流入为零（最后一期除外）。

摊余成本的计算过程就是“投资收益”、“应收利息”（或“持有至到期投资——应计利息”）及“持有至到期投资——利息调整”各个账户期末的财务处理过程。

当处置持有至到期投资时，应该将所取得价款与持有至到期投资账面价值之间的差额计入当期损益。

【例 3-21】2010 年 1 月 1 日，北方公司支付价款 1 000 元（含交易费用）从活跃市场上购入某公司 5 年期债券，面值 1 250 元，票面年利率 4.72%，按年支付利息（即每年 59 元），本金最后一次支付。合同约定，该债券的发行方在遇到特定情况时可以将债券赎回，且不需要为提前赎回支付额外款项。北方公司在购买该债券时，预计发行方不会提前赎回。

北方公司将购入的该公司债券划分为持有至到期投资，且不考虑所得税、减值损失等因素。

为此，北方公司在初始确认时先计算确定该债券的实际利率。

设该债券的实际利率为 r，则可列出如下等式：

$59\times(1+r)^{-1}+59\times(1+r)^{-2}+59\times(1+r)^{-3}+59\times(1+r)^{-4}+(59+1\,250)\times(1+r)^{-5}=1\,000$（元）

采用插值法，可以计算得出 r=10%，由此可编制表 3-1。

表 3-1　　**摊余成本及相关计算**　　单位：元

年份	期初摊余成本（a）	实际利息收入（b）（按 10%计算）	现金流入（c）	期末摊余成本（d=a+b-c）
2010 年	1 000	100	59	1 041
2011 年	1 041	104	59	1 086
2012 年	1 086	109	59	1 136
2013 年	1 136	114*	59	1 191
2014 年	1 191	118**	1 309	0

注：*数字四舍五入取整；**数字考虑了计算过程中出现的尾差。

根据上述数据，北方公司的有关账务处理如下：

（1）2010 年 1 月 1 日，购入债券。

借：持有至到期投资——成本　　1 250
　　贷：银行存款　　1 000
　　　　持有至到期投资——利息调整　　250

（2）2010 年 12 月 31 日，确认实际利息收入、收到票面利息等。

借：应收利息　　59
　　持有至到期投资——利息调整　　41
　　贷：投资收益　　100

借：银行存款　　59
　　贷：应收利息　　59

（3）2011 年 12 月 31 日，确认实际利息收入、收到票面利息等。

借：应收利息　　59
　　持有至到期投资——利息调整　　45
　　贷：投资收益　　104

借：银行存款　　59
　　贷：应收利息　　59

（4）2012 年 12 月 31 日，确认实际利息收入、收到票面利息等。

借：应收利息　　59
　　持有至到期投资——利息调整　　50
　　贷：投资收益　　109

借：银行存款　　59

　　贷：应收利息　　59

（5）2013 年 12 月 31 日，确认实际利息、收到票面利息等。

借：应收利息　　59

　　持有至到期投资——利息调整　　55

　　贷：投资收益　　114

借：银行存款　　59

　　贷：应收利息　　59

（6）2014 年 12 月 31 日，确认实际利息、收到票面利息和本金等。

借：应收利息　　59

　　持有至到期投资——利息调整　　59

　　贷：投资收益　　118

借：银行存款　　59

　　贷：应收利息　　59

借：银行存款等　　1 250

　　贷：持有至到期投资——成本　　1 250

假定北方公司购买的债券不是分次付息，而是到期一次还本付息，且利息不是以复利计算。此时北方公司所购买债券的实际利率 r，可以计算如下：

（59+59+59+59+59+1 250）×（1+r）−5=1 000（元），由此得出 r=9.05%。

据此，调整上述表中相关数据后如表 3-2 所示。

根据上述数据，北方公司的有关账务处理如下。

（1）2010 年 1 月 1 日，购入债券。

借：持有至到期投资——成本　　1 250

　　贷：银行存款　　1 000

　　　　持有至到期投资——利息调整　　250

（2）2010 年 12 月 31 日，确认实际利息收入。

借：持有至到期投资——应计利息　　59

　　　　　　　　　——利息调整　　31.5

　　贷：投资收益　　90.5

表 3-2　　摊余成本及相关计算　　单位：元

年份	期初摊余成本（a）	实际利息收入（b）（按 9.05%计算）	现金流入（c）	期末摊余成本（d=a+b-c）
2000 年	1 000	90.5	0	1 090.5
2011 年	1 090.5	98.69	0	1 189.19
2012 年	1 189.19	107.62	0	1 296.81

续表

年份	期初摊余成本（a）	实际利息收入（b）（按 9.05%计算）	现金流入（c）	期末摊余成本（d=a+b-c）
2013 年	1 296.81	117.36	0	1414.17
2014 年	1 414.17	130.83*	1 545	0

注：*考虑了计算过程中出现的尾差 2.85 元。

（3）2011 年 12 月 31 日，确认实际利息收入。

借：持有至到期投资——应计利息　59

——利息调整　39.69

贷：投资收益　98.69

（4）2012 年 12 月 31 日，确认实际利息收入。

借：持有至到期投资——应计利息　59

——利息调整　48.62

贷：投资收益　107.62

（5）2013 年 12 月 31 日，确认实际利息收入。

借：持有至到期投资——应计利息　59

——利息调整　58.36

贷：投资收益　117.36

（6）2014 年 12 月 31 日，确认实际利息、收到本金和名义利息等。

借：持有至到期投资——应计利息　59

——利息调整　71.83

贷：投资收益　130.83

借：银行存款　1 545

贷：持有至到期投资——成本　1 250

——应计利息　295

（三）持有至到期投资转换

企业应当于每个资产负债表日对持有至到期投资的意图和能力进行评价。发生变化的，应当将其重分类为可供出售金融资产处理。企业因持有至到期投资部分出售或重分类的部分占持有至到期投资总额的金额较大，通常情况下，实务中的较大金额是指 10%，且不属于企业会计准则所允许的例外情况，使该投资的剩余部分不再适合划分为持有至到期投资的，企业应当将剩余的持有至到期投资重分类为可供出售金融资产，并以公允价值进行后续计量。在重分类日，该投资剩余部分的账面价值（摊余成本）与其公允价值之间的差额计入所有者权益，记入“资本公积——其他资本公积”科目，不论公允价值是高于摊余成本还是低于摊余成本。但是，下列情况例外。

（1）出售日或重分类日距离该项投资到期日或赎回日较近（如到期前三个月内），市场利率变化对该项投资的公允价值没有显著影响。

（2）根据合同约定的偿付方式，企业已收回几乎所有初始本金。

（3）出售或重分类是由于企业无法控制、预期不会重复发生且难以合理预计的独立事项所引起，包括下列情况：

① 因被投资单位信用状况严重恶化，将持有至到期投资予以出售；

② 因相关税收法规取消了持有至到期投资的利息税前可抵扣政策，或显著减少了税前可抵扣金额，将持有至到期投资予以出售；

③ 因发生重大企业合并或重大处置，为保持现行利率风险头寸或维持现行信用风险政策，将持有至到期投资予以出售；

④ 因法律、行政法规对允许投资的范围或特定投资品种的投资限额做出重大调整，将持有至到期投资予以出售；

⑤ 因监管部门要求大幅度提高资产流动性，或大幅度提高持有至到期投资在计算资本充足率时的风险权重，将持有至到期投资予以出售。

在该可供出售金融资产发生减值或终止确认时转出，计入当期损益。

重分类时，可供出售金融资产按照公允价值来计量，结转的持有至到期投资是其摊余成本，公允价值和摊余成本之间的差额。

【例 3-22】2007 年 3 月，由于贷款基准利率的变动和其他市场因素的影响，北方公司持有的、原划分为持有至到期投资的某公司债券价格持续下跌。为此，北方公司于 4 月 1 日对外出售该持有至到期债券投资 10%，收取价款 1 200 000 元（即所出售债券的公允价值）。

（1）假定 4 月 1 日该债券出售前的账面余额（成本）为 10 000 000 元，不考虑债券出售等其他相关因素的影响，则北方公司相关的账务处理如下：

借：银行存款　　1 200 000

　　贷：持有至到期投资——成本　　1 000 000

　　　　投资收益　　200 000

借：可供出售金融资产 （重分类日的公允价值）　　10 800 000

　　贷：持有至到期投资——成本　　9 000 000

　　　　资本公积——其他资本公积　　1 800 000

（2）假定 4 月 23 日，北方公司将该债券全部出售，收取价款 11 800 000 元，则北方公司相关账务处理如下：

借：银行存款　　11 800 000

　　贷：可供出售金融资产　　10 800 000

　　　　投资收益　　1 000 000

借：资本公积——其他资本公积　　1 800 000

　　贷：投资收益　　1 800 000

应当注意，企业在该项资产重分类后，在本会计年度及以后两个完整的会计年度内不得将该金融资产再划分为持有至到期投资。

模块四 可供出售金融资产

一、可供出售金融资产概念

可供出售金融资产是指初始确认时即被指定为可供出售的非衍生金融资产，以及除下列各类资产以外的金融资产：①贷款和应收款项；②持有至到期投资；③以公允价值计量且其变动计入当期损益的金融资产。通常情况下，企业购入的在活跃市场上有报价的股票、债券和基金等，而且没有划分为以公允价值计量且其变动计入当期损益的金融资产或持有至到期投资等金融资产的，可归为此类。

对于在活跃市场上有报价的金融资产，既可能划分为以公允价值计量且其变动计入当期损益的金融资产，也可能划分为可供出售金融资产；若该金融资产属于有固定到期日，回收金额固定或可确定的金融资产，则还可能划分为持有至到期投资。一项金融资产具体应分为哪一类，主要取决于企业管理层的风险管理、投资决策等因素，是管理层投资意图的反映。

二、可供出售金融资产的会计处理

（一）企业取得可供出售金融资产

企业取得可供出售金融资产的会计处理，初始确认时，应按其公允价值计量与交易费用之和，借记“可供出售金融资产——成本”科目，按支付的价款中包含的已宣告但尚未发放的现金股利，借记“应收股利”科目，按实际支付的金额，贷记“银行存款”等科目。

企业取得可供出售金融资产为债券投资的，应按债券面值，借记“可供出售金融资产——成本”科目，按支付的价款中包含的已到付息期但尚未领取的利息，借记“应付利息”科目，按实际支付的金额，贷记“银行存款”等科目，按其差额，借记或贷记“可供出售金融资产——利息调整”科目。

（二）资产负债表日计算利息

资产负债表日，可供出售债券为分期付息、一次还本债券投资的，应按票面利率计算确定的应收未收利息，借记“应收利息”科目，按可供出售债券的摊余成本和实际利率计算确定利息收入，贷记“投资收益”科目，按其差额，借记或贷记“可供出售金融资产——利息调整”科目。

可供出售债券为一次还本付息债券投资的，应于资产负债表日按票面利率计算确定的应收未收利息，借记“可供出售金融资产——应计利息”科目，按可供出售债券的摊余成本和实际利率计算确定利息收入，贷记“投资收益”科目，按其差额，借记或贷记“可供出售金融资产——利息调整”科目。

（三）资产负债表日公允价值变动

资产负债表日，可供出售金融资产的公允价值高于其账面金额的差额，借记“可供出售金融资产——公允价值变动”科目，贷记“资本公积——其他资本公积”科目。

（四）出售可供出售金融资产

出售可供出售金融资产，应按实际收到的金额，借记“银行存款”等科目，按账面余额，贷记“可供出售金融资产——成本、公允价值变动、利息调整、应计利息”等科目，按应从所有者权益中转出的公允价值累计变动，借记或贷记“资本公积——其他资本公积”科目，按其差额借记或贷记“投资收益”科目。

企业在对可供出售金融资产进行会计处理时，还应注意以下几个方面。

（1）企业取得可供出售金融资产支付的价款中包含的已到付息期但尚未领取的债券利息或已宣告但尚未发放的现金股利，应单独确认为应收项目。

可供出售金融资产持有期间取得的利息或现金股利，应当计入投资收益。资产负债表日，可供出售金融资产应当以公允价值计量，且公允价值变动计入资本公积（其他资本公积）。

（2）可供出售金融资产发生的减值损失，应计入当期损益；如果可供出售金融资产是外币货币性金融资产，则其形成的汇兑差额也应计入当期损益。采用实际利率法计算的可供出售金融资产的利息，应当计入当期损益；可出售权益工具投资的现金股利，应当在被投资单位宣告发放股利时计入当期损益。

（3）处置可供出售金融资产时，应将取得的价款与该金融资产账面价值之间的差额，计入投资损益；同时，将原直接计入所有者权益的公允价值变动累计额对应处置部分的金额转出，计入投资损益。

【例 3-23】2013 年 1 月 1 日北方公司支付价款 1 030 元购入某公司发行的 3 年期公司债券，该公司债券的票面总金额为 1 000 元，票面年利率为 4%。实际年利率为 3%，利息每年年末支付，本金到期支付。北方公司将该公司债券划分为可供出售金融资产。2013 年 12 月 31 日，该债券的市场价格为 1 000.10 元。假定无交易费用和其他因素的影响，北方公司的财务处理如下。

（1）2013 年 1 月 1 日，购入债券。

借：可供出售金融资产——成本　　1 000

　　　　　　　　　——利息调整　　30

　贷：银行存款　　1 030

（2）2013 年 12 月 31 日，收到债券利息，确认公允价值变动。

实际利息=1 030×3%=30.90（元）

年末摊余成本=1 030+30.90−40=1 020.90（元）

借：应收利息　　40

　贷：投资收益　　30.90

　　可供出售金融资产——利息调整　　9.10

借：银行存款　　40

　贷：应收利息　　40

借：资本公积——其他资本公积　　20.80

　贷：可供出售金融资产——公允价值变动　　20.80

可供出售金融资产应当按照公允价值计量，可供出售金融资产公允价值变动应当作为其他综合收益，计入所有者权益（资本公积——其他资本公积），不构成当期利润。

【例 3-24】下列金融资产中，应作为可供出售金融资产核算的是（　　）。

A. 企业从二级市场购入准备随时出售的普通股票

B. 企业购入有意图和能力持有至到期的公司债券

C. 企业购入没有公开报价且不准备随时变现的 A 公司 5%的股权

D. 企业购入有公开报价但不准备随时变现的 A 公司 5%的流通股票

【解析】正确答案是 D。选项 A，准备随时出售，应该作为交易性金融资产核算；选项 B，有能力和意图持有至到期的公司债券，应该作为持有至到期投资核算；选项 C，因为没有公开报价，所以不能作为可供出售金融资产核算，通常情况下是作为长期股权投资核算的。

【例 3-25】北方公司按年对外提供财务报表。

（1）2009 年 4 月 22 日北方公司从二级市场购入一批 A 公司发行的股票 600 万股，作为可供出售金融资产核算，取得时公允价值为每股为 8.3 元，含已宣告但尚未发放的现金股利 0.3 元，另支付交易费用 8 万元，全部价款以银行存款支付。

借：可供出售金融资产——成本［6 000 000×（8.3−0.3）+ 80 000］48 080 000
　　应收股利　（6 000 000×0.3）1 800 000
　　贷：银行存款　49 880 000

（2）2009 年 5 月 20 日，收到最初支付价款中所含现金股利。

借：银行存款　1 800 000
　　贷：应收股利　1 800 000

（3）2009 年 12 月 31 日，该股票公允价值为每股 8.9 元。

借：可供出售金融资产——公允价值变动　（6 000 000×8.9−48 080 000）5 320 000
　　贷：资本公积——其他资本公积　5 320 000

（4）2010 年 3 月 1 日，A 公司宣告发放股利，其中现金股利每股 0.4 元，股票股利每 10 股派 2 股。

借：应收股利（6 000 000×0.4）　2 400 000
　　贷：投资收益　2 400 000

（5）2010 年 3 月 12 日，收到现金股利和股票股利。

借：银行存款　2 400 000
　　贷：应收股利　2 400 000

收到发放的股票股利为 600×20% = 120（万股），在备查簿中登记即可。

（6）2010 年 12 月 31 日，该股票公允价值为每股 7.5 元。

借：可供出售金融资产——公允价值变动［7 200 000×7.5 −（4 8 080 000 + 5 320 000）］600 000
　　贷：资本公积——其他资本公积　600 000

（7）2011 年 1 月 10 日，全部出售该股票，每股 6 元，交易费用为 6 万元。

借：银行存款　（7 200 000×6−60 000）　4 3140 000

资本公积——其他资本公积　　5 920 000
投资收益　　4 940 000
贷：可供出售金融资产——成本　　48 080 000
——公允价值变动　　5 920 000

模块五　金融资产减值

一、金融资产减值损失的确认

企业应当在资产负债表日对以公允价值计量且其变动计入当期损益的金融资产以外的金融资产（含单项金融资产或一组金融资产）的账面价值进行检查，有客观证据表明该金融资产发生减值的，应当确认减值损失，计提减值准备。

表明金融资产发生减值的客观证据是指金融资产初始确认后实际发生的，对该金融资产的预计未来现金流量有影响，且企业能够对该影响进行可靠计量的事项。金融资产发生减值的客观证据，包括下列各项：

（1）发行方或债务人发生严重财务困难；

（2）债务人违反了合同条款，如偿付利息或本金发生违约或逾期等；

（3）债权人出于经济或法律等方面因素的考虑，对发生财务困难的债务人做出让步；

（4）债务人很可能倒闭或进行其他财务重组；

（5）因发行方发生重大财务困难，该金融资产无法在活跃市场继续交易；

（6）无法辨认一组金融资产中的某项资产的现金流量是否已经减少，但根据公开的数据对其进行总体评价后发现，该组金融资产自初始确认以来的预计未来现金流量确已减少且可计量；

（7）债务人经营所处的技术、市场、经济或法律环境等发生重大不利变化，使权益工具投资人可能无法收回投资成本；

（8）权益工具投资的公允价值发生严重或非暂时性下跌；

（9）其他表明金融资产发生减值的客观证据。

二、金融资产减值损失的计量

（一）持有至到期投资减值损失的计量

（1）持有至到期投资以摊余成本后续计量，其发生减值时，应当在将该金融资产的账面价值与预计未来现金流量现值之间差额，确认为减值损失，计入当期损益。

以摊余成本计量的金融资产的预计未来现金流量现值，应当按照该金融资产的原实际利率折现确定，并考虑相关担保物的价值（取得和出售该担保物发生的费用应当予以扣除）。原实际利率是初始确认该金融资产时计算确定的实际利率。

（2）对于存在大量性质类似且以摊余成本后续计量金融资产的企业，在考虑金融资产减值测试时，应当先将单项金额重大的金融资产区分开来，单独进行减值测试。如有客观证据表明其已发生减值，应当确认减值损失，计入当期损益。对单项金额不重大的金融资产，可以单独进行减值测试。

（3）对以摊余成本计量的金融资产确认减值损失后，如有客观证据表明该金融资产价值已恢复，且客观上与确认该损失后发生的事项有关（如债务人的信用评级已提高等），原确认的减值损失应当予以转回，计入当期损益。但是，该转回后的账面价值不应当超过假定不计提减值准备情况下该金融资产在转回日的摊余成本。

（4）外币金融资产发生减值的，预计未来现金流量现值应先按外币确定，在计量减值时再按资产负债表日即期汇率折合成为记账本位币反映的金额。该项金额小于相关外币金融资产以记账本位币反映的账面价值的部分，确认为减值损失，计入当期损益。

（5）持有至到期投资、贷款和应收款项等金融资产在确认减值损失后，利息收入应当按照确定减值损失时对未来现金流量进行折现采用的折现率作为利率计算确认。

【例 3-26】北方公司 2012 年 1 月 3 日购入乙公司 2012 年 1 月 1 日发行的 5 年期固定利率债券，该债券每年付息一次，最后一年还本金并付最后一次利息，票面年利率 12%，债券面值 1 000 元（等于公允价值），北方公司按 1 050 元的溢价价格购入 800 张，票款以银行存款付讫，不考虑交易费用。根据本例资料，北方公司在 2012 年 1 月 3 日购入本批债券时应编制会计分录如下。

借：持有至到期投资——成本　　800 000

　　　　　　　　——利息调整　　40 000

　贷：银行存款　　840 000

【例 3-27】以【例 3-26】资料，若北方公司投资乙公司债券发生的溢折价采用实际利率法进行摊销，并按年计算利息，则有关计算如下。

（1）债券溢价=投资时投资额成本 800×1 050−800×800 000=40 000

（2）年度终了按实际利率法计算利息调整额（溢价摊销额）和投资收益（利息）。

假定根据插入法计算实际利率＝10.66%。采用实际利率法计算的各期利息调整额，如表 3－3 所示。

表 3-3　　持有至到期投资（债券）利息调整计算表　　单位：元

计息日期	应收利息	投资收益	持有至到期投资（债券）摊余成本
2012－1－1			840 000
2012－12－31	96 000	89 544	833 544
2013－12－31	96 000	88 855.79	826 399.79
2014－12－31	96 000	88 094.22	818 494.01
2015－12－31	96 000	87 251.46	809 745.47
2016－12－31	96 000	86 254.53	800 000
合计	480 000	440 000	—

根据表 3-3 计算结果，各年年末应编制的会计分录如下。

（1）2012 年 12 月 31 日，确认投资收益时。

借：应收利息　96 000

　贷：投资收益　89 544

　　持有至到期投资——利息调整　6 456

（2）收到利息时。

借：银行存款　96 000

　贷：应收利息　96 000

如果该债券以后年度未发生减值，则以后各年的会计分录可根据表 3－1 所列数据，比照 2012 年 12 月 31 日所做会计分录编制。

（3）债券到期（2016 年年末）收回债券本金和最后一期利息时。

借：银行存款　896 000

　贷：持有至到期投资——成本　800 000

　　应收利息　96 000

【例 3-28】仍以【例 3-26】、【例 3-27】资料为例，如果北方公司持有的乙公司债券在第 4 年，即 2015 年 12 月 31 日经检查，该批债券已发生减值，预计只能收回本息 500 000 元。

北方公司 2015 年 12 月 31 日应做如下处理。

该批债券预计未来现金流量现值＝500 000/（1＋10.66%）＝451 834.45（元）

未提减值准备前持有至到期债券的账面价值＝809 745.47（元）

应计提减值准备＝809 745.47－451 834.45＝357 911.02（元）

减值准备的会计处理如下。

（1）借：资产减值损失　357 911.02

　贷：持有至到期投资减值准备　357 911.02

2016 年 12 月 31 日（第 5 年年末），应做如下处理。

应收利息＝96 000（元）

按实际利率计算的利息收益：

（809 745.47－357 911.02）×10.66%＝48 165.55（元）

差额＝96 000－48 165.55＝47 834.45（元）

（2）借：应收利息　96 000

　贷：投资收益　48 165.55

　　持有至到期投资——利息调整　47 834.45

此时，持有至到期债券账面余额=809 745.47－47 834.45＝761 911.02（元）（同时，持有至到期投资减值准备科目有余额 357 911.02 元）。实际收到本息 500 000 元。

（3）借：银行存款　500 000

　持有至到期投资减值准备　357 911.02

持有至到期投资——利息调整　　38 088.98

贷：持有至到期投资——成本　　800 000

应收利息　　96 000

（6）已确认减值损失的金融资产价值恢复时。对于持有至到期投资、贷款和应收款项等以摊余成本计量的金融资产确认减值损失后，如有客观证据表明该金融资产价值已恢复，且客观上与确认减值损失后发生的事项有关，原已确认的减值损失应当予以转回，计入当期损益。应注意的是转回后的账面价值不应当超过假定不计提减值准备情况下该金融资产在转回日的摊余成本。

（二）可供出售金融资产减值损失的计量

（1）可供出售金融资产发生减值时，发生减值条件的判断是公允价值发生严重下跌（通常为20%的幅度）且是非暂时性的下跌。即使该金融资产没有终止确认，原直接计入所有者权益的，因公允价值下降形成的累计损失也应当予以转出，计入当期损益。该转出的累计损失为可供出售金融资产的初始取得成本扣除已收回本金和已摊销金额、当前公允价值和原已计入损益的减值损失后的余额。

在活跃市场中没有报价且其公允价值不能可靠计量的权益工具投资发生减值时，应当将该权益工具投资或衍生金融资产的账面价值与按照类似金融资产当时的市场收益率对未来现金流量折现确定的现值之间的差额，确认为减值损失，计入当期损益。

（2）对于已确认减值损失的可供出售债务工具，在随后的会计期间公允价值已上升且客观上与原减值损失确认后发生的事项有关的，原确认的减值损失应当予以转回，计入当期损益（资产减值损失）。

可供出售权益工具投资发生的减值损失，不得通过损益转回。已确认减值损失的可供出售权益工具，在随后的会计期间公允价值已上升且客观上与原减值损失确认后发生的事项有关的，原确认的减值损失应当予以转回，计入当期所有者权益。在活跃市场中没有报价且其公允价值不能可靠计量的权益工具投资或与该权益工具挂钩并须通过交付该权益工具结算的衍生金融资产发生的减值损失，不得转回。

（3）可供出售金融资产发生减值后，利息收入应当按照确定减值损失时对未来现金流量进行折现而采用的折现率作为利率计算确认。

具体账务处理为：确定可供出售金融资产发生减值的，按应减记的金额，借记“资产减值损失”科目；按应从所有者权益中转出原计入资本公积的累计损失金额，贷记“资本公积——其他资本公积”科目；按其差额，贷记“可供出售金融资产——公允价值变动”科目。

对于已确认减值损失的可供出售金融资产，在随后的会计期间内公允价值已上升且客观上与确认原减值损失事项有关的，应按原确认的减值损失借记“可供出售金融资产——公允价值变动”科目，贷记“资产减值损失”科目。但是可供出售金融资产为股票等权益工具投资的（不含在活跃市场上没有报价、公允价值不能可靠计量的权益工具投资），借记“可供出售金融资产——公允价值变动”科目，贷记“资本公积——其他资本公积”科目。

【例 3-29】2007 年 5 月 8 日，北方公司以每股 8 元的价格从二级市场购入乙公司股票 120 万股，支付价款 960 万元，另支付相关交易费用 3 万元。北方公司将其购入的乙公司股票分类为可供出售金融资产。2007 年 12 月 31 日，乙公司股票的市场价格为每股 9 元。2008 年 12 月 31 日，乙公司股票的市场价格为每股 5 元，北方公司预计乙公司股票的市场价格将持续下跌。2009 年 12 月 31 日，乙公司股票的市场价格为每股 6 元。

要求：根据上述资料，不考虑其他因素，做如下账务处理。

北方公司 2008 年度利润表因乙公司股票市场价格下跌应当确认的减值损失 = 120×9 − [120×9 −（960 + 3）] − 120×5 = 363（万元），具体会计分录如下。

借：资产减值损失　　　　3 630 000
　　资本公积——其他资本公积（120×9 − 963）　　　　1 170 000
　　贷：可供出售金融资产——公允价值变动（120×9 − 120×5）　　　　4 800 000

【例 3-30】2005 年 5 月 1 日，北方公司从股票二级市场以每股 15 元（含已宣告发放但尚未领取的现金股利 0.2 元）的价格购入 B 公司发行的股票 2 000 000 股，占 B 公司有表决权股份的 5%，对 B 公司无重大影响，北方公司将该股票划分为可供出售金融资产。其他资料如下。

（1）2005 年 5 月 10 日，北方公司收到 B 公司发放的上年现金股利 400 000 元。

（2）2005 年 12 月 31 日，该股票的市场价格为每股 13 元。北方公司预计该股票的价格下跌是暂时的。

（3）2006 年，B 公司因违反相关证券法规，受到证券监管部门查处。受此影响，B 公司股票的价格发生下挫。至 2006 年 12 月 31 日，该股票的市场价格下跌到每股 6 元。

（4）2007 年，B 公司整改完成，加之市场宏观面好转，股票价格有所回升，至 12 月 31 日，该股票的市场价格上升到每股 10 元。

假定 2006 和 2007 年均未分派现金股利，不考虑其他因素的影响，则北方公司有关的账务处理如下。

（1）2005 年 1 月 1 日购入股票。

借：可供出售金融资产——成本　　　　29 600 000
　　应收股利　　　　400 000
　　贷：银行存款　　　　30 000 000

（2）2005 年 5 月收到现金股利。

借：银行存款　　　　400 000
　　贷：应收股利　　　　400 000

（3）2005 年 12 月 31 日确认股票公允价值变动。

借：资本公积——其他资本公积　　　　3 600 000
　　贷：可供出售金融资产——公允价值变动　　　　3 600 000

（4）2006 年 12 月 31 日，确认股票投资的减值损失。

借：资产减值损失　　　　17 600 000
　　贷：资本公积——其他资本公积　　　　3 600 000

可供出售金融资产——公允价值变动　　14 000 000

（5）2007 年 12 月 31 日确认股票价格上涨。

借：可供出售金融资产——公允价值变动　　8 000 000

贷：资本公积——其他资本公积　　8 000 000

应当注意：

（1）可供出售金融资产发生减值后，利息收入要继续确认，应当按照确定减值损失时对未来现金流量进行折现采用的折现率作为利率计算确认；

（2）在活跃市场中没有报价且其公允价值不能可靠计量的权益工具投资，或与该权益工具挂钩并须通过交付该权益工具结算的衍生金融资产发生的减值损失，不得转回。

这里讲的实际上是指不具有控制、共同控制和重大影响，且公允价值不能可靠计量的长期股权投资。

复习思考题

一、单项选择题

1. 在已确认减值损失的金融资产价值恢复时，下列金融资产的减值损失不得通过损益转回的是（　　）。

A. 持有至到期投资的减值损失　　B. 贷款及应收款项的减值损失

C. 可供出售权益工具投资的减值损失　　D. 可供出售债务工具投资的减值损失

2. 下列各项应反映在交易性金融资产的初始计量金额中的有（　　）。

A. 债券的买入价　　B. 已宣告但尚未发放的现金股利

C. 支付的手续费　　D. 已到付息期但尚未领取的利息

3. 关于交易性金融资产的计量，下列说法中正确的是（　　）。

A. 应当按取得该金融资产的公允价值和相关交易费用之和作为初始确认金额

B. 应当按取得该金融资产的公允价值作为初始确认金额，相关交易费用在发生时计入当期损益

C. 资产负债表日，企业应将金融资产的公允价值变动计入当期所有者权益

D. 处置该金融资产时，其公允价值与初始入账金额之间的差额应确认为投资收益，不调整公允价值变动损益

4. 根据我国《企业会计准则第 22 号——金融工具确认和计量》规定，企业的交易性金融资产在持有期间取得的现金股利，应确认为（　　）。

A. 投资收益　　B. 营业外收入

C. 财务费用　　D. 交易性金融资产成本的调整

5. 持有交易性金融资产期间被投资单位宣告发放现金股利或在资产负债表日按债券票面利率计算利息时，借记“应收股利”或“应收利息”科目，贷记（　　）科目。

A. “交易性金融资产”　　B. “投资收益”

C. “公允价值变动损益”　　D. “短期投资”

6. 企业出售交易性金融资产时，应按实际收到的金额，借记“银行存款”科目，按该金融资产的成本，贷记“交易性金融资产——成本”科目，按该项交易性金融资产的公允价值变动，贷记或借记“交易性金融资产——公允价值变动”科目，按其差额，贷记或借记（　　）科目。

A. “公允价值变动损益”　　B. “投资收益”

C. “短期投资”　　D. “营业外收入”

7. 甲公司2009年12月12日购入乙公司15万股股票作为交易性金融资产，每股价格为6元，2010年3月3日收到乙公司分派的现金股利3万元，2010年6月30日该股票的市价为每股6. 5元，则甲公司确认的公允价值变动损益为（　）万元。

A. 10. 5　　B. 7. 5　　C. 3　　D. 0

8. 企业于2010年10月10日从证券市场上购入A公司发行在外的股票1 000万股作为交易性金融资产，每股支付价款6元，另支付相关费用200万元，2010年12月31日该股票的公允价值为5 500万元，企业2010年12月31日应确认的公允价值变动损益为（　　）万元。

A. 损失500　　B. 收益500　　C. 收益700　　D. 损失700

9. 下列关于交易性金融资产的说法中正确的是（　　）。

A. 交易费用计入到成本　　B. 是为了短期获利

C. 只能是股权投资　　D. 公允价值变动计入到所有者权益

10. 大地公司于2012年5月1日购入某公司于当日发行的面值100万元3年期债券，票面利率为5%，每年末付息，到期还本，大地公司准备将其持有至到期，实际支付价款115万元，另支付交易费用8万元，则大地公司该债券的入账价值为（　　）万元。

A. 115　　B. 108　　C. 100　　D. 123

11. 甲公司2010年10月10日从证券市场购入乙公司发行的股票100万股，共支付价款860万元，其中包括交易费用4万元。购入时，乙公司已宣告但尚未发放的现金股利为每股0.16元。甲公司将购入的乙公司股票作为交易性金融资产核算。2010年12月2日，甲公司出售该交易性金融资产，收到价款960万元。

要求：根据上述资料，不考虑其他因素，回答下列各题。

（1）甲公司2010年10月10日购入乙公司股票的入账价值是（　　）万元。

A. 860　　B. 840　　C. 856　　D. 876

（2）甲公司2010年利润表中因该交易性金融资产应确认的投资收益为（　　）万元。

A. 100　　B. 116　　C. 120　　D. 132

12. 2010年1月8日A企业以赚取差价为目的从二级市场购入一批债券作为交易性金融资产，面值总额为1 000万元，利率为4%，3年期，每年付息一次，该债券为2009年1月1日发行。取得时公允价值为1 050万元，含已到付息期但尚未领取的2009年利息，另支付交易费用20万元，全部价款以银行存款支付。2010年12月31日，该债券的公允价值为1 500万元。2011年2

月，将持有的该项金融资产全部处置，处置价款是 1 600 万元，另支付交易费用 10 万元。

要求：根据上述资料，不考虑其他因素，回答下列各题。

（1）取得交易性金融资产的入账价值为（　　）万元。

A. 1 050　　B. 1 000　　C. 1 010　　D. 1 070

（2）处置该项交易性金融资产时产生的损益金额是（　　）万元。

A. 90　　B. 580　　C. 590　　D. 100

13. 企业于 2011 年 5 月 10 日将一张 4 月 10 日签发，90 天期限，票面价值为 100 000 元，票面利率为 6% 的带息商业汇票向银行贴现，年贴现率为 7.5%，贴现所得为（　　）元。

A. 100 000　　B. 101 500　　C. 101 231.75　　D. 100 231.25

14. “应收账款”不核算（　　）。

A. 企业销售商品而应收取的款项　　B. 企业提供劳务而应收取的款项

C. 代购货方垫付的运杂费　　D. 应向职工收取的赔款

15. 总价法将（　　）作为应收账款的入账价值。

A. 未扣减现金折扣、商业折扣前的实际售价

B. 扣除现金折扣和商业折扣后的净额

C. 扣减现金折扣，未扣减商业折扣的净额

D. 扣减商业折扣，未扣减现金折扣前的实际售价

16. 企业 2011 年年末“应收账款”余额为 6 000 000 元，“坏账准备”借方余额为 8 000 元，坏账准备计提比例为 5‰，则年末应计提坏账准备（　　）元。

A. 8000　　B. 30 000　　C. 38 000　　D. 22 000

17. 企业采用备抵法确认坏账损失时，应（　　）科目。

A. 借记“资产减值损失”　　B. 贷记“资产减值损失”

C. 借记“坏账准备”　　D. 借记“应收账款”

18. 企业以银行存款代职工垫付应由其个人负担的住院医药费，则企业为其垫支医药费时，应（　　）科目。

A. 借记“其他应收款”　　B. 贷记“其他应收款”

C. 借记“应收账款”　　D. 贷记“应收账款”

二、多项选择题

1. 下列各项中属于金融资产的是（　　）。

A. 库存现金　　B. 应收账款　　C. 基金投资　　D. 存货

2. 企业核算收到交易性金融资产的现金股利时，可能涉及的会计科目有（　　）。

A. 投资收益　　B. 交易性金融资产

C. 应收股利　　D. 银行存款

3. 下列各项中不应计入交易性金融资产入账价值的有（　　）。

A. 股票的买入价　　B. 已到付息期但尚未领取的利息

C. 支付的手续费　　D. 已宣告但尚未领取的现金股利

4. “交易性金融资产”科目借方登记的内容有（　　）。

A. 交易性金融资产的取得成本

B. 资产负债表日其公允价值高于账面余额的差额

C. 取得交易性金融资产所发生的相关交易费用

D. 资产负债表日其公允价值低于账面余额的差额

5. 关于金融资产的计量，下列说法中正确的有（　　）。

A. 交易性金融资产应当按照取得时的公允价值和相关的交易费用作为初始确认的金额

B. 可供出售金融资产应当按照取得金融资产的公允价值和相关交易费用之和作为初始确认的金额

C. 可供出售金融资产应当按照取得时公允价值作为初始确认的金额，相关的交易费用在发生时计入当期损益

D. 持有至到期投资在持有期间应当按照摊余成本和实际利率计算利息收入，计入投资收益

E. 交易性金融资产应按照取得时的公允价值作为初始确认金额，相关交易费用计入当期损益

6. 企业购入公司债券或股票作为交易性金融资产时可能涉及的借方科目有（　　）。

A. “交易性金融资产”B. “应收利息”C. “应收股利”　　D. “投资收益”

7. 持有至到期投资在（　　）情况下，剩余部分可以不重分类为可供出售金融资产。

A. 出售日或重分类日距离该项投资到期日或赎回日较近，且市场利率变化对该项投资的公允价值没有显著影响

B. 根据合同约定的定期偿付或提前还款方式收回该投资几乎所有初始本金后，将剩余部分予以出售或重分类

C. 因发生重大企业合并或重大处置，为保持现行利率风险头寸或维持现行信用风险政策，将持有至到期投资予以出售

D. 因法律、行政法规对允许投资的范围或特定投资品种的投资限额做出重大调整，将持有至到期投资予以出售

E. 企业因为持有意图的转变或管理的需要计划将持有至到期投资重分类为可供出售金融资产

8. 金融资产发生减值的客观证据，包括（　　）。

A. 发行方或债务人发生严重财务困难

B. 债务人违反了合同条款，如偿付利息或本金发生违约或逾期等

C. 权益工具投资的公允价值发生严重或非暂时性下跌

D. 债务人很可能倒闭或进行其他财务重组

E. 因发行方发生重大财务困难，该金融资产无法在活跃市场继续交易

9. 下列有关金融资产减值的处理，不正确的有（　　）。

A. 对单项金额不重大的金融资产，必须包括在具有类似信用风险特征的金融资产组合中

进行减值测试

B. 可供出售金融资产发生减值时，原计入资本公积中的累计损失应该转出

C. 可供出售权益工具转回的减值损失通过“资产减值损失”转回

D. 可供出售债务工具转回的减值损失通过“资本公积——其他资本公积”转回

E. 外币金融资产发生减值时，预计未来现金流量现值应该先按外币确定，在计量减值时再按资产负债表日即期汇率折合成为记账本位币反映的金额

10. （　　）不能全额提取坏账准备。

A. 当年发生的应收款项

B. 计划重组的应收款项

C. 关联方发生的应收款项

D. 其他已逾期，但无确凿证据表明不能收回的应收款项

11. 企业收到已转销的坏账时，应（　　）。

A. 借记“应收账款”科目，贷记“坏账准备”科目

B. 借记“坏账准备”科目，贷记“应收账款”科目

C. 借记“应收账款”科目，贷记“银行存款”科目

D. 借记“银行存款”科目，贷记“应收账款”科目

12. “预付账款”科目的借方登记（　　）。

A. 预付的款项　　B. 补付的款项

C. 收到采购货物时冲销的预付款项　　D. 预付款项多余而退回的款项

13. “其他应收款”账户核算的内容包括（　　）。

A. 应收的各种赔款　　B. 应收的各种罚款

C. 存出保证金　　D. 备用金

14. 关于备用金的核算，说法正确的有（　　）。

A. 企业可在“其他应收款”账户下设置“备用金”二级账户核算备用金

B. 备用金管理可采用定额制

C. 备用金管理可采用非定额制

D. 企业也可设置“备用金”一级账户

15. 我国现行《企业会计制度》规定，（　　）可以计提坏账准备。

A. 应付账款　　B. 应收账款　　C. 其他应收款　　D. 预付账款

三、判断题

1. 商业汇票按承兑人不同，分为银行本票和银行汇票。（　　）

2. 带息应收票据到期不能收回时，期末不再计提其所包含的利息，并在备查簿中登记，待实际收到时再冲减当期的财务费用。（　　）

3. 我国《企业会计制度》规定，企业既可以采用直接转销法核算坏账损失，又可采用备抵法

核算坏账损失。 (　　)

4. 企业内部各部门周转使用的备用金，既可以在“其他应收款”科目中核算，也可以在“库存现金”科目中核算。 (　　)

5. 金融资产在初始确认时分为交易性金融资产、持有至到期投资、贷款和应收款项及可供出售金融资产。上述分类一经确定，不得变更。 (　　)

6. 交易性金融资产主要是指企业以投资为目的而长期持有的资产。 (　　)

7. 企业为取得交易性金融资产发生的交易费用应计入交易性金融资产初始确认金额。(　　)

8. 股票投资中已宣告但尚未领取的现金股利应作为应收股利处理。 (　　)

9. “交易性金融资产”科目的期末借方余额，反映企业持有的交易性金融资产的成本与市价孰低值。 (　　)

四、案例分析题

1. 安信公司有关可供出售金融资产业务如下。

（1）2009 年 1 月 1 日，安信公司从股票二级市场以每股 33 元的价格购入华康公司发行的股票 200 万股，占华康公司有表决权股份的 5%，对华康公司无重大影响，划分为可供出售金融资产。另支付相关交易费用 60 万元。

（2）2009 年 5 月 10 日，华康公司宣告发放现金股利 1 800 万元。

（3）2009 年 5 月 15 日，安信公司收到现金股利。

（4）2009 年 12 月 31 日，该股票的市场价格为每股 29.25 元。安信公司预计该股票的价格下跌是暂时的。

（5）2010 年，华康公司因违犯相关证券法规，受到证券监管部门查处。受此影响，华康公司股票的价格发生下跌。至 2010 年 12 月 31 日，该股票的市场价格下跌到每股 13.5 元。

（6）2011 年，华康公司整改完成，加之市场宏观面好转，股票价格有所回升，至 12 月 31 日，该股票的市场价格上升到每股 22.5 元。

（7）2012 年 1 月 31 日，安信公司将该股票全部出售，每股出售价格为 18 元。

假定不考虑其他因素。

要求：

（1）计算 2009 年 12 月 31 日该金融资产的账面价值，并编制确认公允价值变动的会计分录；

（2）计算 2010 年 12 月 31 日安信公司针对该金融资产计提减值损失的金额，并编制会计分录；

（3）2011 年 12 月 31 日，安信公司认为公允价值上升应转回原计提的减值金额，即确认股票价格上涨=200×22.5－（6 660－810－3 150）=1 800（万元），编制了如下会计分录：

借：可供出售金融资产——公允价值变动　　　1 800

　　贷：资产减值损失　　　1 800

请判断安信公司编制的会计分录是否正确，如不正确，请做出正确的会计处理；

（4）2012 年 1 月 31 日，安信公司将该股票全部出售，并编制了如下会计分录：

借：银行存款 36 000 000（2 000 000×18）

可供出售金融资产——公允价值变动 21 600 000（8 100 000＋31 500 000−18 000 000）

资本公积——其他资本公积 18 000 000

贷：可供出售金融资产——成本 6 660 000

投资收益 9 000 000

请判断安信公司编制的会计分录是否正确，如不正确，请做出正确的会计处理。

2. 新世纪公司 2011 年 9 月 1 日销售商品一批，价款 10 000 元，增值税税款 1 700 元，收到购货方签发的一张面值为 11 700 元、期限为 6 个月、不带息的商业承兑汇票。

要求：编制与下列业务有关的会计分录。

（1）新世纪公司收到票据。

（2）票据到期时，付款方按时兑付票款。

（3）假设票据到期付款方无力支付票款，银行退回票据。

3. 新世纪公司 2010 年 1 月 3 日收到甲公司签发的无息商业承兑汇票一张，票据面值为 117 000 元、期限为 90 天。3 月 15 日因急需资金，新世纪公司持此票据到银行贴现，贴现率为 10%。

要求：

（1）计算新世纪公司应付贴现息、贴现实得款额，并编制贴现时的会计分录。

（2）如果票据到期，银行从甲公司收回了票款，新世纪公司需做何处理？

（3）如果票据到期被拒付，请为新世纪公司编制相应的会计分录。

学习情境四　存　　货

学习目标

本学习情境主要讲授各类存货的会计核算方法。

通过本学习情境的学习，应该掌握和了解以下内容：

1. 掌握存货的初始计量、原材料的核算、存货的期末计量；
2. 了解发出存货的计价方法、周转材料的核算、存货的清查。

情境导航

雅戈尔集团由20名知青创建于1979年，经过30多年的发展，逐步确立了以品牌服装、地产开发、金融投资三大产业为主体，多元化经营格局，拥有员工5万余人的大型跨国集团公司。2012年上半年服装家纺行业中存货量最大的是雅戈尔，存货金额高达238.72亿元；其中：服装库存达33亿元。中报显示，存货占流动资产的73.9%。在存货周转天数上，2012年年中报显示为1 558天，是行业平均值382天的4倍。也就是说，从存货入库到完全消化，雅戈尔要花费4年，而业内只需要1年。可见，企业加强存货的控制和管理成为企业的生命线。

模块一　存货的概述

一、存货的概念与分类

存货是指企业在日常活动中持有以备出售的产成品或商品，处在生产过程中的在产品，在生产过程或提供劳务过程中耗用的材料、物料等，主要包括各类原材料、在产品、半成品、产成品、商品以及周转材料、委托代销商品等。

（1）原材料是指企业在生产过程中经加工改变其形态或性质并构成产品主要实体的各种原料及主要材料、辅助材料、外购半成品（外购件）、修理用备件（备品备件）、包装材料、燃料等。

（2）在产品是指企业正在制造尚未完工的生产物，包括正在各个生产工序加工的产品和已加工完毕但尚未检验或已检验但尚未办理入库手续的产品。

（3）半成品是指经过一定生产过程并已检验合格交付半成品仓库保管，但尚未制造完工成为产成品，仍须进一步加工的中间产品，但不包括从一个生产车间转给另一个生产车间继续加工的自制半成品以及不能单独计算成本的自制半成品，这类自制半成品属于在产品。

（4）产成品是指制造企业已经完成全部生产过程并验收入库，可以按照合同规定的条件送交订货单位，或者可以作为商品对外销售的产品。企业接受外来原材料加工制造的代制品和为外单位加工修理的代修品，制造和修理完成验收入库后，应视同企业的产成品。

（5）商品是指企业外购或委托加工完成验收入库用于销售的各种商品。

（6）周转材料是指企业能够多次使用，逐渐转移其价值但仍保持原有形态不确认为固定资产的材料，如包装物和低值易耗品，以及企业（建造承包商）的钢模板、木模板、脚手架和其他周转使用的材料等。

（7）委托代销商品指企业委托其他单位代销的商品。

二、存货的确认条件

存货必须在符合定义的前提下，同时满足下列两个条件才能予以确认。

（一）与该存货有关的经济利益很可能流入企业

企业在确认存货时，需要判断与该项存货相关的经济利益是否很可能流入企业，主要通过判断与该项存货所有权相关的风险和报酬是否转移到了企业来确定。其中，与存货所有权相关的风险是指由于经营情况发生变化造成的相关收益的变动，以及由于存货滞销、毁损等原因造成的损失；与存货所有权相关的报酬是指在出售该项存货或其经过进一步加工取得的其他存货时获得的收入，以及处置该项存货实现的利得等。

（二）该存货的成本能够可靠地计量

企业要确认存货，必须能够对其成本进行可靠计量。存货的成本能够可靠地计量必须以取得确凿、可靠的证据为依据，并且具有可验证性。如果存货成本不能可靠地计量，则不能确认为一项存货。

小贴士

存货的“生命流程图”

请购→采购→入库→记账→保管→备货→出库→记账

模块二 存货的计价方法

一、存货的初始计量

存货的初始计量是指对达到目前状态和场所的存货价值进行计量，是为了确定存货的入账价值而在取得时对存货进行的计价。

企业取得存货应当按照成本进行计量。存货成本包括采购成本、加工成本和其他成本三个组成部分。企业存货的取得主要是通过外购和自制两个途径。存货在流动资产价值中的比重较大，对存货的正确计价直接关系到企业资产价值和利润的确定，以及企业未来资金流转情况的预测。

（一）外购存货的成本

外购存货的成本即存货的采购成本，指企业物资从采购到入库前所发生的全部支出，包括购买价款、相关税费、运输费、装卸费、保险费以及其他可归属于存货采购成本的费用。

商品流通企业在采购商品过程中发生的运输费、装卸费、保险费以及其他可归属于存货采购成本的费用等进货费用，应计入所购商品成本，也可以先进行归集，期末根据所购商品的存销情况进行分摊，对于已售商品的进货费用，计入当期损益；对于未售商品的进货费用，计入期末存货成本。企业采购商品的进货费用金额较小的，也可在发生时直接计入当期损益。

（二）加工取得存货的成本

企业通过进一步加工取得的存货，主要包括产成品、在产品、半成品、委托加工物资等，其成本由采购成本、加工成本等构成。

存货的加工成本包括直接人工以及按照一定方法分配的制造费用。制造费用是指企业为生产产品和提供劳务而发生的各项间接费用。企业应当根据制造费用的性质，合理地选择制造费用分配方法。在同一生产过程中，同时生产两种或两种以上的产品，并且每种产品的加工成本不能直接区分的，其加工成本应当按照合理的方法在各种产品之间进行分配。

（三）其他方式取得存货的成本

企业取得存货的其他方式主要包括接受投资者投资、非货币性资产交换、债务重组、企业合并以及存货盘盈等。存货的其他成本是指除采购成本、加工成本以外的，使存货达到目前场所和状态所发生的其他支出，如为特定客户设计产品所发生的设计费用等。

在确定存货成本的过程中，需要注意的是下列费用应当在发生时确认为当期损益，不计入存货成本：①非正常消耗的直接材料、直接人工和制造费用；②仓储费用（不包括在生产过程中为达到下一个生产阶段所必需的费用）；③不能归属于使存货达到目前场所和状态的其他支出；④企业产品的设计费用。

【例 4-1】下列费用中，不应当包括在存货成本中的是（　　）。

A. 制造企业为生产产品而发生的人工费用

B. 商品流通企业在商品采购过程中发生的包装费

C. 商品流通企业进口商品支付的关税

D. 库存商品发生的仓储费用

【解析】正确答案 D，库存商品发生的仓储费说明商品已经入库，此时发生的仓储费应计入管理费用。

【例 4-2】下列项目中，应计入一般纳税企业商品采购成本的有（　　）。

A. 购入商品运输过程中的保险费用

B. 采购人员的差旅费

C. 超定额的废品损失

D. 入库前的挑选整理费用

E. 支付的增值税

【解析】正确答案 AD。选项 B，计入管理费用；选项 C，定额内的损失计入成本，超定额的损失要从总成本中扣除；选项 E，增值税属于价外税，一般纳税人的增值税不计入成本。

兴趣思考

企业受托代销商品，由于在企业资产负债表上反映，所以应确认为企业的存货，对吗？

二、发出存货的计价方法

同一项目的存货的单价或单位成本往往不同，要确定发出存货的成本，就要选择一定的计价方法。存货准则规定的计价方法有先进先出法、加权平均法（包括移动加权平均法和月末一次加权平均法）、个别计价法等。对于性质和用途相似的存货，应当采用相同的成本计算方法确定发出存货的成本。对于不能替代使用的存货，为特定项目专门购入或制造的存货以及提供劳务的成本，通常采用个别计价法确定发出存货的成本。企业不得采用后进先出法确定发出存货的成本。

（一）先进先出法

先进先出法是以先购入的存货应先发出（销售或耗用）这样一种存货实物流转假设为前提，对发出存货进行计价。采用这种方法，先购入的存货成本在后购入存货成本之前转出，据此确定发出存货和期末存货的成本。

【例 4-3】北方公司采用实际成本计价法核算存货，该企业 2013 年 1 月 1 日甲材料的结存数量为 200 吨，账面实际成本为 40 000 元；1 月 4 日购进该材料 300 吨，单价为 180 元；1 月 10 日发出材料 400 吨；1 月 15 日购进材料 500 吨，单价为 200 元；1 月 19 日发出材料 300 吨，1 月 27 日发出材料 100 吨。

按先进先出法的计价发出材料成本，核算过程如表 4-1 所示。

表 4-1　　甲材料的核算明细账

日期	购入			发出			结余		
	数量（吨）	单价（元）	金额（元）	数量（吨）	单价（元）	金额（元）	数量（吨）	单价（元）	金额（元）
1.1							200	200	40 000
1.4	300	180	54 000				500		94 000
1.10				400		76 000	100	180	18 000
1.15	500	200	100 000				600		118 000
1.19				300		58 000	300	200	60 000
1.27				100		20 000	200	200	40 000
1.31							200		40 000
合计			154 000	800		154 000			

月末库存材料的数量 200+300+500-400-300-100=200（吨）

发出存货的成本=200×200+200×180+100×180+200×200+100×200=154 000（元）

结存存货的成本=200×200=40000（元）

（二）移动加权平均法

移动加权平均法是指以每次进货的成本加上原有库存存货的成本，除以每次进货数量与原有库存存货的数量之和，据以计算加权平均单位成本，作为在下次进货前计算各次发出存货成本的依据。本期耗用或出售的存货，平时只登记数量，不登记单价和金额，到期末时，再按此加权平均单价确定其金额。计算公式如下：

移动加权平均的单位成本=（上次结存存货的成本＋本次购入存货的成本）/（上次结存存货的数量＋本次购入存货的数量）

本次发出存货的成本=本次发出存货的数量×结存存货的单位成本

期末结存存货的成本=期末结存存货的数量×期末存货的单位成本

【例 4-4】以表 4-1 为例，运用移动加权平均法计算发出材料成本，如表 4-2 所示。

表 4-2　　材料明细账

日期	购入			发出			结余		
	数量（吨）	单价（元）	金额（元）	数量（吨）	单价（元）	金额（元）	数量（吨）	单价（元）	金额（元）
1.1							200	200	40 000
1. 4	300	180	54 000				500		94 000
1.10				400	188	75 200	100		
1.15	500	200	100 000				600		
1.19				300	198	59 400	300		
1.27				100	198	19 800	200		
1.31							200	198	39 600
合计			154 000			154 400			

月末库存材料的数量 200+300+500−400−300−100=200（吨）

发出存货的成本=400×188+300×198+100×198=154 400（元）

结存存货的成本=200×198=39 600（元）

（三）月末一次加权平均法

月末一次加权平均法是指以当月全部进货数量加上月初存货数量作为权数，去除当月全部进货成本加上月初存货成本，计算出存货的加权平均单位成本，以此为基础计算当月发出存货的成本和期末存货的成本的一种方法。

加权平均单位成本=（期初结存存货成本＋本期购入存货的总成本）/（期初结存存货的数量＋本期购入存货的总数量）

本期发出存货成本=本期发出存货的数量×加权平均的单位成本期末结存存货成本=期末结存存货的数量×加权平均的单位成本

【例 4-5】以表 4-1 为例，运用月末一次加权平均法，计算发出材料成本，如表 4-3 所示。

表 4-3 材料明细账

日期	购入			发出			结余		
	数量（吨）	单价（元）	金额（元）	数量（吨）	单价（元）	金额（元）	数量（吨）	单价（元）	金额（元）
1.1							200	200	40 000
1.4	300	180	54 000				500		
1.10				400			100		
1.15	500	200	100 000				600		
1.19				300			300		
1.27				100			200	194	38 800
1.31									
合计	800		154 000	800	194	155 200			

月末一次加权平均单价=（200×200+300×180+500×200）/（200+300+500）=194（元）

月末库存材料的数量=200+300+500−400−300−100=200（吨）

发出存货的成本=（400+300+100）×194=155 200（元）

结存存货的成本=200×194=38 800（元）

（四）个别计价法

个别计价法亦称个别认定法、具体辨认法、分批实际法，其特征是注重所发出存货具体项目的实物流转与成本流转之间的联系，逐一辨认各批发出存货和期末存货所属的购进批别或生产批别，分别按其购入或生产时所确定的单位成本计算各批发出存货和期末存货的成本。

不同的发出存货计价方法，期末发出存货和期末存货的成本相同吗？

模块三 原材料和周转材料

一、原材料的分类

原材料是指企业在生产过程中经过加工改变其形态或性质并构成产品主要实体的各种原料、主要材料和外购半成品，以及不构成产品实体但有助于产品形成的辅助材料。原材料具体包括原料及主要材料、辅助材料、外购半成品（外购件）、修理用备件（备品备件）、包装材料、燃料等。它们具有共同的特点：一次性地参加生产经营、经过一个生产周期就要全部消耗掉或改变其原有的实物形态；同时其价值也随着其实物的消耗，一次性地全部转移到产品价值中去，通过产品销售，价值得到一次性补偿。原材料的日常收发及结存可以采用实际成本核算，也可以采用计划成本核算。

制造业的原材料按其在生产经营过程中不同作用，一般可分为以下几种。

（1）原料及主要材料。原料及主要材料是指经过加工后能够构成产品主要实体的各种原料和主要材料。原料是指没有经过加工的材料，如制糖用的甘蔗、冶炼用的铁矿石等；主要材料是指经过加工过的材料，如机器制造用的钢材等。

（2）外购半成品（外购件或外协件）。外购半成品是指从外部购入，须经本企业进一步加工或装配的已加工过的原材料，如汽车制造厂外购的轮胎等。外购半成品也可归入原料及主要材料，而不单设一类。

（3）辅助材料。辅助材料是指直接用于生产，在生产中起辅助作用，不构成产品主要产体的各种材料。

（4）燃料。燃料是指工艺技术过程或非工艺技术过程用来燃烧取得热能的各种材料，包括固体燃料、液体燃料和气体燃料。

（5）修理用备件（备品备件）。修理用备件是指为修理本企业机器设备和运输工具所专用的各种备品备件，如轴承、齿轮等。一般修理用零件可归入辅助材料。

（6）包装材料。一般用包装材料，如纸张、麻绳等。

二、原材料的核算

（一）原材料按实际成木计价的核算

材料采用实际成本核算时，材料的收发及结存，无论总分类核算还是明细分类核算，均按照实际成本计价。一般使用“原材料”、“在途物资”、“委托加工物资”、“生产成本”等科目。

（1）“原材料”科目用于核算库存各种材料的收发与结存情况。在原材料按实际成本核算时，本科目的借方登记入库材料的实际成本，贷方登记发出材料的实际成本，期末余额在借方，反映企业库存材料的实际成本。

（2）“在途物资”科目用于核算企业采用实际成本（进价）进行材料、商品等物资的日常核算，货款已付尚未验收入库的各种物资（即在途物资）的采购成本。本科目应按供应单位和物资品种进行明细核算。本科目的借方登记企业购入的在途物资的实际成本，贷方登记验收入库的在途物资的实际成本，期末余额在借方，反映企业在途物资的采购成本。

（3）"委托加工物资"科目核算企业委托外单位加工的各种物资的实际成本。其借方发生额反映发给外单位加工的材料的实际成本、支付的加工费等，贷方发生额反映加工后验收入库的材料的实际成本。期末借方余额表示尚未完成、收回的委托外单位加工材料物资的实际成本。

（4）"生产成本"科目核算企业进行工业性生产所发生的各项生产费用，包括生产各种产品等发生的各项生产费用。其借方发生额反映生产过程中发生的各项生产费用，贷方发生额反映已加工完成的产品的实际成本。期末借方余额表示还未完工的在产品已发生的生产费用。

1. 外购材料的账务处理

外购原材料。企业外购原材料，从供应单位采购材料和验收入库的业务看，由于货款结算方式、采购地点、收料和付款时间不一致，其账务处理也有所不同。

（1）货款已经支付，同时材料已验收入库的业务。这种情况是指企业在办理有关结算的同时，收到原材料并验收入库。此时，可根据发票账单、收料单等确定材料成本，借记"原材料"科目；根据取得的增值税专用发票上注明的增值税额，借记"应交税费——应交增值税（进项税额）"科目；按照实际支付的款项，贷记"银行存款"、"其他货币资金"、"应付票据"等科目。

需要指出的是，根据我国《增值税暂行条例》的有关规定，一般纳税人外购货物或销售货物所支付的运输费用，根据有关运费结算单据所列的运费金额，按 7%的扣除率计算进项税额，准予抵扣销项税额。

【例 4-6】北方公司购入 B 材料一批，增值税专用发票上记载的货款为 100 000 元，增值税税额 17 000 元，全部款项已用转账支票付讫，材料已验收入库。

借：原材料——B 材料　　100 000

　　应交税费——应交增值税（进项税额）　　17 000

　　贷：银行存款　　117 000

（2）已付款或已开出商业汇票，但材料尚未到达的业务。这种情况是指在办理有关结算时即获得材料的所有权，但材料尚未到达企业，待办妥有关手续后，材料才能验收入库。

发生此类业务时，应根据有关结算凭证中记载的已付款材料的价款，借记"在途物资"科目；根据已付款材料的增值税税额，借记"应交税费——应交增值税（进项税额）"科目；按照实际付款金额，贷记"银行存款"、"其他货币资金"或"应付票据"科目。

【例 4-7】北方公司采用汇兑结算方式购入 D 材料一批，发票及账单已收到，增值税专用发票上记载的货款为 20 000 元，增值税税额 3 400 元。材料尚未到达。其账务处理如下。

借：在途物资　　20 000

　　应交税费——应交增值税（进项税额）　　3 400

　　贷：银行存款　　23 400

上述购入的D材料已收到，并验收入库。

借：原材料　　20 000

　　贷：在途物资　　20 000

（3）材料先验收入库，货款后支付。该种情况是指企业收到材料并验收入库时即获得材料的所有权，但发票账单未到或企业暂时无力支付货款。如果所收到的材料属于企业订购的品种，可先行办理材料的验收入库手续，并分情况进行必要的账务处理。

① 如材料已到，供应单位发票账单也已收到，但由于企业的银行存款不足而暂未付款，此时，形成了应付未付款项，应通过“应付账款”科目核算。

【例4-8】北方公司从外地购入原材料40 000元，增值税专用发票上注明的增值税额为6 800元，材料已验收入库，但货款尚未支付。

根据有关发票账单及收料单等凭证做会计分录如下。

借：原材料　　40 000

　　应交税费——应交增值税（进项税额）　　6 800

　　贷：应付账款　　46 800

② 如材料已到，供应单位发票账单未到，即货款尚未支付。此时，无法对入库材料的实际成本加以确定，为了简化会计核算手续，在收到材料验收入库时，可以暂不做账务处理，只将有关的入库单证单独保管，待结算凭证到达后，再按结算凭证进行相关的账务处理。但如果会计期末仍有已经入库而未付款的材料，为了如实反映企业存货及负债情况，应将其估价入账，借记“原材料”科目，贷记“应付账款”科目。下月初以红字分录冲回。

【例4-9】假设【例4-8】购入原材料的业务，材料已到并验收入库，但发票等结算凭证尚未收到，货款尚未支付。月末，按照暂估价入账，假设暂估价为42 000元。做会计处理如下。

借：原材料　　42 000

　　贷：应付账款——暂估应付账款　　42 000

下月初用红字将上述分录原账冲回。

借：原材料　　[42 000]

　　贷：应付账款——暂估应付账款　　[42 000]

2. 发出原材料的账务处理

企业在生产过程中发出原材料的业务非常频繁，平时应根据发料凭证逐笔登记原材料明细账，以详细反映各种材料的收、发和结存余额。在账务处理上，发出原材料时，应按其具体用途反映原材料的实际耗费情况，借记有关科目，贷记“原材料”科目。其中，直接用于产品生产的，借记“生产成本”科目；用于车间一般耗费的，借记“制造费用”科目；用于企业管理方面的，借记“管理费用”科目；为销售产品而消耗的，借记“销售费用”科目。

【例4-10】北方公司根据2011年5月发料凭证，按领用部门和材料用途，编制发料凭证汇总表，如表4-4所示。

表 4-4 发料凭证汇总表 单位：元

应借科目	应贷科目：原材料		
	原料及主要材料	辅助材料	合 计
生产成本	50 000	2 400	52 400
制造费用	1 000	1 100	2 100
管理费用	3 000	800	3 800
销售费用		7 000	7 000
委托加工物资	10 000	6 000	16 000
合 计	64 000	17 300	81 300

根据上表编制会计分录如下。

借：生产成本 52 400

　　制造费用 2 100

　　管理费用 3 800

　　销售费用 7 000

　　委托加工物资 16 000

　　贷：原材料 813 000

（二）原材料按计划成本计价的核算

原材料按计划成本是指原材料的日常收发及结存，无论总分类核算还是明细分类核算，均按照计划成本进行的方法。其特点是：收发凭证按材料的计划成本计价，原材料总分类账和明细分类账均按计划成本登记，原材料的实际成本与计划成本的差异，通过“材料成本差异”科目核算。月份终了，通过分配材料成本差异，将发出原材料的计划成本调整为实际成本。

企业应设置“原材料”、“材料采购”、“材料成本差异”等科目进行核算。

（1）“原材料”科目借方、贷方及余额均按照计划成本记账。

（2）“材料采购”科目借方登记采购材料的实际成本，贷方登记入库材料的计划成本，（对于同一笔业务）借方大于贷方表示超支，从本科目贷方转入“材料成本差异”科目的借方；贷方大于借方表示节约，从本科目借方转入“材料成本差异”科目的贷方；月末为借方余额，表示未入库材料（即在途物资）的实际成本。

（3）“材料成本差异”科目反映已入库材料的实际成本与计划成本的差异，借方登记入库材料超支差异及发出材料节约差异，贷方登记入库材料节约差异及发出材料应负担的超支差异。期末如果是借方余额，表示库存材料的超支差异；如果是贷方余额，表示库存材料的节约差异。

1. 购入原材料的账务处理

在计划成本法下，购入的材料无论是否验收入库，都要先通过“材料采购”科目进行核算，反映企业所购材料的实际成本，从而与“原材料”科目相比较，计算确定材料差异成本。

（1）采购过程与实际成本相同，只不过将实际成本的“在途物资”改为“材料采购”。

借：材料采购

应交税费——应交增值税（进项税额）

贷：银行存款（应付账款、应付票据）

（2）原材料入库。

借：原材料（计划成本）

贷：材料采购（计划成本）

（3）结转差异。

月末将本月采购的材料入库，同时结转材料成本差异额，若差异额大于 0，则为超支差异；若差异额小于 0，则为节约差异。

材料成本差异额=采购材料的实际成本-采购材料的计划成本

超支差异会计分录如下。

借：材料成本差异（超支差异额）

贷：材料采购

节约差异会计分录如下。

借：材料采购 （节约差异额）

贷：材料成本差异

【例 4-11-1】北方公司购入 B 材料一批，增值税专用发票上注明的价款为 3 000 000 元，增值税税额 510 000 元，发票账单已收到，计划成本为 3 200 000 元，已验收入库，全部款项以银行存款支付。甲公司应编制会计分录如下。

借：材料采购——B 材料　　3000 000

应交税费——应交增值税（进项税额）　　10 000

贷：银行存款　　3 510 000

【例 4-11-2】北方公司采用商业承兑汇票支付方式购入 D 材料一批，增值税专用发票上注明的价款为 500 000 元，增值税税额 85 000 元，发票账单已收到，计划成本 520 000 元，材料已验收入库。

借：材料采购——D 材料　　500 000

应交税费——应交增值税（进项税额）　　85 000

贷：应付票据　　585 000

【例 4-11-3】月末，北方公司汇总本月已付款或已开出并承兑商业汇票的入库材料的计划成本 3 720 000（3 200 000 + 520 000）元。

借：原材料——B 材料　　3 200 000

原材料——D 材料　　520 000

贷：材料采购——B 材料　　3 200 000

材料采购——D 材料　　520 000

上述入库材料的实际成本为 3 500 000（3 000 000 + 500 000）元，入库材料的本差异为

节约 220 000（3 500 000-3 720 000）元。

借：材料采购——B 材料　　200 000
　　材料采购——D 材料　　20 000
　　贷：材料成本差异——B 材料　　200 000
　　　　材料成本差异——D 材料　　20 000

或

借：原材料——B 材料　　3 200 000
　　原材料——D 材料　　520 000
　　贷：材料采购——B 材料　　3 000 000
　　　　材料采购——D 材料　　500 000
　　　　材料成本差异——B 材料　　200 000
　　　　材料成本差异——D 材料　　20 000

2. 发出原材料的账务处理

月末，根据领料单等编制“发料凭证汇总表”，按所发出材料的用途，按计划成本分别借记“生产成本”、“制造费用”、“销售费用”、“管理费用”等有关科目，贷记“原材料”科目。

结转发出材料应负担的成本差异。上述发出材料的计划成本应通过材料成本差异的结转，调整为实际成本。公式为

本月材料成本差异率=总额（月初结存材料成本差异+本月收入材料成本差异总额）/月初结存材料成本计划+本月收入材料计划成本总额）×100%

发出材料应负担的材料成本差异=发出材料的计划成本×材料成本差异率

【例 4-12-1】北方公司根据“发料凭证汇总表”的记录，原材料的消耗（计划成本）为：基本生产车间领用 200 000 元，辅助车间领用 60 000 元，车间管理部门领用 10 000 元，企业行政管理部门零用 5 000 元，在建工程领用 15 000 元。其账务处理如下。

借：生产成本——基本生产成本　　200000
　　　　　　——辅助生产成本　　60000
　　制造费用　　10000
　　管理费用　　5000
　　在建工程　　15000
　　贷：原材料　　290000

【例 4-12-2】公司月初结存材料的计划成本为 100 000 元，成本差异为超支 3 000 元；本月入库材料的计划成本 220 000 元，成本差异为节约 11 000 元。则

材料成本差异率=（3 000−11 000）/（100 000+220 000）=−2.5%

结转发出材料成本差异的会计分录如下。

借：材料成本差异　　7 250
　　贷：生产成本——基本生产成本　　5 000
　　　　　　　　——辅助生产成本　　1 500

制造费用　　250

管理费用　　125

在建工程　　375

兴趣思考

月末对已入库货款未付的材料应按暂估价或计划成本借记“原材料”账户，因此，计算材料成本差异率时，本月收入材料成本应包括该部分材料成本，对吗？

三、周转材料

（一）周转材料的概念

周转材料是指企业能够多次使用，逐渐转移其价值但仍然保持其原有形态不确认为固定资产的材料，如包装物和低值易耗品等。

（二）周转材料的账务处理

企业周转材料的计划成本或实际成本包括包装物、低值易耗品等，通过“周转材料”科目进行核算。本科目可按周转材料的种类，分别“在库”、“在用”和“摊销”进行明细核算。企业的包装物、低值易耗品，也可以单独设置“包装物”、“低值易耗品”科目。

（1）企业购入、自制、委托外单位加工完成并已验收入库的周转材料等，比照“原材料”科目的相关规定进行处理。

【例 4-13】2010 年 4 月 16 日，北方公司购进周转材料一批，价值 10 000 元，增值税税率为 17%，企业按实际成本计价，货款未支付，材料已验收入库。其账务处理如下。

借：周转材料　　10 000

　　应交税费——应交增值税（进项税额）　　1 700

　　贷：应付账款　　11 700

（2）采用一次转销法的，领用时应按其账面价值，借记“管理费用”、“生产成本”、“销售费用”、“工程施工”等科目，贷记“周转材料”科目。周转材料报废时，应按报废周转材料的残料价值，借记“原材料”等科目，贷记“管理费用”、“生产成本”、“销售费用”、“工程施工”等科目。

【例 4-14】北方公司采用一次转销法核算周转材料。2010 年 5 月 28 日，该企业领用包装物一批，用于生产 A 产品，价值 10 000 元。其账务处理如下。

借：生产成本——A 产品　　10 000

　　贷：周转材料　　10 000

6 月 12 日，企业报废周转材料一批，该批周转材料的残料价值为 5 00 元。

借：原材料　　500

　　贷：生产成本　　500

（3）采用其他摊销法的，领用时应按其账面价值，借记“周转材料——在用”科目，贷记“周转材料——在库”科目；摊销时应按摊销额，借记“管理费用”、“生产成本”、“销售费用”、

“工程施工”等科目，贷记“周转材料——摊销”科目。周转材料报废时应补提摊销额，借记“管理费用”、“生产成本”、“销售费用”、“工程施工”等科目，贷记“周转材料——摊销”科目；同时，按报废周转材料的残料价值，借记“原材料”等科目，贷记“管理费用”、“生产成本”、“销售费用”、“工程施工”等科目，并转销全部已提摊销额，借记“周转材料——摊销”科目，贷记“周转材料——在用”科目。其他摊销方法包括五五摊销法和分次摊销法。

① 五五摊销法是指低值易耗品在领用时先摊销其账面价值的一半，在报废时再摊销其账面价值的另一半。即低值易耗品分两次各按 50%进行摊销。五五摊销法通常既适用于价值较低，使用期限较短的低值易耗品，也适用于每期领用数量和报废数量大致相等的物品。

② 分次摊销法是指根据低值易耗品可供使用的估计次数，将其价值按比例分次摊销计入有关成本费用的一种方法。某期摊销额可用下列公式计算：

某期应摊销额=低值易耗品账面价值÷预计使用次数×该期实际使用次数

【例 4-15】北方公司采用五五摊销法进行低值易耗品的核算。2010 年 8 月 3 日，企业领用低值易耗品一批，分配到生产部门使用，价值 20 000 元。其账务处理如下。

借：周转材料——在用　　20 000

　　贷：周转材料——在库　　20 000

借：生产成本　　10 000

　　贷：周转材料——摊销　　10 000

2007 年 8 月 3 日，该批周转材料报废，收到残料价值 500 元，会计分录如下。

借：生产成本　　10 000

　　贷：周转材料——摊销　　10 000

借：原材料　　500

　　贷：生产成本　　500

结转周转材料摊销额，会计分录如下。

借：周转材料——摊销　　20 000

　　贷：周转材料——在用　　20 000

【例 4-16】北方公司采用分次摊销法进行低值易耗品的核算。2010 年 7 月 1 日，管理部门领用一批低值易耗品，价值 50 000 元，预计使用 10 次，7 月末，该批低值易耗品已使用了 3 次。其账务处理如下。

（1）领用时。

借：周转材料——在用　　50 000

　　贷：周转材料——在库　　50 000

（2）7 月末计算摊销时。

本期应摊销额=低值易耗品账面价值÷预计使用次数×该期实际使用次数

=50 000÷10×3 =15 000（元）

借：管理费用　　15 000

贷：周转材料——摊销 15 000

（3）2011 年 1 月末，该批低值易耗品预计使用次数完毕，申请报废，残料价值 1 000 元，其账务处理如下。

最后一次摊销时。

借：管理费用 5 000

贷：周转材料——摊销 5 000

借：原材料 1 000

贷：管理费用 1 000

（4）结转周转材料摊销额。

借：周转材料——摊销 50 000

贷：周转材料——在用 50 000

（4）周转材料采用计划成本进行日常核算的，在领用等发出周转材料时，还应同时结转应分摊的成本差异。“周转材料”科目期末借方余额，反映企业在库周转材料的计划成本或实际成本以及在用周转材料的摊余价值。

四、库存商品

（一）库存商品概述

库存商品是指企业已完成全部生产过程并已验收入库、合乎标准规格和技术条件，可以按照合同规定的条件送交订货单位，或可以作为商品对外销售的产品，以及外购或委托加工完成验收入库用于销售的各种商品。库存商品具体包括库存产成品、外购商品、存放在门市部准备出售的商品、发出展览的商品、寄存在外的商品、接受来料加工制造的代制品和为外单位加工修理的代修品等。已完成销售手续，但购买单位在月末未提取的产品不应作为企业的库存商品，而应作为代管商品处理，单独设置代管商品备查簿进行登记。库存商品可以采用实际成本核算，也可以采用计划成本核算，其方法与原材料相似。采用计划成本核算时，库存商品实际成本与计划成本的差异，可单独设置“产品成本差异”科目核算。

为了反映和监督库存商品的增减变动及其结存情况，企业应当设置“库存商品”科目，借方登记验收入库的库存商品成本，贷方登记发出的库存商品成本，期末余额在借方，反映各种库存商品的实际成本或计划成本。

（二）库存商品的核算

1. 验收入库商品

对于库存商品采用实际成本核算的企业，当库存商品生产完成并验收入库时，应按实际成本，借记“库存商品”科目，贷记“生产成本——基本生产成本”科目。

【例 4-17】北方公司“商品入库汇总表”记载：某月已验收入库甲产品 1 000 台，实际单位成本 5 000 元，计 5 000 000 元；乙产品 2 000 台，实际单位成本 1 000 元，计 2 000 000 元。北方公司应做会计处理如下。

借：库存商品——甲产品　　5 000 000
　　　　　——乙产品　　2 000 000
　贷：生产成本——基本生产成本（甲产品）　　5 000 000
　　　　　　——基本生产成本（乙产品）　　2 000 000

2. 销售商品

企业销售商品、确认收入时，应结转其销售成本，借记“主营业务成本”等科目，贷记“库存商品”科目。

【例 4-18】北方公司月末汇总的发出商品中，当月已实现销售的甲产品有 500 台，乙产品有 1 500 台。该月甲产品实际单位成本为 5 000 元，乙产品实际单位成本为 1 000 元。在结转其销售成本时，应做会计处理如下。

借：主营业务成本　　4 000 000
　贷：库存商品——甲产品　　2 500 000
　　　　　　——乙产品　　1 500 000

知识链接

存货周转率是企业一定时期主营业务成本与平均存货余额的比率。用于反映存货的周转速度，即存货的流动性及存货资金占用量是否合理，促使企业在保证生产经营连续性的同时，提高资金的使用效率，增强企业的短期偿债能力。

模块四　存货的期末计量

一、成本与可变现净值孰低法的含义

资产负债表日，存货应当按照成本与可变现净值孰低计量。其中，成本是指期末存货的实际成本，如企业在存货成本的日常核算中采用计划成本法、售价金额核算法等简化核算方法，则成本为经调整后的实际成本。可变现净值是指在日常活动中，存货的估计售价减去至完工时估计将要发生的成本、估计的销售费用以及估计的相关税费后的金额。可变现净值的特征表现为存货的预计未来净现金流量，而不是存货的售价或合同价。当存货成本低于可变现净值时，存货按成本计量；当存货成本高于可变现净值时，存货按可变现净值计量，同时按照成本高于可变现净值的差额计提存货跌价准备，计入当期损益。

成本与可变现净值孰低计量的理论基础主要是使存货符合资产的定义。当存货的可变现净值下跌至成本以下时，表明该存货会给企业带来的未来经济利益低于其账面成本，因而应将这部分损失从资产价值中扣除，计入当期损益。否则，存货的可变现净值低于成本时，如果仍然以其成本计量，就会出现虚计资产的现象。因此成本与可变现净值孰低法是谨慎性原则（即稳健性原则）

在存货会计上的具体运用。

二、可变现净值的确定

（一）确定存货的可变现净值时应考虑的因素

存货的可变现净值由存货的估计售价，至完工时将要发生的成本，估计的销售费用和估计的相关税费等内容构成。企业在确定存货的可变现净值时，应当以取得的确凿证据为基础，并且考虑持有存货的目的、资产负债表日后事项的影响等因素。

（1）存货可变现净值的确凿证据。存货可变现净值的确凿证据是指对确定存货的可变现净值有直接影响的客观证明。存货的采购成本、加工成本和其他成本及以其他方式取得的存货的成本，应当以取得外来原始凭证、生产成本资料、生产成本账簿记录等作为确凿证据。

（2）持有存货的目的。由于企业持有存货的目的不同，确定存货可变现净值的计算方法也不同。如用于出售的存货和用于继续加工的存货，其可变现净值的计算就不相同。因此，企业在确定存货的可变现净值时，应考虑持有存货的目的，包括持有以备出售，如商品、产成品（分为有合同约定的存货和没有合同约定的存货），以及将在生产过程或提供劳务过程中耗用，如材料等。

（3）资产负债表日后事项等的影响。在确定资产负债表日存货的可变现净值时，不仅要考虑资产负债表日与该存货相关的价格与成本波动，而且还应考虑未来的相关事项。也就是说，不仅限于财务报告批准报出日之前发生的相关价格与成本波动，还应考虑以后期间发生的相关事项。如有确凿证据表明其对资产负债表日存货已经存在的情况提供了新的或进一步的证据，则在确定存货可变现净值时应当予以考虑。

（二）不同情况下存货可变现净值的确定

1. 产成品、商品和用于出售的材料等直接用于出售的商品存货

在正常生产经营过程中，应当以该产成品、商品和用于出售的材料的市场销售价格减去估计的销售费用和相关税费后的金额，确定其可变现净值。

可变现净值＝市场销售价格－销售费用－相关税费

【例 4-19】 2010 年 12 月 31 日，北方公司生产的 B 型机器的账面价值为 800 000 元，数量为 10 台，单位成本为 80 000 元/台。2010 年 12 月 31 日，B 型机器的市场销售价格（不含增值税）为 100 000 元/台。销售时可能发生销售费用及税金 50 000 元。北方公司没有签订有关 B 型机器的销售合同。

由于北方公司没有就 B 型机器签订销售合同，因此，计算确定 B 型机器的可变现净值应以其市场销售价格 1 000 000 元（100 000×10）作为计量基础。B 型机器的可变现净值应为 950 000 元（1 000 000-50 000）。

2. 需要经过加工的材料存货

需要经过加工的材料存货，如原材料、在产品、委托加工材料等，由于持有该材料的目的是用于生产产成品，而不是出售，该材料存货的价值将体现在用其生产的产成品上。在正常生产经

营过程中，应当以所生产的产成品的估计售价减去至完工时估计将要发生的成本、估计的销售费用和相关税费后的金额，确定其可变现净值。

可变现净值＝产成品估计售价－继续加工至可销售状态的成本－销售费用－相关税费

【例 4-20】2010 年 12 月 31 日，北方公司库存 A 材料的账面价值为 500 000 元，可用于生产 C 设备，相对应的市场销售价格为 450 000 元，假设不发生其他购买费用。由于 A 材料的市场销售价格下降，用其生产的 C 设备的市场销售价格由 1 600 000 元下降为 1 300 000 元，其生产成本仍为 1 400 000 元，将 A 材料加工成 C 设备尚须投入 900 000 元，估计销售费用及税金为 50 000 元。根据上述资料，A 材料的账面价值的确定如下。

第一步，计算用 A 材料所生产的 C 设备的可变现净值。

C 设备的可变现净值=C 设备估计售价－估计销售费用及税金

=1 300 000－50 000＝1 250 000（元）

第二步，将用 A 材料所生产的 C 设备的可变现净值与其成本进行比较。

C 设备的可变现净值 1 250 000 元小于其成本 1 400 000 元，表明 C 设备的可变现净值低于其成本，因此 A 材料应当按可变现净值计量。

第三步，计算 A 材料的可变现净值，并确定其期末价值。

A 材料的可变现净值=C 设备的估计售价－将 A 材料加工成 C 设备尚须投入的成本－估计销售费用及税金=1 300 000－900 000－50 000=350 000（元）

A 材料的可变现净值 350 000 元小于其成本 500 000 元，因此 A 材料的期末价值应为其可变现净值 350 000 元，即 A 材料应按 350 000 元列示在 2010 年 12 月 31 日资产负债表的存货项目之中。

3．为执行销售合同或者劳务合同而持有的存货

为执行销售合同或者劳务合同而持有的存货，通常应当以合同价格为基础，减去估计的销售费用和相关税费等后的金额确定可变现净值；如果持有存货的数量多于销售合同订购数量的，超出部分的存货的可变现净值应当以一般销售价格为计算基础；如果企业销售合同所规定的标的物还没有生产出来，但持有专门用于该标的物生产的原材料，其可变现净值也应当以合同价格作为计算基础。

有合同的部分=合同规定售价－加工成本－执行该合同发生的销售费用和相关税费

没有合同的部分=市场销售价格－加工成本－正常销售发生的销售费用和相关税费

【例 4-21】2010 年 9 月 11 日，北方公司与乙公司签订了一份不可撤销的销售合同，双方约定，2011 年 2 月 28 日，北方公司应按 220 000 元／台的价格向乙公司提供 A 型机器 10 台。2010 年 12 月 31 日，北方公司 A 型机器的账面价值为 4 800 000 元，数量为 14 台，单位成本为 200 000 元/台。2010 年 12 月 31 日，A 型机器的市场销售价格为 250 000 元/台。

北方公司该批 A 型机器的销售价格已与乙公司签订的销售合同中约定，但是存货数量大于销售合同约定的数量。这种情况下，对于销售合同约定数量内（10 台）的 A 型机器的可变现净值应以销售合同约定的价格 2 200 000 元（220 000×10）作为计量基础；对于超出部分的 A 型机器的可变现净值应以一般销售价格 1 000 000 元（250 000×4）作为计量基础。

三、存货跌价准备的计提与转回

（一）存货减值迹象的判断

存货存在下列情况之一的，通常表明存货的可变现净值低于成本。

（1）该存货的市场价格持续下跌，并且在可预见的未来无回升的希望。

（2）企业使用该项原材料生产的产品的成本大于产品的销售价格。

（3）企业因产品更新换代，原有库存原材料已不适应新产品的需要，而该原材料的市场价格又低于其账面成本。

（4）因企业所提供的商品或劳务过时或消费者偏好改变而使市场的需求发生变化，导致市场价格逐渐下跌。

（5）其他足以证明该项存货实质上已经发生减值的情形。

存货存在下列情形之一的，通常表明存货的可变现净值为零。

（1）已霉烂变质的存货。

（2）已过期且无转让价值的存货。

（3）生产中已不再需要，并且已无使用价值和转让价值的存货。

（4）其他足以证明已无使用价值和转让价值的存货。

（二）存货跌价准备的计提与转回

资产负债表日，存货的可变现净值低于成本，企业应当计提存货跌价准备。企业通常应当按照单个存货项目计提存货跌价准备，即资产负债表日，企业将每个存货项目的成本与其可变现净值逐一进行比较，按较低者计量存货，并且按成本高于可变现净值的差额，计提存货跌价准备。企业计提的存货跌价准备应计入当期损益。对于数量繁多、单价较低的存货，可以按照存货类别计提存货跌价准备。与在同一地区生产和销售的产品系列相关，具有相同或类似最终用途或目的，且难以与其他项目分开计量的存货，可以合并计提存货跌价准备。

企业的存货在符合条件的情况下，可以转回计提的存货跌价准备。当以前减计存货价值的影响因素已经消失（如果本期导致存货可变现净值高于其成本的影响因素不是以前减计该存货价值的影响因素，则不允许将该存货跌价准备转回），减计的金额应当予以恢复，并在原已计提的存货跌价准备金额内转回，转回的金额计入当期损益。在核算存货跌价准备的转回时，转回的存货跌价准备与计提该准备的存货项目或类别应当存在直接对应关系。

企业计提了存货跌价准备，如果其中有部分存货已经销售，则企业在结转销售成本时，应同时结转对其已计提的存货跌价准备。对于因债务重组、非货币性资产交换转出的存货，也应同时结转已计提的存货跌价准备。如果按存货类别计提存货跌价准备的，应当按照发生销售、债务重组、非货币性资产交换等而转出存货的成本占该存货未转出前该类别存货成本的比例结转相应的存货跌价准备。

（三）存货跌价准备的账务处理

为了反映和监督存货跌价准备的计提、转回和结转的情况，企业应当设置“存货跌价准备”科目，贷方登记计提的存货跌价准备金额，借方登记实际发生的存货跌价损失金额和转回的存货跌价准备金额，期末余额一般在贷方，反映企业已计提但尚未转销的存货跌价准备。当存货成本高于其可变现净值时，企业应当按照存货可变现净值低于成本的差额，借记“资产减值损失——计提的存货跌价准备”科目，贷记“存货跌价准备”科目。转回已计提的存货跌价准备金额时，按恢复增加的金额，借记“存货跌价准备”科目，贷记“资产减值损失——计提的存货跌价准备”科目。企业结转存货销售成本时，对于已计提存货跌价准备的，借记“存货跌价准备”科目，贷记“主营业务成本”、“其他业务成本”等科目。

【例 4-22】北方公司采用“成本与可变现净值孰低法”对期末 B 存货进行计价，并运用分类比较法计提存货跌价准备。假设北方公司 2010 年至 2012 年年末 B 存货的账面成本均为 200 000 元。其账务处理如下。

（1）假设 2010 年年末 B 存货的预计可变现净值为 190 000 元，则应计提的存货跌价准备为 10 000 元。

借：资产减值损失　　10 000

　　贷：存货跌价准备　　10 000

（2）假设 2011 年年末 B 存货的预计可变现净值为 180 000 元，则应补提的存货跌价准备为 10 000 元。

借：资产减值损失　　10 000

　　贷：存货跌价准备　　10 000

（3）假设 2012 年 11 月 30 日，因 B 存货用于对外销售而转出已计提跌价准备 8 000 元。

借：存货跌价准备　　8 000

　　贷：主营业务成本　　8 000

（4）假设 2012 年年末 B 存货的可变现净值有所恢复，预计可变现净值为 198 000 元，则应冲减已计提的存货跌价准备为：20 000-8 000-2 000=10000（元）。

借：存货跌价准备　　10 000

　　贷：资产减值损失　　10 000

存货的成本与可变现净值孰低法，从存货的整个周转过程来看，只起着调节不同会计期间利润的作用，并不影响利润总额减少，对吗？

模块五　存货的清查

存货清查是指通过对存货的实地盘点，确定存货的实有数量，并与账面结存数核对，从而确定存货实存数与账面结存数是否相符的一种专门方法。存货清查的方法采用实地盘点法。即通过盘点确定各种存货的实际库存数，并与账面结存数相核对。对于账实不符的存货，核实盘盈、盘亏和毁损的数量，应在期末前查明造成盘亏或毁损的原因，并据以编制“存货盘点报告表”，根据企业的管理权限，经股东大会或董事会，或经理（厂长）会议或类似机构批准后，在期末结账前处理完毕。

一、存货盘盈的核算

企业为核算存货清查过程中查明的各项盘盈、盘亏和毁损的价值，应设置“待处理财产损益——待处理流动资产损益”科目进行核算。该科目处理前的借方余额，反映企业尚未处理的各种财产的净损失；处理前的贷方余额，反映企业尚未处理的各种财产的净溢余。期末，处理后该科目应无余额。盘盈的各种存货，借记“原材料”、“库存商品”等科目，贷记“待处理财产损益——待处理流动资产损益”科目。采用计划成本核算的，还应当同时结转成本差异。已计提存货跌价准备的，还应当同时结转存货跌价准备。报经批准后处理时，盘盈的存货，借记“待处理财产损益——待处理流动资产损益”科目，贷记“管理费用”科目。

【例 4-23】北方公司进行存货清查时，发现 B 材料盘盈 10 千克，单位成本为 200 元，计 2 000 元。经查属于收发计量错误。其财务处理如下。

（1）批准处理前。

借：原材料——B 材料　　2 000

　　贷：待处理财产损益——待处理流动资产损益　　2 000

（2）批准处理后。

借：待处理财产损益——待处理流动资产损益　　2 000

　　贷：管理费用　　2 000

二、存货盘亏的核算

盘亏、毁损的各种存货，借记“待处理财产损益——待处理流动资产损益”科目，贷记“原材料”、“库存商品”、“应交税费——应交增值税（进项税额转出）”、“应交税费——应交消费税”等科目。采用计划成本核算的，还应当同时结转成本差异。已计提存货跌价准备的，还应当同时结转存货跌价准备。报经批准后处理时，盘亏、毁损的存货，按处置收入或残料价值，借记“现金”、“原材料”等科目，按可收回的保险赔偿或过失人赔偿，借记“其他应收款”等科目，贷记“待处理财产损益——待处理流动资产损益”科目；按“待处理财产损益——待处理流动资产损益”科目余额，借记或贷记“待处理财产损益——待处理流动资产损益”科目，按其借方余额，属于管理原因造成的，借记“管理费用”科目，属于非正常损失的，借记“营业外支出——非常损失”；按其贷方余额，贷记“管理费用”、“营业外支出”科目。

【例 4-24】北方公司进行存货清查时，发现 C 材料短缺 1 000 千克，其单位成本为 30 元，计 30 000 元。

（1）批准处理前。

借：待处理财产损益——待处理流动资产损益　　30 000

　　贷：原材料——C 材料　　30 000

经核查，该项短缺属于责任过失人造成 5 000 元损失；属于定额内合理耗损部分，价值 1 500 元；属于非常损失部分 2 500 元；收回残料 1 000 元。经批准，分别进行转销。

（2）批准处理后。

① 过失人造成损失。

借：其他应收款　　25 000

　　贷：待处理财产损益——待处理流动资产损益　　25 000

② 合理耗损部分及非常损失。

借：管理费用　　1 500

　　营业外支出——非常损失　　2 500

　　贷：待处理财产损益——待处理流动资产损益　　4 000

③ 残料收回的部分。

借：原材料——C 材料　　1 000

　　贷：待处理财产损益——待处理流动资产损益　　1 000

复习思考题

一、单项选择题

1. 下列各项与存货相关的费用中，不应计入存货成本的有（　　）。

　A. 材料采购过程中发生的保险费　　B. 材料入库前发生的挑选整理费

　C. 材料入库后发生的储存费用　　D. 材料采购过程中发生的装卸费用

2. 下列存货发出的计价方法中，能使期末存货的账面余额与市价的相关性最大的是（　　）。

　A. 全月一次加权平均法　　B. 移动加权平均法

　C. 先进先出法　　D. 个别计价法

3. 下列各项中，企业可以采用的发出存货成本计价方法有（　　）。

　A. 先进先出法　　B. 后进后出发

　C. 备抵法　　D. 成本与可变现净值孰低法

4. 下列关于存货可变现净值的表述中，正确的是（　　）。

　A. 可变现净值等于存货的市场销售价格

　B. 可变现净值等于销售存货产生的现金流入

　C. 可变现净值等于销售存货产生现金流入的现值

　D. 可变现净值是确认存货跌价准备的重要依据之一

5. 下列各项，不会引起企业期末存货账面价值变动的是（　　）。

A. 已发出商品但尚未确认销售收入　B. 已确认销售收入但尚未发出商品
C. 已收到材料但尚未收到发票账单　D. 已收到发票账单并付款但尚未收到材料

6. 某企业为增值税一般纳税人，2009 年 4 月购入 A 材料 1 000 千克，增值税专用发票上注明价款 30 000 元，增值税税额 5 100 元，该批材料在运输途中发生 1%的合理损耗，实际验收入库 990 千克，入库前发生挑选整理费用 300 元。该批入库 A 材料的实际总成本为（　　）元。

A. 29 700　B. 29 997　C. 30 300　D. 35 400

二、多项选择题

1. 下列各项支出中，应计入原材料成本的有（　　）。
A. 因签订采购原材料购销合同而支付的采购人员差旅费
B. 因委托加工原材料（收回后用于连续生产）而支付的受托方代收代缴的消费税
C. 因原材料运输而支付的保险费
D. 因用自有运输工具运输购买的原材料而支付的运输费用

2. 在计算期末存货可变现净值时，应从估计售价中扣除的项目有（　　）。
A. 存货的账面成本　B. 估计的销售费用
C. 估计的销售过程中发生的相关税金　D. 估计的出售前进一步加工的加工费用

3. 下列有关存货可变现净值计算基础的表述中，正确的有（　　）。
A. 没有销售合同约定的存货，应当以产成品或商品的市场销售价格作为其可变现净值的计算基础
B. 用于出售的材料，应当以市场销售价格作为其可变现净值的计算基础
C. 为执行销售合同而持有的存货，应当以产成品或商品的合同价格作为其可变现净值的计算基础
D. 持有存货的数量多于销售合同订购数量，超出部分的存货仍应以产成品或商品的合同价格作为其可变现净值的计算基础

4. 下列情形中,表明存货发生减值的有（　　）。
A. 原材料市价持续下跌，并且在可预见的未来无回升的希望
B. 企业原材料的成本小于其可变现净值，但使用该项原材料生产的产品的成本大于产品的销售价格
C. 企业因产品更新换代，原有库存原材料已不适应新产品的需要，而该原材料的市场价格又高于其账面成本
D. 因企业所提供的商品或劳务过时，导致其市场价格逐渐下跌

5. 下列存货中，企业应将其账面价值全部转入当期损益的有（　　）。
A. 已霉烂变质的存货
B. 已过期且无转让价值的存货
C. 生产中已不再需要，待处理的存货

D. 以非货币性资产交换而换出的存货，交换不具有商业实质

6. 下列各项损失或损耗，可能记入“营业外支出”科目核算的有（　　）。

A. 非货币性资产交换发生的原材料净损失

B. 生产过程中造成的原材料毁损净损失

C. 购入的原材料运输途中发生的超定额损耗

D. 自然灾害造成的产成品毁损净损失

7. 下列与存货相关会计处理的表述中，正确的有（　　）。

A. 应收保险公司存货损失赔偿款计入其他应收款

B. 资产负债表日存货应按成本与可变现净值孰低计量

C. 按管理权限报经批准的盘盈存货价值冲减管理费用

D. 结转商品销售成本的同时转销其已计提的存货跌价准备

8. 下列各项中，关于周转材料会计处理表述正确的有（　　）。

A. 多次使用的包装物应根据使用次数分次进行摊销

B. 低值易耗品金额较小的可在领用时一次计入成本费用

C. 随同商品销售出借的包装物的摊销额应计入管理费用

D. 随同商品出售单独计价的包装物取得的收入应计入其他业务收入

三、判断题

1. 购入材料在运输途中发生的合理损耗不须单独进行账务处理。（　　）

2. 存货计价方法的选择，不仅影响资产负债表中资产总额的多少，而且也影响利润表中的净利润。（　　）

3. 入库原材料形成的超支差异在“材料成本差异”账户的贷方予以登记。（　　）

4. 无论企业对存货采用实际成本法核算，还是采用计划成本法核算，在编制资产负债表时，资产负债表上的存货项目反映的都是存货的实际成本。（　　）

5. 属于非常损失造成的存货毁损，应按该存货的实际成本计入营业外支出。（　　）

6. 销售产品结转的存货跌价准备应冲减资产减值损失。（　　）

四、案例分析

2010 年 12 月 31 日，北方公司存货的账面价值为 1 390 万元，其具体情况如下。

（1）A 产品 100 件，每件成本 10 万元，账面总成本 1 000 万元，其中，40 件已与乙公司签订不可撤销的销售合同，销售价格为每件 11 万元，其余未签订销售合同。

A 产品 2010 年 12 月 31 日的市场价格为每件 10.2 万元，预计销售每件 A 产品需要发生的销售费用及相关税金为 0.5 万元。

（2）B 配件 50 套，每套成本为 8 万元，账面总成本 400 万元。B 配件是专门为组装 A 产品而购进的。50 套 B 配件可以组装成 50 件 A 产品。B 配件 2009 年 12 月 31 日的市场价格为每套 9 万

元。将 B 配件组装成 A 产品，预计每件还须发生加工成本 2 万元。

2010 年 1 月 1 日，存货跌价准备余额为 30 万元（均为对 A 产品计提的存货跌价准备），2010 年对外销售 A 产品转销存货跌价准备 20 万元。

要求：

（1）分别计算 2010 年 12 月 31 日 A 产品、B 配件应计提的跌价准备

（2）编制计提存货跌价准备的会计分录。

学习情境五　长期股权投资

学习目标

本学习情境主要讲授长期股权投资业务的会计处理。

通过本学习情境的学习，应理解和掌握以下内容：

1. 长期股权投资的初始计量；长期股权投资应按照取得时的成本进行初始计量；

2. 长期股权投资的后续计量；长期股权投资在持有期间，根据投资企业对被投资单位的影响程度及是否存在活跃市场、公允价值能否可靠计量等进行划分，分别采用成本法或权益法核算；

3. 长期股权投资的转换等。

情境导航

中民投剑指金控公司，目标是全球收购与投资。截至 2012 年的 20 年中，投资项目超过 140 个，积累了 400 亿净资产，直接、间接控股和参股的上市公司将近 40 家,管理总资产多达 1 375 亿元。2013 年，集团实现利润 55.2 亿元，同比增长 48.9%。利用资金杠杆不断进行国际收购，2013 年出资 7.25 亿美元，从摩根大通手中购得纽约第一大通曼哈顿广场。2014 年 2 月，以合计 10 亿欧元成功赢得葡萄牙保险 80%股权的竞标，签约收购葡萄牙 CSS 旗下三家保险公司，保险业务比重将从去年的 3%升至 39%，从重资产公司逐渐转型成轻资产公司。

中民投背靠民生银行，上有政策支持，下有产业调整需要，以进入产能过剩行业并购重组不良资产为契机。

企业围绕财产控制权的斗争，在全世界都是异常激烈，收购和反收购战争是经久不衰的话题。由此，长期股权投资就成了会计核算的重要内容。

模块一 长期股权投资的概述

一、长期股权投资概念

长期股权投资是指通过投出各种资产取得被投资企业股权，且不准备随时出售的投资，其主要目的是为了获得长期利益而控制或影响被投资企业的经营活动。企业进行长期股权投资后，形成股份，即所有权的投资。投资单位投资完成后，拥有在被投资单位资产一定比例的所有权，成为被投资单位的股东，有参与被投资单位经营决策的权利，享有与所持有的股份相应的经济利益，同时，还要承担相应的经营风险和义务，其收益率也是不固定的。

在确定长期股权投资日常会计处理和报表列报时，应重点考虑投资企业和被投资企业的关系。

二、长期股权投资分类

关于投资企业和被投资企业的关系，按投资企业对被投资企业的经营活动的影响程度，可以分为以下几种类型。

（一）控制

控制是指投资企业拥有被投资方，通过参与被投资方相关活动而享有可变回报,并且有能力运用对被投资方权力影响其回报金额。一般来说，企业的财务和经营决策会对其回报产生重大影响，而相关活动关注的应是对被投资方回报具有重大影响的活动。这一判断并非通过投票权和类似的权力。但是，投资企业对被投资企业拥有 50%以上表决权资本且有实质性权力的，也即被认为其对被投资企业具有控制权。此外，如果投资企业未持有被投资企业 50%以上表决权资本，但能够通过章程协议法律等其他方式拥有半数以上表决权，或能够参与任免董事会多数成员，或在董事会中拥有半数以上投票表决权，也被视为对被投资企业拥有控制权，拥有控制权的企业通常称为母公司，被母公司控制的企业，一般称作子公司。

（二）共同控制

共同控制是指按照合同约定与其他投资人对被投资企业所共有控制。我国会计准则所指的共同控制仅指共同控制实体，不包括共同控制经营、共同控制财产等。一般来说，具有控制权的各投资方所持有的表决权资本相同，在这种情况下，被投资企业的财务和经营决策权，只有在分享控制权的投资方一致同意时，才能通过。被各投资方共同控制的企业，一般称为投资企业的合营企业。

（三）重大影响

重大影响是指对一个企业的财务经营决策有参与的权利，但不能控制或与其他方共同控制这些决策的制定。一般来说，投资企业对被投资企业直接拥有 20%或以上至 50%的表决权资产，或在被投资企业的董事会中派有董事，或能够参与被投资企业经营决策的制定，则对被投资企业经营决策形成重大影响。被投资企业如果受到投资企业的重大影响，一般称投资企业为联营企业。

（四）无重大影响

无重大影响是指投资企业对被投资企业不具有控制和共同控制权，也不具有重大影响，一般在被投资企业拥有 20%以下，或虽拥有 20%以上的表决权资产，但不具有控制、共同控制和重大影响。

同时应注意，投资企业对被投资企业不具有控制、共同控制或重大影响，在活跃市场上有报价且公允价值能够可靠计量的权益性投资要划分为可供出售金融资产或者交易性金融资产。

长期股权投资在取得时，应按初始投资成本入账。长期股权投资的初始投资成本应分别形成控股合并和不形成控股合并两种情况确定。对于控股合并形成的长期股权投资，按初始投资成本的确定应区分成控股合并的类型，又分别形成同一控制下控股合并与非同一控制下控股合并两种情况确定长期股权投资的初始投资成本。

这里所指长期股权投资，主要包括以下内容：①投资企业能够对被投资企业实施控制的权益性投资，即对子公司投资；②投资企业与其他合营方一同对被投资单位实施共同控制的权益性投资，即对合营企业投资；③投资企业对被投资单位具有重大影响的权益性投资，即对联营企业投资；④投资企业持有的对被投资单位不具有共同控制或重大影响，并且在活跃市场中没有报价、公允价值不能可靠计量的权益性投资。

模块二　长期股权投资的初始计量

一、长期股权投资账户的设置

为了反映长期股权投资的发生、投资额的增减变动、投资额的回收以及投资过程实现的损益，在会计核算上需要设置“长期股权投资”、“投资收益”“长期股权投资减值准备”等账户。

（一）“长期股权投资”账户

“长期股权投资”账户用于核算企业持有的采用成本法和权益法核算的长期股权投资。对外投资时，按初始投资成本记入该账户的借方；收回投资时，记入该账户的贷方。长期股权投资按权益法核算时，“长期股权投资”账户还应当分设“成本”、“损益调整”、“其他权益变动”等明细账。

（二）“投资收益”账户

“投资收益”账户反映对外投资发生的投资收益和投资损失，贷方记录取得的投资收益，借方记录发生的投资损失。投资收益核算的内容取决于核算长期股权投资所采用的核算方法。

（三）“长期股权投资减值准备”账户

“长期股权投资减值准备”账户用于核算长期股权投资的减值准备，提取准备时计入该账户的贷方。企业处置长期股权投资时，应同时在该账户的借方结转已计提的长期股权投资减值准备。该账户的期末余额在贷方，反映企业已经计提但尚未转销的长期股权投资减值准备。

按照形成长期股权投资时投资企业和被投资企业的关系来划分，长期股权投资的取得可以分为：一种是由于企业合并形成的长期股权投资；另一种是由除合并以外方式形成的长期股权投资。对于不同类型的长期股权投资，其初始投资成本的确定应分别加以考虑。

二、控股合并的长期股权投资

企业合并是将两个或两个以上单独的企业合并形成一个报告主体的交易或事项。对于控股合并形成的长期股权投资，按初始投资成本的确定应区分为，形成同一控制下控股合并与非同一控制下控股合并两种情况确定长期股权投资的初始投资成本。

（一）同一控制下企业合并的长期股权投资

同一控制下的企业合并是指参与合并各方在合并前及合并后均受同一方或相同的多方最终控制且该控制并非暂时性的企业合并。非暂时性的是指一年或以上。其实，最终控制方在企业合并前及合并后能够控制的资产并没有发生变化。合并方通过企业合并形成的对被合并方的长期股权投资，其成本代表的是在被合并方账面所有者权益中享有的份额。

（1）合并方以支付现金、转让非现金资产或承担债务方式作为合并对价的，应当在合并日按照取得被合并方所有者权益账面价值的份额作为长期股权投资的初始投资成本。长期股权投资的初始投资成本与支付的现金、转让的非现金资产及所承担债务账面价值之间的差额，应当调整资本公积（资本溢价或股本溢价）；资本公积（资本溢价或股本溢价）的余额不足冲减的，调整留存收益。

合并方发生的审计、法律服务、评估咨询等中介费用以及其他相关管理费用，应当发生时计入当期管理费用。

具体进行会计处理过程是合并方在合并日按取得被合并方所有者权益账面价值的份额，借记“长期股权投资”科目，按应享有被投资单位已宣告但尚未发放的现金股利或利润，借记“应收股利”科目，按支付的合并对价的账面价值，贷记有关资产或借记有关负债科目，按其差额，贷记“资本公积——资本溢价或股本溢价”科目；如为借方差额，应借记“资本公积——资本溢价或股本溢价”科目，资本公积（资本溢价或股本溢价）不足冲减的，借记“盈余公积”、“利润分配——未分配利润”科目。

【例 5-1】北方公司和乙公司同为 M 集团的子公司，2010 年 5 月 1 日，北方公司以无形资产和固定资产作为合并对价取得乙公司 80%的表决权资本。无形资产原值为 1 000 万元，累计摊销额为 200 万元，公允价值为 2 000 万元；固定资产原值为 300 万元，累计折旧额为 100 万元，公允价值为 200 万元。合并日乙公司相对于 M 集团而言的所有者权益账面价值为 2 000 万元，可辨认净资产的公允价值为 3 000 万元。发生直接相关费用 10 万元。

要求：根据上述资料，不考虑其他因素，北方公司的财务处理如下。

借：长期股权投资——乙公司　（20 000 000×80%）　16 000 000
　　累计摊销　2 000 000
　　贷：无形资产　10 000 000
　　　　固定资产清理　2 000 000

资本公积——股本溢价　　6 000 000

借：管理费用　　100 000

贷：银行存款　　100 000

（2）合并方以发行权益性证券作为合并对价的，应按发行权益性证券的面值总额作为股本，长期股权投资初始投资成本与所发行权益性证券面值总额之间的差额，应当调整资本公积（资本溢价或股本溢价）；资本公积（资本溢价或股本溢价）不足冲减的，调整留存收益。

具体进行会计处理时，在合并日应按取得被合并方所有者权益账面价值的份额，借记"长期股权投资"科目，按应享有被投资单位已宣告但尚未发放的现金股利或利润，借记"应收股利"科目，按发行权益性证券的面值，贷记"股本"科目，按其差额，贷记"资本公积——资本溢价或股本溢价"科目；如为借方差额，应借记"资本公积——资本溢价或股本溢价"科目，资本公积（资本溢价或股本溢价）不足冲减的，借记"盈余公积"、"利润分配——未分配利润"科目。

上述在按照合并日应享有被合并方账面所有者权益的份额确定长期股权投资的初始投资成本时，对于被合并方账面所有者权益，应当在考虑以下几个因素的基础上计算确定形成长期股权投资的初始投资成本。

（1）被合并方与合并方的会计政策、会计期间是否一致。如果合并前合并方与被合并方的会计政策、会计期间不同的，应首先按照合并方的会计政策、会计期间对被合并方资产、负债的账面价值进行调整，在此基础上计算确定被合并方的账面所有者权益，并计算确定长期股权投资的初始投资成本。

（2）被合并方账面所有者权益是指被合并方的所有者权益相对于最终控制方而言的账面价值。

（3）形成同一控制下控股合并的长期股权投资，如果子公司按照改制时确定的资产、负债经评估确认的价值调整资产、负债账面价值的，合并方应当按照取得子公司经评估确认的净资产的份额作为长期股权投资的初始投资成本。

（4）如果被合并方本身编制合并财务报表的，被合并方的账面所有者权益的价值应当以其合并财务报表为基础确定。

通过多次交换交易，分步取得股权最终形成控股合并的，在个别财务报表中，应当以持股比例计算的合并日应享有被合并方账面所有者权益份额作为该项投资的初始投资成本。初始投资成本与其原长期股权投资账面价值加上合并日为取得新的股份所支付对价的公允价值之和的差额，调整资本公积（资本溢价或股本溢价），资本公积不足冲减的，冲减留存收益。

（二）非同一控制下企业合并形成的长期股权投资

（1）非同一控制下的控股合并中，购买方应当按照确定的企业合并成本作为长期股权投资的初始投资成本。企业合并成本包括购买方付出的资产、发生或承担的负债、发行的权益性证券的公允价值之和。

对于非同一控制下企业合并形成的长期股权投资，其会计处理是应在购买日按企业合并成本（不含应从被投资单位收取的现金股利或利润），借记"长期股权投资"科目，按享有被投资单位已宣告但尚未发放的现金股利或利润，借记“应收股利”科目，按支付合并对价的账面价值，贷记有关资产或借记有关负债科目，按其差额，贷记“营业外收入”或“投资收益” 等科目，或借记“营业外支出”、“投资收益”等科目。按发生的直接相关费用，借记“管理费用”科目，贷记“银行存款”等科目。可供出售金融资产持有期间公允价值变动形成的其他综合收益应一并转入投资收益，借记“资本公积——其他资本公积”科目，贷记“投资收益”科目。

非同一控制下企业合并涉及以库存商品等作为合并对价的，应按库存商品的公允价值，贷记“主营业务收入”或“其他业务收入”科目，并同时结转相关的成本。

【例 5-2】北方公司于 2010 年 3 月 31 日取得 B 公司 70%的股权。为核实 B 公司的资产价值，北方公司聘请专业资产评估机构对 B 公司的资产进行评估，支付评估费用 300 万元。合并中，北方公司支付的有关资产在购买日的账面价值与公允价值如表 5-1 所示。

表 5-1　　2010 年 3 月 31 日公司账面价值与公允价值　　单位：万元

项　目	账面价值	公允价值
土地使用权（自用）	6 000	9 600
专利技术	2 400	3 000
银行存款	2 400	2 400
合　计	10 800	15 000

假定合并前北方公司与 B 公司不存在任何关联方关系，北方公司用作合并对价的土地使用权和专利技术原价为 9 600 万元，至企业合并发生时已累计摊销 1 200 万元。

因北方公司与 B 公司在合并前不存在任何关联方关系，应作为非同一控制下的企业合并处理。北方公司对于形成控股合并的对 B 公司的长期股权投资，应按确定的企业合并成本作为其初始投资成本。北方公司应进行账务处理如下：

借：长期股权投资　　150 000 000
　　管理费用　　3 000 000
　　累计摊销　　12 000 000
　贷：无形资产　　96 000 000
　　　银行存款　　27 000 000
　　　营业外收入　　43 000 000

（2）通过多次交换交易，分步取得股权最终形成企业合并的，在个别财务报表中，应当以购买日之前所持购买方的股权投资的账目价值与购买日新增投资资本之和，作为该项投资的初始投资成本。其中，形成控股合并前持有的长期股权投资采用成本法核算的，长期股权投资在购买日的初始投资成本为原成本法下的账面价值加上购买日为取得新的股份所支付对价的公允价值之和；形成控股合并前对长期股权投资采用权益法核算的，长期股权投资在购买日的初始投资成本为原权益法下的账面价值加上购买日为取得新的股份所支付对价的公允价值之和；形成控股合并前对长期股权投资采用公允价值计量的（例如，原分类为可供出售金融资产的股权投资），长期股权投资在购买日的初始投资成本为原公允价值计量的账面价值加上购买日为取得新的股份所支付对价的公允价值之和。购买日之前持有的被购买方的股权涉及其他综合收益的，购买日对这部分其他综合收益不做处理，等到处置该项投资时将与其相关的其他综合收益（例如，可供出售金融资产公允价值变动计入资本公积的部分）转入当期投资收益。

【例 5-3】北方公司于 2008 年 3 月以 2 000 万元取得 B 上市公司 5%的股权，对 B 公司不具有重大影响，北方公司将其分类为可供出售金融资产，按公允价值计量。2009 年 4 月 1 日，北方公司又斥资 25 000 万元从 C 公司取得 B 公司另外 50%股权。假定北方公司在取得对 B 公司的长期股权投资后，B 公司未宣告发放现金股利。北方公司原持有 B 公司 5%的股权于 2009 年 3 月 31 日的公允价值为 2 500 万元，累计计入其他综合收益的金额为 500 万元。北方公司与 C 公司不存在任何关联方关系。

本例中，北方公司是通过分步购买最终达到对 B 公司实施控制，因北方公司与 C 公司不存在任何关联方关系，故形成非同一控制下控股合并。在购买日，北方公司应进行账务处理如下。

借：长期股权投资　　275 000 000

　　贷：可供出售金融资产　　25 000 000

　　　　银行存款　　250 000 000

假定，北方公司于 2008 年 3 月以 12 000 万元取得 B 公司 20%的股权，并能对 B 公司施加重大影响，采用权益法核算该项股权投资，当年确认对 B 公司的投资收益为 450 万元。2009 年 4 月，北方公司又斥资 15 000 万元从 C 公司取得 B 公司另外 30%的股权。北方公司按净利润的 10%提取盈余公积。北方公司对该项长期股权投资未计提任何减值准备。

其他资料同上。购买日，北方公司应进行以下账务处理。

借：长期股权投资　　150 000 000

　　贷：银行存款　　150 000 000

购买日对 B 公司长期股权投资的账面价值=（12 000+450）+15 000=27 450（万元）

三、企业合并以外其他方式取得的长期股权投资

除企业合并形成的长期股权投资应遵循特定的会计处理原则外，其他方式取得的长期股权投资，取得时初始投资成本的确定应遵循以下规定。

（1）以支付现金取得的长期股权投资，应当按照实际支付的购买价款作为长期股权投资的初始投资成本，包括购买过程中支付的手续费等必要支出。但是，所支付价款中包含的被投资单位已宣告但尚未发放的现金股利或利润应作为应收项目核算，不构成取得长期股权投资的成本。

（2）以发行权益性证券方式取得的长期股权投资，其成本为所发行权益性证券的公允价值，但不包括从被投资单位收取的已宣告但尚未发放的现金股利或利润。

为发行权益性证券支付给有关证券承销机构等的手续费、佣金等与权益性证券发行直接相关的费用，不构成取得长期股权投资的成本。该部分费用按照《企业会计准则第 37 号——金融工具

列报》的规定，应从权益性证券的溢价发行收入中扣除，权益性证券的溢价收入不足冲减的，应冲减盈余公积和未分配利润。

【例 5-4】2006 年 3 月 5 日，A 公司通过增发 9 000 万股本公司普通股（每股面值 1 元）取得 B 公司 20% 的股权，该 9 000 万股股份的公允价值为 15 600 万元。为增发该部分股份，A 公司向证券承销机构等支付了 600 万元的佣金和手续费。假定 A 公司取得该部分股权后，能够对 B 公司的财务和生产经营决策施加重大影响。

A 公司应当以所发行股份的公允价值作为取得长期股权投资的成本，其账务处理如下。

借：长期股权投资　　156 000 000

　贷：股本　　90 000 000

　　　资本公积——股本溢价　　66 000 000

发行权益性证券过程中支付的佣金和手续费，应冲减权益性证券的溢价发行收入，其账务处理如下。

借：资本公积——股本溢价　　6 000 000

　贷：银行存款　　6 000 000

（3）投资者投入的长期股权投资，应当按照投资合同或协议约定的价值作为初始投资成本，但合同或协议约定的价值不公允的除外。

投资者投入的长期股权投资是指投资者以其持有的对第三方的投资作为出资投入企业，接受投资的企业原则上应当按照投资各方在投资合同或协议中约定的价值作为取得投资的初始投资成本。

（4）以债务重组、非货币性资产交换等方式取得的长期股权投资，其初始投资成本应按照《企业会计准则第 12 号——债务重组》和《企业会计准则第 7 号——非货币性资产交换》的规定确定。

投资成本中包含的已宣告但尚未发放的现金股利或利润的处理。

企业无论以何种方式取得长期股权投资，取得投资时，对于投资成本中包含的应享有被投资单位已经宣告但尚未发放的现金股利或利润应作为应收项目单独核算，不构成取得长期股权投资的初始投资成本，即企业在支付对价取得长期股权投资时，对于实际支付的价款中包含的对方已经宣告但尚未发放的现金股利或利润，应作为预付款，构成企业的一项债权，其与取得的对被投资单位的长期股权投资应作为两项金融资产。

对于长期股权投资的初始计量一定要注意：先区分是合并取得的长期股权投资还是非企业合并取得的长期股权投资。企业合并取得的长期股权投资要进一步区分是同一控制下企业合并取得的，还是非同一控制下企业合并取得的，由此，就可以把握住初始计量问题的思路和重点。

模块三　长期股权投资的后续计量

长期股权投资在持有期间，根据投资企业对被投资单位的影响程度及是否存在活跃市场、公允价值能否可靠计量等进行划分，应当分别采用成本法及权益法进行核算。

一、长期股权投资的成本法

（一）成本法的定义及其适用范围

成本法是指投资按成本计价的方法。长期股权投资的成本法适用于以下情况。

（1）企业持有的能够对被投资单位实施控制的长期股权投资。

投资企业能够对被投资单位实施控制的，被投资单位为其子公司，投资企业应当将子公司纳入合并财务报表的合并范围。投资企业在其个别财务报表中对子公司的长期股权投资，应当采用成本法核算，编制合并财务报表时按照权益法进行调整。

（2）投资企业对被投资单位不具有共同控制或重大影响，且在活跃市场中没有报价、公允价值不能可靠计量的长期股权投资。

（二）成本法的核算

采用成本法核算的长期股权投资，核算方法如下。

（1）初始投资或追加投资时，按照初始投资或追加投资时的成本增加长期股权投资的账面价值。

（2）除取得投资时实际支付的价款或对价中包含的已宣告但尚未发放的现金股利或利润外，投资企业应当按照享有被投资单位宣告发放的现金股利或利润确认投资收益，不管有关利润分配是属于对取得投资前还是取得投资后被投资单位实现净利润的分配。被投资单位宣告分派的现金股利或利润按享有的部分确认为当期投资收益，借记“应收股利”科目，贷记“投资收益”科目。

投资企业在确认自被投资单位应分得的现金股利或利润后，应当考虑有关长期股权投资是否发生减值。在判断该类长期股权投资是否存在减值迹象时，应当关注长期股权投资的账面价值是否大于享有被投资单位净资产（包括相关商誉）账面价值的份额等情况。

出现类似情况时，企业应当按照的规定对长期股权投资进行减值测试，可收回金额低于长期股权投资账面价值的，应当计提减值准备。

【例 5-5】2013 年 6 月 20 日，北方公司以每股 5 元的价格,购入 60 000 股乙公司股票，占其 6%的股份。北方公司取得该部分股权后，准备长期持有，并未派出人员参与乙公司的财务和生产经营决策，也未以任何其他方式对乙公司施加控制、共同控制或重大影响。同时，北方公司购买时发生有关税费 6 000 元，款项已由银行存款支付。北方公司会计处理如下。

（1）计算初始投资成本。

初始投资成本=股票交易金额+相关税费=(60 000 × 5)+6 000=306 000 元

（2）2013 年 6 月 20 日，购入股票的会计处理。

借：长期股权投资　　306 000

　　贷：银行存款　　306 000

【例 5-6】北方公司发生与长期股权投资相关的业务如下。

（1）2008 年 1 月 7 日，购入乙公司股票 100 万股，占 10%的股份，购入价每股 8 元，其中，每股含已宣告分派但尚未领取的现金股利 0.2 元。另外，在购买时支付相关税费 10 000 元，款项已由银行存款支付。

（2）2008 年 3 月 10 日，收到乙公司宣告分派现金股利。

（3）2008 年度，乙公司实现净利润 2 000 000 元。

（4）2009 年 2 月 1 日，乙公司宣告分派现金股利，每股分派现金股利 0.1 元。

（5）2009 年 2 月 21 日，北方公司收到乙公司 2008 年分派的现金股利。

（6）2009 年度，乙公司发生亏损 200 000 元。

（7）2010 年 1 月 30 日，北方公司出售所持有的乙公司股票 10 万股，每股 10 元。

假定不考虑其他因素，北方公司会计处理如下。

（1）2008 年 1 月 7 日购入时。

股票成本=1 000 000×(8-0.2)+10 000=7 810 000（元）

应收股利=1 000 000×0.2=200 000（元）

借：长期股权投资——乙公司　　7 810 000

　　应收股利　　200 000

　　贷：银行存款　　8 010 000

（2）2008 年 3 月 10 日，收到乙公司分派的现金股利时。

借：银行存款　　200 000

　　贷：应收股利　　200 000

（3）2008 年度，乙公司实现净利润，北方公司不进行账务处理。

（4）2009 年 2 月 1 日，乙公司宣告分派现金股利时。

北方公司应分得股利=1 000 000×0.　1=100 000(元)

借：应收股利　　100 000

　　贷：投资收益　　100 000

（5）2009 年 2 月 21 日，北方公司收到乙公司分派的现金股利时。

借：银行存款　　100 000

　　贷：应收股利　　100 000

（6）2009 年度，乙公司发生亏损，北方公司不做处理。

（7）2010 年 1 月 30 日，北方公司转让部分股票时。

获得价款=100 000×10=1 000 000（元）

转让应分摊的投资成本=7 810 000/1 000 000×100 000=781 000（元）

借：银行存款　　1 000 000

　　贷：长期股权投资——乙公司　　781 000

　　投资收益　　219 000

二、长期股权投资的权益法

（一）权益法的定义及其适用范围

权益法是指投资以初始投资成本计量后，在投资持有期间根据投资企业享有被投资单位所有者权益份额的变动对投资的账面价值进行调整的方法。

投资企业对被投资单位具有共同控制或重大影响的长期股权投资，即对合营企业投资及联营企业投资，应当采用权益法核算。

（二）权益法的核算

1. 初始投资成本的调整

投资企业取得对联营企业或合营企业的投资以后，对于取得投资时投资成本与应享有被投资单位可辨认净资产公允价值份额之间的差额，应区别情况分别处理。

（1）初始投资成本大于取得投资时应享有被投资单位可辨认净资产公允价值份额的，该部分差额从本质上是投资企业在取得投资过程中通过购买作价体现出的与所取得股权份额相对应的商誉及被投资单位不符合确认条件的资产价值。初始投资成本大于投资时应享有被投资单位可辨认净资产公允价值的份额时，两者之间的差额不要求对长期股权投资的成本进行调整。

（2）初始投资成本小于取得投资时应享有被投资单位可辨认净资产公允价值份额的，两者之间的差额体现为双方在交易作价过程中转让方的让步，该部分经济利益流入应作为收益处理，计入取得投资当期的营业外收入，同时调整增加长期股权投资的账面价值。

【例 5-7】北方公司于 2012 年 1 月取得 B 公司 30%的股权，支付价款 9 000 万元。取得投资时被投资单位净资产账面价值为 22 500 万元（假定被投资单位各项可辨认资产、负债的公允价值与其账面价值相同）。

在 B 公司的生产经营决策过程中，所有股东均按持股比例行使表决权。北方公司在取得 B 公司的股权后，派人参与了 B 公司的生产经营决策。因能够对 B 公司施加重大影响，北方公司对该投资应当采用权益法核算。取得投资时，北方公司应进行以下账务处理。

借：长期股权投资——成本　　90 000 000

　　贷：银行存款　　90 000 000

长期股权投资的初始投资成本 9 000 万元大于取得投资时应享有被投资单位可辨认净资产公允价值的份额 6 750（22 500 × 30%）万元，两者之间的差额不调整长期股权投资的账面价值。

如果本例中取得投资时被投资单位可辨认净资产的公允价值为 36 000 万元，北方公司按持股比例 30%计算确定应享有 10 800 万元，则初始投资成本与应享有被投资单位可辨认净资产公允价值份额之间的差额 1 800 万元应计入取得投资当期的营业外收入，账务处理如下。

借：长期股权投资——成本　　90 000 000

　　贷：银行存款　　90 000 000

借：长期股权投资——成本　　18 000 000

　　贷：营业外收入　　18 000 000

2. 投资损益的确认

投资企业取得长期股权投资后，应当按照应享有或应分担被投资单位实现净利润或发生净亏损的份额（法规或章程规定不属于投资企业的净损益除外），调整长期股权投资的账面价值，并确认为当期投资损益。

在确认应享有或应分担被投资单位的净利润或净亏损时，在被投资单位账面净利润的基础上，应考虑以下因素的影响进行适当调整。

一是被投资单位采用的会计政策及会计期间与投资企业不一致的，应按投资企业的会计政策及会计期间对被投资单位的财务报表进行调整。

二是以取得投资时被投资单位固定资产、无形资产的公允价值为基础计提的折旧额或摊销额，以及以投资企业取得投资时的公允价值为基础计算确定的资产减值准备金额等对被投资单位净利润的影响。

被投资单位个别利润表中的净利润是以其持有的资产、负债账面价值为基础持续计算的，而投资企业在取得投资时，是以被投资单位有关资产、负债的公允价值为基础确定投资成本，长期股权投资的投资收益所代表的是被投资单位资产、负债在公允价值计量的情况下在未来期间通过经营产生的损益中归属于投资企业的部分。取得投资时有关资产、负债的公允价值与其账面价值不同的，未来期间，在计算归属于投资企业应享有的净利润或应承担的净亏损时，应以投资时被投资单位有关资产对投资企业的成本即取得投资时的公允价值为基础计算确定，从而产生了需要对被投资单位账面净利润进行调整的情况。

在针对上述事项对被投资单位实现的净利润进行调整时，应考虑重要性原则，不具重要性的项目可不予调整。符合下列条件之一的，投资企业可以以被投资单位的账面净利润为基础，计算确认投资损益，同时应在会计报表附注中说明不能按照准则规定进行核算的原因：①投资企业无法合理确定取得投资时被投资单位各项可辨认资产等的公允价值的；②投资时被投资单位可辨认资产的公允价值与其账面价值相比，两者之间的差额不具重要性的；③其他原因导致无法取得被投资单位的有关资料，不能按照准则中规定的原则对被投资单位的净损益进行调整的。

3. 取得现金股利或利润的处理

按照权益法核算的长期股权投资，投资企业自被投资单位取得的现金股利或利润，应抵减长期股权投资的账面价值。在被投资单位宣告分派现金股利或利润时，借记“应收股利”科目，贷记“长期股权投资（损益调整）”科目；自被投资单位取得的现金股利或利润超过已确认损益调整的部分应视同投资成本的收回，冲减长期股权投资的账面价值。

4. 超额亏损的确认

按照权益法核算的长期股权投资，投资企业确认应分担被投资单位发生的损失，原则上应以长期股权投资及其他实质上构成对被投资单位净投资的长期权益减记至零为限，投资企业负有承担额外损失义务的除外。这里所讲的“其他实质上构成对被投资单位净投资的长期权益”通常是指长期应收项目，比如，企业对被投资单位的长期债权，该债权没有明确的清收计划，且在可预见的未来期间不准备收回的，实质上构成对被投资单位的净投资，但不包括投资企业与被投资单位之间因销售商品、提供劳务等日常活动所产生的长期债权。

投资企业在确认应分担被投资单位发生的亏损时，具体应按照以下顺序处理。

首先，减计长期股权投资的账面价值。

其次，在长期股权投资的账面价值减记至零的情况下，对于未确认的投资损失，考虑除长期股权投资以外，账面上是否有其他实质上构成对被投资单位净投资的长期权益项目，如果有，则应以其他长期权益的账面价值为限，继续确认投资损失，冲减长期应收项目等的账面价值。

最后，经过上述处理，按照投资合同或协议约定，投资企业仍需要承担额外损失弥补等义务的，应按预计将承担的义务金额确认预计负债，计入当期投资损失。

企业在实务操作过程中，在发生投资损失时，应借记“投资收益”科目，贷记“长期股权投资——损益调整”科目。在长期股权投资的账面价值减记至零以后，考虑其他实质上构成对被投资单位净投资的长期权益，继续确认的投资损失，应借记“投资收益”科目，贷记“长期应收款”等科目；因投资合同或协议约定导致投资企业需要承担额外义务的，按照或有事项准则的规定，对于符合确认条件的义务，应确认为当期损失，同时确认预计负债，借记“投资收益”科目，贷记“预计负债”科目。除上述情况仍未确认的应分担被投资单位的损失，应在账外备查登记。

在确认了有关的投资损失以后，被投资单位于以后期间实现盈利的，应按以上相反顺序分别减记账外备查登记的金额、已确认的预计负债、恢复其他长期权益及长期股权投资的账面价值，同时确认投资收益，即应当按顺序分别借记“预计负债”、“长期应收款”、“长期股权投资”等科目，贷记“投资收益”科目。

【例 5-8】北方公司持有乙企业 40%的股权，能够对乙企业施加重大影响。2012 年 12 月 31 日，该项长期股权投资的账面价值为 6 000 万元。乙企业 2013 年由于一项主营业务市场条件发生变化，当年亏损 9 000 万元。假定北方公司在取得该投资时，乙企业各项可辨认资产、负债的公允价值与其账面价值相等，双方所采用的会计政策及会计期间也相同。则北方公司当年应确认的投资损失为 3 600 万元。确认上述投资损失后，长期股权投资的账面价值变为 2 400 万元。

上述如果乙企业当年亏损额为 18 000 万元，则北方公司按其持股比例确认应分担的损失为 7 200 万元，但长期股权投资的账面价值仅为 6 000 万元，如果没有其他实质上构成对被投资单位净投资的长期权益项目，则北方公司应确认的投资损失仅为 6 000 万元，超额损失在账外进行备查登记；在确认了 6 000 万元的投资损失，长期股权投资的账面价值减记至零以后，如果北方公司账上仍有应收乙企业的长期应收款 2 400 万元，该款项从目前情况看，没有明确的清偿计划（并非产生于商品购销等日常活动），则在长期应收款的账面价值大于 1 200 万元的情况下，应以长期应收款的账面价值为限进一步确认投资损失 1 200 万元。北方公司应进行的账务处理如下。

借：投资收益　　60 000 000

　　贷：长期股权投资——损益调整　　60 000 000

借：投资收益　　12 000 000

　　贷：长期应收款　　12 000 000

5. 被投资企业除净损益以外所有者权益的其他变动

采用权益法核算时，投资企业对于被投资企业除净损益以外所有者权益的其他变动，在持股比例不变的情况下，应按照持股比例与被投资企业除净损益以外所有者权益的其他变动中归属于本企业的部分，相应调整长期股权投资的账面价值，同时增加或减少资本公积。

【例 5-9】 北方公司持有 B 企业 30%的股份，能够对 B 企业施加重大影响。当期 B 企业因持有的可供出售金融资产公允价值的变动计入资本公积的金额为 1 800 万元，除该事项外，B 企业当期实现的净损益为 9 600 万元。假定北方公司与 B 企业适用的会计政策、会计期间相同，投资时 B 企业有关资产、负债的公允价值与其账面价值亦相同，双方当期及以前期间未发生任何内部交易。

北方公司在确认应享有被投资单位所有者权益的变动时，应进行的账务处理如下。

借：长期股权投资——损益调整　　28 800 000

　　　　　　　　——其他权益变动　　5 400 000

　贷：投资收益　　28 800 000

　　　资本公积——其他资本公积　　5 400 000

6. 股票股利的处理

被投资单位分派的股票股利，投资企业不做账务处理，但应于除权日注明所增加的股数，以反映股份的变化情况。

三、长期股权投资的减值

长期股权投资在按照规定进行核算，确定其账面价值的基础上，如果存在减值迹象的，应当按照相关准则的规定计提减值准备。其中，对子公司、联营企业及合营企业的投资，应当按照《企业会计准则第 8 号——资产减值》的规定，确定其可收回金额及应予计提的减值准备；企业持有的对被投资单位不具有共同控制或重大影响，在活跃市场中没有报价，公允价值不能可靠计量的长期股权投资，应当按照《企业会计准则第 22 号——金融工具确认和计量》的规定，确定其可收回金额及应予计提的减值准备，上述有关长期股权投资的减值准备在提取以后，均不允许转回。

复习思考题

一、单项选择题

1. 对同一控制下的企业合并，合并方以发行权益性证券作为合并对价的，下列说法中正确的是（　　）。

A. 应当在合并日按照取得被合并方所有者权益账面价值的份额作为长期股权投资的初始投资成本，按照发行股份的面值总额作为股本

B. 应当在合并日按照取得被合并方所有者权益公允价值的份额作为长期股权投资的初始投资成本，按照发行股份的面值总额作为股本

C. 应当在合并日按照取得被合并方可辨认净资产公允价值的份额作为长期股权投资的初始投资成本，按照发行股份的面值总额作为股本

D. 应当在合并日按照取得被合并方所有者权益账面价值的份额作为长期股权投资的初始投资成本，按照发行股份的面值总额作为股本，长期股权投资初始投资成本与所发行股份面值总额之间的差额，计入当期损益

2. 甲公司和乙公司同为 A 集团的子公司。2011 年 6 月 1 日，甲公司以银行存款 1 450 万元取

得乙公司所有者权益的 80%，同日，乙公司所有者权益的账面价值为 2 000 万元，可辨认净资产公允价值为 2 200 万元。则 2011 年 6 月 1 日，该长期股权投资的入账价值为（　　）万元。

A. 1 600　　B. 1 760　　C. 1 450　　D. 2 000

3. 甲公司购入某上市公司 12%的普通股股票，暂不准备随时变现。甲公司应将该项投资划分为（　　）。

A. 交易性金融资产　　B. 持有至到期投资

C. 长期股权投资　　D. 可供出售金融资产

4. 按照企业会计准则的规定，下列说法正确的是（　　）。

A. 投资企业对子公司的长期股权投资应采用权益法核算

B. 投资企业对子公司的长期股权投资应采用成本法核算，编制合并财务报表时按照权益法进行调整

C. 投资企业对子公司的长期股权投资应按公允价值核算

D. 投资企业对子公司的长期股权投资既可以采用权益法核算，也可以采用成本法核算

5. 非企业合并且以支付现金方式取得的长期股权投资，应当按照（　　）作为初始投资成本。

A. 实际支付的购买价款

B. 享有被投资企业所有者权益账面价值的份额

C. 享有被投资企业所有者权益公允价值的份额

D. 被投资企业所有者权益

6. 非企业合并且以发行权益性证券取得的长期股权投资，应当按照发行权益性证券的（　　）作为初始投资成本。

A. 账面价值　　B. 公允价值　　C. 可变现净值　　D. 市场价格

7. 投资者投入的长期股权投资，如果合同或协议约定价值是公允的，应当按照（　　）作为初始投资成本。

A. 投资合同或协议约定的价值　　B. 账面价值

C. 公允价值　　D. 市场价值

8. 甲公司出资 600 万元，取得了乙公司 60%的控股权，甲公司对该项长期股权投资应采用（　　）核算。

A. 权益法　　B. 成本法

C. 成本与可变现净值孰低法　　D. 成本与市价孰低法

9. 根据《企业会计准则第 2 号——长期股权投资》的规定，长期股权投资采用权益法核算时，初始投资成本大于应享有被投资单位可辨认资产公允价值份额之间的差额，正确的会计处理是（　　）。

A. 计入投资收益　　B. 计入营业外支出

C. 冲减资本公积　　D. 不调整初始投资成本

10. 甲、乙两家公司同属丙公司的子公司。甲公司于 2011 年 3 月 1 日以发行股票方式取得乙公司 60%的股份。甲公司发行 1 500 万股普通股，该股票每股面值为 1 元。乙公司在 2011 年 3 月

1 日的所有者权益为 2 000 万。甲公司在 2011 年 3 月 1 日的资本公积为 180 万元，盈余公积为 100 万元，未分配利润为 200 万元，则甲公司该项长期股权投资的成本为（　　）万元。

A. 1 200　　B 1 500　　C. 1 820　　D. 480

11. 甲公司出资 1 000 万元，取得了乙公司 80% 的控股权。假定购买股权时乙公司的账面净资产价值为 1 500 万元，甲、乙公司合并前后同受一方控制。则甲公司应确认的长期股权投资成本为（　　）万元。

A. 1 000　　B. 1 500　　C. 800　　D. 1 200

12. A、B 两家公司属于非同一控制下的独立公司。A 公司于 2010 年 7 月 1 日以本企业的固定资产对 B 公司投资，取得 B 公司 60% 的股份。该固定资产原值 1 500 万元，已计提折旧 400 万元，已提取减值准备 50 万元，当日的公允价值为 1 250 万元。B 公司 2010 年 7 月 1 日所有者权益为 2 000 万元。A 公司该项长期股权投资的成本为（　　）万元。

A. 1 500　　B. 1 050　　C. 1 200　　D. 1 250

13. 甲公司出资 1 000 万元，取得了乙公司 80% 的控股权。假定购买股权时乙公司的账面净资产价值为 1 500 万元，甲、乙公司合并前后不受同一方控制。则甲公司确认的长期股权投资成本为（　　）万元。

A. 1 000　　B. 1 500　　C. 800　　D. 1 200

14. 2012 年 1 月 1 日，甲公司支付买价 810 万元，另支付相关税费 25 万元，取得 B 公司 40% 的股权，准备长期持有，对 B 公司有重大影响。B 公司 2012 年 1 月 1 日的所有者权益的账面价值为 2 100 万元，可辨认净资产的公允价值为 2 200 万元。则甲公司长期股权投资的入账价值为（　　）万元。

A. 810　　B. 835　　C. 840　　D. 880

二、多项选择题

1. 在同一控制下的企业合并中，合并方取得的净资产账面价值与支付的合并对价账面价值（或发行股份面值总额）的差额，可能调整（　　）。

A. 盈余公积　　B. 资本公积　　C. 营业外收入　　D. 未分配利润

2. 下列各项中，应作为长期股权投资取得时初始成本入账的有（　　）。

A. 投资时支付的不含应收股利的价款

B. 为取得长期股权投资而发生的评估、审计、咨询费

C. 投资时支付的税金、手续费

D. 投资时支付款项中所含的已宣告但尚未领取的现金股利

3. 长期股权投资成本法的适用范围有（　　）。

A. 投资企业能够对被投资企业实施控制的长期股权投资

B. 投资企业对被投资企业不具有共同控制或重大影响，并且在活跃市场中没有报价、公允价值不能可靠计量的长期股权投资

C. 投资企业对被投资企业具有共同控制的长期股权投资

D. 投资企业对被投资企业具有重大影响的长期股权投资

4. 根据《企业会计准则第 2 号——长期股权投资》的规定，长期股权投资采用成本法核算时，下列各项会引起长期股权投资账面价值变动的有（　　）。

A. 追加投资　　B. 减少投资

C. 被投资企业实现净利润　　D. 被投资企业宣告发放现金股利

5. 企业处置长期股权投资时，正确的处理方法有（　　）。

A. 处置长期股权投资，其账面价值与实际取得价款的差额，应当计入投资收益

B. 处置长期股权投资，其账面价值与实际取得价款的差额，应当计入营业外收入

C. 采用权益法核算的长期股权投资，因被投资单位除净损益以外所有者权益的其他变动而计入所有者权益的，处置该项投资时应当将原计入所有者权益的部分按相应比例转入投资收益

D. 采用权益法核算的长期股权投资，因被投资单位除净损益以外所有者权益的其他变动而计入所有者权益的，处置该项投资时应当将原计入所有者权益的部分按相应比例转入营业外收入

三、判断题

1. A 公司于 2010 年 3 月以 3 000 万元取得 B 公司 30%的股权，因能够派人参与 B 公司的生产经营决策，对所取得的长期股权投资按照权益法核算，并于 2010 年确认对 B 公司的投资收益 150 万元（该项投资的初始投资成本与投资时应享有被投资单位可辨认净资产公允价值的份额相等）。2010 年 4 月，A 公司又斥资 4 000 万元取得 B 公司另外 30%的股权。假定 A 公司在取得对 B 公司的长期股权投资以后，B 公司并未宣告发放现金股利或利润。A 公司按净利润的 10%计提盈余公积，则 A 公司的合并成本为 7 000 万元。（　　）

2. A 公司购入 B 公司 5%的股份，买价为 322 000 元，其中含有已宣告发放但尚未领取的现金股利 8 000 元，那么 A 公司取得长期股权投资的成本为 322 000 元。（　　）

3. 长期股权投资采用成本法核算的，应按被投资单位宣告发放的现金股利或利润中属于本企业的部分，借记“应收股利”科目，贷记“投资收益”科目；属于被投资单位在本企业取得投资前实现净利润的分配额，应借记“应收股利”科目，贷记“资本公积”科目。（　　）

4. 采用权益法核算的长期股权投资的初始投资成本大于投资时应享有被投资单位可辨认净资产公允价值份额的，其差额计入长期股权投资（股权投资差额）中。（　　）

5. 某投资企业于 2010 年 1 月 1 日取得联营企业 30%的股权，取得投资时被投资单位的固定资产公允价值为 1 000 万元，账面价值为 500 万元，固定资产的预计使用年限为 10 年，净残值为零，按照直线法计提折旧。被投资单位 2010 年利润表中，净利润为 500 万元。被投资单位当期利润表中已按其账面价值计算扣除的固定资产折旧费用为 50 万元，按照取得投资时点上固定资产的公允价值计算确定的折旧费用为 100 万元。假定不考虑所得税影响。那么 2010 年年末，投资方应确认投资收益 150 万元。（　　）

四、计算分析题

1. 2008 年 3 月 1 日，甲公司以银行存款购入丙公司 10%的股份，并准备长期持有。甲公司的实际投资成本为 110 000 元。丙公司于 2008 年 5 月 2 日宣布分派 2007 年度的现金股利 100 000 元，当日，丙公司的股东权益合计为 1 200 000 元，其中股本为 1 000 000 元，未分配利润为 200 000 元。丙公司 2008 年实现净利润 450 000 元，其中 1～2 月份实现净利润 80 000 元，2009 年 4 月 1 日宣布分派现金股利 300 000 元；2010 年 4 月 28 日宣布分派现金股利 400 000 元，2009 年实现净利润 520 000 元；2011 年 4 月 27 日宣布分派现金股利 600 000 元，2010 年实现净利润 400 000 元。

要求：对甲公司的上述业务做出会计处理。

2. 甲公司发生下列投资业务。

（1）甲公司 2007 年 1 月 1 日以 2 000 万元购入乙公司 20%的股份，另支付相关税费 10 万元。当日，乙公司的可辨认净资产公允价值总额为 9 150 万元。采用权益法核算。

（2）2007 年 3 月 1 日，乙公司宣告分派上年度的现金股利 100 万元。

（3）2007 年 6 月 1 日，甲公司收到上年度的现金股利。

（4）2007 年 11 月 1 日，乙公司接受丙公司捐赠的现金 200 万元(含增值税)，乙公司的所得税税率为 25%。

（5）2007 年乙公司实现净利润 400 万元。

（6）2008 年 3 月 1 日，乙公司宣告分派现金股利 120 万元。

（7）2008 年乙公司发生净亏损 500 万元。

（8）2009 年年末可收回金额为 1 800 万元。

（9）2009 年乙公司亏损 10 000 万元。

（10）2010 年赢利 2 000 万元。

要求：根据上述资料，编制甲公司的会计分录。

3. 2008 年 1 月 2 日，A 企业以 6 000 万元投资于 B 公司，占 B 公司表决权的 10%，投资企业对被投资单位不具有共同控制或重大影响，并且在活跃市场中没有报价，且公允价值不能可靠计量，采用成本核算法。B 公司有关资料如下。

（1）2008 年 4 月 20 日，B 公司宣告 2007 年度的现金股利 150 万元；2008 年实现净利润 600 万元。

（2）2009 年 4 月 20 日，B 公司宣告 2008 年度的现金股利 750 万元；2009 年实现净利润 750 万元。

（3）2010 年 4 月 20 日，B 公司宣告 2009 年度的现金股利 600 万元；2010 年实现净利润 550 万元；2011 年 4 月 20 日，B 公司宣告 2010 年度的现金股利 300 万元。

要求：编制 A 企业各年度有关会计分录。

五、案例分析题

2005 年 3 月 1 日，五洋公司通过发行普通股 800 万股，与大地公司进行股票交换，取得大地公司有表决权股份的 20%，从而导致对大地公司财务和经营决策具有重大影响。五洋公司准备长期持有大地公司的股票。五洋公司所发行的股票面值为每股 1 元，其市场价格为每股 3 元，为此五洋公司还以银行存款支付了相关税费 20 万元。同日，大地公司可辨认净资产的公允价值为 9 150 万元。五洋公司投资后，大地公司于 2005 年 5 月 1 日宣告分派 2004 年度的现金股利 100 万元。2005 年度，大地公司实现净利润 400 万元，其中 1～2 月实现的利润为 100 万元。

2006 年 5 月 2 日，大地公司召开股东大会，审议董事会于 2006 年 4 月 1 日提出的 2005 年度利润分配方案，审议通过的利润分配方案为：按净利润的 10% 提取法定盈余公积；按净利润的 5% 提取任意盈余公积；分配现金股利 100 万元。2006 年 6 月 2 日，五洋公司收到大地公司分派的 2005 年度的现金股利。2006 年大地公司发生净亏损 8 000 万元。

2007 年大地公司发生亏损 2 000 万元。

2008 年大地公司实现净利润 1 000 万元，其中大地公司当期利润表中已按其账面价值计算扣除的固定资产折旧费用为 60 万元，按照取得投资时固定资产的公允价值计算确定的折旧费用为 160 万元，不考虑所得税影响。

2009 年 11 月 1 日，大地公司接受丙公司捐赠一项新的不需要安装的固定资产。大地公司未从捐赠方取得有关该固定资产价值的原始凭据，该固定资产当时市价为 200 万元（含增值税税额）。大地公司适用的所得税税率为 25%。

要求：

（1）说明对上述业务进行核算时应采用的核算方法；

（2）针对上述业务做出有关的会计分录。

学习情境六　固定资产

学习目标

本学习情境主要讲授固定资产的会计核算方法。

通过本学习情境的学习，应该掌握以下内容：

1. 掌握固定资产的计价标准和价值构成；
2. 掌握各种来源取得固定资产的会计处理；
3. 掌握固定资产的折旧范围、折旧方法及其会计处理；
4. 掌握固定资产清理及期末计价的会计处理。

情境导航

固定资产——是企业的“硬件”；固定资产折旧——是给固定资产买份“养老保险”；固定资产的改良——使用“医疗保险”；固定资产的处置——旧的不去，新的不来。固定资产具有价值高，使用周期长；使用地点分散；管理难度大等特点,因其价值周转慢,收回投资期限长,投入风险大；给固定资产的计量和盘点带来较大困难。因此，在实际工作中资产管理部门、使用部门和财务部门要相互配合，建立相关制度并监督执行，部门设立资产管理人员，并要有严格的制度约束，防止入账不及时，或产生账实不符等现象。

模块一　固定资产的概述

一、固定资产的定义、特征及确认条件

（一）固定资产的定义及特征

固定资产是指企业用于生产商品或提供劳务、出租给他人，或为行政管理目的而持有的，预

计使用年限超过一年的具有实物形态的资产。

从固定资产的定义看，固定资产具有以下三个特征。

1. 为生产商品、提供劳务，出租或经营管理而持有

企业持有固定资产的目的是用于生产商品、提供劳务、出租或经营管理，而不是直接用于出售。其中，出租是指以经营租赁方式出租的机器设备等，以经营租赁方式出租的建筑物属于企业的投资性房地产。

2. 使用寿命超过一个会计年度

固定资产的使用寿命是指企业使用固定资产的预计期间，或者该固定资产所能生产产品或提供劳务的数量。通常情况下，固定资产的使用寿命是指使用固定资产的预计使用期间，某些机器设备或运输设备等固定资产的使用寿命，也可以以该固定资产所能生产产品或提供劳务的数量来表示。该特征使固定资产明显区别于流动资产。

3. 固定资产是有形资产

有些无形资产可能同时符合固定资产的其他特征，如无形资产为生产商品、提供劳务而持有，使用寿命超过一个会计年度，但是由于其没有实物形态，所以不属于固定资产。这一特征将固定资产与无形资产区别开来。

（二）固定资产的确认条件

固定资产在符合定义的前提下，应当同时满足以下两个条件，才能加以确认。

1. 与该固定资产有关的经济利益很可能流入企业

资产最重要的特征是预期会给企业带来经济利益，如果某一资产预期不能给企业带来经济利益，就不能确认为企业的资产。因此，企业在确认固定资产时，首先需要判断与该项固定资产有关的经济利益是否很可能流入企业。如果与该项固定资产有关的经济利益很可能流入企业，并同时满足固定资产确认的其他条件，那么企业应将其确认为固定资产；否则，不应将其确认为固定资产。在实务中，如何判断固定资产的经济利益是否很可能流入企业，主要依据与该固定资产所有权相关的风险和报酬是否转移给了企业。通常，取得固定资产的所有权是判断与固定资产所有权相关的风险和报酬转移给了企业的一个重要标志。凡是所有权已属于企业，不论企业是否收到或持有该项固定资产，均可作为企业的固定资产。但是，所有权是否转移不是判断的唯一标准。在有些情况下，某项固定资产的所有权虽然不属于企业，但是，企业能够控制与该项固定资产有关的经济利益流入企业，在这种情况下，企业应将该固定资产予以确认，如融资租入固定资产。

2. 该固定资产的成本能够可靠地计量

成本能够可靠地计量是资产确认的一项基本条件，如果固定资产的成本能够可靠计量，并同时满足固定资产确认的其他条件，那么企业应将其确认为固定资产；否则，不应将其确认为固定资产。企业在确定固定资产成本时，有时需要进行合理的估计。比如，企业对于已达到预定可使用状态但尚未办理竣工决算的固定资产，需要根据工程预算、工程造价或者工程实际发生的成本等资料，按估计价值确定其成本，办理竣工决算后，再按照实际成本调整原来的暂估价值。

小贴士

固定资产磨损

固定资产的价值是根据它本身的磨损程度逐渐转移到新产品中去的，它的磨损分有形磨损和无形磨损两种情况；有形磨损又称物质磨损，是设备或固定资产在生产过程中使用或因自然力影响而引起的使用价值和价值上的损失。无形磨损又称精神磨损，是设备或固定资产由于科学技术的进步而引起的贬值。

二、固定资产的分类

企业的固定资产种类繁多、规格不一，为了加强管理，便于组织会计核算，需要对其进行科学、合理的分类。根据不同的管理需要和核算要求以及不同的分类标准，可以对固定资产进行不同的分类，主要有以下几种分类方法。

（一）按经济用途分类

按固定资产的经济用途分类，可分为生产经营用固定资产和非生产经营用固定资产。

生产经营用固定资产，是指直接服务于企业生产、经营过程的各种固定资产，如生产经营用的房屋、建筑物、机器、设备、器具、工具等。

非生产经营用固定资产，是指不直接服务于生产、经营过程的各种固定资产，如职工宿舍、食堂、浴室、理发室等使用的房屋、设备和其他固定资产等。

按照固定资产的经济用途分类，可以归类反映和监督企业生产经营用固定资产和非生产经营用固定资产，以及生产经营用各类固定资产之间的组成和变化情况，借以考核和分析企业固定资产的利用情况，促使企业合理地配备固定资产，充分发挥其效用。

（二）按使用情况分类

按固定资产使用情况分类，可分为使用中的固定资产、未使用的固定资产和不需用的固定资产。按照固定资产的使用情况分类，有利于反映企业固定资产的使用情况，便于分析固定资产的利用效率，挖掘使用潜力，促使企业合理使用固定资产。

使用中的固定资产是指正在使用中的经营性和非经营性固定资产。由于季节性经营或大修理等原因，暂时停止使用的固定资产仍属于企业使用中的固定资产；企业出租给其他单位使用的固定资产和内部替换使用的固定资产，也属于使用中的固定资产。

未使用的固定资产是指已完工或已购建的尚未交付使用的新增固定资产以及因进行改建、扩建等原因暂停使用的固定资产，如企业购建的尚待安装的固定资产、经营任务变更停止使用的固定资产等。

不需用的固定资产是指本企业多余或不适用，需要调配处理的各种固定资产。

（三）按所有权分类

按固定资产的所有权分类，可分为自有固定资产和租入固定资产。其中，自有固定资产是指

企业拥有所有权，可自由支配使用的固定资产。租入固定资产是指企业采用融资租赁方式租入的固定资产。该固定资产的所有权仍属于出租单位，但企业拥有其使用权和实质性的控制权。

（四）综合分类

按固定资产的经济用途和使用情况等综合分类，可把企业的固定资产划分为七大类：生产经营用固定资产；非生产经营用固定资产；租出固定资产（指在经营租赁方式下出租给外单位使用的固定资产）；不需用固定资产；未使用固定资产；土地（指过去已经估价单独入账的土地。因征地而支付的补偿费应计入与土地有关的房屋、建筑物的价值内，不单独作为土地价值入账。企业取得的土地使用权，应作为无形资产管理，不作为固定资产管理）；融资租入固定资产（指企业以融资租赁方式租入的固定资产，在租赁期内，应视同自有固定资产进行管理）。

由于企业的经营性质不同，经营规模各异，对固定资产的分类不可能完全一致。实际工作中，企业大多采用综合分类的方法作为编制固定资产目录，进行固定资产核算的依据。

模块二　固定资产的初始计量

固定资产的初始计量是指确定固定资产的取得成本。固定资产应当按照成本进行初始计量。成本包括企业为购建某项固定资产达到预定可使用状态前所发生的一切合理的、必要的支出。企业取得固定资产的方式一般包括外购、自行建造、投资者投入、非货币性资产交换、债务重组、企业合并和融资租赁等，取得的方式不同，初始计量的方法也各不相同。

一、外购固定资产

企业外购的固定资产应按实际支付的买价和相关税费，以及为使固定资产达到预定可使用状态所发生的可直接归属于该资产的其他支出，如场地整理费、运输费、装卸费和专业人员服务费等，作为固定资产的入账价值。

若企业为增值税一般纳税人，则企业购进机器设备等固定资产的进项税额不纳入固定资产成本核算，可以在销项税额中抵扣，借记“应交税费——应交增值税（进项税额）”科目，贷记“银行存款”科目。

（一）企业购入不需要安装的固定资产

企业购入不需要安装的固定资产应按实际支付的购买价款、相关税费以及使固定资产达到预定可使用状态前所发生的可归属于该项资产的运输费、装卸费和专业人员服务费等，作为固定资产成本，借记“固定资产”科目，贷记“银行存款”等科目。

【例 6-1】北方公司购入不需要安装的 A 设备一台，价款 20 000 元，支付增值税 3 400 元，另支付运输费 500 元，包装费 1 000 元。款项以银行存款支付。假设该企业为一般纳税人。

该固定资产的成本=20 000+500+1 000=21 500（元）

编制会计分录如下。

借：固定资产　　　　　　　　　　　　　　　　　　　　　　21 500

应交税费——应交增值税（进项税额）　　3 400

贷：银行存款　　24 900

（二）购入需要安装的固定资产

购入需要安装的固定资产应在购入的固定资产取得成本的基础上加上安装调试成本等，作为购入固定资产的成本，先通过“在建工程”科目核算，待安装完毕达到预定可使用状态时，再由“在建工程”科目转入“固定资产”科目。

企业购入固定资产时，按实际支付的购买价款、运输费、装卸费和其他相关税费等，借记“在建工程”科目，贷记“银行存款”等科目；支付安装费用时，借记“在建工程”科目，贷记“银行存款”等科目；安装完毕达到预定可使用状态时，按其实际成本，借记“固定资产”科目，贷记 “在建工程”科目。企业以一笔款项购入多项没有单独标价的固定资产，应将各项资产单独确认为固定资产，并按各项固定资产公允价值的比例对总成本进行分配，分别确定各项固定资产的成本。

【例 6-2】北方公司购入一台需要安装的 B 设备，取得的增值税专用发票上注明的设备买价为 50 000 元，增值税税额为 8 500 元，支付的运输费为 1 500 元，支付安装费 5 500 元，款项均以银行存款支付。假设该企业为一般纳税人。其账务处理如下。

（1）支付设备价款、税金、运输费。

应计入固定资产成本的金额合计=50 000+1 500=51 500(元）

借：在建工程　　51 500

应交税费——应交增值税（进项税额）　　8 500

贷：银行存款　　60 500

（2）支付安装费。

借：在建工程　　5 500

贷：银行存款　　5 500

（3）设备安装完毕交付使用。

确定的固定资产价值=51 500+5 500=57 000(元)

借：固定资产　　57 000

贷：在建工程　　57 000

（三）一笔款项购入多项没有单独标价的固定资产

在实际工作中，企业可能以一笔款项购入多项没有单独标价的固定资产。此时，应当按照各项固定资产的公允价值比例对总成本进行分配，分别确定各项固定资产的成本。如果以一笔款项购入的多项资产中除固定资产外还包括其他资产，也应按类似的方法予以处理。

【例 6-3】北方公司一揽子购买某工厂的汽车、设备和厂房，共计支付现金 390 000 元。经评估，上述三项资产的公允价值分别为 150 000 元、120 000 元和 130 000 元。假定不考虑增值税问题，设备和厂房不需要安装和改建、扩建，可以直接投入使用，会计处理如下。

支付成本分配比例=390 000÷（150 000+120 000+130 000）=0.975

汽车的购买成本：150 000×0.975=146 250（元）

设备的购买成本：120 000×0.975=117 000（元）

厂房的购买成本：130 000×0.975=126 750（元）

借：固定资产——汽车　　146 250

　　　　　　——设备　　117 000

　　　　　　——厂房　　126 750

　贷：银行存款　　390 000

兴趣思考

增值税小规模纳税人购入固定资产支付的增值税该怎么办？

二、自行建造固定资产

自行建造固定资产的成本由建造该项资产达到预定可使用状态前所发生的必要支出构成，包括工程物资成本、人工成本、交纳的相关税费、应予资本化的借款费用以及应分摊的间接费用等，企业自行建造固定资产包括自营建造和出包建造两种方式。无论采用何种方式，所建工程都应当按照实际发生的支出确定其工程成本并单独核算。

注意

企业为建造固定资产通过出让方式取得土地使用权而支付的土地出让金不计入在建工程成本，应确认为无形资产（土地使用权）。

（一）自营方式建造固定资产

企业以自营方式建造固定资产是指企业自行组织工程物资采购、自行组织施工人员从事工程施工完成固定资产建造。

企业为建造固定资产准备的各种物资应当按照实际支付的买价、运输费、保险费等相关税费作为实际成本，并按照各种专项物资的种类进行明细核算。工程完工后，剩余的工程物资转为本企业存货的，按其实际成本或计划成本进行结转。建设期间发生的工程物资盘亏、报废及毁损，减去残料价值以及保险公司、过失人等赔款后的净损失，计入所建工程项目的成本；盘盈的工程物资或处置净收益，冲减所建工程项目的成本。工程完工后发生的工程物资盘盈、盘亏、报废、毁损，计入当期损益。

建造固定资产领用工程物资、原材料或库存商品应按其实际成本转入所建工程成本。自营方式建造固定资产应负担的职工薪酬、辅助生产部门为之提供的水、电、修理、运输等劳务，以及其他必要支出等也应计入所建工程项目的成本。

所建造的固定资产已达到预定可使用状态，但尚未办理竣工结算的，应当自达到预定可使用状态之日起，根据工程预算、造价或者工程实际成本等，按暂估价值转入固定资产，并按有关计提固定资产折旧的规定，计提固定资产折旧。待办理竣工决算手续后再调整原来的暂估价值，但不需要调整原已计提的折旧额。

具体会计处理方法如下。

购入工程物资时，借记“工程物资”科目，贷记 “银行存款”等科目。领用工程物资时，借记 “在建工程”科目，贷记“工程物资”科目。在建工程领用本企业原材料时，借记“在建工程”科目，贷记“原材料”等科目。在建工程领用本企业生产的商品时，借记“在建工程”科目，贷记“库存商品”、“应交税费——应交增值税 （销项税额）”等科目。自营工程发生的其他费用（如分配工程人员工资等），借记 “在建工程”科目，贷记“银行存款”、“应付职工薪酬”等科目。自营工程达到预定可使用状态时，按其成本，借记“固定资产”科目，贷记“在建工程”科目。

【例 6-4】北方公司自建厂房一幢，购入各种工程物资 200 000 元，支付增值税税额为 34 000 元，全部用于工程建设。领用本企业生产的沙子一批，实际成本为 20 000 元，税务部门确定的计税价格为 50 000 元，增值税税率 17%。发生工程人员工资 20000 元，支付的其他费用 10 000 元。工程完工并达到预定可使用状态。其账务处理如下。

（1）购入工程物资。

借：工程物资　　234 000

　　贷：银行存款　　234 000

（2）领用工程物资。

借：在建工程　　234 000

　　贷：工程物资　　234 000

（3）工程领用本企业生产的沙子，确定应计入在建工程成本的金额为：

20 000+50 000×17%=28 500（元）。

借：在建工程　　28 500

　　贷：库存商品　　20 000

　　　　应交税费——应交增值税（销项税额）　　8 500

（4）分配工程人员工资。

借：在建工程　　20 000

　　贷：应付职工薪酬　　20000

（5）支付工程发生的其他费用。

借：在建工程　　10 000

　　贷：银行存款　　10 000

（6）工程完工转入固定资产的成本：

234 000+28 500+20 000+10 000=292 500（元）。

借：固定资产　　292 500

贷：在建工程 292 500

（二）出包方式建造固定资产

采用出包方式建造固定资产，企业要与建造承包商签订建造合同。企业的新建、改建、扩建等建设项目，通常均采用出包方式。企业以出包方式建造固定资产，其成本由建造该项固定资产达到预定可使用状态前所发生的必要支出构成，包括发生的建筑工程支出、安装工程支出，以及须分摊计入的待摊支出。待摊支出是指在建设期间发生的，不能直接计入某项固定资产价值，而应由所建造固定资产共同负担的相关费用，包括为建造工程发生的管理费、可行性研究费、临时设施费、公证费、监理费、应负担的税金、符合资本化条件的借款费用、建设期间发生的工程物资盘亏、报废及毁损净损失，以及负荷联合试车费等。

企业采用出包方式进行的固定资产工程，其工程的具体支出主要由建造承包商核算，在这种方式下，“在建工程”科目主要是反映企业与建造承包商办理工程价款结算的情况，企业支付给建造承包商的工程价款作为工程成本，通过“在建工程”科目核算。企业按合理估计的发包工程进度和合同规定向建造承包商结算的进度款，借记“在建工程”科目，贷记“银行存款”等科目；工程完成时，按合同规定补付的工程款，借记“在建工程”科目，贷记“银行存款”等科目；工程达到预定可使用状态时，按其成本，借记“固定资产”科目，贷记“在建工程”科目。

【例 6-5】北方公司将一幢办公楼的建造工程出包给乙公司承建，按合理估计的发包工程进度和合同规定向乙公司结算进度款 500 000 元，工程完工后，根据收到的工程结算单据，补付工程款 50 000 元，工程完工并达到预定可使用状态。其账务处理如下。

（1）结算进度款。

借：在建工程 500 000

贷：银行存款 500 000

（2）补付工程款。

借：在建工程 50 000

贷：银行存款 50 000

（3）工程完工并达到预定可使用状态。

固定资产成本=500 000+50 000=550 000（元）

借：固定资产 550 000

贷：在建工程 550 000

兴趣思考

固定资产的大修理费用和日常修理费用，通常不符合固定资产确认条件，金额较小时应当在发生时计入当期管理费用，金额较大时采用预提或待摊方式处理吗？

三、投资者投入的固定资产

投资者投入的固定资产应当按照投资合同或协议约定的价值，作为固定资产的入账价值，借记“固定资产”科目，贷记“实收资本”科目。合同或协议约定价值不公允的，以公允价值入账，与合同或协议价格差额计入资本公积。

【例 6-6】北方公司收到乙企业作为资本投入的一台不需要安装的机器设备，按投资合同或协议确认的投资额为 50 000 元（等于公允价值）。其账务处理如下。

借：固定资产　　50 000
　　贷：实收资本　　50 000

若假设本例公允价值为 60 000 元。则账务处理如下。

借：固定资产　　60 000
　　贷：实收资本　　50 000
　　　　资本公积——资本溢价　　10 000

四、通过非货币性资产交换取得的固定资产

非货币性资产交换是一种非经常性的特殊交易行为，是交易双方主要以存货、固定资产、无形资产和长期股权投资等非货币性资产进行的交换。如果交换具有商业实质且换入资产或换出资产的公允价值能够可靠地计量，则固定资产的入账价值以支付对价公允价值计量，涉及支付补价的还要加上补价，收到补价的要减去补价，即

换入固定资产的入账价值=支付对价资产的公允价值+（支付的补价）或 支付对价资产的公允价值+（支付的补价）

如果交换不具有商业实质，按换出资产的账面价值来计算固定资产成本。

【例 6-7】北方公司通过非货币性资产交换取得乙企业一台不需要安装的机器设备，北方公司换出一项可供出售金融资产，公允价值为 200 万元，成本 150 万元，另支付补价 10 万元。其账务处理如下。

固定资产入账价值=2 000 000 + 100 000=2 100 000

借：固定资产　　2 100 000
　　贷：可供出售金融资产——成本　　1 500 000
　　　　银行存款　　100 000
　　　　投资收益　　500 000

五、通过债务重组方式取得的固定资产

通过债务重组取得的固定资产是指企业作为债权人取得债务人用于偿还债务的固定资产。通过债务重组取得的固定资产成本，应当以其公允价值入账，公允价值与债权的账面价值之差额计入当期损益，通常是营业外支出。

【例 6-8】北方公司应收 A 公司前欠货款 800 000 元，已计提坏账准备 100 000 元，因 A 公司发生财务困难，经双方协商，A 公司以一项固定资产还债，交换日该项固定资产的公允价值为 600 000 元。北方公司编制会计分录如下。

借：固定资产　600 000
　坏账准备　100 000
　营业外支出——债务重组损失　100 000
　贷：应收账款——A 公司　800 000

注意

应收账款账面价值（800 000～100 000）与固定资产的公允价值 600 000 的差额 100 000 元作为债务重组损失计入营业外支出。

六、盘盈的固定资产

盘盈的固定资产作为前期差错处理，在按管理权限报经批准处理前，应先通过“以前年度损益调整”科目核算，其核算方法见固定资产清查。

兴趣思考

固定资产与不动产的区别是什么？

模块三　固定资产的后续计量

一、固定资产折旧

（一）固定资产折旧的定义

固定资产折旧是指在固定资产的使用寿命内，按照确定的方法对应计折旧额进行的系统分摊。应计折旧额是指应当计提折旧的固定资产的原价扣除其预计净残值后的金额。已计提减值准备的固定资产，还应当扣除已计提的固定资产减值准备累计金额。

（二）影响固定资产折旧的因素

（1）固定资产原价。这是指固定资产的成本。

（2）预计净残值。这是指假定固定资产预计使用寿命已满并处于使用寿命终了时的预期状态，企业目前从该项资产处置中获得的扣除预计处置费用后的金额。

（3）固定资产减值准备。这是指固定资产已计提的固定资产减值准备累计金额。固定资产计提减值准备后，应当在剩余使用寿命内根据调整后的固定资产账面价值（固定资产账面余额扣减累计折旧和累计减值准备后的金额）和预计净残值重新计算确定折旧率和折旧额。

（4）固定资产的使用寿命。这是指企业使用固定资产的预计期间，或者该固定资产所能生产产品或提供劳务的数量。企业确定固定资产使用寿命时，应当考虑下列因素：该项资产预计生产能力或实物产量；该项资产预计有形损耗，如设备使用中发生磨损、房屋建筑物受到自然侵蚀等；该项资产预计无形损耗，如因新技术的出现而使现有的资产技术水平相对陈旧、市场需求变化使产品过时等；法律或者类似规定对该项资产使用的限制。

（三）固定资产折旧范围

企业应对所有的固定资产计提折旧；但是，已提足折旧仍继续使用的固定资产和单独计价入账的土地除外。

在确定计提折旧的范围时还应注意以下几点。

（1）固定资产应当按月计提折旧，并根据用途计入相关资产的成本或者当期损益。当月增加的固定资产，当月不计提折旧，从下月起计提折旧；当月减少的固定资产，当月仍计提折旧，从下月起不计提折旧。

（2）固定资产提足折旧后，不论能否继续使用，均不再计提折旧，提前报废的固定资产也不再补提折旧。所谓提足折旧是指已经提足该项固定资产的应计折旧额。

（3）已达到预定可使用状态但尚未办理竣工决算的固定资产应当按照估计价值确定其成本，并计提折旧；待办理竣工决算后再按实际成本调整原来的暂估价值，但不需要调整原已计提的折旧额。

（4）处于更新改造过程停止使用的固定资产应将其账面价值转入在建工程，不再计提折旧。更新改造项目达到预定可使用状态转为固定资产后，再按照重新确定的使用寿命、预计净残值和折旧方法计提折旧。

（5）融资租入固定资产，应当采用与自有应计提折旧资产相一致的折旧政策。确定租赁资产的折旧期间应依租赁合同而定。能够合理确定租赁期届满时将会取得租赁资产所有权的，应以租赁期开始日租赁资产的使用寿命作为折旧期间；无法合理确定租赁期届满后承租人是否能够取得租赁资产所有权的，应当以租赁期与租赁资产使用寿命两者中较短者作为折旧期间。

（四）固定资产的折旧方法

企业应当根据与固定资产有关的经济利益的预期实现方式，合理选择折旧方法。可选用的折旧方法包括年限平均法、工作量法、双倍余额递减法和年数总和法等。其中，双倍余额递减法和年数总和法都属于加速折旧法，其特点是在固定资产使用的早期多提折旧，后期少提折旧，其递减的速度逐年加快，从而相对加快折旧的速度，目的是使固定资产成本在估计使用寿命内加快得到补偿。企业选用不同的固定资产折旧方法，将影响固定资产使用寿命期间内不同时期的折旧费用，因此，固定资产的折旧方法一经确定，不得随意变更。

1. 年限平均法

年限平均法又称直线法，是指将固定资产的应计折旧额均衡地分摊到固定资产预计使用寿命内的一种方法。采用这种方法计算的每期折旧额均相等。计算公式如下：

年折旧率＝（1−预计净残值率）÷预计使用寿命（年）×100%

月折旧率=年折旧率÷12

月折旧额=固定资产原价×月折旧率

【例 6-9】北方公司有厂房一幢，原价为 1 000 000 元，预计可使用 20 年，预计报废时的净残值率为 2%。

年折旧率 = (1-2%)/20=4.9%

月折旧率 = 4.9/12=0.41%

月折旧额 = 1 000 000 × 0.41%=4 100（元）

2. 工作量法

工作量法是根据实际工作量计算每期应提折旧额的一种方法。计算公式如下：

单位工作量折旧额 ＝ 固定资产原价 ×（1-预计净残值率）/预计总工作量

某项固定资产月折旧额 ＝ 该项固定资产当月工作量 × 单位工作量折旧额

【例 6-10】北方公司的一辆运货卡车的原价为 300 000 元，预计总行驶里程为 100 000 公里，预计报废时的净残值率为 5%，本月行驶 5 000 公里。

单位里程折旧额 = 300 000 ×（1-5%）/100 000 ＝2.85（元/公里）

本月折旧额 = 5 000 × 2.85 = 14 250（元）

3. 双倍余额递减法

双倍余额递减法是指在不考虑固定资产预计净残值的情况下，根据每期期初固定资产原价减去累计折旧后的金额（即固定资产净值）和双倍的直线法折旧率计算固定资产折旧的一种方法。计算公式如下：

年折旧率=2 ÷ 预计使用寿命（年）× 100%

月折旧率=年折旧率 ÷ 12

月折旧额=固定资产净值 × 月折旧率

应用这种方法计算折旧额时，由于每年年初固定资产净值没有扣除预计净残值，所以在计算固定资产折旧额时，应在其折旧年限到期前两年内，将固定资产净值扣除预计净残值后的余额平均摊销。

【例 6-11】北方公司一台机器设备的原价为 500 000 元，预计使用年限为 5 年，预计净残值为 6 000 元。按双倍余额递减法计提折旧，每年的折旧额计算如下。

年折旧率 = 2/5 × 100% = 40%

第 1 年应计提的折旧额 = 500 000 × 40% = 200 000（元）

第 2 年应计提的折旧额 =（500 000 − 200 000）× 40% = 120 000（元）

第 3 年应计提的折旧额 =（500 000 − 200 000 − 120 000）× 40% = 72 000（元）

从第 4 年起改用年限平均法计提折旧：

第 4、5 年的年折旧额 = [（500 000 − 200 000 − 120 000 − 72 000）− 6 000]/2 = 51 000（元）

4. 年数总和法

年数总和法又称年限合计法，是将固定资产的原价减去预计净残值的余额乘以一个以固定资产尚可使用寿命为分子，以预计使用寿命逐年数字之和为分母的逐年递减的分数计算每年的折旧额。计算公式如下：

年折旧率=尚可使用寿命/预计使用寿命的年数总和×100%

月折旧率=年折旧率÷12

月折旧额=（固定资产原价-预计净残值）×月折旧率

【例 6-12】沿用【例 6-11】的资料，采用年数总和法计算的各年折旧额如表 6-1 所示。

表 6-1　　折旧的计算　　单位：元

年　份	尚可使用寿命	原价-预计净残值	年折旧率	每年折旧额	累计折旧
第 1 年	5	440 000	5/15	146 666.67	146 666.67
第 2 年	4	440 000	4/15	117 333.33	264 000
第 3 年	3	440 000	3/15	88 000	352 000
第 4 年	2	440 000	2/15	58 666.67	410 666.67
第 5 年	1	440 000	1/15	29 333.33	440 000

由于固定资产的使用寿命长于一年，属于企业的非流动资产，企业至少应当于每年年度终了，对固定资产的使用寿命、预计净残值和折旧方法进行复核。

（五）固定资产折旧的账务处理

固定资产应当按月计提折旧，并根据用途计入相关资产的成本或者当期损益。基本生产车间使用的固定资产所计提的折旧应计入制造费用，并最终计入所生产的产品成本；管理部门使用的固定资产所计提的折旧应计入管理费用；销售部门使用的固定资产所计提的折旧应计入销售费用；企业自行建造固定资产过程中使用的固定资产所计提的折旧应计入在建工程成本；经营租出的固定资产所计提的折旧应计入其他业务成本；未使用的固定资产所计提的折旧应计入管理费用。企业计提固定资产折旧时，应借记“制造费用”、“管理费用”、“销售费用”、“在建工程”、“其他业务成本”等科目，贷记“累计折旧”科目。

【例 6-13】北方公司采用年限平均法提取固定资产折旧。2010 年 1 月份各部门确定的应提折旧额为：生产车间 20 000 元，管理部门 6 000 元，销售部门 5 000 元。其账务处理如下。

借：制造费用　　20000

　　管理费用　　6000

　　销售费用　　5000

　　贷：累计折旧　　31000

知识链接

固定资产折旧年限

除国务院财政、税务主管部门另有规定外，固定资产计算折旧的最低年限规定如下：

（1）房屋、建筑物为 20 年；

（2）飞机、火车、轮船、机器、机械和其他生产设备为 10 年；

（3）与生产经营活动有关的器具、工具、家具等为 5 年；

（4）飞机、火车、轮船以外的运输工具为4年；

（5）电子设备为3年。

二、固定资产的后续支出

固定资产的后续支出是指固定资产使用过程中发生的更新改造支出、修理费用等。企业的固定资产在投入使用后，由于各个组成部分耐用程度不同或者使用条件不同，往往会发生固定资产的局部损坏。为了提高固定资产的使用效能或适应新技术发展的需要，往往需要对现有固定资产进行维护、改建、扩建或者改良。后续支出的处理原则为：符合固定资产确认条件的，应当计入固定资产成本，同时将被替换部分的账面价值扣除；不符合固定资产确认条件的，应当计入当期损益。

（一）资本化的后续支出

固定资产发生可资本化的后续支出时，企业一般应将该固定资产的原价、已计提的累计折旧和减值准备转销，将固定资产的账面价值转入在建工程，并在此基础上重新确定固定资产原价。因已转入在建工程，因此停止计提折旧。固定资产发生的可资本化的后续支出，通过“在建工程”科目核算。在固定资产发生的后续支出完工并达到预定可使用状态时，再从在建工程转为固定资产，并按重新确定的固定资产原价、使用寿命、预计净残值和折旧方法计提折旧。

【例6-14】北方公司是一家生产电视机的企业，有关业务资料如下。

（1）2009年12月30日，北方公司自行建成了一条生产线，建造成本为1 000 000元；采用年限平均法计提折旧；预计净残值率为3%，预计使用寿命为5年。

（2）2012年1月1日，北方公司发现现有生产线的生产能力已难以满足公司生产发展的需要，如果新建生产线则建设周期过长。北方公司决定对现有生产线进行改扩建提高生产能力。假定该生产线未发生减值。

（3）2012年1月1日至3月31日，完成了生产线改扩建工程，达到预定可使用状态共发生支出500 000元，全部以银行存款支付。改扩建过程中替换下来一个旧部件，账面价值10 000元，并将该旧部件出售，售价1 000元。

（4）该生产线改扩建工程达到预定可使用状态后，预计将其使用寿命延长3年，即为8年。假定改扩建后的生产线的预计净残值率为改扩建后固定资产账面价值的3%；折旧方法仍为年限平均法。

（5）整个过程不考虑其他相关税费；公司按年度计提固定资产折旧。

生产线改扩建后，能够为企业带来更多的经济利益，改扩建的支出金额也能可靠计量，因此该后续支出符合固定资产的确认条件，应计入固定资产的成本。

（1）固定资产后续支出发生前。

该条生产线的应计折旧额 =1 000 000×（1-3%）=970 000（元）

年折旧额=970000÷5=194 000（元）

2010年和2011年两年计提固定资产折旧的账务处理如下。

借：制造费用　　194 000

　　贷：累计折旧　　194 000

（2）2012 年 1 月 1 日，固定资产的账面价值=1 000 000−194 000×2=612 000（元）

固定资产转入改扩建。

借：在建工程　　612 000

　　累计折旧　　388 000

　　贷：固定资产　　1 000 000

（3）2012 年 1 月 1 日至 3 月 31 日，发生改扩建工程支出。

借：在建工程　　500 000

　　贷：银行存款　　500 000

出售替换的旧部件。

借：银行存款　　1 000

　　营业外支出　　9 000

　　贷：在建工程　　10 000

（4）2012 年 3 月 31 日，生产线改扩建工程达到预定可使用状态，固定资产的入账价值=612 000+500 000−10 000=1 102 000（元）

借：固定资产　　1 102 000

　　贷：在建工程　　1 102 000

（5）2012 年 3 月 31 日，转为固定资产后，按重新确定的使用寿命、预计净残值和折旧方法计提折旧。

应计折旧额=1 102 000×（1−3%）=1 068 940（元）

月折旧额=1 068 940/（5×12+9）=15 491.88（元）

年折旧额=15 491.88×12=185 902.61（元）

2012 年应计提的折旧额=15 491.88×9=139 426.92（元）

其会计分录如下。

借：制造费用　　139 426.92

　　贷：累计折旧　　139 426.92

企业发生的某些固定资产后续支出可能涉及替换原固定资产的某组成部分，当发生的后续支出符合固定资产确认条件时，应将其计入固定资产成本，同时将被替换部分的账面价值扣除。这样可以避免将替换部分的成本和被替换部分的成本同时计入固定资产成本，导致固定资产成本高计。企业对固定资产进行定期检查发生的大修理费用，符合资本化条件的，可以计入固定资产成本，不符合资本化条件的，应当费用化，计入当期损益。固定资产在定期大修理间隔期间，照提折旧。

（二）费用化的后续支出

一般情况下，固定资产投入使用之后，由于固定资产磨损、各组成部分耐用程度不同，可能导致固定资产的局部损坏，为了维护固定资产的正常运转和使用，充分发挥其使用效能，企业会对固定资产进行必要的维护。固定资产的日常维护支出通常不满足固定资产的确认条件，应在发生时直接计入当期损益。企业生产车间和行政管理部门等发生的固定资产修理费用等后续支出计入管理费用；企业专设销售机构的，其发生的与专设销售机构相关的固定资产修理费用等后续支出，计入销售费用。固定资产更新改造支出不满足固定资产确认条件的，也应在发生时直接计入当期损益。

【例 6-15】北方公司为修理管理部门设备，以银行存款支付修理费用 3 600 元。其账务处理如下。

借：管理费用　　3 600

　　贷：银行存款　　3 600

兴趣思考

已达到预定可使用状态的固定资产，无论是否交付使用，尚未办理竣工决算的，应当按照估计价值确认为固定资产，并计提折旧；待办理了竣工决算手续后，再按实际成本调整原来的暂估价值，同时调整原已计提的折旧额，对吗？

模块四　固定资产的减值和处置

一、固定资产的减值

固定资产的初始入账价值是历史成本，由于固定资产使用年限较长，可能发生损坏、技术陈旧或者其他经济原因，导致其可收回金额低于其账面价值，这种情况称之为固定资产减值，企业在期末必须对固定资产减值损失进行确认。固定资产在资产负债表日存在减值迹象，其可收回金额低于账面价值的，企业应当将该固定资产的账面价值减记至可收回金额，可收回金额低于其账面价值的差额计入当期损益，同时计提相应的资产减值准备，借记“资产减值损失——计提的固定资产减值准备”科目，贷记“固定资产减值准备”科目。固定资产减值损失一经确认，在以后会计期间不得转回。

【例 6-16】2010 年 12 月 31 日，北方公司对某机器设备进行减值测试。经计算，该机器的可收回金额合计为 1 000 000 元，账面价值为 1 200 000 元，以前年度未对该机器设备计提过减值准备。由于该机器设备的可收回金额为 1 000 000 元，账面价值为 1 200 000 元。可收回金额低于账面价值，应按两者之间的差额 200 000（1 200 000-1 000 000）元计提固定资产减值准备。

借：资产减值损失——计提的固定资产减值准备　　200 000

　　贷：固定资产减值准备　　200 000

二、固定资产的处置

（一）固定资产终止确认的条件

固定资产满足下列条件之一的，应当予以终止确认。

1. 该固定资产处于处置状态

固定资产处置包括固定资产的出售、转让、报废或毁损、对外投资、非货币性资产交换、债务重组等。处于处置状态的固定资产不再用于生产商品、提供劳务、出租或经营管理，因此不再符合固定资产的定义，应予终止确认。

2. 该固定资产预期通过使用或处置不能产生经济利益

固定资产的确认条件之一是“与该固定资产有关的经济利益很可能流入企业”，如果一项固定资产预期通过使用或处置不能产生经济利益，那么，它就不再符合固定资产的定义和确认条件，应予终止确认。

（二）固定资产处置的账务处理

企业出售、转让、报废固定资产或发生固定资产毁损，应当将处置收入扣除账面价值和相关税费后的金额计入当期损益。固定资产的账面价值是固定资产成本扣减累计折旧和累计减值准备后的金额。固定资产处置一般通过“固定资产清理”科目进行核算。

1. 固定资产转入清理

企业因出售、报废、毁损、对外投资、非货币性资产交换、债务重组等转出的固定资产，按该项固定资产的账面价值，借记“固定资产清理”科目，按已计提的累计折旧，借记“累计折旧”科目，按已计提的减值准备，借记“固定资产减值准备”科目，按其账面原价，贷记“固定资产”科目。

2. 发生的清理费用等

固定资产清理过程中应支付的相关税费及其他费用，借记“固定资产清理”科目，贷记“银行存款”、“应交税费——应交营业税”等科目。

3. 收回出售

固定资产的价款、残料价值和变价收入等，借记“银行存款”、“原材料”等科目，贷记“固定资产清理”科目。

4. 保险赔偿等的处理

应由保险公司或过失人赔偿的损失，借记“其他应收款”等科目，贷记“固定资产清理”科目。

5. 清理净损益的处理

固定资产清理完成后，属于生产经营期间正常的处理损失，借记“营业外支出——非流动资产处置损失”科目，贷记“固定资产清理”科目：属于自然灾害等非正常原因造成的损失，借记“营业外支出——非常损失”科目，贷记“固定资产清理”科目。如为贷方余额，借记“固定资产清理”科目，贷记“营业外收入——非流动资产处置利得”科目。

【例 6-17】北方公司有旧机器设备一台，原值 150 000 元，已提折旧 145 000 元，因使用期满经批准报废。在清理过程中以银行存款支付相关费用 5 000 元，出售残值取得变价收入 3 000 元。假定不考虑相关税费的影响。其账务处理如下。

（1）将出售固定资产转入清理。

借：固定资产清理　　　　5 000

累计折旧　　145 000
贷：固定资产　　150 000

（2）支付清理费用。

借：固定资产清理　　5 000
贷：银行存款　　5 000

（3）收到残值变价收入。

借：银行存款　　3 000
贷：固定资产清理　　3 000

（4）结转固定资产清理净损失。

借：营业外支出——处置非流动资产损失　　7 000
贷：固定资产清理　　7 000

三、固定资产的清查

企业应当定期或者至少于每年年末对固定资产进行清查盘点，以保证固定资产核算的真实性，充分挖掘企业现有固定资产的潜力。在固定资产清查过程中，如果发现盘盈、盘亏的固定资产，应当填制固定资产盘盈盘亏报告表。清查固定资产的损益，应当及时查明原因，并按照规定程序报批处理。

（一）固定资产的盘盈

企业在财产清查中盘盈的固定资产，作为前期差错处理。企业在财产清查中盘盈的固定资产，在按管理权限报经批准处理前应先通过“以前年度损益调整”科目核算。盘盈的固定资产，应按重置成本确定其入账价值，借记“固定资产”科目，贷记“以前年度损益调整”科目。

【例 6-18】 2010 年 1 月 10 日北方公司在财产清查过程中发现以 2008 年 12 月购入的一台设备尚未入账，重置成本为 20 000 元（假定与其计税基础不存在差异）。假定北方公司按净利润的 10% 提取法定盈余公积不考虑相关税费及其他因素的影响。其账务处理如下。

（1）盘盈固定资产时。

借：固定资产　　20 000
贷：以前年度损益调整　　20 000

（2）结转为留存收益时。

借：以前年度损益调整　　20 000
贷：盈余公积——法定盈余公积　　2 000
利润分配——未分配利润　　18 000

（二）固定资产的盘亏

企业在财产清查中盘亏的固定资产，按照盘亏固定资产的账面价值，借记“待处理财产损益”科目，按照已计提的累计折旧，借记“累计折旧”科目，按照已计提的减值准备，借记“固定资产减值准备”科目，按照固定资产的原价，贷记“固定资产”科目。企业按照管理权限报经批准后处理时，按照可收回的保险赔偿或过失人赔偿，借记“其他应收款”科目，按照应计入营业外支出的金额，借记“营业外支出——盘亏损失”科目，贷记“待处理财产损益”科目。

【例 6-19】北方公司进行财产清查时发现短缺一台空调机，原价为 30 000 元，已计提折旧 12 000 元。其账务处理如下。

（1）盘亏固定资产时。

借：待处理财产损益　　18 000

　　累计折旧　　12 000

　　贷：固定资产　　30 000

（2）报经批准转销时。

借：营业外支出——盘亏损失　　18 000

　　贷：待处理财产损益　　18 000

固定资产清理的审计目标

（1）确定固定资产清理的记录是否完整，反映的内容是否正确；

（2）确定固定资产清理的期末余额是否正确；

（3）确定固定资产清理在会计报表上的披露是否恰当。

复习思考题

一、单项选择题

1. 下列各项资产中，不符合固定资产定义的是（　　）。

A. 企业以融资租赁方式租入的机器设备　　B. 企业以经营租赁方式出租的机器设备

C. 企业为生产持有的机器设备　　D. 企业以经营租赁方式出租的建筑物

2. 企业自行建造固定资产过程中发生的损失，应计入当期营业外支出的是（　　）。

A. 自然灾害等原因造成的在建工程报废或毁损的净损失

B. 建设期间工程物资的盘亏净损失

C. 建设期间工程物资的毁损净损失

D. 在建工程进行负荷联合试车发生的费用

3. 企业盘盈的固定资产，应通过（　　）科目核算。

A. “其他业务收入”　　B. “以前年度损益调整”

C. “资本公积”　　D. “固定资产清理”

4. 下列固定资产中，企业不应将所计提的折旧额记入“管理费用”科目的是（　　）。

A. 生产车间使用的机器设备　　B. 行政管理部门使用的办公设备

C. 厂部的办公设备　　　　D. 未使用的厂房

5. 某企业 2009 年 6 月 1 日自行建造的一生产车间投入使用，该生产车间建造成本为 1 200 万元，预计使用年限为 20 年，预计净残值为 10 万元。在采用双倍余额递减法计提折旧的情况下，2010 年该设备应计提的折旧额为（　　）。

A. 120 万元　　B. 108 万元　　C. 114 万元　　D. 97.2 万元

6. 甲企业 2009 年 6 月 20 日自行建造的一条生产线达到预定可使用状态，该生产线建造成本为 740 万元，预计使用年限为 5 年，预计净残值为 20 万元。在采用年数总和法计提折旧的情况下，2010 年该设备应计提的折旧额为（　　）。

A. 192 万元　　B. 216 万元　　C. 120 万元　　D. 80 万元

7. 2009 年 3 月 31 日，甲公司采用出包方式对某固定资产进行改良，该固定资产账面原价为 3 600 万元，预计使用年限为 5 年，已使用 3 年，预计净残值为零，采用年限平均法计提折旧。甲公司支付出包工程款为 96 万元。2009 年 8 月 31 日，改良工程达到预定可使用状态并投入使用，预计尚可使用 4 年，预计净残值为零，采用年限平均法计提折旧。2009 年度，该固定资产应计提的折旧为（　　）。

A. 128 万元　　B. 180 万元　　C. 308 万元　　D. 384 万元

8. 下列各项资产，不能作为企业固定资产进行核算的有（　　）。

A. 企业为生产持有的机器设备　　B. 企业以融资租赁方式出租的机器设备

C. 企业以融资租赁方式租入的机器设备　D. 企业以经营租赁方式出租的建筑物

二、多项选择题

1. 下列项目中，构成固定资产入账价值的有（　　）。

A. 购买设备发生的运杂费

B. 接受投资者投入固定资产支付的相关税费

C. 施工过程中盘亏工程物资的净损失

D. 固定资产达到预定可使用状态前发生的专门借款利息

2. 下列固定资产中，应计提折旧的有（　　）。

A. 经营租入的固定资产

B. 因改扩建等原因而暂停使用的固定资产

C. 已交付使用但未办理竣工手续的固定资产

D. 融资租入的固定资产

3. 下列各项中，影响固定资产折旧的因素有（　　）。

A. 固定资产原价　　　　B. 固定资产的预计使用寿命

C. 固定资产预计净残值　　D. 已计提的固定资产减值准备

4. 下列关于固定资产计提折旧的表述，正确的有（　　）。

A. 提前报废的固定资产不再补提折旧

B. 固定资产折旧方法一经确定不得改变

C. 已提足折旧但仍继续使用的固定资产不再计提折旧

D. 自行建造的固定资产应自办理竣工决算时开始计提折旧

5. 下列不通过“固定资产清理”账户核算的是（　　）。

A. 盘盈的固定资产　　B. 盘亏的固定资产

C. 出售的固定资产　　D. 报废的固定资产

6. 关于固定资产处置的账务处理，下列说法中正确的有（　　）。

A. 企业出售、转让、报废固定资产或发生固定资产毁损，应当将处置收入扣除账面价值和相关税费后的金额计入当期损益。

B. 固定资产清理完成后的净损失，属于生产经营期间正常的处理损失，借记“营业外支出——处置非流动资产损失”科目，贷记“固定资产清理”科目

C. 企业收回出售固定资产的价款、残料价值和变价收入等，应冲减清理支出

D. 固定资产转入清理时，按固定资产账面原值，转入“固定资产清理”科目

7. 企业结转固定资产清理净损益时，可能涉及的会计科目有（　　）。

A. 其他业务成本　B. 营业外支出　C. 营业外收入　D. 投资收益

8. 固定资产在符合定义的前提下，确认为“固定资产”时必须同时满足的条件有（　　）。

A. 与该固定资产有关的经济利益很可能流入企业

B. 使用寿命超过一个会计年度

C. 属于有形资产

D. 成本能够可靠地计量

三、判断题

1. 企业以一笔款项购入多项没有单独标价的固定资产时，应按各项固定资产账面价值的比例对总成本进行分配，分别确定各项固定资产的成本。（　　）

2. 对于已达到预定可使用状态但尚未办理竣工决算的固定资产，待办理竣工决算后，若实际成本与原暂估价值存在差异的，应调整已计提折旧。（　　）

3. 企业生产车间发生的不满足资本化条件的固定资产修理费用应计入管理费用。（　　）

4. 自行建造的固定资产按建造该项资产达到预定可使用状态前所发生的全部支出作为入账价值，包括工程用物资成本、人工成本、相关税费、应予资本化的借款费用及间接费用等。（　　）

四、案例分析题

北方公司为一般纳税企业，增值税率为 17%。在生产经营期间以自营方式同时建造一条生产线和一座厂房。

1. 2010 年 1 月至 7 月发生的有关经济业务如下。

（1）1 月 10 日，为建造生产线购入 C 工程物资一批，收到的增值税专用发票上注明的价款为

200 万元，增值税额为 34 万元；为建造厂房购入 B 工程物资一批，收到的增值税专用发票上注明的价款为 100 万元，增值税额为 17 万元，款项已支付。

（2）1 月 20 日，建造生产线领用 C 工程物资 180 万元，建造厂房领用 B 工程物资 117 万元。

（3）6 月 30 日，建造生产线和厂房的工程人员职工薪酬合计 165 万元，其中生产线为 115 万元，厂房为 50 万元。

（4）6 月 30 日，工程建设期间领用生产用原材料合计为 45 万元，其中生产线耗用原材料为 35 万元，厂房耗用原材料为 10 万元。

6 月 30 日，工程建设期间对 C 工程物资进行清查，发现 C 工程物资减少 2 万元，经调查属保管员过失造成，根据企业管理规定，保管员应赔偿 0.5 万元，剩余 C 工程物资转用于在建的厂房。

（5）7 月 1 日，生产线发生负荷联合试车费 2 万元，以银行存款支付。

（6）7 月 30 日，生产线和厂房达到预定可使用状态并交付使用。

2. 为遵守国家有关环保的法律规定，2011 年 7 月 30 日，北方公司对上述生产线进行停工改造，安装环保装置。10 月 25 日，新安装的环保装置达到预定可使用状态并交付使用，共产生成本 100 万元。该生产线改造前预计使用 10 年，已使用 1 年，未计提存货跌价准备，安装环保装置后还可使用 9 年；环保装置预计使用 5 年。

北方公司的固定资产按年限平均法计提折旧，预计净残值均为零。假定北方公司当年度生产的产品均已实现对外销售。

要求：

（1）分别计算生产线和厂房完工后的入账价值，并编制相关分录；

（2）计算该生产线 2011 年计提的折旧额。

学习情境七　无形资产及其他资产

学习目标

本学习情境阐述企业无形资产的确认、计量与核算的基本知识。

通过本学习情境的学习，应该掌握以下内容；

1. 掌握无形资产的确认条件；
2. 掌握无形资产的初始计量及研发支出核算；
3. 掌握无形资产后续计量核算；
4. 掌握无形资产处置核算；

情境导航

无形资产就是那种看不见摸不着，但确实存在的，一般又难于用多少钱来衡量的资产，它确实可以给企业带来收益，如商标权、专利权、商誉，只有在特定情况下才能计算其价值。因为一个企业在消费者心目中有较高的信誉，企业的盈利能力就会增强。所以加强无形资产的核算和管理是企业有效的生财之道。

模块一　无形资产的确认和初始计量

一、无形资产的概念与特征

无形资产是指企业拥有或者控制的没有实物形态的可辨认的非货币性资产。无形资产具有以下特征。

（一）由企业拥有或者控制并能为其带来未来经济利益的资源

预计能为企业带来未来经济利益是作为一项资产的本质特征，无形资产也不例外。通常情况下，企业拥有或者控制的无形资产应当拥有其所有权并且能够为企业带来未来经济利益。

（二）无形资产不具有实物形态

无形资产通常表现为某种权利、某项技术或是某种获取超额利润的综合能力。它们不具有实物形态，看不见，摸不着，比如，土地使用权、非专利技术等。无形资产为企业带来经济利益的方式与固定资产不同，固定资产是通过实物价值的磨损和转移来为企业带来未来经济利益，而无形资产很大程度上是通过自身所具有的技术等优势为企业带来未来经济利益，不具有实物形态是无形资产区别于其他资产的特征之一。

（三）无形资产具有可辨认性

要作为无形资产进行核算，该资产必须是能够区别于其他资产可单独辨认的，如企业持有的专利权、非专利技术、商标权、土地使用权、特许权等。

符合以下条件之一的，则认为其具有可辨认性。

（1）能够从企业中分离或者划分出来，并能单独用于出售或转让等，而不需要同时处置在同一获利活动中的其他资产，则说明无形资产可以辨认。某些情况下无形资产可能需要与有关的合同一起用于出售、转让等，这种情况下也视为可辨认无形资产。

（2）产生于合同性权利或其他法定权利，无论这些权利是否可以从企业或其他权利和义务中转移或者分离。如一方通过与另一方签订特许权合同而获得的特许使用权，通过法律程序申请获得的商标权、专利权等。需要注意的是，商誉是企业合并成本大于合并中取得的各项可辨认资产、负债公允价值份额的差额，代表的是企业未来现金流量大于每一单项资产产生未来现金流量的合计金额，其存在无法与企业自身区分开来，由于不具有可辨认性，所以不构成无形资产。

客户关系、人力资源等，因企业无法控制其带来的未来经济利益，不符合无形资产的定义，不应将其确认为无形资产。

内部产生的品牌、报刊名、刊头、客户名单和实质上类似项目的支出不能与整个业务开发成本区分开来。因此，这类项目不应确认为无形资产。

（四）无形资产属于非货币性资产

非货币性资产是指企业持有的货币资金和将以固定或可确定的金额收取的资产以外的其他资产。无形资产由于没有发达的交易市场，一般不容易转化成现金，在持有过程中为企业带来未来经济利益的情况不确定，不属于以固定或可确定的金额收取的资产，而属于非货币性资产。

二、无形资产的主要构成

无形资产的种类很多，常见的无形资产主要包括：专利权、非专利技术、商标权、著作权、特许权等。

（一）专利权

专利权是指国家专利主管机关依法授予发明创造专利申请人，对其发明创造在法定期限内所享有的专有权利。根据我国的专利法规定，专利权分为发明专利和实用新型及外观设计专利两种，自申请日起计算，发明专利权的期限为 20 年，实用新型及外观设计专利权的期限为 10 年。发明者在取得专利权后，在有效期限内将享有专利的独占权。

（二）非专利技术

非专利技术又称专有技术，它是指不为外界所知、在生产经营活动中已采用了的，不享有法律保护的，可以带来经济效益的各种技术和诀窍。与专利权不同的是：非专利技术没有在专利机关登记注册，依靠保密手段进行垄断，因此，它不受法律保护，它没有有效期，只要不泄露，即可有效地使用并可有偿转让。非专利技术与专利权一样，能使企业在竞争中处于优势地位，在未来岁月为企业带来经济利益。

（三）商标权

商标权是商标专用权的简称，是指商标主管机关依法授予商标所有人对其注册商标受国家法律保护的专有权。

商标权有效期 10 年，自核准注册之日起计算，期满前 6 个月内申请续展，在此期间内未能申请的，可再给予 6 个月的宽展期。续展可无限重复进行，每次续展期 10 年。

（四）著作权

著作权也称版权，是指作者及其他权利人对文学、艺术和科学作品享有的某些特殊权利，包括：作品署名权、发表权、修改权和保护作品完整权，还包括复制权、发行权、出租权、展览权、表演权、放映权、设置权、改编权等，公民的作品，其发表权、复制权、发行权、出租权、展览权、表演权、放映权等的保护期，为作者终生及其死亡后 50 年。

（五）特许权

特许权又称经营特许权、专营权，指企业在某一地区经营或销售某种特定商品的权利或是一家企业接受另一家企业使用其商标、商号、技术秘密等的权利。通常有两种形式，一种是由政府机构授权，准许企业使用或在一定地区享有经营某种业务的特权，如水、电、邮电通信等专营权、烟草专卖权等；另一种指企业间依照签订的合同，有限期或无限期使用另一家企业的某些权利，如连锁店分店使用总店的名称等。通常在特许权转让合同中规定了特许权转让的期限、转让人和受让人的权利和义务。转让人一般要向受让人提供商标、商号等使用权，传授专有技术，并负责培训营业人员，提供经营所必需的设备和特殊原料。受让人则需要向转让人支付取得特许权的费用，开业后则按营业收入的一定比例或其他计算方法支付享用特许权费用。

（六）土地使用权

土地使用权指国家准许某企业在一定期间内对国有土地享有开发、利用、经营的权利。根据我国土地管理法的规定，我国土地实行公有制，任何单位和个人不得侵占、买卖或者以其他形式非法转让。企业取得土地使用权的方式大致有行政划拨取得、外购取得（例如以缴纳土地出让金方式取得）及投资者投资取得几种。通常情况下，作为投资性房地产或者作为固定资产核算的土地，按照投资性房地产或者固定资产核算；以缴纳土地出让金等方式外购的土地使用权、投资者投入等方式取得的土地使用权，作为无形资产核算。

三、无形资产的确认条件

无形资产应当在符合定义的前提下，同时满足以下两个确认条件时，才能予以确认。

（一）与该资产有关的经济利益很可能流入企业

作为无形资产确认的项目，必须具备产生的经济利益很可能流入企业。通常情况下，无形资产产生的未来经济利益可能包括在销售商品、提供劳务的收入中，或者企业使用该项无形资产而减少或节约的成本中，或体现在获得的其他利益中。例如，生产加工企业在生产工序中使用了某种知识产权，使其降低了未来生产成本，而不是增加未来收入。

（二）该无形资产的成本能够可靠地计量

成本能够可靠地计量是资产确认的一项基本条件。对于无形资产来说，这个条件更为重要。比如，企业内部产生的品牌、报刊名等，因其成本无法可靠计量，不作为无形资产确认。又比如，一些高新科技企业的科技人才，假定其与企业签订了服务合同，且合同规定其在一定期限内不能为其他企业提供服务。在这种情况下，虽然这些科技人才的知识在规定的期限内预期能够为企业创造经济利益，但由于这些技术人才的知识难以辨认，且形成这些知识所发生的支出难以计量，因而不能作为企业的无形资产加以确认。

四、无形资产的初始计量

企业通常是按实际成本计量，即以取得无形资产并使之达到预定用途而发生的全部支出，作为无形资产的成本，对于不同来源取得的无形资产，其成本构成不尽相同。

（一）外购的无形资产成本

外购的无形资产，其成本包括购买价款、相关税费以及直接归属于使该项资产达到预定用途所发生的其他支出。

注意，核算时下列各项不包括在无形资产的初始成本中：

（1）为引入新产品进行宣传发生的广告费、管理费用及其他间接费用；

（2）无形资产已经达到预定用途以后发生的费用。

外购的无形资产，应按其取得成本进行初始计量；如果购入的无形资产超过正常信用条件延期支付价款，实质上具有融资性质，应按所取得无形资产购买价款的现值计量其成本，现值与应付价款之间的差额作为未确认的融资费用，在付款期间内按照实际利率法确认为利息费用。

【例 7-1】北方公司从某公司购入专利权一项，按照协议约定以现金支付，实际支付的价款为 200 万元，并支付相关税费 2 万元和有关专业服务费用 5 万元，款项已通过银行转账支付。北方公司的账务处理如下。

无形资产初始计量的成本=200+2+5=207（万元）

借：无形资产——专利权　　　　2 070 000

贷：银行存款　　2 070 000

（二）投资者投入的无形资产成本

投资者投入的无形资产的成本，应当按照投资合同或协议约定的价值确定无形资产的取得成本。如果投资合同或协议约定价值不公允的，应按无形资产的公允价值作为无形资产初始成本入账。

【例 7-2】北方公司与乙公司协议商定，乙公司以其商标权投资于北方公司，双方协议价格（等于公允价值）为 600 万元，北方公司另支付印花税等相关税费 3 万元，款项已通过银行转账支付。北方公司的账务处理如下。

该商标权的初始计量，应当以取得时的成本为基础。取得时的成本为投资协议约定的价格 600 万元，加上支付的相关税费 3 万元。

北方公司接受乙公司作为投资的商标权的成本=600+3=603（万元）

借：无形资产——商标权　　6 030 000

　贷：实收资本（或股本）　　6 000 000

　　银行存款　　30 000

（三）通过非货币性资产交换取得的无形资产成本

企业通过非货币性资产交换取得的无形资产，包括以投资、存货、固定资产或无形资产换入的无形资产等。

非货币性资产交换具有商业实质且公允价值能够可靠计量的，在发生补价的情况下，支付补价方应当以换出资产的公允价值加上支付的补价（即换入无形资产的公允价值）和应支付的相关税费，作为换入无形资产的成本；收到补价方，应当以换入无形资产的公允价值（或换出资产的公允价值）减去补价和应支付的相关税费，作为换入无形资产的成本。

【例 7-3】北方公司以一台机器设备交换 A 公司一项专利权。该项固定资产的原始价值为 100 000 元，已计提折旧 10 000 元，减值准备 2 000 元，另以银行存款支付相关税费 2 000 元以及给 A 公司的补价 10 000 元，另交换日固定资产的公允价值为 95 000 元。北方公司账务处理如下。

（1）固定资产转入清理，注销固定资产原价、累计折旧、减值准备。

借：固定资产清理　　88 000

　累计折旧　　10 000

　固定资产减值准备　　2 000

　贷：固定资产　　100 000

（2）支付相关税费

借：固定资产清理　　2 000

　贷：银行存款　　2 000

（3）取得无形资产

借：无形资产　　107 000

　贷：固定资产清理　　90 000

营业外收入——非货币性资产交换利得　　7 000

银行存款　　10 000

无形资产成本=固定资产公允价值+相关税费+补价

=95 000+2 000+ 10 000=107 000（元）

（4）如果北方公司收到 A 公司支付补价 10 000 元，则上述第（3）步，取得无形资产的会计处理如下。

借：无形资产　　87 000

银行存款　　10 000

贷：固定资产清理　　90 000

营业外收入——非货币性资产交换利得　　7 000

无形资产成本：=固定资产公允价值-补价+相关税费

=95 000-10 000+2 000=87 000

（四）通过债务重组取得的无形资产成本

通过债务重组取得的无形资产是指企业作为债权人取得的债务人用于偿还债务的非现金资产，且企业作为无形资产管理的资产。通过债务重组取得的无形资产成本，应当以其公允价值入账。

【例 7-4】北方公司应收 A 公司前欠货款 100 000 元，已计提坏账准备 20 000 元，因 A 公司发生财务困难，经双方协商，A 公司以一项专利权还债，交换日该项专利权的公允价值为 60 000 元。北方公司编制会计分录如下。

借：无形资产　　60 000

坏账准备　　20 000

营业外支出——债务重组损失　　20 000

贷：应收账款——A 公司　　100 000

注意

应收账款账面价值（100 000–20 000）与专利权的公允价值的差额 20 000 元作为债务重组损失计入营业外支出。

（五）通过政府补助取得的无形资产成本

通过政府补助取得的无形资产成本，应当按照公允价值计量；公允价值不能可靠取得的，按照名义金额（1 元人民币）计量。收到政府补助的无形资产时，借记“无形资产”科目，贷记“递延收益”科目，在相关资产使用寿命内分配递延收益时，再借记“递延收益”科目，贷记“营业外收入”科目。

【例 7-5】北方公司收到政府行政划拨的土地使用权，根据有关凭证，该项土地使用权的公允价值为 100 000 元，则北方公司账务处理如下。

借：无形资产——土地使用权　　100 000

贷：递延收益　　100 000

模块二　内部研究开发支出的确认和计量

企业为评价内部产生的无形资产是否满足确认标准，企业应当将资产的形成过程分为研究阶段与开发阶段两部分，对于企业自行进行的研究开发项目，应当区分研究阶段与开发阶段两个部分分别进行核算。

一、研究阶段与开发阶段的划分

（一）研究阶段

研究阶段是指为获取新的技术和知识等进行的有计划的调查，有关研究活动的例子包括：意于获取知识而进行的活动；研究成果或其他知识的应用研究、评价和最终选择；材料、设备、产品、工序、系统或服务替代品的研究；新的或经改进的材料、设备、产品、工序、系统或服务的可能替代品的配制、设计、评价和最终选择等。

从研究活动具有计划性、探索性的特点看，其研究是否能在未来形成成果，即通过开发后是否会形成无形资产均具有很大的不确定性，企业也无法证明其能够带来未来经济利益的无形资产的存在，因此，研究阶段的有关支出在发生时，应当予以费用化计入当期损益。

（二）开发阶段

开发阶段是指在进行商业性生产或使用前，将研究成果或其他知识应用于某项计划或设计，以生产出新的或具有实质性改进的材料、装置、产品等。比如，生产前或使用前的原型和模型的设计、建造和测试；含新技术的工具、夹具、模具和冲模的设计等。

由于开发阶段相对于研究阶段更进一步，相对于研究阶段来讲，进入开发阶段，则在很大程度上形成一项新产品或新技术的基本条件已经具备，此时如果企业能够证明满足无形资产的定义及相关确认条件，所发生的开发支出可以资本化，确认为无形资产的成本。

二、开发阶段有关支出资本化的条件

在开发阶段，判断可以将有关支出资本化计入无形资产成本的条件包括以下几点。

（1）完成该无形资产以使其能够使用或出售在技术上具有可行性。

（2）具有完成该无形资产并使用或出售的意图。

（3）无形资产产生经济利益的方式，包括能够证明运用该无形资产生产的产品存在市场或无形资产自身存在市场，无形资产将在内部使用的，应当证明其有用性。作为无形资产确认，其基本条件是能够为企业带来未来经济利益。

（4）有足够的技术、财务资源和其他资源支持，以完成该无形资产的开发，并有能力使用或出售该无形资产。

（5）归属于该无形资产开发阶段的支出能够可靠地计量。

三、内部开发的无形资产的计量

内部研发活动形成的无形资产成本，由可直接归属于该资产的创造、生产并使该资产能够以管理层预定的方式运作的所有必要支出组成。

可直接归属成本包括：开发该无形资产时耗费的材料、劳务成本、注册费、在开发该无形资产过程中使用的其他专利权和特许权的摊销，以及按照借款费用的处理原则可予资本化的利息支出。

四、内部研究开发费用的会计处理

（一）基本原则

企业内部研究和开发无形资产，其在研究阶段的支出全部费用化，计入当期损益（管理费用）；开发阶段的支出符合条件的资本化，不符合资本化条件的计入当期损益（管理费用）。如果确实无法区分研究阶段的支出和开发阶段的支出，应将其所发生的研发支出全部费用化，计入当期损益。

（二）具体账务处理方法

企业需要设置“研发支出”科目，以反映企业内部在研究开发无形资产过程中所发生的支出。“研发支出”属于资产类科目，应当按照研究开发项目分别进行“费用化支出”与“资本化支出”明细核算。

（1）企业自行开发无形资产发生的研发支出，不满足资本化条件的，借记“研发支出——费用化支出”科目，满足资本化条件的，借记“研发支出——资本化支出”科目，贷记“原材料”、“银行存款”、“应付职工薪酬”等科目。

（2）企业以其他方式取得的正在进行中的研究开发项目，应按确定的金额，借记“研发支出——资本化支出”科目，贷记“银行存款”等科目。以后发生的研发支出，应当比照上述第一条原则进行处理。

（3）研究开发项目达到预定用途形成无形资产的，应按“研发支出——资本化支出”科目的余额，借记“无形资产”科目，贷记“研发支出——资本化支出”科目。按“研发支出——费用化支出”科目的余额，借记“管理费用”科目，贷记“研发支出——费用化支出”科目。

【例 7-6】2008 年 1 月 1 日，北方公司经董事会批准研发某项新产品专利技术，该公司董事会认为，研发该项目具有可靠的技术和财务等资源的支持，并且一旦研发成功将降低该公司生产产品的生产成本。该公司在研究开发过程中发生材料费 50 万元，研发人员工资 10 万元，以及其他费用 40 万元，总计 100 万元，其中，符合资本化条件的支出为 60 万元。2008 年 12 月 31 日，该专利技术已经达到预定用途。

北方公司的账务处理如下。

（1）发生研发支出。

借：研发支出——费用化支出　　　　400 000

——资本化支出　　600 000

贷：原材料　　500 000

应付职工薪酬　　100 000

银行存款　　400 000

（2）2008 年 12 月 31 日，该专利技术已经达到预定用途。

借：管理费用　　400 000

无形资产　　600 000

贷：研发支出——费用化支出　　400 000

——资本化支出　　600 000

模块三　无形资产的后续计量

一、无形资产后续计量的原则

无形资产的后续计量主要是对无形资产的摊销，而摊销的基础是估计无形资产的使用寿命，使用寿命有限的无形资产才需要在估计使用寿命内采用系统、合理的方法进行摊销，对于使用寿命不确定的无形资产则不需要摊销。

（一）估计无形资产的使用寿命

企业应当于取得无形资产时分析判断其使用寿命。无形资产的使用寿命如为有限的，应当估计该使用寿命的年限或者构成使用寿命的产量等类似计量单位数量；无法预见无形资产为企业带来未来经济利益期限的，应当视为使用寿命不确定的无形资产。

估计无形资产使用寿命应考虑的主要因素包括以下几点：

（1）该资产通常的产品寿命周期，以及可获得的类似资产使用寿命的信息；

（2）技术、工艺等方面的现实情况及对未来发展的估计；

（3）以该资产在该行业运用的稳定性和生产的产品或服务的市场需求情况；

（4）现在或潜在的竞争者预期采取的行动；

（5）为维持该资产产生未来经济利益的能力所需要的维护支出，以及企业预计支付有关支出的能力；

（6）对该资产的控制期限，以及对该资产使用的法律或类似限制，如特许使用期间、租赁期间等；

（7）与企业持有的其他资产使用寿命的关联性等。

例如，企业取得某项实用新型专利权，法律规定的保护期限为 10 年，而企业预计用该专利权生产的产品只能在未来 5 年内为企业带来经济利益，则该无形资产的使用寿命应为 5 年。

（二）无形资产使用寿命的复核

企业至少应当于每年年度终了，对无形资产的使用寿命及摊销方法进行复核，如果有证据表明无形资产的使用寿命及摊销方法不同于以前的估计，如由于合同的续约或无形资产应用条件的改善，延长了无形资产的使用寿命，则对于使用寿命有限的无形资产，应改变其摊销年限及摊销方法，并按照会计估计变更进行处理。例如，企业使用的某项非专利技术，原预计使用寿命为 5 年，使用至第 2 年年末，该企业计划再使用 2 年即不再使用，为此，企业应当在第 2 年年末变更该项无形资产的使用寿命，并作为会计估计变更进行处理。又如，某项无形资产计提了减值准备，这可能表明企业原估计的摊销期限需要做出变更。

对于使用寿命不确定的无形资产，如果有证据表明其使用寿命是有限的，则应视为会计估计变更，应当估计其使用寿命并按照使用寿命有限的无形资产的处理原则进行处理。

二、使用寿命有限的无形资产

使用寿命有限的无形资产应在其预计的使用寿命内采用系统、合理的方法对应摊销金额进行摊销。无形资产的应摊销金额是指无形资产的成本扣除残值后的金额。已计提减值准备的无形资产，还应扣除已计提的无形资产减值准备累计金额。使用寿命有限的无形资产，其残值一般应当视为零。

（一）无形资产摊销期和摊销方法

无形资产的摊销应当自无形资产可供使用的当月开始，当月增加的无形资产当月开始摊销；当月减少的无形资产，当月不再摊销。

在无形资产的使用寿命内系统地分摊其应摊销金额，存在多种方法。这些方法包括直线法、产量法等。企业选择的无形资产摊销方法，应当能够反映与该项无形资产有关的经济利益的预期实现方式，并一致地运用于不同会计期间。无法可靠确定其预期实现方式的，应当采用直线法进行摊销。

无形资产的摊销一般应计入当期损益，但如果某项无形资产是专门用于生产某种产品或者其他资产，其所包含的经济利益是通过转入到所生产的产品或其他资产中实现的，则无形资产的摊销费用应当计入相关资产的成本。例如，某项专门用于生产过程中的专利技术，其摊销费用应构成所生产产品成本的一部分，计入制造该产品的制造费用。

（二）使用寿命有限的无形资产摊销的账务处理

使用寿命有限的无形资产应当在其使用寿命内，采用合理的摊销方法进行摊销。摊销时，应当考虑该项无形资产所服务的对象，并以此为基础将其摊销价值计入相关资产的成本或者当期损益。

企业通过设置“累计摊销”科目，反映因摊销而减少的无形资产价值。

摊销的无形资产价值，如果是企业自用的无形资产，其摊销金额计入管理费用，借记“管理费用”科目，贷记“累计摊销”科目。

出租的无形资产，其摊销金额计入其他业务成本，借记“其他业务成本”科目，贷记“累计摊销”科目。

如果无形资产是专门用于生产某种产品或其他资产，则其经济利益是通过所生产的产品或其他资产实现的，无形资产的摊销金额可以计入产品或其他资产的成本中，借记“制造费用”等科目，贷记“累计摊销”科目。

“累计摊销”科目期末为贷方余额，反映无形资产的累计摊销金额。

【例 7-7】2012 年 1 月 1 日，北方公司从外单位购得一项非专利技术，支付价款 100 万元，款项已支付，估计该项非专利技术的使用寿命为 10 年，该项非专利技术用于产品生产；同时，购入一项商标权，支付价款 40 万元，款项已支付，估计该商标权的使用寿命为 8 年。假定这两项无形资产的净残值均为零，并按直线法摊销。

北方公司的账务处理如下。

（1）取得无形资产时。

借：无形资产——非专利技术　　1 000 000

——商标权　　400 000

贷：银行存款　　1 400 000

（2）按年摊销时。

借：制造费用　　100 000

管理费用　　50 000

贷：累计摊销　　150 000

三、使用寿命不确定的无形资产

对于使用寿命不确定的无形资产，在持有期间内不需要摊销，但应当在每个会计期间进行减值测试。其减值测试的方法按照资产减值的原则进行处理，如经减值测试表明已发生减值，则需要计提相应的减值准备，其相关的账务处理为：借记“资产减值损失”科目，贷记“无形资产减值准备”科目。

【例 7-8】 2012 年 1 月 1 日，北方公司购入一项市场领先的畅销产品的商标的成本为 500 万元，该商标按照法律规定还有 5 年的使用寿命，但是有关的调查表明，该商标将在不确定的期间内为企业带来现金流量，该商标可视为使用寿命不确定的无形资产，在持有期间内不需要进行摊销。2012 年年底，北方公司对该商标按照资产减值的原则进行减值测试，经测试表明该商标已发生减值。2012 年年底，该商标的公允价值为 300 万元，则北方公司的账务处理如下：

（1）2012 年购入商标时：

借：无形资产——商标权　　5 000 000

贷：银行存款　　5 000 000

（2）2012 年年底发生减值时：

借：资产减值损失（5 000 000−3 000 000）　　2 000 000

贷：无形资产减值准备——商标权　　2 000 000

模块四　无形资产的处置和报废

无形资产的处置主要是指无形资产出售、对外出租、对外捐赠，或者是无法为企业带来未来经济利益时，应予终止确认并转销。

一、无形资产的出售

企业出售某项无形资产表明企业放弃无形资产的所有权，应将所取得的价款与该无形资产账面价值的差额作为资产处置利得或损失（营业外收入或营业外支出），计入当期损益。

出售无形资产时，应按实际收到的金额，借记“银行存款”等科目，按已计提的累计摊销，借记“累计摊销”科目，原已计提减值准备的，借记“无形资产减值准备”科目，按应支付的相关税费，贷记“应交税费”等科目，按其账面余额，贷记“无形资产”科目，按其差额，贷记“营业外收入——处置非流动资产利得”科目或借记“营业外支出——处置非流动资产损失”科目。

【例 7-9】 2012 年 1 月 1 日，北方公司拥有某项专利技术的成本为 200 000 元。已摊销金额为 100 000 元，已计提的减值准备为 20 000 元。该公司于 2012 年将该项专利技术出售给甲公司，取得出售收入 100 000 元，应交纳的营业税等相关税费为 5 000 元。北方公司的账务处理如下。

借：银行存款　　100 000
　　累计摊销　　100 000
　　无形资产减值准备　　20 000
　　贷：无形资产　　200 000
　　　　应交税费——应交营业税　　5 000
　　　　营业外收入——处置非流动资产利得　　15 000

如果取得的收入为 60 000 元，应缴纳的营业税为 3 000 元，则账务处理如下：

借：银行存款　　60 000
　　累计摊销　　100 000
　　无形资产减值准备　　20 000
　　营业外支出——处置非流动资产损失　　23 000
　　贷：无形资产　　200 000
　　　　应交税费——应交营业税　　3 000

二、无形资产的报废

如果无形资产预期不能为企业带来未来经济利益，例如，该无形资产已被其他新技术所替代或超过法律保护期，不能再为企业带来经济利益，则不再符合无形资产的定义，应将其报废并予以转销，其账面价值转作当期损益。转销时，应按已计提的累计摊销，借记“累计摊销”科目；按其账面余额，贷记“无形资产”科目；按其差额，借记“营业外支出”科目。已计提减值准备的，还应同时结转减值准备，借记“无形资产减值准备”科目。

【例 7-10】 2012 年 12 月 31 日，北方公司某项专利权生产的产品被市场淘汰，预期该专利权不能再为企业带来经济利益，企业将该专利权报废，该专利权取得成本为 50 000 元，摊销期限为 10 年，已摊销 5 年累计摊销金额 25 000 元，累计计提减值准备为 15 000 元，企业采用直线法进行摊销。其账务处理如下：

借：累计摊销 25 000

无形资产减值准备 15 000

营业外支出——处置非流动资产损失 10 000

贷：无形资产——专利权 50 000

三、无形资产的减值

在资产负债表日，如果判断无形资产存在可能发生减值的迹象，其可收回金额低于其账面价值，则表明无形资产发生了减值，应当估计其可回收金额。可收回金额应当根据资产的公允价值减去处置费用后的净额与资产预计未来现金流量的现值两者之间的较高者来确定。资产的公允价值减去处置费用后的净额与资产预计未来现金流量的现值，只要有一项超过了资产的账面价值，就表明资产没有发生减值，不需要再估计另一项金额。对于使用寿命不确定的无形资产，无论是否存在减值迹象，每年都应当进行减值测试。

无形资产发生了减值，企业应将该无形资产的账面价值减记至可收回金额，减记的金额确认为资产减值损失，计入当期损益，借记“资产减值损失——计提的无形资产减值准备”科目，同时计提相应的资产减值准备，贷记“无形资产减值准备”科目。无形资产减值损失一经计提，在以后会计期间不得转回。

【例 7-11】北方公司一项专利技术在资产负债表日的账面价值为 500 000 元，经减值测试，发现该专利技术生产的产品销售势头下滑，而替代品销售良好，对公司以该专利技术生产的产品产生重大不利影响，该专利技术的可收回金额为 400 000 元，则编制无形资产减值准备的会计分录如下：

借：资产减值损失 100 000（500 000-400 000）

贷：无形资产减值准备 100 000

兴趣思考

1. 无形资产的概念及特征。
2. 无形资产包括哪些项目？
3. 无形资产开发阶段发生的支出是否应全部资本化？为什么？
4. 无形资产取得、摊销及处置的会计处理。
5. 无形资产减值的会计处理。

模块五 其他资产

其他资产是指除货币资金、交易性金融资产、应收及预付款项、存货、长期股权投资、固定资产、无形资产等资产以外的资产。例如，长期待摊费用，特种储备物资、银行冻结存款、诉讼中的财产等。

特种储备物资是指由于特殊原因经国家批准储备的特定用途的物资，未经批准，不得挪作他用。银行冻结存款是指被执行人被人民法院冻结在银行的存款。诉讼中财产是指案件当事人被查封、扣押、冻结的财产。企业如有此类型业务产生，可以增设相应的会计科目进行核算。

对于其他资产的核算，我们这里主要介绍长期待摊费用的核算。

“长期待摊费用”科目核算企业已经发生但应由本期和以后各期负担的分摊期限在一年以上的各项费用，如以经营租赁方式租入的固定资产发生的改良支出等，本科目可按费用项目进行明细核算。

长期待摊费用与一般资产相比较有很大的不同，表现在以下两点。首先，长期待摊费用本身没有交换价值，不能转让，也不能用于清偿债务；而长期待摊费用以外的其他各种资产都具有交换价值，既可以转让，又可以用于清偿债务。 其次，长期待摊费用在本质上是一种费用，由于支出数额较大，需要分期摊销。长期待摊费用都是为了一定目的而发生的支出。由于这项支出数额较大，对企业生产经营影响时间较长或支出的效益要期待于未来，若将其全部计入当期的费用中，势必会造成损益的非正常波动，所以，根据权责发生制原则的要求，应将其暂时列为一项没有实体的过渡性资产，然后在合理的期间内分摊到 “管理费用”、“销售费用”等科目中。为了正确反映长期待摊费用的发生和摊销情况，企业应设置“长期待摊费用”科目。

企业发生长期待摊费用时，借记“长期待摊费用”科目，贷记“银行存款”、“原材料”等科目。摊销长期待摊费用时，借记“管理费用”、“销售费用”等科目，贷记“长期待摊费用”科目。本科目期末借方余额，反映企业尚未摊销完毕的长期待摊费用的摊余价值。

租入固定资产改良支出是指企业对采用经营租赁方式租入的固定资产，为增加其效用或延长其使用寿命而进行改装、翻修、改建等所发生的支出。租入固定资产改良所形成的固定资产，在租赁期满时，连同租入固定资产一并归还出租人。因此，对租入固定资产进行改良所发生的支出，不能作为固定资产核算，只能作为一项长期待摊费用分期摊销。

企业应按租赁期限与租赁资产尚可使用年限孰短的原则确定租入固定资产改良支出的摊销期限，将改良支出分期平均计入制造费用、管理费用、销售费用等相关费用。

【例 7-12】北方公司向房产开发公司租入一座营业和办公用房，租期为 10 年。按照租赁协议的规定，在租期内，所有的装修、改良等支出均由北方公司负担。从起租日开始，北方公司委托某装修公司对营业和办公用房进行装修，共支付各种装修费用 30 万元，“此项装修费用自营业开始在 10 年内分月摊销，每月摊销 2 500 元。编制相应会计分录如下：

（1）支付装修费时。

借：长期待摊费用——租入固定资产改良支出　　300 000

　　贷：银行存款　　300 000

（2）按月摊销时。

借：管理费用　　2 500

　　贷：长期待摊费用——租入固定资产改良支出　　2 500

兴趣思考

长期待摊费用是如何形成的？

复习思考题

一、单项选择题

1. 下列项目中，应确认为无形资产的是（　　）。

A. 企业自创商誉

B. 企业内部产生的品牌

C. 企业内部研究开发项目研究阶段的支出

D. 为建造厂房获得土地使用权支付的土地出让金

2. 下列关于外购无形资产的核算，说法不正确的是（　　）。

A. 无形资产成本包括购买价款、相关税费以及直接归属于使该项资产达到预定用途所发生的其他支出

B. 直接归属于使该无形资产达到预定用途所发生的其他支出包括使无形资产达到预定用途所发生的专业服务费用、测试无形资产是否能够正常发挥作用的费用等

C. 为引入新产品进行宣传发生的广告费、管理费用及其他间接费用计入到无形资产的初始成本中

D. 无形资产已经达到预定用途后发生的费用不计入无形资产成本

3. 北方公司于 2012 年 6 月 1 日从市场上外购一项专利技术，其购买价款为 1 000 万元，为引进该专利技术进行宣传，发生的广告费为 50 万元，人员的培训费为 50 万元，专业服务费用 100 万元，上述款项均用银行存款进行支付。北方公司取得该专利技术的入账价值为(　　)万元。

A.1 000　　B.1 150　　C.1 100　　D.1 200

4. 企业出售无形资产发生的净损失，应当计入（　　）。

A. 主营业务成本　B. 其他业务成本　C. 管理费用　D. 营业外支出

5. 北方公司经董事会批准于 2012 年 1 月 1 日开始研究开发一项专利技术，该项专利技术于 2012 年年末达到预定可使用状态。其中，研究阶段发生的应付职工薪酬为 50 万元，计提专用设备折旧金额为 50 万元；开发阶段发生的符合资本化条件的支出为 200 万元，不符合资本化条件的支出为 50 万元。北方公司 2012 年年末确认该无形资产的入账价值为（　　）万元。

A. 200　　B. 350　　C. 250　　D. 300

6. A 公司 2012 年 3 月 1 日开始自行研发一项新工艺，3 月至 10 月发生的各项研究、调查等费用共计 200 万元；11 月研究阶段成功，进入开发阶段，支付开发人员工资 160 万元，福利费 40

万元，支付租金 40 万元，假设开发阶段支出有 60%满足资本化条件。2012 年 12 月 31 日，A 公司自行开发成功该项新工艺，并于 2013 年 2 月 1 日依法申请了专利，支付注册费 4 万元，律师费 6 万元，3 月 1 日为运行该项资产发生的培训费 8 万元。则 A 公司无形资产的入账价值为（　　）万元。

A. 162　　B. 218　　C. 152　　D. 154

7. 北方公司于 2012 年 1 月 1 日以银行存款 5 000 万元从科贸公司购买一项非专利技术用于生产产品，估计该项非专利技术的使用年限为 10 年，从企业管理层目前的持有计划来看，准备在 5 年后将其以 3 000 万元的价格出售给第三方，北方公司采用直线法摊销无形资产。假定不考虑其他因素，下列关于无形资产计提摊销的说法中正确的是（　　）。

A. 确认管理费用为 200 万元

B. 确认管理费用为 1 000 万元

C. 确认制造费用（生产成本）为 200 万元

D. 确认制造费用（生产成本）为 400 万元

8. 北方公司于 2012 年 1 月 1 日购入一项无形资产，初始入账价值为 500 万元，根据可获得的相关信息判断，无法合理估计这项无形资产的使用寿命。在 2012 年 12 月 31 日，该无形资产出现减值迹象，其预计净残值为 360 万元。假定不考虑其他因素，该无形资产在 2012 年年末计提摊销的金额为（　　）万元。

A. 0　　B. 50　　C. 36　　D. 40

9. 2011 年 3 月 10 日，北方公司从外单位购入一项非专利技术，支付价款 1 200 万元，估计该项非专利技术的使用寿命为 10 年，采用直线法摊销，无残值。北方公司将该项非专利技术用于生产产品，2013 年 1 月 1 日根据科学技术发展的趋势判断，该无形资产 5 年后将被淘汰，不能再为企业带来经济利益。为此，2013 年 1 月 1 日北方公司将该项非专利技术的剩余使用寿命变更为 5 年；变更后该项无形资产的摊销方法和预计净残值保持不变。不考虑其他因素，则 2013 年该项无形资产应计提的摊销额为（　　）万元。

A. 194　　B. 196　　C. 98　　D. 120

10. 2011 年 1 月 1 日，甲公司购入一项占有市场领先地位的畅销产品的商标权，购买价款为 1 000 万元，该商标权按照法律规定尚可使用年限为 5 年，但是在法律保护期届满时，甲公司可每 10 年以较低的手续费申请延期，同时甲公司有充分的证据表明其有能力申请延期。此外，有关的调查表明，根据产品生命周期、市场竞争等方面情况综合判断，该商标权将在不确定的期间内为企业带来现金流量。2011 年年末，该商标权的可收回金额为 800 万元；2012 年年末其可收回金额为 850 万元。假定不考虑其他因素，则 2012 年年末甲公司该商标权的账面价值为（　　）万元。

A. 1 000　　B. 850　　C. 800　　D. 600

11. 2011 年 1 月 1 日，北方公司将其一项专利技术出租给科贸公司，租期为 5 年，每年租金为 40 万元，适用的营业税税率为 5%，北方公司在出租期内，不再使用该专利技术。该专利技术是其于2008年6月1日购入，初始入账价值为100万元，预计使用年限为10年，采用直线法进行摊销，无残值。假定不考虑除营业税以外的其他税费，北方公司2011年该专利技术影响营业利润的金额为（　　）万元。

A. 28　　B. 40　　C. 38　　D. 30

12. 丙公司为上市公司，2010年1月1日，丙公司以银行存款6 000万元购入一项无形资产。2011年和2012年年末，丙公司预计该项无形资产的可收回金额分别为4 000万元和3 556万元。该项无形资产的预计使用年限为10年，采用直线法摊销，无残值。丙公司于每年年末对无形资产计提减值准备；计提减值准备后，原预计使用年限和摊销方法不变。假定不考虑其他因素，丙公司该项无形资产于2013年应摊销的金额为（　　）万元。

A. 508　　B. 500　　C. 600　　D. 3 000

13. 2012年6月1日，北方公司将其拥有的某项专利技术出售给科贸公司，该专利技术于2010年3月1日自主研发形成，该专利技术的入账价值为500万元，该专利技术用于生产产品。到出售之日，已计提累计摊销50万元，计提减值准备50万元，出售取得价款为600万元，应缴纳的营业税等相关税费为30万元，假定该专利技术生产的产品全部尚未销售。不考虑其他因素，北方公司从持有到出售期间，影响利润总额的金额为（　　）万元。

A. 170　　B. 120　　C. 200　　D. 100

二、多项选择题

1. 下列关于无形资产特征的说法中，正确的有（　　）。

A. 无形资产不具有实物形态　　B. 无形资产是可辨认的

C. 无形资产属于非货币性长期资产　　D. 无形资产的可控制性

2. 下列关于土地使用权的说法中，正确的有（　　）。

A. 通常情况下，作为投资性房地产或者固定资产核算的土地，按照投资性房地产或者固定资产的相关规定核算

B. 以缴纳土地出让金等方式外购的土地使用权取得的土地使用权作为无形资产核算

C. 以缴纳土地出让金等方式外购的土地使用权取得的土地使用权作为固定资产核算

D. 以投资者投入等方式取得的土地使用权，作为无形资产核算

3. 下列关于无形资产初始计量的表述中，不正确的有（　　）。

A. 通过债务重组取得无形资产成本，应当以其公允价值入账

B. 通过债务重组取得无形资产成本，应当以其账面价值入账

C. 通过非货币性资产交换取得无形资产，按照公允价值为基础计量

D. 通过非货币性资产交换取得无形资产，按照账面价值为基础计量

4. 企业自行研发无形资产满足资本化的条件包括（　　）。

A. 完成开发后使用或出售在技术上可行

B. 具有完成并使用或出售的意图

C. 能够证明无形资产产生经济利益的方式

D. 有足够的技术、财务资源和其他资源支持开发完成并有能力使用或出售该项无形资产

5. 下列有关无形资产的说法中，正确的有（　　）。

A. 无形资产当月增加，当月摊销；当月减少，当月停止摊销

B. 无形资产减值准备一经计提，不得转回

C. 使用寿命有限的无形资产，无须在会计期间进行减值测试

D. 无形资产均应当采用直线法摊销

6. 下列各项中，最终会引起无形资产账面价值发生增减变动的有（　　）。

A. 对无形资产计提减值准备

B. 对使用寿命有限的无形资产计提摊销

C. 企业内部研究开发项目研究阶段发生的支出

D. 企业内部研究开发项目开发阶段满足资本化条件的支出

7. 下列有关增值税和营业税的相关会计处理，说法正确的有（　　）。

A. 企业出售无形资产缴纳的营业税应记入“营业税金及附加”科目，不影响无形资产处置损益

B. 企业出售无形资产缴纳的营业税影响无形资产处置损益

C. 企业出租无形资产缴纳的营业税，影响利润表中营业利润的金额

D. 企业外购的生产用原材料用于开发无形资产（符合资本化条件）时，应将其增值税进项税额转出，计入无形资产的成本

8. 北方公司于 2007 年 7 月接受投资者投入一项无形资产，该无形资产原账面价值为 1 000 万元，投资协议约定的价值为 1 200 万元，预计使用年限是 10 年，预计净残值为 0，采用直线法进行摊销。2011 年年末北方公司预计该无形资产的可收回金额为 500 万元，计提减值准备后预计尚可使用年限为 4 年，摊销方法和预计净残值不变。2013 年 7 月 20 日对外出售该无形资产，取得 200 万元处置价款存入银行。假定不考虑其他因素，下列说法正确的有（　　）。

A. 2011 年年末计提减值准备前该无形资产的账面价值是 660 万元

B. 2013 年 7 月 20 日，对外出售该无形资产时的净损益为-112.5 万元

C. 2011 年年末计提减值准备前该无形资产的账面价值是 550 万元

D. 2013 年 7 月 20 日，对外出售该无形资产时的净损益为 200 万元

三、计算分析题

北方公司 2009 年 1 月 1 日以银行存款 300 万元购入一项管理用专利权。该项无形资产的预计使用年限为 10 年，2012 年年末预计该项无形资产的可收回金额为 100 万元，减值后预计尚可使用年限为 5 年。另外，该公司 2010 年 1 月内部研发成功并可供管理使用的非专利技术的无形资产账面价值为 150 万元，无法预见这一非专利技术为企业带来未来经济利益期限，2012 年年末预计其可收回金额为 130 万元，减值后预计该非专利技术尚可使用 4 年，该企业按直线法摊销无形资

产，无形资产均无残值。

假设北方公司账上没有其他无形资产。要求：

（1）计算北方公司2012年无形资产计提减值准备的净额并编制会计分录；

（2）计算北方公司2013年无形资产的摊销额，并编制会计分录。

（答案中的金额单位用万元表示）

四、综合题

北方公司2010年至2012年发生以下相关事项和交易。

（1）2010年3月1日，采用分期付款方式从小雪公司购买一项专利技术，购买合同注明该项专利技术总价款为1 400万元，相关手续已办理完毕。该专利技术的预计使用年限为10年，采用直线法进行摊销，无残值，其包含的经济利益与产品生产无关。

（2）2012年1月1日，北方公司用一项可供出售金融资产与科贸公司的一项土地使用权进行资产交换，以实现资产优化配置的目的。北方公司换出可供出售金融资产的账面价值为 2 300 万元（成本为2 200万元，公允价值变动为100万元），公允价值为2 400万元。科贸公司换出的土地使用权的账面余额为2 300万元，累计摊销为80万元，公允价值为2 400万元。北方公司换入的土地使用权采用直线法并按照50年摊销，预计净残值为0。假定该非货币性资产交换具有商业实质。

（3）2013年1月1日，北方公司管理层经协商，将从小雪公司购买的专利技术转让给鼎盛公司，其转让价款为1000万元。

要求：

（1）计算北方公司2010年3月1日购入专利技术的入账价值；

（2）分别编制北方公司换入土地使用权的分录与科贸公司换入可供出售金融资产的分录；

（3）编制北方公司计提摊销和处置专利技术的会计分录。

学习情境八　投资性房地产

学习目标

本学习情境主要讲授投资性房地产的核算。

通过本学习情境的学习，应该了解和掌握以下内容：

1. 了解投资性房地产的范围；
2. 掌握投资性房地产的初始计量和后续计量以及投资性房地产的转换及处置。

情境导航

房地产业成为我国近十年来，最火爆的产业之一。引来各类企业将资金投向房地产，而《企业会计准则第 3 号——投资性房地产》的颁布。无疑有利于反映我国各类企业投资于房地产的实际构成情况及各类房地产对企业经营成果的贡献情况。投资性房地产如何界定、后续计量模式如何确定是当前企业在应用该准则时普遍关注的两个重要问题。从上市公司披露的年报的情况来看，披露投资性房地产大多数属于出租建筑物。

模块一　投资性房地产的定义、特征及范围

一、投资性房地产的定义

投资性房地产是指为赚取租金或资本增值，或者两者兼有而持有的房地产。投资性房地产应当能够单独计量和出售。

二、投资性房地产的特征

（一）投资性房地产是一种经营性活动

投资性房地产的主要形式是出租建筑物、出租土地使用权，这实质上属于一种让渡资产使用权行为。房地产租金就是让渡资产使用权取得的使用费收入，是企业为完成其经营目标所从事的经营性活动以及与之相关的其他活动形成的经济利益总流入。投资性房地产的另一种形式是持有并准备增值后转让的土地使用权，尽管其增值收益通常与市场供求、经济发展等因素相关，但目的是为了增值后转让以赚取增值收益，也是企业为完成其经营目标所从事的经营性活动以及与之相关的其他活动形成的经济利益总流入。

（二）投资性房地产在用途、状态、目的等方面区别于作为生产经营场所的房地产和用于销售的房地产

企业持有的房地产除了用作自身管理、生产经营活动场所和对外销售之外，出现了将房地产用于赚取租金或增值收益的活动，甚至成为个别企业的主营业务。这就需要将投资性房地产单独作为一项资产核算和反映，与自用的厂房、办公楼等房地产和作为存货（已建完工商品房）的房地产加以区别，从而更加清晰地反映企业所持有房地产的构成情况和盈利能力。

（三）投资性房地产有两种后续计量模式

企业通常应当采用成本模式对投资性房地产进行后续计量，只有在满足特定条件的情况下，即有确凿证据表明其所有投资性房地产的公允价值能够持续可靠取得的，才可以采用公允价值模式进行后续计量。也就是说，投资性房地产适当引入公允价值模式，在满足特定条件的情况下，可以对投资性房地产采用公允价值模式进行后续计量。但是，同一企业只能采用一种模式对所有投资性房地产进行后续计量，不得同时采用两种计量模式进行后续计量。

兴趣思考

企业自行建造房地产达到预定可使用状态后一段时间才对外出租或用于资本增值的，直接将其作为投资性房地产进行核算对吗？

三、投资性房地产的范围

投资性房地产主要包括：已出租的建筑物、已出租的土地使用权、持有并准备增值后转让的土地使用权。

（1）已出租的建筑物和已出租的土地使用权是指从租赁期开始日以经营租赁方式出租的建筑物和土地使用权，包括自行建造或开发完成后用于出租的房地产。其中，用于出租的建筑物是指企业拥有产权的建筑物；用于出租的土地使用权是指企业通过出让和转让方式取得的土地使用权。

（2）持有并准备增值后转让的土地使用权是指企业取得的、准备增值后转让的土地使用权。按照国家有关规定认定的闲置土地，不属于持有并准备增值的土地使用权。

（3）下列房地产不属于投资性房地产。

① 自用房地产，即为生产商品、提供劳务或者经营管理而持有的房地产，包括自用建筑物（固定资产）和自用土地使用权（无形资产）。

② 作为存货的房地产，通常指房地产开发企业在正常经营过程中销售的或为销售而正在开发的商品房和土地。

（4）某项房地产部分用于赚取租金或资本增值，部分用于生产商品、提供劳务或经营管理，用于赚取租金或资本增值的部分能够单独计量和出售的，可以确认为投资性房地产。

企业将建筑物出租，按租赁协议向承租人提供的相关辅助服务在整个协议中不重大的，应当将该建筑物确认为投资性房地产。

【例 8-1】下列各项中，属于投资性房地产的是（　　）。

A. 房地产企业开发的准备出售的房屋

B. 房地产企业开发的已出租的房屋

C. 企业持有的准备建造房屋的土地使用权

D. 企业以经营租赁方式租入的建筑物

【解析】正确答案是 B。A 选项，房地产企业开发的准备出售的房屋，属于房地产企业的存货；C 选项，企业持有的准备建造房屋的土地使用权属于无形资产；D 选项，企业以经营方式租入的建筑物或土地使用权再转租给其他单位或个人的，不属于投资性房地产，也不能确认为企业的资产。

不属于投资性房地产的内容

（1）企业拥有并自行经营的旅馆或饭店，不属于投资性房地产，属于固定资产。

（2）企业自用的办公楼，不属于投资性房地产，属于固定资产。

（3）房地产企业正在开发的商品房，不属于投资性房地产，属于存货。

（4）房地产企业开发的准备出售的房屋，不属于投资性房地产，属于存货。

（5）企业持有的准备建造办公楼的土地使用权，不属于投资性房地产，属于无形资产。

（6）房地产企业持有的准备建造商品房的土地使用权，不属于投资性房地产，属于存货。

（7）企业以经营租赁方式租入的建筑物，不属于企业的资产，所以不属于投资性房地产。

（8）房地产企业持有并准备增值后出售的商品房，不属于投资性房地产，属于存货。

（9）房地产企业持有并准备增值后转让的土地使用权，不属于投资性房地产，属于存货。

（10）出租柜台，不属于投资性房地产，属于固定资产。

（11）企业出租给本企业职工居住的宿舍，不属于投资性房地产，属于固定资产。

模块二 投资性房地产的确认和初始计量

一、投资性房地产的确认条件和时点

投资性房地产只有在符合定义的前提下，同时满足下列条件才能予以确认：①与该投资性房地产有关的经济利益很可能流入企业；②该投资性房地产的成本能够可靠地计量。

对已出租的土地使用权、已出租的建筑物作为投资性房地产的确认时点一般为租赁期开始日，即土地使用权、建筑物进入出租状态，开始赚取租金的日期。但是，对企业持有以备经营出租的空置建筑物或在建建筑物，董事会或类似机构做出书面决议，明确表明将其用于经营出租且持有意图，短期内不再发生变化的，即使尚未签订租赁协议，也应视为投资性房地产。对持有并准备增值后转让的土地使用权作为投资性房地产的确认时点为企业将自用土地使用权停止自用，准备增值后转让的日期。

二、投资性房地产的初始计量

投资性房地产应当按照成本进行计量。投资性房地产的初始取得成本应根据以下不同取得方式分别确定。

（一）外购投资性房地产的确认条件和初始计量

企业外购投资性房地产时，应当按照取得时的实际成本进行初始计量。取得时的实际成本，包括购买价款、相关税费和可直接归属于该资产的其他支出。采用成本模式进行后续计量的，企业应当在购入投资性房地产时，借记“投资性房地产”科目，贷记“银行存款”等科目；采用公允价值模式进行后续计量的，企业应当在购入投资性房地产时，借记“投资性房地产——成本”科目，贷记“银行存款”等科目。

【例 8-2】 北方公司于 2011 年 1 月 1 日支付 500 万元价款和 6 万元相关税费购入了 200 平方米商业用房，当日出租给乙公司。

（1）在采用成本模式下，北方公司购入投资性房地产的账务处理如下。

借：投资性房地产　　506

　　贷：银行存款　　506

（2）在采用公允价值模式下，北方公司购入投资性房地产的账务处理如下。

借：投资性房地产——成本　　506

　　贷：银行存款　　506

（二）自行建造投资性房地产的确认条件和初始计量

自行建造投资性房地产，其成本由建造该项资产达到预定可使用状态前发生的必要支出构成，包括土地开发费、建筑成本、安装成本、应予以资本化的借款费用、支付的其他费用和分摊的间接费用等。采用成本模式进行后续计量的，应按照确定的自行建造投资性房地产成本，借记“投资性房地产”科目，贷记“在建工程”或“开发产品”科目。采用公允价值模式进行后续计量的，应按照确定的自行建造投资性房地产成本，借记“投资性房地产——成本”科目，贷记“在建工程”或“开发产品”科目。

【例 8-3】2011 年 2 月，北方公司从其他单位购入一块土地的使用权，并在这块土地上开始自行建造两栋厂房。2011 年 12 月，北方公司预计厂房即将完工，与乙公司签订了经营租赁合同，将其中的一栋厂房租赁给乙公司使用。租赁合同约定，该厂房于完工时开始起租。2011 年 12 月，两栋厂房同时完工。该块土地使用权的成本为 5 000 000 元，两栋厂房的实际造价均为 9 000 000 元，能够单独出售。假设北方公司采用成本模式进行后续计量，其账务处理如下：

借：投资性房地产——厂房　　9 000 000

　　贷：在建工程——厂房　　9 000 000

借：投资性房地产——已出租土地使用权　　2 500 000

　　贷：无形资产——土地使用权　　2 500 000

（三）以其他方式取得的投资性房地产的成本，按照相关会计准则的规定确定

（四）投资性房地产的后续支出

（1）与投资性房地产有关的后续支出，满足投资性房地产确认条件的，应当计入投资性房地产成本。例如，企业为了提高投资性房地产的使用效能，往往需要对投资性房地产进行改建、扩建而使其更加坚固耐用，或者通过装修改善其室内装潢，改扩建或装修支出满足确认条件的，应当将其资本化。企业对某项投资性房地产进行改扩建等再开发且将来仍作为投资性房地产的，在再开发期间应继续将其作为投资性房地产，再开发期间不计提折旧或摊销。

采用成本模式计量的，投资性房地产进入改扩建或装修阶段后，应当将其账面价值转入改扩建工程。借记“投资性房地产——在建”、“投资性房地产累计折旧”等科目，贷记“投资性房地产”科目。发生资本化的改良或装修支出，通过“投资性房地产——在建”科目归集，借记“投资性房地产——在建”科目，贷记“银行存款”、“应付账款”等科目。改扩建或装修完成后，借记“投资性房地产”科目，贷记“投资性房地产——在建”科目。

采用公允价值模式计量的，投资性房地产进入改扩建或装修阶段，借记“投资性房地产——在建”科目，贷记“投资性房地产——成本”、“投资性房地产——公允价值变动”等科目；在改扩建或装修完成后，借记“投资性房地产——成本”科目，贷记“投资性房地产——在建”科目。

【例 8-4】2011 年 2 月，北方公司与乙企业的一项厂房经营租赁合同即将到期。该厂房按照成本模式进行后续计量，原价为 1 000 万元，已计提折旧 400 万元。为了提高厂房的租金收入，北方公司决定在租赁期满后对厂房进行改扩建，并与丙企业签订了经营租赁合同，约定自改扩建完工时将厂房出租给丙企业。2 月 15 日，与乙企业的租赁合同到期，厂房随即进入改扩建工程。11 月 3 日，厂房改扩建工程完工，共发生支出 50 万元，即日按照租赁合同出租给丙企业。假设北方公司采用成本计量模式。改扩建支出属于资本化的后续支出，应当记入投资性房地产的成本。北方公司的账务处理如下：

（1）2011 年 2 月 15 日，投资性房地产转入改扩建工程。

借：投资性房地产——厂房——在建　　6 000 000

投资性房地产累计折旧　　4 000 000

贷：投资性房地产——厂房　　10 000 000

（2）2011 年 2 月 15 日—11 月 3 日。

借：投资性房地产——厂房——在建　　500 000

贷：银行存款　　500 000

（3）2011 年 11 月 3 日，改扩建工程完工。

借：投资性房地产——厂房　　6 500 000

贷：投资性房地产——厂房——在建　　6 500 000

【例 8-5】2011 年 2 月，北方公司与乙企业的一项厂房经营租赁合同即将到期。为了提高厂房的租金收入，北方公司决定在租赁期满后对厂房进行改扩建，并与丙企业签订了经营租赁合同，约定自改扩建完工时将厂房出租给丙企业。2 月 15 日，与乙企业的租赁合同到期，厂房随即进入改扩建工程。11 月 3 日，厂房改扩建工程完工，共发生支出 100 万元，即日按照租赁合同出租给丙企业。2 月 15 日，厂房账面余额为 1 000 万元，其中成本 800 万元，累计公允价值变动 200 万元。假设北方公司采用公允价值计量模式，其账务处理如下。

（1）2011 年 2 月 15 日，投资性房地产转入改扩建工程。

借：投资性房地产——厂房——在建　　10 000 000

贷：投资性房地产——成本　　8 000 000

——公允价值变动　　2 000 000

（2）2011 年 2 月 15 日—11 月 3 日。

借：投资性房地产——厂房——在建　　1 000 000

贷：银行存款　　1 000 000

（3）2011 年 11 月 3 日，改扩建工程完工。

借：投资性房地产——成本　　11 000 000

贷：投资性房地产——厂房——在建　　11 000 000

（2）不满足资本化确认条件的房屋维修费用，应当在发生时计入当期损益，例如，企业对投资性房地产进行日常维护发生一些支出。企业在发生投资性房地产费用化的后续支出时，借记“其他业务成本”等科目，贷记“银行存款”等科目。

兴趣思考

外购投资性房地产的成本，包括购买价款、相关税费和可直接归属于该资产的其他支出，对吗？

模块三　投资性房地产的后续计量

投资性房地产的后续计量是指在资产负债表日采用一定的计量模式对投资性房地产价值进行的

计量。根据采用的计量模式不同，投资性房地产的后续计量模式分为成本模式和公允价值模式两种。同一企业只能采用一种模式对所有投资性房地产进行后续计量，不得同时采用两种计量模式。

一、采用成本模式的投资性房地产后续计量

采用成本模式进行后续计量的投资性房地产，应当按照《企业会计准则第 4 号——固定资产》或《企业会计准则第 6 号——无形资产》的有关规定，按期（月）计提折旧或摊销，借记“其他业务成本”等科目，贷记“投资性房地产累计折旧（摊销）”科目。

取得的租金收入，借记“银行存款”等科目，贷记“其他业务收入”等科目。投资性房地产存在减值迹象的，还应当适用资产减值的有关规定。经减值测试后确定发生减值的，应当计提减值准备，借记“资产减值损失”科目，贷记“投资性房地产减值准备”科目。如果已经计提减值准备的投资性房地产的价值又得以恢复，不得转回。

【例 8-6】2011 年 1 月 1 日，北方公司购入一幢建筑物用于出租，取得时实际支付的价款为 1 000 000 元，已支付。假定该建筑物的预计净残值率为 5%，预计使用年限为 60 年，采用平均年限法计提折旧。其账务处理如下：

（1）购入建筑物时

借：投资性房地产——建筑物　　1 000 000

　　贷：银行存款　　1 000 000

（2）2011 年 2 月底应计提折旧 1 319.44 元[[1 000 000×（1−5%）]÷60÷12]。

借：其他业务成本　　1 319.44

　　贷：累计折旧　　1 319.44

（3）2011 年年底，该建筑物的可收回金额为 900 000 元，账面净额为 985 486.16 元（1 000 000−1 319.44×11），应计提 85 486.16 元的减值准备。

借：资产减值损失——计提投资性房地产减值准备　　85 486.16

　　贷：投资性房地产减值准备——建筑物　　85 486.16

二、采用公允价值模式的投资性房地产后续计量

只有存在确凿证据表明投资性房地产的公允价值能够持续可靠取得的情况下，企业才可以采用公允价值模式，对投资性房地产进行后续计量。企业一旦选择采用公允价值计量模式，就应当对其所有投资性房地产均采用公允价值模式进行后续计量。

采用公允价值模式进行后续计量的投资性房地产，应当同时满足以下两个条件：

（1）投资性房地产所在地有活跃的房地产交易市场。其中，所在地通常是指投资性房地产所在的城市，对于大中城市，应当具体化为投资性房地产所在的城区。活跃市场是指同时具有下列特征的市场：①市场内交易对象具有同质性；②可随时找到自愿交易的买方和卖方；③市场价格信息是公开的。

（2）企业能够从房地产交易市场上取得同类或类似房地产的市场价格及其他相关信息，从而

对投资性房地产的公允价值做出科学、合理的估计。这里所谓的同类或类似的房地产，对建筑物而言，是指所处地理位置和地理环境相同、性质相同、结构类型相同或相近、新旧程度相同或相近、可使用状况相同或相近的建筑物；对于土地使用权而言，是指同一城区、同一位置区域、所处地理环境相同或相近、可使用状况相同或相近的土地。

企业对投资性房地产的计量模式一经确定，不得随意变更。只有在房地产市场比较成熟，能够满足采用公允价值模式条件的情况下，才允许企业对投资性房地产从成本模式计量变更为公允价值模式计量，并按照会计政策变更处理。已采用公允价值模式计量的投资性房地产，不得从公允价值模式转为成本模式。

投资性房地产采用公允价值模式进行后续计量的，不计提折旧或摊销，应当以资产负债表日的公允价值计量。资产负债表日，投资性房地产的公允价值高于其账面余额的差额，借记“投资性房地产——公允价值变动”科目，贷记“公允价值变动损益”科目；公允价值低于其账面余额的差额做相反的会计分录。取得的租金收入，借记“银行存款”等科目，贷记“其他业务收入”等科目。

【例 8-7】北方公司为从事房地产经营开发的企业。2011 年 10 月 1 日，北方公司与 B 公司签订租赁协议，约定将北方公司当日完成开发的一栋写字楼自当日起经营租赁给 B 公司使用，租赁期为 10 年。该写字楼的造价为 1 000 万元。2011 年 12 月 31 日，该写字楼的公允价值为 1 100 万元。假设甲 A 公司采用公允价值计量模式。其账务处理如下。

（1）2011 年 10 月 1 日，北方公司开发完成写字楼并出租的账务处理如下：

借：投资性房地产——成本　　10 000 000

　　贷：开发成本　　10 000 000

（2）2011 年 12 月 31 日，公允价值与原账面价值之间的差额计入当期损益。

借：投资性房地产——公允价值变动　　1 000 000

　　贷：公允价值变动损益　　1 000 000

兴趣思考

企业采用公允价值模式进行后续计量的，不对投资性房地产计提折旧或进行摊销，应当以资产负债表日投资性房地产的公允价值为基础调整其账面价值，公允价值与原账面价值之间的差额计入其他业务成本或其他业务收入，对吗？

模块四　投资性房地产的转换和处置

一、投资性房地产的转换

（一）投资性房地产转换的形式及转换日

房地产的转换是因房地产用途发生改变而对房地产进行的重新分类。企业必须有确凿证据表明房地产用途发生改变，才能将投资性房地产转换为非投资性房地产或者将非投资性房地产转换为投资性房地产，不得随意对自用或作为存货的房地产进行重新分类。确凿证据包括两个方面，一是企业董事会或类似机构应当就改变房地产用途形成正式的书面决议，二是房地产因用途改变而发生实际状态上的改变，如从自用状态改为出租状态。房地产转换形式主要包括以下几种。

（1）投资性房地产开始自用，由投资性房地产转换为固定资产或无形资产。投资性房地产开始自用是指企业将原来用于赚取租金或资本增值的房地产改为用于生产商品、提供劳务或者经营管理。在此种情况下，转换日为房地产达到自用状态，企业开始将其用于生产商品、提供劳务或者经营管理的日期。

（2）作为存货的房地产，改为出租，通常指房地产开发企业将其持有的开发产品以经营租赁的方式出租，存货转换为投资性房地产。在此种情况下，转换日为房地产的租赁期开始日。租赁期开始日是指承租人有权行使其使用租赁资产权利的日期。

（3）自用土地使用权停止自用，用于赚取租金或资本增值，由无形资产转换为投资性房地产。在此种情况下，转换日为自用土地使用权停止自用后，确定用于赚取租金或资本增值的日期。

（4）自用建筑物停止自用，改为出租，由固定资产转换为投资性房地产。在此种情况下，转换日为租赁期开始日。

（5）房地产企业将用于经营出租的房地产重新开发用于对外销售，从投资性房地产转为存货。在此情况下，转换日为租赁期满，企业董事会或类似机构做出书面决议明确表明将其重新开发用于对外销售的日期。

（二）房地产转换的会计处理

1. 成本模式下的转换

（1）投资性房地产转换为自用房地产。企业将采用成本模式计量的投资性房地产转换为自用房地产时，应当按该项投资性房地产在转换日的账面余额、累计折旧、减值准备等，分别转入“固定资产”、“累计折旧”、“固定资产减值准备” 等科目，按其账面余额，借记“固定资产”或“无形资产”科目，贷记“投资性房地产”科目，按已计提的折旧或摊销，借记“投资性房地产累计折旧（摊销）”科目，贷记“累计折旧”或“累计摊销”科目，原已计提减值准备的，借记“投资性房地产减值准备”科目，贷记“固定资产减值准备”或“无形资产减值准备”科目。

【例 8-8】2011 年 8 月 1 日，北方公司将出租的厂房收回，开始用于本企业生产商品。该厂房账面价值为 4 000 万元，其中，原价 5 000 万元，累计已提折旧 1 000 万元。假设北方公司采用成本计量模式，则其账务处理如下。

借：固定资产	50 000 000	
投资性房地产累计折旧	10 000 000	
贷：投资性房地产		50 000 000
累计折旧		10 000 000

（2）投资性房地产转换为存货。企业将采用成本模式计量的投资性房地产转换为存货时，应

当按照该项房地产在转换日的账面价值，借记“开发产品”科目，按照已计提的折旧或摊销，借记“投资性房地产累计折旧”科目，原已计提减值准备的，借记“投资性房地产减值准备”科目，按其账面余额，贷记“投资性房地产”科目。

【例 8-9】北方公司将其开发的部分写字楼用于对外经营租赁。2011 年 10 月 18 日，因租赁期满，北方公司将出租的写字楼收回，并做出书面决议，将该写字楼重新开发用于对外销售，即由投资性房地产转换为存货，该厂房账面价值为 5 600 万元，其中，原价 6 200 万元，累计已提折旧 600 万元。假设北方公司采用成本计量模式，则其账务处理如下。

借：开发产品　　56 000 000

　　投资性房地产累计摊销　　6 000 000

　　贷：投资性房地产　　62 000 000

（3）自用房地产转换为投资性房地产。企业将自用土地使用权或建筑物转换为采用成本模式计量的投资性房地产时，应当按该项建筑物或土地使用权在转换日的原价、累计折旧、减值准备等，分别转入“投资性房地产”、“投资性房地产累计折旧（摊销）”、“投资性房地产减值准备”科目，按其账面余额，借记“投资性房地产”科目，贷记“固定资产”或“无形资产”科目，按已计提的折旧或摊销，借记“累计折旧”或“累计摊销”科目，贷记“投资性房地产累计折旧（摊销）”科目，原已计提减值准备的，借记“固定资产减值准备”或“无形资产减值准备”科目，贷记“投资性房地产减值准备”科目。

【例 8-10】北方公司拥有一栋自用办公楼，公司董事会将该办公楼用于出租形成书面决议。2011 年 4 月 21 日，北方公司与 B 公司签订了经营租赁协议，将这栋办公楼出租给 B 公司使用，租赁期开始日为 2011 年 5 月 1 日，租期为 6 年。2011 年 5 月 1 日，这栋办公楼的账面余额为 100 000 000 元，已计提折旧 1 000 000 元。假设北方公司所在城市没有活跃的房地产交易市场。

2011 年 5 月 1 日账务处理如下。

借：投资性房地产——办公楼　　100 000 000

　　累计折旧　　1 000 000

　　贷：固定资产——办公楼　　100 000 000

　　　　投资性房地产累计折旧　　1 000 000

（4）作为存货的房地产转换为投资性房地产。企业将作为存货的房地产转换为采用成本模式计量的投资性房地产时，应当按该项存货在转换日的账面价值，借记“投资性房地产”科目，原已计提跌价准备的，借记“存货跌价准备”科目，按其账面余额，贷记“开发产品”等科目。

【例 8-11】北方公司是从事房地产开发的企业，2011 年 4 月 21 日，董事会将其开发的一栋写字楼不再出售改用作出租形成书面决议。北方公司遂与 B 公司签订了租赁协议，将此写字楼整体出租给 B 公司使用，租赁期开始日为 2011 年 5 月 1 日，租赁期为 6 年。2011 年 5 月 1 日，该写字楼的账面余额为 100 000 000 元，未计提存货跌价准备，转换后采用成本模式进行后续计量。

2011 年 5 月 1 日的账务处理如下。

借：投资性房地产——写字楼　　100 000 000

贷：开发产品　　100 000 000

2. 公允价值模式下的转换

（1）投资性房地产转换为自用房地产。企业将采用公允价值模式计量的投资性房地产转换为自用房地产时，应当以其转换当日的公允价值作为自用房地产的账面价值，公允价值与原账面价值的差额计入当期损益。转换日，按该项投资性房地产的公允价值，借记“固定资产”或“无形资产”科目，按该项投资性房地产的成本，贷记“投资性房地产——成本”科目，按该项投资性房地产的累计公允价值变动，贷记或借记“投资性房地产——公允价值变动”科目，按其差额，贷记或借记“公允价值变动损益”科目。

【例 8-12】北方公司有一栋对外出租的办公楼，作为以公允模式计量的投资性房地产核算。2011 年 5 月 12 日北方公司收回办公楼用于本企业自用。该投资性房地产账面余额 80 万元。2011 年 5 月 12 日该办公楼的公允价值为 100 万元。采用公允价值模式计量的投资性房地产转为自用房地产的账务处理如下。

借：固定资产　　1 000 000

　贷：投资性房地产　　800 000

　　公允价值变动损益　　200 000

（2）投资性房地产转换为存货。企业将采用公允价值模式计量的投资性房地产转换为存货时，应当以其转换当日的公允价值作为存货的账面价值，公允价值与原账面价值的差额计入当期损益。转换日，按该项投资性房地产的公允价值，借记“开发产品”等科目，按该项投资性房地产的成本，贷记“投资性房地产——成本”科目，按该项投资性房地产的累计公允价值变动，贷记或借记“投资性房地产——公允价值变动”科目，按其差额，贷记或借记“公允价值变动损益”科目。

【例 8-13】北方公司将其开发的部分写字楼用于对外经营租赁。2011 年 10 月 18 日，因租赁期满，北方公司将出租的写字楼收回，并做出书面决议，将该写字楼重新开发用于对外销售，即由投资性房地产转换为存货，当日的公允价值为 5 600 万元。该项房地产在转换前采用公允价值模式计量，原账面价值为 5 300 万元，其中，成本为 5 000 万元，公允价值增值为 300 万元。其账务处理如下。

借：开发产品　　56 000 000

　贷：投资性房地产——成本　　50 000 000

　　　　　　　　——公允价值变动　　3 000 000

　　公允价值变动损益　　3 000 000

（3）自用房地产转换为投资性房地产。企业将自用土地使用权或建筑物转换为采用公允价值模式计量的投资性房地产时，应当按该项土地使用权或建筑物在转换日的公允价值，借记“投资性房地产——成本”科目，按已计提的累计摊销或累计折旧，借记“累计摊销”或“累计折旧”科目，原已计提减值准备的，借记“无形资产减值准备”、“固定资产减值准备”科目，按其账面余额，贷记“固定资产”或“无形资产”科目；同时，转换日的公允价值小于账面价值的，按其差额，借记“公允价值变动损益”科目，转换日的公允价值大于账面价值的，按其差额，贷记“资本公积——其他资本公积”科目。待该项投资性房地产处置时，因转换计入资本公积的部分应转入当期损益。

【例 8-14】北方公司将自用的一栋办公楼对外出租，以赚取租金。租赁期开始日，办公楼的原价是 100 万元，累计已提折旧 30 万元，已提减值准备 7 万元，公允价值为 90 万元。将自用房地产转换为采用公允价值模式计量的投资性房产的账务处理如下。

借：投资性房地产　　900 000
　　累计折旧　　300 000
　　固定资产减值准备　　70 000
　　贷：固定资产　　1 000 000
　　　　资本公积——其他资本公积　　270 000

假如转换日的公允价值是 60 万元，则其账务处理如下。

借：投资性房地产　　600 000
　　累计折旧　　300 000
　　固定资产减值准备　　70 000
　　公允价值变动损益　　30 000
　　贷：固定资产　　1 000 000

（4）作为存货的房地产转换为投资性房地产。企业将作为存货的房地产转换为采用公允价值模式计量的投资性房地产时，应当按该项房地产在转换日的公允价值，借记“投资性房地产——成本”科目，原已计提跌价准备的，借记“存货跌价准备”科目，按其账面余额，贷记“开发产品”等科目；同时，转换日的公允价值小于账面价值的，按其差额，借记“公允价值变动损益”科目，转换日的公允价值大于账面价值的，按其差额，贷记“资本公积——其他资本公积”科目。待该项投资性房地产处置时，因转换计入资本公积的部分应转入当期损益。

【例 8-15】2011 年 3 月 10 日，北方公司与 B 企业签订了租赁协议，将其开发的一栋写字楼出租给 B 企业。租赁期开始日为 2011 年 4 月 10 日。2011 年 4 月 10 日，该写字楼的账面余额为 40 000 万元，公允价值为 42 000 万元。2011 年 12 月 31 日，该项投资性房地产的公允价值为 44 000 万元。

（1）2011 年 4 月 10 日，该公司的账务处理如下。

借：投资性房地产——成本　　420 000 000
　　贷：开发产品　　400 000 000
　　　　资本公积——其他资本公积　　20 000 000

（2）2011 年 12 月 31 日，该公司的账务处理。

借：投资性房地产——公允价值变动　　20 000 000
　　贷：公允价值变动损益　　20 000 000

投资性房地产转换日如何区分？

如果是在实际出租前董事会批准了方案，则是按批准日来作为转换日的，如果在出租前并没有董事会批准方案而只是直接用于出租，则此时是以租赁期开始日作为转换日。

自用房地产转换日通常为租赁期开始日，但是自用建筑物或土地使用权停止自用，已达到可经营出租状态，且企业管理当局正式做出书面决议将用于经营出租且持有意图短期内不再发生改变的，可视为非投资性房地产转换为投资性房地产，转换日为企业管理当局正式做出书面决议的日期。

存货转换为投资性房地产转换日为租赁期开始日，其中如果企业自行建造或者开发完成但尚未使用的建筑物，并且企业管理当局正式做出书面决议对外出租，那么转换日为企业当局做出书面决议的日期。

二、投资性房地产的处置

当投资性房地产被处置，或者永久退出使用且预计不能从其处置中取得经济利益时，应当终止确认该项投资性房地产。企业可以通过对外出售或转让的方式处置投资性房地产取得收益。企业出售、转让、报废投资性房地产或者发生投资性房地产毁损，应当将处置收入扣除其账面价值和相关税费后的金额计入当期损益。此外，企业因其他原因，如非货币性资产交换等而减少投资性房地产，也属于投资性房地产的处置。

（一）采用成本模式计量的投资性房地产的处置

处置采用成本模式进行后续计量的投资性房地产时，应当按实际收到的金额，借记“银行存款”等科目，贷记“其他业务收入”科目；按该项投资性房地产的账面价值，借记“其他业务成本”科目，按其账面余额，贷记“投资性房地产”科目，按照已计提的折旧或摊销，借记“投资性房地产累计折旧（摊销）”科目，原已计提减值准备的，借记“投资性房地产减值准备”科目。

【例 8-16】北方公司将其出租的一栋厂房确认为投资性房地产。租赁期届满后，北方公司将该厂房出售给乙公司，合同价款为 190 000 000 元，乙公司已用银行存款付清。假设这栋厂房原采用成本模式计量。出售时，该栋厂房的成本为 180 000 000 元，已计提折旧 20 000 000 元，不考虑相关税费。其账务处理如下。

借：银行存款　　190 000 000

　　贷：其他业务收入　　190 000 000

借：其他业务成本　　160 000 000

　　投资性房地产累计折旧　　20 000 000

　　贷：投资性房地产——写字楼　　180 000 000

（二）采用公允价值模式计量的投资性房地产的处置

处置采用公允价值模式计量的投资性房地产，应当按实际收到的金额，借记“银行存款”等科目，贷记“其他业务收入”科目；按该项投资性房地产的账面余额，借记“其他业务成本”科目，按其成本，贷记“投资性房地产——成本”科目，按其累计公允价值变动，贷记或借记“投资性房地产——公允价值变动”科目。同时结转投资性房地产累计公允价值变动。若存在原转换日计入资本公积的金额，也一并结转。

【例 8-17】北方公司为一家房地产开发企业，2011 年 3 月 10 日，北方公司与 B 企业签订了租赁协议，将其开发的一栋写字楼出租给乙企业使用，租赁期开始日为2011年4月10日。2011年4月10日，该写字楼的账面余额为45 000万元，公允价值为46 000万元。2011年12月31日，该项投资性房地产的公允价值为47 000万元。2012年6月租赁期届满，北方公司收回该项投资性房地产，并以50 000万元出售，出售款项已收讫。北方公司采用公允价值模式计量，不考虑相关税费。其账务处理如下。

（1）2011年4月10日，存货转换为投资性房地产。

借：投资性房地产——成本　　460 000 000

　　贷：开发产品　　450 000 000

　　资本公积——其他资本公积　　10 000 000

（2）2011年12月31日，公允价值变动。

借：投资性房地产——公允价值变动　　10 000 000

　　贷：公允价值变动损益　　10 000 000

（3）2012年6月，出售投资性房地产。

借：银行存款　　500 000 000

　　公允价值变动损益　　10 000 000

　　资本公积——其他资本公积　　10 000 000

　　其他业务成本　　450 000 000

　　贷：投资性房地产——成本　　460 000 000

　　　　——公允价值变动　　10 000 000

　　　其他业务收入　　500 000 000

小贴士

企业应当在附注中披露与投资性房地产有关的下列信息

（1）投资性房地产的种类、金额和计量模式；

（2）采用成本模式，投资性房地产折旧或摊销，以及减值准备计提情况；

（3）采用公允价值模式的，公允价值确定依据和方法，以及公允价值变动对损益影响；

（4）房地产转换情况、理由，以及对损益或所有者权益的影响；

（5）当期处置的投资性房地产及其对损益的影响。

复习思考题

一、单项选择题

1. 下列关于投资性房地产核算的表述中，正确的是（　　）。

　A. 采用成本模式计量的投资性房地产不需要确认减值损失

B. 采用公允价值模式计量的投资性房地产可转换为成本模式计量

C. 采用公允价值模式计量的投资性房地产，公允价值的变动金额应计入资本公积

D. 采用成本模式计量的投资性房地产，符合条件时可转换为公允价值模式计量

2. 企业出售、转让、报废投资性房地产时，应当将所处置投资性房地产的账面价值计入（ ）。

A. 其他业务成本　　B. 公允价值变动损益

C. 营业外支出　　D. 资本公积

3. 企业将作为存货的商品房转换为采用公允价值模式后续计量的投资性房地产时，商品房公允价值高于账面价值的差额应当计入的项目是（ ）。

A. 资本公积　　B. 投资收益

C. 营业外收入　　D. 公允价值变动损益

4. 某企业的投资性房地产采用成本计量模式。2011 年 1 月 1 日，该企业将一项投资性房地产转换为固定资产。该投资性房地产的账面余额为 100 万元，已提折旧 20 万元，已经计提的减值准备为 10 万元。该投资性房地产的公允价值为 75 万元。转换日“固定资产”的入账价值为（ ）万元。

A. 100　　B. 80　　C. 70　　D. 75

5. 某企业的投资性房地产采用公允价值计量模式。2011 年 1 月 1 日，该企业将一项固定资产转换为投资性房地产。该固定资产的账面余额为 100 万元，已提折旧 20 万元，已经计提的减值准备为 10 万元。当日该投资性房地产的公允价值为 75 万元。转换日投资性房地产的入账价值为（ ）万元。

A. 100　　B. 80　　C. 70　　D. 75

6. 下列项目不属于投资性房地产的是（ ）。

A. 已出租的建筑物

B. 持有并准备增值后转让的房屋建筑物

C. 已出租的土地使用权

D. 持有并准备增值后转让的土地使用权

7. 甲公司 2007 年 12 月将自用固定资产转为投资性房地产并采用成本模式计量，转换日该固定资产的原值为 5 000 万元，累计折旧为 1 000 万元，减值准备为 500 万元，则转入“投资性房地产累计折旧”科目金额为（ ）万元。

A. 1 000　　B. 1 500　　C. 5 000　　D. 3 500

二、多项选择题

1. 下列各项中，属于投资性房地产的有（ ）。

A. 已出租的建筑物　　B. 待出租的建筑物

C. 已出租的土地使用权　　D. 以经营租赁方式租入后再转租的建筑物

2. 下列关于投资性房地产的后续计量的表述中，正确的有（ ）。

A. 采用公允价值模式进行后续计量的不允许再采用成本模式计量

B. 采用公允价值模式进行后续计量的投资性房地产，不应计提折旧或摊销

C. 采用公允价值模式进行后续计量的投资性房地产，应当计提减值准备

D. 采用成本模式进行后续计量的投资性房地产，按月计提的折旧或进行的摊销应计入管理费用

3. 下列各项中，不属于投资性房地产的有（　　）。

A. 企业出租给本企业职工居住的房屋

B. 企业拥有并自行经营的旅馆

C. 企业自用的办公楼、生产车间厂房

D. 房地产开发企业准备出售的楼盘

4. 下列各项中，不属于投资性房地产确认条件的是（　　）。

A. 投资性房地产是指为赚取租金或资本增值，或者两者兼有而持有的房地产

B. 与该投资性房地产有关的经济利益很可能流入企业

C. 该投资性房地产的成本能够可靠地计量

D. 投资性房地产属于有形资产

5. 以下关于投资性房地产后续支出的表述，正确的有（　　）。

A. 投资性房地产的后续支出均应计入当期损益

B. 投资性房地产的后续支出应区分费用化支出和资本化支出

C. 投资性房地产费用化的后续支出直接计入其他业务成本

D. 投资性房地产资本化的后续支出应计入投资性房地产成本

6. 关于投资性房地产转换日的确定，下列说法中正确的有（　　）。

A. 作为存货的房地产改为出租，或者自用建筑物或土地使用权停止自用改为出租，其转换日为租赁期开始日

B. 投资性房地产转为自用房地产，其转换日为房地产达到自用状态，企业开始将房地产用于生产商品、提供劳务或者经营管理的日期

C. 自用土地使用权停止自用，改用于资本增值，其转换日为自用土地使用权停止自用后确定用于资本增值的日期

D. 作为存货的房地产改为出租，或者自用建筑物或土地使用权停止自用改为出租，其转换日为承租人支付的第一笔租金的日期

7. 采用公允价值模式计量的投资性房地产，下列正确的表述有（　　）。

A. 投资性房地产所在地有活跃的房地产交易市场

B. 所在地通常是指投资性房地产所在的城市，对于大中城市，应当具体化为投资性房地产所在的城区

C. 企业能够从活跃的房地产交易市场上取得同类或类似房地产的市场价格及其他相关信息，从而对投资性房地产的公允价值做出科学、合理的估计

D. 同类或类似的房地产，对建筑物而言，是指所处地理位置和地理环境相同、性质相同、结构类型相同或相近、新旧程度相同或相近、可使用状况相同或相近的建筑物

三、判断题

1. 已采用公允价值模式计量的投资性房地产，不得从公允价值计算模式转为成本计量模式。（ ）

2. 企业将自行建造的房地产达到预定可使用状态时开始自用，之后改为对外出租，应当在该房地产达到预定可使用状态时确认为投资性房地产。（ ）

3. 投资性房地产在用途、状态、目的等方面区别于作为生产经营场所的房地产和用于销售的房地产。（ ）

4. 与投资性房地产有关的后续支出，应当在发生时计入当期损益。（ ）

5. 采用公允价值模式对投资性房地产进行后续计量，取得的租金收入，借记“银行存款”等科目，贷记“投资收益”科目。（ ）

6. 处置投资性房地产时，与处置固定资产和无形资产的核算方法相同，其处置损益均计入营业外收入或营业外支出。（ ）

四、案例分析题

北方公司为增值税一般纳税人，适用的增值税税率为17%，不考虑除增值税以外的其他税费。北方公司对投资性房地产采用成本模式计量。该公司有关房地产的相关业务资料如下。

（1）2009 年 12 月，北方公司自行建造的办公大楼达到了预定可使用状态并投入使用。该办公楼建造总成本为 2 000 万元，预计使用寿命为 20 年，预计净残值为 0，采用直线法计提折旧。

（2）2010 年 12 月 31 日，北方公司与乙公司签订了租赁协议，将该办公大楼经营租赁给乙公司，租赁期为 5 年，年租金为 250 万元，租金于每年年末支付。租赁期开始日为 2011 年 1 月 1 日。

（3）2012 年 1 月 1 日，投资性房地产满足公允价值计量的条件，北方公司决定对投资性房地产采用公允价值模式计量。当日，北方公司出租给乙公司的该栋办公大楼的公允价值为 2 200 万元。

（4）2012 年 12 月 31 日，该建筑物的公允价值为 2 300 万元。

（5）2013 年 1 月 1 日，由于北方公司资金紧张，北方公司与乙公司协商后决定，将该建筑物出售给乙公司，售价为 2 400 万元。

要求：

（1）编制北方公司 2009 年的有关会计分录；

（2）编制北方公司 2011 年的有关会计分录；

（3）编制北方公司 2012 年应做的账务处理；

（4）编制北方公司 2013 年年初出售该项投资性房地产应做的账务处理。

（单位为万元，计算结果保留两位小数）

学习情境九　流动负债

学习目标

本学习情境阐述流动负债的确认、计量与核算的基本知识。

通过本学习情境的学习，应该掌握以下内容。

1. 掌握短期借款、应付票据、应付账款和预收账款的核算。
2. 掌握应付职工薪酬的核算内容及核算方法。
3. 掌握应交增值税、应交税费、应交营业税的核算。
4. 掌握应付股利、其他应付款的核算。

情境导航

风水轮流转，我们也会欠人钱——企业的负债；通融才能融通——短期融通资金，形成应付账款、应付票据、短期借款等信用借款。“肥了”企业，别忘员工——应付职工工资及福利。“税税”才可平安——别忘了应交税金。如此形成企业的短期负债，也形成企业的资金来源。其有利于企业日常经营顺利进行，同时，也会带来企业的一项负担，应付利息。为此，要加强核算和管理。

模块一　短期借款

一、短期借款定义

短期借款是企业向银行或其他金融机构借入的，偿还期限在一年或超过一年的一个营业周期内的各种借款，短期借款一般是企业为维持正常的生产经营所需要的资金或为抵偿某项债务而借入款项。其债权人一般是银行或其他金融机构。

二、短期借款的核算

为了总括反映和监督企业短期借款的取得和归还情况，应设置“短期借款”科目。该科目的贷方登记借入的借款本金；借方登记已归还的借款本金，期末余额在贷方，反映企业尚未偿还的短期借款的本金。

企业借入短期借款时，应借记“银行存款”科目，贷记“短期借款”科目；归还时做相反的分录，即：贷记“银行存款”科目，借记“短期借款”科目。企业在记账时，应按实际借款的种类和贷款人对“短期借款”科目进行明细核算。

短期借款利息的处理如下。

（1）如果短期借款的利息是按季或半年支付的，或者利息是在借款到期时连同本金一起归还，并且数额较大的，为了正确计算各期的盈亏，一般按月计提计入“财务费用”科目借方，贷记“应付利息”科目，短期借款到期当月利息直接支付。

（2）如果短期借款的利息是按月支付的，或者利息是在借款到期时连同本金一起归还但是数额不大的，应在实际支付或收到银行的计息通知时，直接计入当期损益（财务费用）。

【例 9-1】 北方公司于 2012 年 1 月 1 日向银行借入一笔生产经营用短期借款，共计 240 000 元，期限为 9 个月，年利率为 4%。根据与银行签署的借款协议，利息按月计提，到期后一次还本付息。北方公司应编制如下会计分录：

（1）1 月 1 日借入短期借款。

借：银行存款　　240 000

　　贷：短期借款　　240 000

（2）1 月末，计提 1 月份应计利息。

借：财务费用　　800

　　贷：应付利息　　800

本月应计提的利息=240 000 × 4% ÷ 12=800（元）

其他月份计提利息会计处理同上。

（3）10 月 31 日偿还银行借款本金及利息。

借：短期借款　　240 000

　　应付利息　　72 000

　　贷：银行存款　　312 000

如果上述借款是按月支付利息，到期归还本金，每月支付利息时则会计分录如下：

借：财务费用　　800

　　贷：银行存款　　800

模块二 应付票据

一、应付票据的内容

应付票据是由出票人出票，委托付款人在指定日期无条件支付确定的金额给收款人或者持票人的票据。应付票据也是委托付款人允诺在一定时期内支付一定款额的书面证明。它包括商业承兑汇票和银行承兑汇票。

应付票据按是否带息分为带息应付票据和不带息应付票据两种。

（一）带息应付票据的处理

由于我国商业汇票期限较短，在期末，通常对尚未支付的应付票据计提利息，计入当期财务费用；票据到期支付票款时，尚未计提的利息部分直接计入当期财务费用。

（二）不带息应付票据的处理

不带息应付票据的面值就是票据到期时的应付金额。

二、应付票据的核算

为了总括反映和监督企业商业汇票结算的情况，应设置“应付票据”科目，核算企业购买材料、商品和接受劳务供应等而开出、承兑的商业汇票。该科目的贷方登记企业开出并承兑的商业汇票的面值；借方登记支付商业汇票的票款或商业汇票到期、转出的金额；期末余额在贷方，反映企业尚未到期的商业汇票的票面金额。企业开出、承兑商业汇票时，借记“在途物资”、“原材料”、“应交税费”、“应付账款”、“应交税费——应交增值税（进项税额）”等账户，贷记“应付票据”账户；支付银行承兑汇票手续费时，借记“财务费用”账户，贷记“银行存款”账户；汇票到期接到银行的通知付款时，借记“应付票据”账户，贷记“银行存款”账户。

如企业开出的为带息应付票据，应根据票据的存续期间和票面利率计算应付利息，并相应增加应付票据的账面价值，即借记“财务费用”科目，贷记“应付票据”科目。票据到期支付本息时，按应付票据账面余额，借记“应付票据”科目，同时将未提的利息借记“财务费用”科目；按支付的实际金额，贷记“银行存款”科目。

到期不能支付的带息应付票据，若为商业承兑汇票，按应付票据的账面余额，转入“应付账款”科目核算后，期末时不再计提利息；若为银行承兑汇票，承兑银行垫支后对付款人的应付票据金额作逾期贷款处理，并计收罚息，在接到银行转来的“××号汇票无款支付转入逾期贷款户”等有关凭证时，借记“应付票据”科目，贷记“短期借款”科目，对于计收的利息按短期借款的处理办法处理。

此外，企业应当设置“应付票据备查簿”，详细登记每一应付票据的种类、号数、签发日期、到期日、票面金额、票面利率、合同交易号、收款人姓名或单位名称，以及付款日期和金额等资料。应付票据到期结清时，应当在备查簿内逐笔注销。

【例 9-2】北方公司于 2012 年 11 月 1 日从 A 企业购入原材料一批，其价款为 50 000 元，增值税税款为 8 500 元，该公司同时出具一张期限为 3 个月的不带息票据。其账务处理如下。

（1）2012 年 11 月1 日购入材料。

借：原材料 50 000

应交税费——应交增值税（进项税额） 8 500

贷：应付票据 58 500

（2）2013 年 2 月1 日到期付款。

借：应付票据 58 500

贷：银行存款 58 500

【例 9-3】北方公司于 2012 年 11 月 1 日从 A 企业购入原材料一批，其价款为 50 000 元，增值税税款为 8 500 元，该公司同时出具一张期限为 3 个月的带息票据，年利率为 12%。其账务处理如下：

（1）2012 年 11 月1 日购入材料。

借：原材料 50 000

应交税费——应交增值税（进项税额） 8 500

贷：应付票据 58 500

（2）2012 年 12 月 31 日，计提两个月的利息费用（58 500 × 12 % × 2/12 = 1 170（元））。

借：财务费用 1 170

贷：应付票据 1 170

（3）2011 年 2 月 1 日到期付款。

借：财务费用——利息支出 585（58 500 × 12 % × 1/12 = 585）

应付票据 59 670（58 500+1 170）

贷：银行存款 60 255

【例 9-4】 北方公司 2012 年 9 月 5 日采用商业承兑汇票从 M 公司购入 A 材料一批，价款 100 000 元，增值税税额 17 000 元。A 材料已验收入库，按实际成本进行日常核算。北方公司采用不带息银行承兑汇票付款，期限为 3 个月，并以银行存款支付承兑手续费 100 元；在银行承兑汇票到期时，北方公司无力支付票款，并已接到银行转来的“× × 号汇票无款支付转入逾期贷款户”等有关凭证。其账务处理如下：

（1）以商业承兑汇票抵付货款。

借：原材料——A 材料 100 000

应交税费——应交增值税（进项税额） 17 000

贷：应付票据——M 公司 117 000

（2）支付银行承兑手续费。

借：财务费用 100

贷：银行存款 100

（3）票据到期，无力支付票款。

借：应付票据——M 公司　　117 000

　　贷：短期借款　　117 000

模块三　应付账款及预收账款

一、应付账款

（一）应付账款的概念

应付账款是企业因购买材料、商品或接受劳务供应等业务，应向供应单位支付的款项，是买卖双方在购销活动中由于取得物资与支付货款在时间上不一致而产生的负债。

（二）应付账款的入账时间及价值

应付账款入账时间的确定应以所购买物资的所有权转移或接受的劳务已发生为标志，即在企业取得所购买物资的所有权或已接受劳务时确认应付账款。

在实际工作中，一般是区别下列情况进行处理。

（1）在物资和发票账单同时到达的情况下，应付账款一般待物资验收入库后，才按发票账单登记入账，这主要是为了确认所购入的物资是否在质量、数量和品种上都与合同上订明的条件相符，以免因先入账而在验收入库时发现购入物资错、漏、破损等问题再行调账，在会计期末仍然未完成验收的，则应先按合理估计金额将物资和应付债务入账，事后发现问题再行更正。

（2）在物资和发票账单未同时到达的情况下，由于应付账款需要根据发票账单登记入账，有时货物已到，发票账单要间隔较长时间才能到达，因这笔负债已经成立，应作为一项负债反映。为在资产负债表上客观反映企业所拥有的资产和承担的债务，在实际工作中采用在月份终了将所购物资和应付债务估计入账，待下月初再用红字予以冲回的办法。因购买商品等而产生的应付账款，应设置“应付账款”科目进行核算，用以反映这部分负债的价值。

（三）应付账款的核算

为了总括反映和监督企业应付账款的结算情况，应设置“应付账款”科门，核算企业购买材料、商品和接受劳务供应等应支付的款项。该科目应按债权人设置明细账户进行明细分类核算。贷方登记企业应付的款项；借方登记已支付的款项；期末余额在贷方，反映企业应付未付的款项。

1. 不涉及现金折扣的应付账款的核算

企业购入的材料、商品等已验收入库，但货款尚未支付，应根据有关凭证，借记“原材料”等科目，按可抵扣的增值税税额，借记“应交税费——应交增值税（进项税额）”科目；贷记“应付账款”科目。如为接受劳务而未付的款项，应借记“生产成本”、“管理费用”等科目。

【例 9-5】2012 年 8 月，北方公司从 A 公司购进原材料一批，增值税专用发票上注明价款 200 000 元，增值税税额 34 000 元，款项未支付。该批材料已验收入库，企业按实际成本进行日常核算。其账务处理如下。

借：原材料　　200 000
　　应交税费——应交增值税（进项税额）　　34 000
　　贷：应付账款——A 公司　　234 000

【例 9-6】2012 年 9 月，北方公司供电车间接受乙单位提供的修理服务，增值税专用发票上注明价款 1 000 元，增值税 170 元，价款和税款均未支付。其账务处理如下：

借：生产成本　　1 000
　　应交税费——应交增值税（进项税额）　　170
　　贷：应付账款——乙单位　　1 170

2. 涉及现金折扣的应付账款的核算

涉及现金折扣的应付账款的核算，按发票上记载的应付金额的总价，不扣除折扣的价格记账。偿还货款时根据取得现金折扣的情况入账。若不在折扣期还款，处理同上述业务的会计处理；若在折扣期还款，取得的折扣冲减“财务费用”。

【例 9-7】北方公司于 2012 年 10 月 1 日向 N 公司赊购材料一批，专用发票上列明材料价款 100 000 元，增值税税额 17 000 元，共计 117 000 元，现金折扣的条件为 1/10、N/30（不对增值税部分折扣）,原材料已经验收入库。设北方公司采用实际成本对原材料进行核算。北方公司于 10 月 9 日和 10 月 30 日各付款 50%，其会计处理如下：

（1）10 月 1 日登记入账。

借：原材料　　100 000
　　应交税费——应交增值税（进项税额）　　17 000
　　贷：应付账款——N 公司　　117 000

（2）10 月 9 日，折扣期内付款 50%。

借：应付账款——N 公司　　58 500(50 000+8 500)
　　贷：银行存款　　58 000
　　　　财务费用　　500

（3）10 月 30 日，折扣期外付款 50%。

借：应付账款——N 公司　　58 500(50 000+8 500)
　　贷：银行存款　　58 500

二、预收账款

（一）预收账款的概念

预收账款是买卖双方协议商定，由购货方预先支付一部分货款给供应方而发生的一项负债。预收账款一般包括预收的货款和预收的购货定金。作为流动负债，预收账款与应付账款不同，它所形成的负债不是以货币偿付，而是以货物偿付，即要求企业在短期内以某种商品、提供劳务或服务来抵偿。只有企业履行合同发货或提供劳务后，才能将预收账款转入营业收入。

（二）预收账款的核算

若企业预收货款业务较多，可设置“预收账款”账户核算，贷方核算预收的货款和补收的货款，借方核算应收的货款和退回多收的货款，期末贷方余额表示尚未结清的预收款项，借方余额则表示应收款项。若预收货款业务较少，也可不设置“预收账款”账户，而改由“应收账款”账户反映。

企业按规定向购买方预收的款项，借记“银行存款”科目，贷记“预收账款”科目；销售实现时，按实际的收入和应交的增值税销项税额，借记“预收账款”科目，按照实现的营业收入，贷记“主营业务收入”，按照增值税专用发票上注明的增值税税额，贷记“应交税费——应交增值税（销项税额）”等科目。收到购买方补交的货款，借记“银行存款”科目，贷记“预收账款”科目；退还多收的货款时，借记“预收账款”科目，贷记“银行存款”科目。

【例 9-8】北方公司为增值税一般纳税人。2012 年 6 月 3 日，北方公司与乙公司签订供货合同，向乙公司出售产品一批，货款金额共计 200 000 元，应交增值税 34 000 元。根据购货合同的规定，乙公司在购货合同签订后 1 周内，应当向北方公司预付货款 120 000 元，剩余货款在交货后付清。2012 年 6 月 9 日，北方公司收到乙公司预付货款 120 000 元存入银行，6 月 19 日，北方公司将货物发运到乙公司并开具增值税专用发票，乙公司验收货物后付清了剩余货款。北方公司应编制会计分录如下：

（1）收到乙公司预付的货款。

借：银行存款　　120 000

　　贷：预收账款——乙公司　　120 000

（2）向乙公司发出货物。

借：预收账款——乙公司　　234 000

　　贷：主营业务收入　　200 000

　　　　应交税费——应交增值税（销项税额）　　34 000

（3）收到乙公司补付的货款。

借：银行存款　　114 000

　　贷：预收账款　　114 000

假设北方公司不设置“预收账款”科目，其预收的款项通过“应收账款”科目核算。北方公司应编制会计分录如下。

（1）收到乙公司预付的货款。

借：银行存款　　120 000

　　贷：应收账款——乙公司　　120 000

（2）向乙公司发出货物。

借：应收账款——乙公司　　234 000

　　贷：主营业务收入　　200 000

　　　　应交税费——应交增值税（销项税额）　　34 000

（3）收到乙公司补付的货款。

借：银行存款 114 000

贷：应收账款——乙公司 114 000

模块四 应交税费

企业在一定时期内取得的营业收入和实现的利润，要按规定向国家缴纳税费。企业应缴纳的税费主要有增值税、营业税、消费税、所得税、城市维护建设税、房产税、车船使用税、土地增值税、土地使用税、印花税、资源税等。除印花税与耕地占用税外，其他税金一般需要预计应交数额，并与税务部门发生清算或结算关系，因此形成企业的流动负债。

企业应通过“应交税费”科目，总括反映各种税费的缴纳情况，并按照应交税费项目进行明细核算。印花税、耕地占用税等由于不需要预计应交数额，因此不通过“应交税费”科目核算。

一、增值税

（一）增值税的概念

增值税是指对在我国境内销售货物，提供加工、修理修配劳务以及进口货物的单位和个人，就其应税货物和应税劳务的增值额计算征收的一种流转税。增值税的纳税人是指在我国境内销售货物，提供加工、修理修配劳务以及进口货物的单位和个人。增值税的纳税人分为一般纳税人和小规模纳税人两种。

小贴士

一般纳税人和小规模纳税人的区分

凡是应征增值税销售额在规定标准（工业为 50 万元，其他企业为 80 万元）以上的从事货物生产或者以提供劳务为主，兼营货物批发或零售的纳税人，一般认定为一般纳税人，在规定标准以下的，一般认定为小规模纳税人。

（二）一般纳税人增值税的计算

一般纳税人当期应纳增值税额的计算公式为：

应纳增值税额=当期销项税额-当期进项税额

其中，“当期销项税额”是指纳税人依据当期销售货物或提供应税劳务实现的应税销售额，乘以适用税率计算得出并应向购买方收取的增值税税额。即，

当期销项税额=应税销售额 × 适用税率

“应税销售额”是指纳税人销售货物或应税劳务从购买方收取的全部价款和价外费用。价外费用包括向购买方收取的手续费、补贴、基金、集资费、返还利润、奖励费、违约金、包装费、包

装物租金、储备费、优质费、运输装卸费、代收款项、代垫款项及各种性质的价外收费。

“当期进项税额”是指纳税人购进货物或接受应税劳务所支付或者负担的增值税额。准予从销项税额中抵扣的进项税额有以下几种。

（1）从销售方取得的增值税专用发票上注明的增值税额。

（2）从海关取得的完税凭证上注明的增值税额。

（3）购进免税农产品，按买价乘以 13%的扣除率计算的进项税额。

（4）一般纳税人销售和外购货物所支付的运输费用，根据运输结算单所列金额乘以 7%的扣除率计算的进项税额。

对于纳税人购进的货物或应税劳务，未按规定取得并保存增值税扣税凭证或者增值税扣税凭证上未按照规定注明增值税税额及其他有关事项的，其进项税额不得从销项税额中抵扣。

另外，企业用于非应税项目而购进的货物或者应税劳务，用于免税项目而购进的货物或者应税劳务，用于集体福利或者个人消费而购进的货物或者应税劳务，小规模纳税人购进的货物或应税劳务，其进项税额均不得从销项税额中扣除。

为了反映和监督增值税的计算和缴纳情况，会计上应设置“应交税费”一级会计科目，下设“应交增值税”和“未交增值税”两个二级科目。

“应交税费——应交增值税”科目下，设置“进项税额”、“已交税金”、“销项税额”、“出口退税”、“进项税额转出”、“转出多交增值税”、“转出未交增值税”、“减免税款”、“出口抵减内销产品应纳税额”等多个专栏，如表 9-1 所示。

表 9-1　应交税费——应交增值税项下明细账

年		凭证		摘要	借方						贷方					借或贷	余额
月	日	种类	编号		合计	进项税额	已交税金	减免税款	出口抵减内销产品应纳税额	转出未交增值税	合计	销项税额	出口退税	进项税额转出	转出多交增值税		

1. 进项税额的会计处理

（1）一般购买业务进项税额的会计处理。纳税人从国内采购货物，应按增值税专用发票上注明的增值税税额加上按运费额的 7%计算得出的进项税额之和，借记“应交税费——应交增值税（进项税额）”科目；按照增值税专用发票上注明的货物价款加上运费单上扣除 7%进项税后的运费再加上其他应计入采购成本的费用之合计金额，借记“在途物资”或“原材料”、“低值易耗品”、“包装物”、“制造费用”、“管理费用”、“其他业务成本”等科目；按应付或实际已付的总额，贷记“应付账款”、“应付票据”、“银行存款”、“库存现金”等科目。

【例 9-9】北方公司为一般纳税人，购进材料按实际成本计价。2012 年 1 月 1 日购入甲材料 8 000 千克，2 元/千克，增值税专用发票上注明价款为 16 000 元，增值税税额为 2 720 元，甲材料的运费为 1 000 元，取得普通发票。装卸及运输保险费为 200 元。款项全部以银行存款支付。

甲材料的进项税额=2720+1 000×7%=2790（元）

甲材料的采购成本 = 16 000+1 000×(1−7%)+200=17 130（元）

其会计处理如下：

借：原材料	17 230
应交税费——应交增值税（进项税额）	2 790
贷：银行存款	19 920

（2）购进免税农产品的会计处理。企业购进免税农业产品，按购进农产品的买价乘以 13%的扣除率计算进项税额，借记“应交税费——应交增值税（进项税额）” 科目；按买价扣除进项税额后的余额，借记“原材料”等相关科目；按应付或实际支付的价款贷记“应付账款”等相关科目。

【例 9-10】 北方公司 1 月 8 日购进免税农副产品一批，已验收入库，购进价为 20 000 元，货款以银行存款支付。

农副产品应抵扣的进项税额=20 000×13%=2 600

农副产品的入账价值=20 000×(1−13%）=17 400

其会计处理如下：

借：原材料	17 400
应交税费——应交增值税（进项税额）	2 600
贷：银行存款	20 000

（3）不予抵扣项目的会计处理。企业用于非应税项目的购进货物或者应税劳务等不允许抵扣进项税额。在购入时就能认定不予抵扣的，如购入的货物用于集体福利或个人消费等，在会计处理时，将货物的价格以及增值税税额一并计入货物或劳务的成本。对于购入货物时按照增值税会计处理方法已经记入“应交税费——应交增值税（进项税额）”科目，但是这部分购入货物以后用于按规定不得抵扣进项税额的项目的，应将原进项税额通过“应交税费——应交增值税（进项税额转出）”科目转入到相关的“在建工程”、“应付职工薪酬”、“待处理财产损益”等科目。

【例 9-11】 北方公司 2 月份从 A 服装公司购入服装一批，不含税单价为 100 元／套，其中有 100 套用于发给职工作为福利，另有 900 套用于销售。取得的增值税专用发票上注明的价款为 100 000 元，增值税税款为 17 000 元，款项共计 117 000 元，款项以银行存款支付。其会计分录如下。

借：库存商品	90 000
应付职工薪酬	11 700（100×100×（1+17%））
应交税费——应交增值税（进项税额）	15 300（100×900×17%）
贷：银行存款	117 000

【例 9-12】北方公司因建造厂房领用生产材料 10 000 元，其购入时支付的增值税为 1 700 元，其会计处理如下：

借：在建工程　　11 700

　　贷：原材料　　20 000

　　　　应交税费——应交增值税（进项税额转出）　　3 400

按税法规定用于在建工程的购进货物不予抵扣进项税额，因此要将已计入进项税额的部分转出。

2. 销项税额的会计处理

（1）向国内销售货物或提供应税劳务的会计处理。企业向国内销售货物或提供应税劳务，不管是否开出增值税专用发票，均按照实现的销售收入和按规定收取的增值税税额，借记“银行存款”“应收账款”等相关科目；按照规定收取的增值税税额，贷记“应交税费——应交增值税（销项税额）”科目；按实现的销售收入，贷记“主营业务收入”等相关科目。

【例 9-13】北方公司 2 月 8 日销售产品一批，销售收入为 100 000 元，向购货方开出的增值税专用发票上注明的增值税税额为 17 000 元，无消费税，款项尚未收到。其会计处理如下：

借：应收账款　　117 000

　　贷：主营业务收入　　100 000

　　　　应交税费——应交增值税（销项税额）　　17 000

（2）企业发生视同销售业务的会计处理。企业发生视同销售业务，虽未曾取得收入，但应按规定计算增值税销项税额。核算时，按其税额和成本借记“在建工程”“长期投资”“应付职工薪酬”、“营业外支出”等相关科目；按其税额贷记“应交税费——应交增值税（销项税额）”；按其成本，贷记“库存商品”等相关科目。

【例 9-14】北方公司 1 月 18 日将自产的市场价值为 20 000 元、成本为 15 000 元的产品用于本公司的基建工程。

上述经济行为为税法规定的视同销售行为，应按其适用的增值税税率计算销项税额。记入“在建工程”的金额 = 15 000+20 000 × 17%=18 400 元，其账务处理如下：

借：在建工程　　18 400

　　贷：库存商品　　15 000

　　　　应交税费——应交增值税（销项税额）　　3 400

3. 未交增值税的会计处理

企业应在“应交税费”科目下设置“未交增值税”明细科目，核算企业月份终了从“应交税费——应交增值税”科目转入的当月未交或多交的增值税；同时，在“应交税费——应交增值税”科目下设置“转出未交增值税”和“转出多交增值税”专栏。月份终了，企业计算出当月应交未交的增值税，借记“应交税费——应交增值税（转出未交增值税）”科目，贷记“应交税费——未交增值税”科目；当月多交的增值税，借记“应交税费——未交增值税”科目，贷记“应交税费——应交增值税（转出多交增值税）”科目。经过结转后，月份终了，“应交税费——应交增值税”明细账没有余额，“应交税费——未交增值税”贷方余额反映企业欠交的增值税，借方余额反映企业尚未抵扣的增值税。

本月上交上期应交未交的增值税，借记“应交税费——未交增值税”科目，贷记“银行存款”

科目。

【例 9-15】北方公司为增值税一般纳税人，适用的增值税税率为 17%，材料采用实际成本进行日常核算。该公司 5 月份发生如下涉及增值税的经济业务。

（1）购买原材料一批，增值税专用发票上注明价款为 600 000 元，增值税税额为 102 000 元，公司已开出承兑商业汇票。该原材料已验收入库。

（2）销售产品一批，销售价格为 2 000 000 元（不含增值税税额），实际成本为 1 600 000 元，提货单和增值税专用发票已交购货方，货款尚未收到。该销售符合收入确认条件。

（3）在建工程领用原材料一批，该批原材料实际成本为 300 000 元，应由该批原材料负担的增值税税额为 51 000 元。

（4）月末盘亏原材料一批：该批材料的实际成本为 100 000 元，增值税税额为 17 000 元。

（5）用银行存款交纳本月增值税税额 25 000 元。

（6）月末将本月应交未交增值税转入未交增值税明细科目。

根据上述资料，北方公司应做会计处理如下：

（1）借：原材料	600 000	
应交税费——应交增值税（进项税额）	102 000	
贷：应付票据		702 000
（2）借：应收账款	2 34 0000	
贷：主营业务收入		2 000 000
应交税费——应交增值税（销项税额）		340 000
借：主营业务成本	1 600 000	
贷：库存商品		1 600 000
（3）借：在建工程	351 000	
贷：原材料		300 000
应交税费——应交增值税（进项税额转出）		51 000
（4）借：待处理财产损益——待处理流动资产损益	117 000	
贷：原材料		100 000
应交税费——应交增值税（进项税额转出）		17 000
（5）借：应交税费——应交增值税（已交税金）	25 000	
贷：银行存款		25 000
（6）借：应交税费——应交增值税（转出未交增值税）	281 000	
贷：应交税费——未交增值税		281 000

据此计算出：北方公司 5 月份发生的销项税额=340 000（元）

5 月份应交增值税税额=340 000+51 000+17 000−102 000=306 000（元）

5 月份应交未交的增值税税额=306 000−25 000=281 000（元）

（三）增值税小规模纳税人的会计核算

小规模纳税人按销售额和规定税率计算的应纳税额，不得用进项税额抵扣。

小规模纳税人只要核算增值税的应交数、已交数、欠交数或多交数即可，因此可在“应交税费”科目下设置“应交增值税”明细科目，并采用“借、贷、余”三栏式账页记账。该明细账户的借方记录已缴纳的增值税，贷方记录应缴纳的增值税。月末如有借方余额，即为多交的增值税；如为贷方余额，即为欠交的增值税。

（1）小规模纳税人购进货物及接受应税劳务支付的增值税的会计核算。小规模纳税人由于实行简易定率征收的办法，其购入货物及接受应税劳务支付的增值税，应直接计入货物及劳务的成本，所以应按发票所列价款和税款合计数直接借记“原材料”等相关科目，贷记“银行存款”、“应付账款”等相关科目。

【例 9-16】北方公司为小规模纳税人，2012 年 3 月份从甲公司购进原材料一批，增值税专用发票上注明价款为 10 000 元，增值税税额为 1 700 元，材料已验收入库，款项尚未支付。其会计处理如下。

借：原材料　　11 700

　　贷：应付账款　　11 700

【解析】10 000 元买价和 1 700 元增值税都计入材料成本

（2）小规模纳税人销售货物及提供应税劳务的会计处理。小规模纳税人销售货物及提供应税劳务，能认真履行纳税义务的，经县（市）税务局批准，可由税务所代开增值税专用发票，不认真履行纳税义务的，不能代开增值税专用发票，只能开普通发票。

能代开增值税专用发票的，根据专用发票上注明的价款和税额合计借记“应收账款”等相关科目；根据专用发票注明的价款贷记“主营业务收入”等相关科目；根据专用发票上注明的税款，贷记“应交税费——应交增值税”科目。

开具普通发票的，由于是价税合并定价的，因此应当将发票上注明的总金额（含税价）依据小规模纳税人适用的征收率分解成税款和价款，按发票总金额借记“应收账款”等相关科目；按分解的不含税价款贷记“主营业务收入”等相关科目；按计算出的增值税额贷记“应交税费——应交增值税”科目。

应纳税额计算公式：应纳税额=应税销售额×征收率（小规模纳税人增值税征收率为 3%）

其中，应纳税额=含税销售额÷（1+征收率）

【例 9-17】北方公司为小规模纳税人，2012 年 6 月份销售 A 产品一批，由税务机关代开的增值税专用发票，发票上注明的价款为 200 000 元，增值税税额为 6 000 元。产品已发出，款项已收妥存入银行。其会计处理如下：

借：银行存款　　206 000

　　贷：主营业务收入　　200 000

　　　　应交税费——应交增值税　　6 000

【例 9-18】北方公司为小规模纳税人，2012 年 6 月份销售 A 产品给光明公司，开具普通发票一张，金额 206 000 元。产品已售出，款项已收妥并存入银行。其会计处理如下：

主营业务收入的入账金额=206 000/(1+3%)=200 000（元）

增值税=206 000−200 000

借：银行存款　　206 000

　　贷：主营业务收入　　200 000

　　　　应交税费——应交增值税　　6 000

由于开具的普通发票是价税合并定价的，要将 206 00 元的发票金额拆分为主营业务收入和应交税费两部分。

（四）营业税改征增值税试点企业增值税的账务处理

（1）营业税改征增值税试点城市。从 2012 年 1 月 1 日上海率先启动营改增试点以来，试点地区已扩大到北京、天津、江苏、浙江、宁波、安徽、福建、厦门、湖北、广东、深圳等 12 个省、直辖市、计划单列市。

（2）营业税改征增值税试点行业。这主要是交通运输业和部分现代服务业，如研发和技术服务、信息技术服务、文化创意服务、物流辅助服务、有形动产租赁服务、鉴证咨询服务。

（3）营业税改征增值税试点行业企业增值税税率。其设 11%和 6%两档较低税率（小规模纳税人 3%），分别适用于交通运输业和部分现代服务业。

试点纳税人差额征税的会计处理。

一般纳税人提供应税服务，试点期按照营业税改征增值税有关规定允许从销售额中扣除其支付给非试点纳税人价款的，应在“应交税费——应交增税”科目下增设“营改增抵减的销项税额”专栏，用于记录该企业因按规定扣减销售额而减少的销项税额；同时，“主营业务收入”、“主营业务成本”等相关科目应按经营业务的种类进行明细核算。

企业接受应税服务时，按规定允许扣减销售额而减少的销项税额，借记“应交税费——应交增值税（营改增抵减的销项税额）”科目，按实际支付或应付的金额与上述增值税额的差额，借记“主营业务成本”等科目，按实际支付或应付的金额，贷记“银行存款”、“应付账款”等科目。

对于期末一次性进行账务处理的企业，期末，按规定当期允许扣减销售额而减少的销项税额，借记“应交税费——应交增值税（营改增抵减的销项税额）”科目，贷记“主营业务成本”等科目。

【例 9-19】试点地区乙公司，取得全部货物运输收入（含税）444 万元；支付给非试点地区运输公司专用发票运费 111 万元。以上款项已经通过银行结算。对于一般纳税人，采取差额征税方法（税率为 11%）。其账务处理如下。

（1）取得收入时。

借：银行存款　　4 440 000

　　贷：主营业务收入　　4 000 000

　　　　应交税费——应交增值税（销项税额）　　440 000

（2）支付运费时。

借：主营业务成本　　1 000 000
　　应交税费——应交增值税（营改增抵减的销项税额）　　110 000
　　贷：银行存款　　1 110 000

二、消费税

（一）消费税的概念

为了正确引导消费方向，国家在普遍征收增值税的基础上，选择部分消费品，再征收一道消费税。消费税的征收方法采取从价定率和从量定额两种方法。

实行从价定率办法计征的应纳税额的税基为销售额（应纳税额=销售额×比例税率），如果企业应税消费品的销售额中未扣除增值税税款，或者因不能开具增值税专用发票而发生价款和增值税税款合并收取的，在计算消费税时，按公式“应税消费品的销售额=含增值税的销售额÷（1+增值税税率或征收率）”换算为不含增值税税款的销售额。

实行从量定额办法计征的应纳税额的销售数量是指应税消费品的数量；属于销售应税消费品的，为应税消费品的销售数量；属于自产自用应税消费品的，为应税消费品的移送使用数量；属于委托加工应税消费品的，为纳税人收回的应税消费品数量；进口的应税消费品，为海关核定的应税消费品进口征税数量，计算公式为：应纳税额＝销售数量×单位税额。

应税消费品目前为烟、酒及酒精、化妆品、贵重首饰及珠宝玉石、鞭炮焰火、成品油、汽车轮胎、摩托车、小汽车、高尔夫球及球具、高档手表、游艇、木制一次性筷子、实木地板等。

（二）消费税的核算

为了准确反映企业消费税应缴、已缴、欠缴等情况，需要缴纳消费税的企业应在“应交税费”科目下设置“应交消费税”明细科目进行核算。“应交消费税”明细科目的借方发生额反映企业实际缴纳的消费税和待抵扣的消费税；贷方发生额反映按规定应缴纳的消费税；期末贷方余额反映尚未缴纳的消费税；期末借方余额反映多缴或待抵扣的消费税。

缴纳消费税的企业，除设置“应交税费——应交消费税”科目外，还应设置“营业税金及附加”科目，本科目核算应由销售产品、提供劳务等负担的销售税金及其附加，包括消费税、营业税、城市维护建设税、资源税、土地增值税和教育费附加。

1. 销售应税消费品的会计处理

企业将生产的产品直接对外销售的，对外销售产品应缴纳的消费税，通过“营业税金及附加”科目核算。企业按规定计算出应交的消费税，借记“营业税金及附加”科目，贷记“应交税费——应交消费税”科目；上交时，借记“应交税费——应交消费税”科目，贷记“银行存款”科目。

【例 9-20】北方公司 2012 年 2 月销售汽油 5 000 升，汽油的不含税销售价格为 7 元/升，实际成本为 5 元/升；销售柴油 3 000 升，柴油的不含税销售价格为 6 元/升，实际成本为 4 元/升，款项已收妥并存入银行，（增值税税率为 17%，消费税税率：汽油为 1 元/升，柴油税额为 0.8 元/升）。该公司会计处理如下。

汽油应纳税额＝5 000×1=5 000（元）

柴油应纳税额＝3 000×0.8=2 400（元）

应纳消费税总额＝5 000+2 400=7 400（元）

（1）确认销售收入时。

主营业务收入=（5 000×7+3 000×6）=53 000

增值税=53 000×17%=9 010

借：银行存款　　62 010

　　贷：主营业务收入　　53 000

　　　　应交税费——应交增值税（销项税额）　　9 010

（2）计提消费税时。

借：营业税金及附加　　7 400

　　贷：应交税费——应交消费税　　7 400

（3）结转成本时。

借：主营业务成本　　37 000

　　贷：库存商品　　37 000

（4）上缴税款时。

借：应交税费——应交消费税　　7 400

　　贷：银行存款　　7 400

企业用应税消费品对外投资，或用于在建工程、非生产机构等其他方面，按规定应缴纳的消费税应计入相关科目成本，借记“长期股权投资”、“固定资产”、“在建工程”、“营业外支出”等科目，贷记“应交税费——应交消费税”科目。

2. 自产自用应税消费品的会计处理

纳税人自产自用的应税消费品，用于连续生产应税消费品的，不缴纳消费税；用于其他方面的，应于移送使用时纳税。计算纳税时，按同类消费品的销售价格计算；没有同类消费品销售价格的，按组成计税价格计算。

（1）用于连续生产应税消费品的会计处理。纳税人自产自用的应税消费品用于连续生产应税消费品的，不交纳消费税，只进行实际成本的核算。例如，制酒企业领用库存自产酒精用于连续生产白酒，酒精属于应消费税产品，生产的白酒也是应消费税产品，领用时不需要计算缴纳消费税。

（2）用于连续生产非应税消费品的会计处理。纳税人自产自用的应税消费品用于连续生产非应税消费品的，由于最终产品不属于应税消费品，则需要在移送使用环节计算缴纳消费税。如汽车制造厂领用汽车轮胎连续生产卡车，在领用时借记“生产成本”科目，贷记“自制半成品”、“应交税费——应交消费税”等科目。

【例 9-21】某汽车制造厂领用库存自产轮胎若干，用于连续生产农用机车 50 辆。汽车轮胎实际成本为 80 000 元，同类产品平均成本利润率为 5%，则领用时该厂会计处理如下。

应纳消费税=80 000×(1+5%)/(1−3%)×3%=2 447（元）

借：生产成本　　82 447

　　贷：自制半成品　　80 000

　　　　应交税费——应交消费税　　2 447

3. 委托加工应税消费品的会计处理

委托加工的应税消费品，在委托方提货时，由受托方代收代缴消费税，委托方在委托加工时因发出的货物不同而在不同的科目中核算。如发出的是材料，应通过“委托加工物资”科目核算；如发出的是自制半成品，应在“自制半成品——委托外部加工自制半成品”明细科目核算；如发出的是在产品，则应在“生产成本——委托加工产品”明细科目核算，缴纳的消费税也依据不同情况记入上述科目。

（1）委托方收回后直接用于销售的应税消费品的会计处理。如果委托方将委托加工应税消费品收回后直接用于销售，应将受托方代收代缴的消费税和支付的加工费合并计入委托加工应税消费品的成本，借记“委托加工物资”、“自制半成品——委托外部加工自制半成品”、“生产成本——委托加工产品”等科目，贷记“应付账款”、“银行存款”等科目。

【例 9-22】北方化妆品有限公司 2011 年 3 月委托 A 化妆品厂加工化妆品一批，发出材料成本 55 000 元，该公司支付加工费 15 000 元，收回时支付运费 1 000 元，受托方代扣代缴的消费税 30 000 元（化妆品消费税税率 30%），该批化妆品收回后直接用于对外销售，则该公司的会计处理如下。

（1）发出材料时。

借：委托加工物资　　55 000

　　贷：原材料　　55 000

（2）支付加工费、消费税和增值税时。

应支付消费税 = 30 000（元）

应支付增值税 = 15 000 × 17% = 2 550（元）

计入委托加工化妆品的成本 = 30 000+15 000=45 000（元）

借：委托加工物资　　45 000

　　应交税费——应交增值税（进项税额）　　2 550

　　贷：银行存款　　47 550

（3）支付运费时。

借：委托加工物资　　930

　　应交税费——应交增值税（进项税额）　　70

　　贷：银行存款　　1 000

（4）委托加工物资收回时。

借：库存商品　　100 930

　　贷：委托加工物资　　100 930

本例中，由于加工劳务属于增值税的应税劳务，因此还要征收增值税。委托加工应税消费品收回后直接销售，在委托加工完工时由受托方代收代缴消费税，作为委托方要把消费税记入“委托加工物资”科目，按税法规定销售时就不再征收消费税了。

（2）委托方收回后用于连续生产应税消费品的会计处理。如果委托方将委托加工的应税消费品收回后用于连续生产应税消费品，按规定准予扣除的，则可将受托方代收代缴的消费税记入“应交税费——应交消费税”科目的借方，在最终计算缴纳消费税时予以抵扣。

委托方在提货时，按应支付的加工费等借记“委托加工物资”等科目，按受托方代收代缴的消费税，借记“应交税费——应交消费税”科目，按支付加工费应负担的增值税税额借记“应交税费——应交增值税（进项税额）”科目，按加工费与增值税、消费税之和贷记“银行存款”等科目；待加工成最终应税消费品销售时，按最终应税消费品应缴纳的消费税，借记“营业税金及附加”科目，贷记“应交税费——应交消费税”科目；“应交税费——应交消费税”科目中借贷方发生额的差额为实际应缴的消费税，缴纳时，借记“应交税费——应交消费税”科目，贷记“银行存款”科目。

【例 9-23】承【例 9-22】该批化妆品收回后将用于连续生产其他化妆品，并全部实现对外销售，不含税销售收入为 180 000 元，其他条件相同，则北方公司的会计处理如下。

（1）发出材料时。

借：委托加工物资　　55 000

　　贷：原材料　　55 000

（2）支付加工费、消费税和增值税时。

借：委托加工物资　　15 000

　　应交税费——应交增值税（进项税额）　　2 550

　　应交税费——应交消费税　　30 000

　　贷：银行存款　　47 550

（3）支付运费时。

借：委托加工物资　　930

　　应交税费——应交增值税（进项税额）　　70

　　贷：银行存款　　1 000

（4）收回委托加工物资时。

借：库存商品　　70 930

　　贷：委托加工物资　　70 930

（5）最终化妆品实现销售时确认收入，计算消费税时。

$$最终化妆品应纳消费税 = 180\,000 \times 30\% = 54\,000 \text{（元）}$$

借：银行存款　　210 600

　　贷：主营业务收入　　180 000

　　　　应交税费——应交增值税（销项税额）　　30 600

借：营业税金及附加　　54 000

　　贷：应交税费——应交消费税　　54 000

（6）计算缴纳当期实际应纳的消费税时。

当期实际应纳消费税 = 54 000-30 000=24 000（元）

借：应交税费——应交消费税　　15 000

　　贷：银行存款　　15 000

三、营业税

（一）营业税的概念

营业税是对在我国境内提供应税劳务、转让无形资产和销售不动产的单位和个人所取得的营业额征收的一种税。应税劳务指交通运输业、建筑业、金融保险业、邮电通信业、文化体育业、娱乐业、服务业等提供的应税劳务。2011 年 11 月 17 日，财政部、国家税务总局正式公布营业税改征增值税试点方案。

（二）营业税的核算

企业应在“应交税费”科目下设置“应交营业税”明细科目，核算应交营业税的发生、缴纳情况。企业按照营业额及其适用的税率，计算应交的营业税，借记“营业税金及附加”科目，贷记“应交税费——应交营业税”科目；一般企业出售不动产时，计算应交的营业税，借记“固定资产清理”等科目，贷记“应交税费——应交营业税”科目；房地产开发企业计算缴纳的营业税计入“营业税金及附加”科目，实际缴纳营业税时，借记“应交税费——应交营业税”科目，贷记“银行存款”科目。

【例 9-24】北方公司主要对外提供运输劳务，2012 年 8 月，运输劳务收入 300 000 元，营业税税率分别为 3%，其会计处理如下。

借：营业税金及附加　　9 000

　　贷：应交税费——应交营业税　　9 000

【例 9-25】北方公司（非房地产企业）出售厂房 1 栋，原价 100 万元，已提折旧 40 万元，出售所得收入 200 万元存入银行，用银行存款支付清理费用 3 万元，营业税税率 5 %，厂房出售清理完毕。其会计处理如下。

借：固定资产清理　　600 000

　　累计折旧　　400 000

　　贷：固定资产　　1 000 000

借：固定资产清理　　130 000

　　贷：银行存款　　30 000

　　　　应交税费——应交营业税　　100 000 (2 000 000 × 5%)

借：银行存款　　2 000 000

　　贷：固定资产清理　　2 000 000

借：固定资产清理　　1 270 000

　　贷：营业外收入　　1 270 000

四、城市维护建设税及教育费附加

城市维护建设税及教育费附加两项税费均按企业当期应缴纳的增值税、消费税、营业税之和为计税依据，税率、征收率分别是城市维护建设税为7%、5%、1%；教育费附加为3%。

企业需要在“应交税费”科目下设置“应交城市维护建设税”、“应交教育费附加”明细科目进行城市维护建设税及教育费附加的核算。借记“营业税金及附加”科目，贷记“应交税费——应交城市维护建设税”、“应交税费——应交教育费附加”科目；实际缴纳时，借记“应交税费——应交城市维护建设税”、“应交税费——应交教育费附加”科目，贷记“银行存款”科目。

【例9-26】北方公司2012年8月应缴增值税6 000元，应缴消费税4 000元，该公司适用的城市维护建设税税率为7%，教育费附加的征收率为3%。则：

应纳城市维护建设税税额=（6 000+4 000）×7%=700（元）

应纳教育费附加=（6 000+4 000）×3% = 300（元）

（1）计提时：

借：营业税金及附加　　1 000

　　贷：应交税费——应交城市维护建设税　　700

　　　　　　　　——应交教育费附加　　300

（2）实际缴纳时：

借：应交税费——应交城市维护建设税　　700

　　　　　　——应交教育费附加　　300

　　贷：银行存款　　1 000

五、资源税

资源税是国家对在我国境内开采矿产品或者生产盐的单位和个人征收的税，企业应设置“应交税费——应交资源税”科目。该科目的借方登记企业已交的或按规定允许抵扣的资源税；贷方登记应交的资源税；期末贷方余额反映企业尚未缴纳的资源税。

企业按规定计算出销售应税产品应缴纳的资源税，借记“营业税金及附加”科目，贷记“应交税费——应交资源税”科目；企业计算出自产自用的应税产品应缴纳的资源税，借记“生产成本”、“制造费用”等科目，贷记“应交税费——应交资源税”科目；企业按规定上交资源税时，借记“应交税费——应交资源税”科目，贷记“银行存款”科目。

【例9-27】北方公司2012年8月份销售原油50万吨，假定售价为4 000元/吨，原油的资源税适用税率为8元/吨。其在计提应交资源税时应做的会计分录如下：

借：营业税金及附加　　4 000 000

　　贷：应交税费——应交资源税　　4 000 000

六、企业所得税

企业的生产、经营所得和其他所得，依照有关所得税法的规定应缴纳企业所得税。企业应设置“应交税费——应交所得税”科目。计算应缴纳的所得税时，借记“所得税费用”等科目，贷记“应交税费——应交所得税”科目，缴纳时，借记“应交税费——应交所得税”，贷记“银行存款”科目。

七、房产税、土地使用税、车船使用税、印花税

房产税是以房产为征税对象，依据房产价格或房产租金收入向房产所有人或经营人征收的一种税。房产税的计税依据是房产的计税余值或房产的租金收入。按照房产计税余值征税的，称为从价计征；按照房产租金收入征税的，称为从租计征。房产税采用比例税率：从价计征的，税率为 1.2% ；从租计征的，税率为 12%。

土地使用税是为加强土地管理，合理利用城镇土地，调节土地级差收入，提高土地使用效益，以纳税人实际占用的土地面积为计税依据，依照规定税额计征的一种税。车船使用税是对行驶于境内公共道路的车辆，航行于国内河流、湖泊或者领海的船舶，按其种类、吨位和规定税额计算征收的一种税。

印花税是对经济活动和经济交往中书立、使用、领受各种应税凭证而征收的一种税。因纳税人通过在应税凭证上粘贴印花税票的方式完成纳税义务，所以，称为“印花税”。

企业按规定计算应缴纳的房产税、土地使用税、车船使用税时，借记“管理费用”科目，贷记“应交税费——应交房产税、应交土地使用税、应交车船使用税”科目；缴纳时，借记“应交税费——应交房产税、应交土地使用税、应交车船使用税”科目，贷记“银行存款”科目。

小贴士

由于企业缴纳的印花税是预先购买印花税票，在发生应税行为时一次贴足，因此不会发生应付未付税款的情况，也不需要预计应缴数，所以不需通过“应交税费”科目核算，企业只须设置“管理费用——印花税”科目以反映印花税的缴纳情况。

【例 9-28】北方公司 2012 年 8 月缴纳印花税 2 000 元，以银行存款支付。其会计分录如下：

借：管理费用——印花税　　　2 000

　　贷：银行存款　　　2 000

模块五　应付职工薪酬

一、职工薪酬的内容

职工薪酬是指企业为获得职工提供的服务或解除劳动关系而给予的各种形式的报酬或补偿。

职工薪酬包括短期薪酬、离职后福利、辞退福利和其他长期职工福利。企业提供给职工配偶、子女、受赡养人、已故员工遗属及其他受益人等的福利，也属于职工薪酬。这里所称的职工是指与企业订立劳动合同的所有人员，含全职、兼职和临时职工，也包括虽未与企业订立劳动合同但由企业正式任命的人员，也属于职工的范畴，包括通过企业与劳务中介公司签订用工合同而向企业提供服务的人员。

职工薪酬主要包括以下内容。

短期薪酬。这是指企业在职工提供相关服务的年度报告期间结束后12个月内需要全部予以支付的职工薪酬，因解除与职工的劳动关系给予的补偿除外。短期薪酬具体包括：职工工资、奖金、津贴和补贴、职工福利费、医疗保险、工伤保险费和生育保险费等社会保险费、住房公积金、工会费和职工教育经费，短期带薪缺勤、短期利润分享计划、非货币性福利以及其他短期薪酬。

带薪缺勤。这是指企业支付工资或提供补偿的职工缺勤，包括年休假、病假、短期伤残、婚假、产假、丧假、探亲假等。

利润分享计划。这是指因职工提供服务而与职工达成的基于利润或其他经营成果提供薪酬的协议。

离职后福利。这是指企业为获得职工提供的服务而在职工退休或与企业解除劳动关系后、提供的各种形式的报酬和福利，短期薪酬和辞退福利除外。

辞退福利。这是指企业在职工劳动合同到期之前解除与职工的劳动关系，或者为鼓励职工自愿接受裁减而给予职工的补偿。

其他长期职工福利。这是指除短期薪酬、离职后福利、辞退福利之外所有的职工薪酬，包括长期带薪缺勤、长期残疾福利、长期利润分享计划等。

二、职工薪酬的确认和计量

（1）企业应当在职工为其提供服务的会计期间，将应付的职工薪酬确认为负债，并计入当期损益或相关资产成本。

（2）职工福利为非货币性福利的，应当按照公允价值计量。

（3）带薪缺勤分为累积带薪缺勤和非累积带薪缺勤。企业应当在职工提供服务从而增加了其未来享有的带薪缺勤权利时，确认与累积带薪缺勤相关的职工薪酬，并以累积未行使权利而增加的预期支付金额计量。企业应当在职工实际发生缺勤的会计期间确认与非累积带薪缺勤相关的职工薪酬。累积带薪缺勤是指带薪缺勤权利可以结转下期的带薪缺勤，本期尚未用完的带薪缺勤权利可以在未来期间使用。非累积带薪缺勤是指带薪缺勤权利不能结转下期的带薪缺勤。

（4）利润分享计划同时满足下列条件，企业应当确认相关的应付职工薪酬。

① 企业因过去事项导致现在具有支付职工薪酬的法定义务或推定义务；

② 因利润分享计划所产生的应付职工薪酬义务金额能够可靠估计。

（5）离职后福利。企业应当将离职后福利计划分类为设定提存计划和设定收益计划。离职后福利计划是指企业与职工就离职后福利达成的协议，或者企业为向职工提供离职后福利指定的规章或办法等。其中，设定提存计划是指向独立的基金缴存固定费用后，企业不再承担进一步支付义务的离职后福利计划；设定受益计划是指除设定提存计划以外的离职后福利计划。

企业应当在职工为其提供服务的会计期间，将根据设定提存计划计算的应缴存金额确认为负债，并计入当期损益或相关资产成本。根据设定提存计划，预期不会在职工提供相关服务的年度报告期结束后 12 个月内支付全部应缴存金额的，企业应当参照规定折现率，将全部缴存金额以折现后的金额计量应付职工薪酬。

（6）辞退福利。企业应当按照辞退计划条款的规定，合理预计并确认辞退福利产生的应付职工薪酬。辞退福利预期在其确认的年度报告期结束后 12 个月内完成支付的，应当适用短期薪酬的相关规定；辞退福利预期在其确认的年度报告期结束后 12 个月内不能完成支付的，应当适用关于其他长期职工福利的有关规定。

（7）另外，职工薪酬金额的确定要区分以下两种情况。

① 具有明确计提标准的货币性薪酬。对于国务院有关部门、省、自治区、直辖市人民政府或经批准的企业年金计划规定了计提基础和计提比例的职工薪酬项目，企业应当按照规定的计提标准计提，比如五险一金和工会经费、职工教育经费等。

② 没有明确计提标准的货币薪酬。企业应当根据历史经验数据和自身实际情况，预计应付职工薪酬金额和应计入成本费用的薪酬金额。

企业以其自产产品作为非货币性福利发放给职工的，应当根据受益对象，按照该产品的公允价值，计入相关资产成本或当期损益，同时确认应付职工薪酬；将企业拥有的房屋等资产无偿提供给职工使用的，应当根据受益对象，将该住房每期应计提的折旧计入相关资产成本或当期损益，同时确认应付职工薪酬。租赁住房等资产供职工无偿使用的，应当根据受益对象，将每期应付的租金计入相关资产成本或当期损益，并确认应付职工薪酬。借记“管理费用”、“生产成本”、“制造费用”等科目，贷记“应付职工薪酬——非货币性福利”科目。

三、发放职工薪酬

企业按照有关规定向职工支付工资、奖金、津贴等时，借记“应付职工薪酬——工资”科目，贷记“银行存款”、“库存现金”等科目，支付职工福利费、工会经费、职工教育经费或按照国家有关规定缴纳社会保险费或住房公积金时，借记“应付职工薪酬——职工福利费（或工会经费、职工教育经费、社会保险费、住房公积金）”科目，贷记“银行存款”、“库存现金”等科目。企业以自产产品作为职工薪酬发放给职工时，应确认主营业务收入，借记“应付职工薪酬——非货币性福利”科目，贷记“主营业务收入”“应交税费——应交增值税（销项税额）”科目，同时结转相关成本。企业支付租赁住房等资产供职工无偿使用所发生的租金，借记“应付职工薪酬——非货币性福利”科目，贷记“银行存款”等科目。

【例 9-29】2012 年 6 月，北方公司当月应发工资 2 000 万元，其中：生产部门直接生产人员工资 1 000 万元；生产部门管理人员工资 200 万元；公司管理部门人员工资 360 万元；公司专设产品销售机构人员工资 100 万元；建造厂房人员工资 220 万元，无形资产开发人员工资 120 万元；根据所在地政府规定，公司分别按照职工工资总额的 10%、12%、2%和 12.5%计提医疗保险费、养老保险费、失业保险费和住房公积金，公司分别按照职工工资总额的 2%和 1.5%计提工会经费和职工教育经费。假定公司无形资产已处于开发阶段，符合资本化条件。请计算计入各成本费用类科目的职工工资的金额。

应计入生产成本的职工薪酬金额:

1 000+1 000×(10%+12%+2%+12.5%+2%+1.5%)

=1 400（万元）

应计入制造费用的职工薪酬金额:

=200+200×(10%+12%+2%+12.5%+2%+1.5%)=280（万元）

应计入管理费用的职工薪酬金额:

=360+360×(10%+12%+2%+12.5%+2%+1.5%)=504（万元）

应计入销售费用的职工薪酬金额:

=100+100×(10%+12%+2%+12.5%+2%+1.5%)=140（万元）

应计入在建工程成本的职工薪酬金额:

=220+220×(10%+12%+2%+12.5%+2%+1.5%)=308（万元）

应计入无形资产成本的职工薪酬金额:

=120+120×(10%+12%+2%+12.5%+2%+1.5%)=168（万元）

会计处理如下。

借：生产成本	14 000 000	
制造费用	2 800 000	
管理费用	5 040 000	
销售费用	1 400 000	
在建工程	3 080 000	
无形资产	1 680 000	
贷：应付职工薪酬——工资		20 000 000
——医疗保险费		2 000 000
——养老保险费		2 400 000
——失业保险费		400 000
——住房公积金		2 500 000
——工会经费		400 000
——职工教育经费		300 000

支付时。

借：应付职工薪酬——工资　　20 000 000

——医疗保险费　　2 000 000

——养老保险费　　2 400 000

——失业保险费　　400 000

——住房公积金　　2 500 000

——工会经费　　400 000

——职工教育经费　　300 000

贷：银行存款　　28 000 000

【例 9-30】北方公司为小家电生产企业，共有职工 200 名，其中 170 名为直接参加生产的职工，30 名为总部管理人员。2012 年 6 月，北方公司以其生产的每台成本为 900 元的微波炉作为春节福利发放给公司每名职工。该型号的微波炉市场销售价格为每台 1 000 元，北方公司适用的增值税税率为 17%。北方公司的有关会计处理如下。

应确认的应付职工薪酬 = 200 × 1 000 × 17%+200 × 1 000=234 000（元）

其中，应记入"生产成本"科目的金额=170 × 1 000 × 17 %+170 × 1 000=198 900（元）

应记入"管理费用"科目的金额=30 × 1 000 × 17% + 30 × 1 000=35 100（元）

借：生产成本　　198 900

管理费用　　35 100

贷：应付职工薪酬——非货币性福利　　234 000

实际发放非货币性福利。

借：应付职工薪酬——非货币性福利　　234 000

贷：主营业务收入　　200 000

应交税费——应交增值税（销项税额）　　34 000

借：主营业务成本　　180 000

贷：库存商品　　180 000

【例 9-31】北方公司为总部各部门经理级别以上职工提供汽车免费使用，该公司总部共有部门经理以上职工 20 名，每人提供一辆桑塔纳汽车免费使用，假定每辆桑塔纳汽车每月计提折旧 500 元；同时为副总裁以上高级管理人员每人租赁一套住房，该公司共有副总裁以上高级管理人员 5 名，公司为其每人租赁一套面积为 100 平方米带有家具和电器的公寓，月租金为每套 4 000 元。

该公司每月应做账务处理如下。

借：管理费用　　30 000（20 × 500 + 5 × 4 000）

贷：应付职工薪酬——非货币性福利　　30 000

借：应付职工薪酬——非货币性福利　　30 000

贷：累计折旧　　10 000

其他应付款　　20 000

四、辞退福利

（一）辞退福利的含义

辞退福利包括两方面的内容：一是在职工劳动合同尚未到期前，不论职工本人是否愿意，企业决定解除与职工的劳动关系而给予的补偿；二是在职工劳动合同尚未到期前，为鼓励职工自愿接受裁减而给予的补偿，职工有权利选择继续在职或接受补偿离职。辞退福利通常采取解除劳动关系时一次性支付补偿的方式，也有通过提高退休后养老金或其他离职后福利的标准，或者在职工不再为企业带来经济利益后，将职工工资部分支付到辞退后未来某一期间。在确定企业提供的经济补偿是否为辞退福利时，应当注意两个问题：①辞退福利与正常退休养老金应当区分开来。职工在正常退休时获得的养老金，企业应当是在职工提供服务的会计期间确认和计量；②无论职工因何种原因离开都要支付的福利属于离职后福利，不是辞退福利。

企业在职工劳动合同到期之前解除与职工的劳动关系，或者为鼓励职工自愿接受裁减而提出给予补偿的建议，应当确认因解除与职工的劳动关系给予补偿而产生的预计负债，同时计入当期管理费用，由于被辞退的职工不再为企业带来未来经济利益，因此，对于满足负债确认条件的所有辞退福利，均应当于辞退计划满足预计负债确认条件的当期计入费用，不计入相关资产成本。

（二）辞退福利的计量

企业应当根据职工薪酬和或有事项准则规定，严格按照辞退计划条款的规定，合理预计并确认辞退福利产生的负债。辞退福利的计量因辞退计划中职工有无选择权而有所不同。

（1）对于职工没有选择权的辞退计划，应当根据计划条款规定拟解除劳动关系的职工数量、每一职位的辞退补偿等计提应付职工薪酬（预计负债）。

（2）对于自愿接受裁减建议，因接受裁减的职工数量不确定，企业应当参照或有事项的规定，预计将会接受裁减建议的职工数量，根据预计的职工数量和每一职位的辞退补偿等计提应付职工薪酬（预计负债）。

（3）实质性辞退工作在一年内实施完毕，但补偿款项超过一年支付的辞退计划，企业应当选择恰当的折现率，以折现后的金额计量应计入当期管理费用的辞退福利金额，该项金额与实际应支付的辞退福利之间的差额，作为未确认融资费用，在以后各期实际支付辞退福利款项时，计入财务费用。账务处理上，确认因为辞退福利产生的预计负债时，借记“管理费用”、“未确认融资费用”科目，贷记“应付职工薪酬——辞退福利”科目；各期支付辞退福利款项时，借记“应付职工薪酬——一辞退福利”科目，贷记“银行存款”科目；同时，借记“财务费用”科目，贷记“未确认融资费用”科目。应付辞退福利款金额与其折现后金额相差不大的，也可不折现。

【例 9-32】北方公司 2012 年 9 月为了能够顺利转产经营，拟定了一项辞退计划，辞退职工的数量为 100 人，辞退补偿款为 1 200 万元，则公司应做如下账务处理。

借：管理费用　　　　12 000 000

　　贷：应付职工薪酬——辞退福利　　　　12 000 000

模块六　其他应付款和应付股利

一、其他应付款

其他应付款核算的主要内容包括：①应付经营租入固定资产和包装物的租金；②职工未按期领取的工资；③存入的保证金（如收取的包装物押金等）；④应付、暂收所属单位、个人的款项，如代扣的水电费；⑤其他应付、暂收款项等。

为了反映和监督以上应付款的结算情况，企业应设置“其他应付款”科目。贷方登记应支付的款项，借方登记已支付的款项，期末余额在贷方，反映企业尚未支付的其他应付款项。该科目应按照其他应付款项的项目和对方单位或个人进行明细核算，企业发生以上应付、暂收款项时，借记“银行存款”、“管理费用”，“制造费用”等科目，贷记“其他应付款”科目；支付时，借记“其他应付款”科目，贷记“银行存款”等科目。

【例 9-33】北方公司因业务需要，向光明公司租入办公用设备和生产用机器，每月须支付的租金分别为 8 000 元和 10 000 元。其账务处理如下。

（1）发生应付未付的租金时。

借：制造费用　　10 000

　　管理费用　　8 000

　　贷：其他应付款——租金（光明公司）　　18 000

（2）支付租金时。

借：其他应付款——租金（光明公司）　　18 000

　　贷：银行存款　　18 000

二、应付股利

应付股利是指企业经股东大会或类似机构审议批准分配的现金股利或利润。企业股东大会或类似机构审议批准的利润分配方案、宣告分派的现金股利或利润，在实际支付前，形成企业的负债。

企业应通过“应付股利”科目，核算企业确定或宣告支付但尚未实际支付的现金股利或利润。企业按应支付的现金股利或利润，借记“利润分配”科目，贷记“应付股利”科目；实际支付现金股利或利润时，借记“应付股利”科目，贷记“银行存款”等科目。

【例 9-34】北方公司 2012 年实现净利润 500 万元，经董事会决议，分配给投资者 100 万元股利。其账务处理如下。

借：利润分配——应付股利　　1 000 000

　　贷：应付股利　　1 000 000

实际支付股利时。

借：应付股利　　1 000 000

　贷：银行存款　　1 000 000

兴趣思考

企业职工交纳的个人所得税通过哪个账户核算？

复习思考题

一、单项选择题

1. 某公司为增值税一般纳税人，适用的增值税税率为17%。2012年12月20日购入原材料一批，价款为50 000元，增值税税额为8 500元，现金折扣条件为：2/10，1/20，N/30。材料已验收入库，货款尚未支付，计算现金折扣时不考虑增值税的影响。则该公司2012年12月20日"应付账款"科目的入账金额为（　　）元。

A. 58 500　　B. 57 915　　C. 57 330　　D. 50 000

2. 债务人享有的现金折扣实际获得时，应当（　　）。

A. 不做认可处理　　B. 冲减财务费用

C. 增加营业外收入　　D. 增加资本公积

3. 下列关于职工薪酬的表述中，不正确的是（　　）。

A. 职工薪酬包括企业在职工在职期间和离职后给予的所有货币性薪酬和非货币性福利

B. 企业应当在职工为其提供服务的会计期间，将应付的职工薪酬确认为负债

C. 企业在研发阶段发生的职工薪酬，均应当计入自行开发无形资产的成本

D. 以外购商品作为非货币性福利提供给职工的，应当按照该商品的公允价值和相关税费，计量应计入成本费用的职工薪酬金额

4. 甲公司为一家彩电生产企业，为增值税一般纳税人，适用的增值税税率为17%。甲公司有高级管理人员20人。2012年12月，公司以其生产的单位成本为3 000元智能液晶电视机作为福利发放给高级管理人员，假设每人发放一台。该型号电视机市场售价为每台5 500元（不含增值税）。在决定发放时增加的应付职工薪酬的金额为（　　）元。

A. 128 700　　B. 110 000　　C. 78 700　　D. 60 000

5. 大海公司为增值税一般纳税人，适用的增值税税率为17%。该公司本期购入材料一批，增值税专用发票上注明的原材料价款为500万元，增值税税额为85万元，为取得该批材料该公司另发生运杂费1万元。大海公司该批材料50%用于生产产品，建造生产线领用15%，建造厂房领用10%，对外投资领用25%，则该公司本期可以抵扣的进项税额为（　　）万元。

A. 85　　B. 76.5　　C. 63.75　　D. 42.5

6. 某工业企业核定为小规模纳税人，本期购入原材料一批，按照增值税专用发票上记载的原材料成本为 120 万元，支付的增值税税额为 20.4 万元，企业开出商业承兑汇票，材料尚未到达。该企业本期销售产品，含税价格为 515 万元，货款尚未收到。根据上述经济业务，该企业本期应当缴纳的增值税为（　　）万元。

A. 20.4　　B. 15　　C. 5.4　　D. 0

7. 企业销售应税产品按规定应交纳的资源税，借记“（　　）”科目。

A. 营业税金及附加　　B. 生产成本
C. 制造费用　　D. 销售费用

8. 下列项目中，不应通过“应付职工薪酬”科目核算的是（　　）。

A. 以自产的产品作为福利发放给职工　　B. 职工出差报销的差旅费
C. 职工补充养老保险　　D. 向职工提供企业支付了补贴的商品

9. 下列各项税费中，一般工业企业可以通过“营业税金及附加”科目核算的是（　　）。

A. 车船税　　B. 矿产资源补偿费
C. 房产税　　D. 城市维护建设税

二、多项选择题

1. 下列职工薪酬中，可以计入产品成本的有（　　）。

A. 住房公积金　　B. 非货币性福利
C. 工会经费　　D. 职工教育经费　　E. 辞退福利

2. 下列项目中，属于职工薪酬的有（　　）。

A. 工伤保险费　　B. 非货币性福利　　C. 职工津贴和补贴
D. 因解除与职工的劳动关系给予的补偿
E. 公司聘请的独立董事的报酬

3. 下列各项中，应作为职工薪酬计入相关资产成本或当期损益的有（　　）。

A. 为职工支付的补充养老保险
B. 为职工进行健康检查而支付的体检费
C. 因向管理人员提供住房而支付的租金
D. 按照工资总额一定比例计提的职工教育经费

4. 企业交纳的下列各项税金中，应计入有关资产成本项目的是（　　）。

A. 用于职工福利的产成品应交纳的增值税
B. 委托加工应税消费品（收回后用于连续生产应税消费品）应支付的消费税
C. 外购用于生产固体盐的液体盐应交纳的资源税
D. 购建厂房交纳的耕地占用税
E. 融资租入固定资产承租人发生的印花税

5. 下列各项中，属于应付职工薪酬核算范围的有（　　）。

A. 职工工资、奖金、津贴和补贴　　B. 职工福利费

C. 住房公积金　　D. 因解除与职工的劳动关系给予的补偿

6. 下列有关非货币性福利的表述中，正确的有（　　）。

A. 企业以其生产的产品作为非货币性福利提供给职工的，应当按照该产品的账面价值和相关税费，计量应计入成本费用的职工薪酬金额

B. 以外购商品作为非货币性福利提供给职工的，应当按照该商品的公允价值和相关税费，计量应计入成本费用的职工薪酬金额

C. 企业将拥有的房屋等资产无偿提供给职工使用的，应当根据受益对象，将住房每期应计提的折旧计入相关资产成本或费用，同时确认应付职工薪酬

D. 租赁住房等资产供职工无偿使用的，应当根据受益对象，将每期应付的租金计入相关资产成本或费用，并确认应付职工薪酬

7. 小规模纳税人的特点有（　　）。

A. 一般情况下，只能开具普通发票，不能开具增值税专用发票

B. 实行简易办法计算应纳税额

C. 小规模纳税人的销售额不包括其应纳税额

D. 小规模纳税人从一般纳税人即使取得增值税专用发票，进项税额也不可以抵扣

8. 下列税金中，应计入存货成本的有（　　）。

A. 由受托方代收代交的委托加工直接用于对外销售的商品负担的消费税

B. 由受托方代收代交的委托加工继续用于生产应纳消费税的商品负担的消费税

C. 委托加工物资支付的加工费

D. 小规模纳税人购买原材料交纳的增值税

9. 企业借入的短期借款，期末计息时，可能借记的会计科目有（　　）。

A. 财务费用　　B. 在建工程　　C. 利息支出　　D. 销售费用

10. 北方公司为增值税一般纳税人，适用增值税税率为 17%，2012 年 12 月 1 日“应付职工薪酬”账户贷方余额为 1 695 万元，2012 年 12 月发生如下与职工薪酬有关的事项。

（1）12 月 10 日，发放 11 月份职工工资 1 470 万元，其中代扣个人所得税 60 万元。

（2）12 月 10 日至 12 月 20 日，公司维修人员对专设销售机构用设备进行日常维修，应付薪酬 12.9 万元。

（3）12 月 21 日，公司根据下列事项计提本月租赁费和折旧费：自 2012 年 1 月 1 日起，公司为 20 名高级管理人员每人租赁住房一套并提供轿车一辆，免费使用；每套住房年租金为 4.5 万元，每辆轿车年折旧为 9 万元。

（4）12 月 22 日，公司将自产的新款空调 50 台作为福利分配给本公司的行政管理人员，该空调每台成本 0.9 万元，市场售价 1.35 万元（不含增值税）。

（5）为留住优秀管理人才，将以总价 150 万元的价格购买并按照固定资产入账的 10 辆小轿车，以总价 50 万元的价格出售给公司优秀管理职工。出售合同没有规定职工在取得后至少应提供服务的

年限，假定该事项不考虑增值税。

要求：根据上述资料，不考虑其他因素，回答下列各题。

（1）下列关于北方公司的账务处理的说法中，正确的有（　　）。

A. 根据事项（1），北方公司应确认应付职工薪酬借方发生额 1 470 万元

B. 根据事项（3），北方公司应确认应付职工薪酬 22.5 万元

C. 根据事项（4），北方公司应确认的主营业务收入 67.5 万元

D. 根据事项（5），北方公司应计入管理费用的职工薪酬为 100 万元

E. 根据职工提供服务的受益对象，北方公司 2012 年 12 月应计入管理费用的职工薪酬为 201.48 万元

（2）下列关于北方公司的有关职工薪酬的处理，正确的有（　　）。

A. 对专设销售机构用设备进行日常维修的职工薪酬应计入到销售费用

B. 为高级管理人员提供轿车的折旧应计入到管理费用

C. 为高级管理人员租赁住房的租赁费应计入到管理费用

D. 为高级管理人员租赁住房的租赁费应计入到其他业务成本

E. 将自产的新款空调分配给本公司的行政管理人员的福利应计入到管理费用

三、判断题

1. 企业的短期借款是为生产经营而借入的，因此借款利息应计入管理费用。（　　）

2. “应交税费”账户核算企业应向国家缴纳的各种税费，因此全部税费都应通过“应交税费”账户核算。（　　）

3. 企业自产或委托加工的货物用于非应税项目，由于不是销售，所以不必计算并缴纳增值税。（　　）

4. 企业支付银行承兑汇票手续费时，应借记“管理费用”科目，贷记“银行存款”科目。（　　）

5. 预提费用是指已经计入当期损益，但尚未支付的费用。（　　）

四、计算分析题

1. 北方公司 2012 年 1 月 1 日向银行取得短期借款 40 000 元，期限半年，年利率 8 %，利息按月预提，每季季末支付一次。

要求：做出取得借款，计提第一个月利息、第一季度末支付利息以及最后归还短期借款的会计分录。

2. 北方公司于 2012 年 11 月 1 日从甲企业购入原材料一批，其价款为 40 000 元，增值税税款为 6 800 元，该公司开具一张期限为 3 个月的带息票据，年利率为 12%。

要求：做出购买材料、计提应付票据利息以及到期支付票款及利息的会计分录。

3. 北方公司计提本月应付职工工资 80 000 元，其中生产工人工资 40 000 元，行政管理人员工资 20 000 元，销售人员工资 20 000 元，并按照职工工资总额的 10%、12%、2%和 12.5%计提医

疗保险费、养老保险费、失业保险费和住房公积金。

要求：编制计提工资、提现金发放工资的会计分录。

4. 北方公司出售厂房一栋，原价 100 万元，直线法计提折旧，已提折旧 4 年，出售所得收入 180 万元存入银行，用银行存款支付清理费用 4 万元，营业税税率 5%，厂房出售清理完毕。

要求：编制出售厂房，计算营业税、缴纳营业税的会计分录。

5. 北方公司根据全年实现的净利润，决定向投资者分配利润 30 000 元。

要求：编制计提应分配利润和实际分配给投资者利润的会计分录。

6. 北方公司为一家彩电生产企业，为增值税一般纳税人，共有职工 100 名，2012 年 2 月，公司以其生产的成本为 10 000 元的液晶彩电作为福利发放给公司所有职工，每人一台。该型号液晶彩电的市场售价为每台 15 000 元，北方公司适用的增值税税率为 17%。假定 100 名职工中 70 名为直接参加生产的职工，10 名为车间管理人员，20 名为总部管理人员。

要求：请编制出计算计提职工薪酬业务的会计分录。

学习情境十　非流动负债

学习目标

本学习情境阐述非流动负债的确认、计量与核算的基本知识。

通过本学习情境的学习，应该掌握以下内容；

1. 掌握非流动负债的基本概念；
2. 掌握长期借款的核算方法；
3. 掌握应付债券的核算；
4. 掌握长期应付款的核算。

情境导航

举债经营可不是赌博——借长期负债，国有企业的“国库券”——发行公司债券。利用这些债务杠杆经营可以更快地扩大企业经营规模，但是投资项目的利润率要高于借贷的利息率，才是可行的。否则，赚了吆喝赔了钱，得不偿失。1997 年八佰伴国际集团在香港宣告破产，原因是负债过度。从 1982 年起，公司发行了大量的可转换债券和附认股权债券，共募集资金 870 亿日元。1993 年 3 月，有息负债 769.84 亿元。比前一年增加了 223.46 亿元，高达销售额的 5 倍，资产负债率达 100%。

模块一　非流动负债概述

一、非流动负债的概念

非流动负债是指偿还期在一年或超过一年的一个营业周期以上的债务。它是企业向债权人筹集的，可供长期使用的资金。非流动负债主要包括长期借款、应付债券和长期应付款等。一般来说，企业为了满足生产经营的需要，特别是为了拓展企业的经营规模，有必要购建大型机械设备、地产，增建或扩建厂房等。这些都需要企业投入大量的须长期占用的资金，而企业所拥有的生产经营资金是无法满足这些需要的，因此需要筹集长期资金。筹集长期资金的方式有两种：一是由投资者投入新的资本（或由股东追加投资，增发新股）；二是举借非流动负债，即通常所说的“举债经营”，主要有签发长期应付票据，发行企业债券以及向银行或其他金融机构举借长期借款。当企业预期的投资利润率高于非流动负债的利率时，企业常常选择这一筹资方式。

二、非流动负债的优缺点

从投资者（或股东）的角度看，与增加投入资本相比，借非流动负债有以下优点。

（1）借非流动负债不影响企业原来的资本（或股权）结构，有利于保持投资者（或股东）控制企业的权力。

（2）借非流动负债可以增加投资者所得的盈余。因此，如果企业经营所获得的投资利润率高于非流动负债的固定利率，剩余利益将全部归投资者（或股东）所有。

（3）在交纳所得税时，非流动负债的利息支出除资本化以外的，可以作为正常的经营费用从利润总额中扣减。而股利只能从税后利润中支付，不能作为纳税扣减项目。

当然，借非流动负债也有其不足之处，主要表现在以下几点。

（1）借非流动负债可能会带来减少投资者利益的风险。当举债经营的投资利润率低于非流动负债的利率时，就会减少投资者的利益。

（2）借非流动负债的利息费用可能会成为企业财务上的沉重负担。

（3）借非流动负债会给企业带来较大的财务风险。非流动负债一般都有明确的到期日，并且金额一般较大，如果企业无法及时支付利息或按期偿还本金，债权人的要求权可能会迫使企业进行破产清算。

考虑到借经营的优点与不足，企业应进行合理的财务决策，适度借债。一方面，要保证借债经营的投资利润率高于非流动负债的利率；另一方面，借债经营的程度应与企业的资本结构和偿债能力相适应。

三、借款费用

借款费用是企业由于借款而发生的利息及相关成本。一般包括借款利息、溢价或折价的摊销、辅助费用和因外币借款而发生的汇兑差额等。

符合条件的借款费用可以计入相关资产的成本，即资本化。其中，借款的范围必须是专门借款或为购建或者生产符合资本化条件的资产而占用的一般借款；另外，符合资本化条件的资产是指需要经过相当长时间的购建或生产活动才能达到可使用或可销售状态的资产。

四、借款费用资本化时间的确定

（一）借款费用资本化开始时点

借款费用同时满足下列条件的，才能开始资本化。

（1）资产支出已经发生。资产支出只包括为购建或者生产符合资本化条件的资产而以支付现金、转移非现金资产或者承担带息债务形式发生的支出。

（2）借款费用已经发生。借款费用已经发生是指企业已经发生了因构建或者生产符合资本化条件的资产而专门借入款项的借款费用，或者占用了一般借款的借款费用。

（3）为使资产达到预定可使用或可销售状态所必要的购建或者生产活动已经开始。

企业只有在上述三个条件同时满足的情况下，有关借款费用才可开始资本化，只要其中有一个条件没有满足，借款费用就不能开始资本化。

（二）借款费用资本化暂停时点

符合资本化条件的资产在购建或者生产过程中发生非正常中断，且中断时间连续超过 3 个月的，应当暂停借款费用的资本化。在中断期间所发生的借款费用，应当计入当期损益，直至购建或者生产活动重新开始。但是，如果中断是使所购建或者生产的符合资本化条件的资产达到预定可使用或者可销售状态必要的程序，中断期间所发生的借款费用应当继续资本化。

非正常中断通常是由于企业管理决策上的原因或者其他不可预见的原因等所导致的中断。

正常中断通常仅限于因购建或者生产符合资本化条件的资产达到预定可使用或者可销售状态所必要的程序，或者事先可预见的不可抗力因素导致的中断。某些地区的工程在建造过程中，由于可预见的不可抗力因素（如雨季或冰冻季节等原因）导致施工出现停顿，也属于正常中断。

（三）借款费用资本化停止时点

购建或者生产符合资本化条件的资产达到预定可使用或者可销售状态时，借款费用应当停止资本化。之后所发生的借款费用，应当在发生时根据其发生额确认为费用，计入当期损益。

资产达到预定可使用或者可销售状态是指所购建或者生产的符合资本化条件的资产已经达到建造方、购买方或者企业自身等预先设计、计划或者合同约定的可以使用或者可以销售的状态。企业在确定借款费用停止资本化的时点时需要运用职业判断，应当遵循实质重于形式的原则。具体可从以下几个方面进行判断。

（1）符合资本化条件的资产的实体建造（包括安装）或者生产活动已经全部完成或者实质上已经完成。

（2）所购建或者生产的符合资本化条件的资产与设计要求、合同规定或者生产要求相符或者基本相符，即使有极个别与设计、合同或者生产要求不相符的地方，也不影响其正常使用或者销售。

（3）继续发生在所购建或生产的符合资本化条件的资产上的支出金额很少或者几乎不再发生。

五、借款费用资本化金额的确定

（一）利息资本化金额的确定

在借款费用资本化期间内，每一会计期间的利息（包括折价或溢价的摊销）资本化金额，应当按照下列方法确定。

（1）为购建或者生产符合资本化条件的资产而借入专门借款的，应当以专门借款当期实际发生的利息费用，减去将尚未动用的借款资金存入银行取得的利息收入或进行暂时性投资取得的投资收益后的金额确定。

（2）为购建或者生产符合资本化条件的资产而占用了一般借款的，企业应当根据累计资产支出超过专门借款部分的资产支出加权平均数乘以所占用一般借款的资本化率，计算确定一般借款应予资本化的利息金额。资本化率应当根据一般借款加权平均利率计算确定。有关计算公式如下：

一般借款利息费用资本化金额=累计资产支出超过专门借款部分的资产支出加权平均数×所占用一般借款的资本化率

所占用一般借款的资本化率=所占用一般借款加权平均利率

=所占用一般借款当期实际发生的利息之和÷所占用一般借款本金加权平均数

所占用一般借款本金加权平均数=∑（所占用每笔一般借款本金×每笔一般借款在当期所占用的天数÷当期天数）

（3）借款存在折价或者溢价的，应当按照实际利率法确定每一会计期间应摊销的折价或者溢价金额，调整每期利息金额。

（二）辅助费用资本化金额的确定

专门借款发生的辅助费用，在所购建或者生产的符合资本化条件的资产达到预定可使用或者可销售状态之前发生的，应当在发生时根据其发生额予以资本化，计入符合资本化条件的资产的成本；在此之后发生的，应当在发生时根据其发生额确认为费用，计入当期损益。上述资本化或计入当期损益的辅助费用的发生额是指根据《企业会计准则第22号——金融工具确认和计量》，按照实际利率法所确定的金融负债交易费用对每期利息费用的调整额。借款实际利率与合同利率差异较小的，也可以采用合同利率计算确定利息费用。

（三）外币专门借款汇兑差额资本化金额的确定

在资本化期间内，外币专门借款本金及利息的汇兑差额应当予以资本化，计入符合资本化条件的资产的成本。

模块二　长期借款

一、长期借款的内容

长期借款是指企业向银行或其他金融机构借入的期限在一年以上（不含一年）或超过一年的

一个营业周期的各项借款。长期借款主要是向金融机构借入的各项长期性借款，如从各专业银行、商业银行取得的贷款；除此之外，还包括向财务公司、投资公司等金融企业借入的款项。

二、长期借款的主要用途

（1）企业借入长期借款可以弥补企业流动资金的不足，在某种程度上，还起着施工企业正常施工生产经营所需垫底资金的作用。

（2）企业为了扩大施工生产经营，搞多种经营，需要添置各种机械设备，建造厂房，这些都需要企业投入大量的长期占用的资金，而企业所拥有的经营资金往往是无法满足这种需要的，如等待用企业内部形成的积累资金再去购建，则可能丧失企业发展的有利时机。

三、长期借款的核算

企业借入长期借款，应按实际收到的金额，借记“银行存款”科目，贷记“长期借款——本金”科目；如存在差额，还应借记“长期借款——利息调整”科目。长期借款利息费用应当在资产负债表日，按照实际利率法计算确定，实际利率与合同利率差异较小的，也可以采用合同利率计算确定利息费用。

长期借款计算确定的利息费用，应当按以下原则计入有关成本、费用：属于筹建期间的，计入管理费用；属于生产经营期间的，计入财务费用。如果长期借款用于购建固定资产的，在固定资产尚未达到预定可使用状态前，所发生的应当资本化的利息支出数，计入在建工程成本；固定资产达到预定可使用状态后发生的利息支出，以及按规定不予资本化的利息支出，计入财务费用。

长期借款按合同利率计算确定的应付未付利息，记入“应付利息”科目。发生利用费用时，分别借记“在建工程”、“制造费用”、“财务费用”、“研发支出”等科目，贷记“应付利息”科目。

企业归还长期借款的本金时，应按归还的金额，借记“长期借款——本金”科目，贷记“银行存款”科目；按归还的利息，借记“应付利息”科目，贷记“银行存款”科目。

【例 10-1】北方公司于 2010 年 1 月 1 日向银行借入为期 3 年的借款 500 万元，年利率 10%，每年末付息一次，到期还本。该笔借款公司用于建造厂房。新厂房于 2010 年末投入使用。其账务处理如下：

（1）办理相关手续，取得银行长期借款。

借：银行存款　　5 000 000

　　贷：长期借款——本金　　5 000 000

（2）预付工程款。

借：在建工程　　2 000 000

　　贷：银行存款　　2 000 000

（3）2010 年年末支付利息。

年利息额=5 000 000×10%=500 000（元）

借：在建工程　　500 000

　　贷：银行存款　　500 000

（4）2010 年年末工程完工，结转工程成本。

借：固定资产——厂房　　5 500 000

　　贷：在建工程　　5 500 000

（5）2011 年年末支付利息。

借：财务费用　　500 000

　　贷：银行存款　　500 000

（6）2012 年年末归还本金和利息。

借：长期借款——本金　　5 000 000

　　财务费用　　500 000

　　贷：银行存款　　5 500 000

【例 10-2】接上例，如果北方公司还款方式为到期一次还本付息（借款利息以复利计算），其账务处理如下。

（1）办理相关手续，取得银行长期借款。

借：银行存款　　5 000 000

　　贷：长期借款——本金　　5 000 000

（2）预付工程款。

借：在建工程　　5 000 000

　　贷：银行存款　　5 000 000

（3）2010 年年末支付利息。

借款利息=5 000 000×10%=500 000（元）

借：在建工程　　500 000

　　贷：应付利息　　500 000

（4）2010 年年末工程完工，结转工程成本。

借：固定资产——厂房　　5 500 000

　　贷：在建工程　　5 500 000

（5）2011 年年末支付利息。

借款利息=5 500 000×10%=550 000（元）

借：财务费用　　550 000

　　贷：应付利息　　550 000

（6）2012 年年末支付利息。

借款利息=6 050 000×10%=605 000（元）

借：财务费用　　605 000

贷：应付利息 605 000

（7）2012 年年末归还利息。

归还借款本息。

借：长期借款——本金 5 000 000

应付利息 1 655 000

贷：银行存款 6 655 000

或者，2012 年一次还本和付息。

借：长期借款——本金 5 000 000

应付利息 1 050 000

财务费用 605 000

贷：银行存款 6 655 000

模块三 应付债券

一、应付债券的发行

应付债券是指企业为筹集长期资金而实际发行的债券及应付的利息，它是企业筹集长期资金的一种重要方式。企业发行债券的价格受同期银行存款利率的影响较大，一般情况下，企业可以按面值发行、溢价发行和折价发行债券。假设其他条件不变，债券的票面利率高于同期银行存款利率时，可按超过债券票面价值的价格发行，称为溢价发行。溢价是企业以后各期多付利息而事先得到的补偿。如果债券的票面利率低于同期银行存款利率，可按低于债券面值的价格发行，称为折价发行。折价是企业以后各期少付利息而预先给投资者的补偿。如果债券的票面利率与同期银行存款利率相同，可按票面价格发行，称为面值发行。溢价或折价是发行债券企业在债券存续期内对利息费用的一种调整。

二、应付债券的核算

企业应设置“应付债券”科目反映和监督债券发行和归还情况，该科目贷方登记应付债券的本金及利息，借方登记归还债券的本息，期末贷方余额表示尚未归还的债券本息。该科目设置“面值”、“利息调整”、“应计利息”三个明细科目，在此基础上按债券种类进行明细分类核算。另外，企业还须要设置备查簿，登记债券的相关项目。

企业发行债券时，按实际收到的款项，借记“银行存款”、“库存现金”等科目，按债券票面价值，贷记“应付债券——面值”科目，按实际收到的款项与票面价值之间的差额，贷记或借记“应付债券——利息调整”科目。支付的债券代理发行手续费及印刷费等发行费用，借记“在建工程”、“财务费用”科目，贷记“银行存款”等科目。

公司债券应按期计提利息，溢价或折价发行债券，其实际收到的金额与债券票面金额的差额，应在债券存续期间采用实际利率法进行分期摊销。分期计提利息及摊销溢价、折价时，应区别以下情况处理。

（1）以面值发行债券应计提的利息，借记“在建工程”、“制造费用”、“财务费用”、“研发支出”等科目，贷记“应付债券——应计利息”或“应付利息”科目。

（2）溢价发行债券，按应摊销的溢价金额，借记“应付债券——利息调整”科目，按应计利息与溢价摊销的差额，借记“在建工程”、“财务费用”等科目，按应计利息，贷记“应付债券——应计利息”或 “应付利息”科目。

（3）折价发行债券，按应摊销的折价金额和应计利息之和，借记“在建工程”、“制造费用”、“财务费用”、“研发支出”等科目，按应摊销的折价金额，贷记“应付债券——利息调整”科目，按应计利息，贷记“应付债券——应计利息”或“应付利息”科目。

对于分期付息、到期一次还本的应付债券，按票面利率计算确定的应付未付利息通过“应付利息”科目核算，对于到期一次还本付息的应付债券，按票面利率计算确定的应付未付利息通过“应付债券——应计利息”科目核算。

债券到期，企业支付债券本息时，借记“应付债券——面值”和“应付债券——应计利息”、“应付利息”等科目，贷记“银行存款”等科目。

【例 10-3】北方公司 2010 年 1 月 1 日按面值发行 3 年期。票面利率为 10%的公司债券 500 万元，到期一次还本付息。该笔款项已投入生产，用于扩大公司规模。根据资料，应做会计处理如下。

（1）发行债券时。

借：银行存款　　5 000 000

　　贷：应付债券——面值　　5 000 000

（2）每年年末计提利息。

借：财务费用　　500 000

　　贷：应付债券——应计利息　　500 000

（3）到期还本付息。

借：应付债券——面值　　15 000 000

　　应付债券——应计利息　　500 000

　　贷：银行存款　　6 500 000

【例 10-4】2006 年 12 月 31 日，北方公司经批准发行 5 年期一次还本、分期付息的公司债券 10 000 000 元，债券利息在每年 12 月 31 日支付，票面利率为年利率 6%。假定债券发行时的市场利率为 5%。

北方公司该批债券实际发行价格为：

$$10\,000\,000 \times 0.783\,5+10\,000\,000 \times 6\% \times 4.329\,5=10\,432\,700（元）$$

北方公司根据上述资料，采用实际利率法和摊余成本计算确定的利息费用，如表 10-1 所示。

表 10-1　　　　利息费用一览表　　　　单位：元

付息日期	实际支付利息	利息费用	摊销的利息调整	应付债券摊余成本
2006 年 12 月 30 日				10 432 700
2007 年 12 月 30 日	600 000	521 635	78 365	10 354 335
2008 年 12 月 30 日	600 000	517 716.75	82 283.25	10 272 051.75
2009 年 12 月 30 日	600 000	513 602.59	86 397.41	10 185 654.34
2010 年 12 月 30 日	600 000	509 282.72	90 717.28	10 094 937.06
2011 年 12 月 30 日	600 000	505 062.94*	94 937.06	10 000 000

根据表 10-1 的资料，北方公司的账务处理如下。

（1）2006 年 12 月 31 日发行债券时。

借：银行存款　　10 432 700

　　贷：应付债券——面值　　10 000 000

　　　　　　　——利息调整　　432 700

（2）2007 年 12 月 31 日计算利息费用时。

借：财务费用　　521 635

　　应付债券——利息调整　　78 365

　　贷：应付利息　　600 000

支付利息时。

借：应付利息　　600 000

　　贷：银行存款　　600 000

（3）2008 年 12 月 31 日计算利息费用时。

借：财务费用　　517 716.75

　　应付债券——利息调整　　82 283.25

　　贷：应付利息　　600 000

支付利息时。

借：应付利息　　600 000

　　贷：银行存款　　600 000

（4）2009 年 12 月 31 日计算利息费用时。

借：财务费用　　513 602.59

　　应付债券——利息调整　　86 397.41

　　贷：应付利息　　600 000

支付利息时。

借：应付利息　　600 000

　　贷：银行存款　　600 000

（5）2010 年 12 月 31 日计算利息费用时。

借：财务费用　　509 282.72

应付债券——利息调整　　90 717.28

贷：应付利息　　600 000

支付利息时。

借：应付利息　　600 000

贷：银行存款　　600 000

（6）2011 年 12 月 31 日归还债券本金及最后一期利息费用时。

借：财务费用　　505 062.94

应付债券——面值　　10 000 000

——利息调整　　94 937.06

贷：银行存款　　10 600 000

兴趣思考

如果北方公司发行的应付债券票面利率为年利率 5%，债券发行时的市场利率为 6%，债券属于溢价发行还是折价发行，利息调整该如何分摊？

模块四　长期应付款

一、长期应付款

长期应付款是指除了长期借款和应付债券以外的其他长期应付款，其核算的内容包括以分期付款方式购入固定资产和无形资产发生的应付账款、应付融资租入固定资产的租赁费、补偿贸易方式引进国外设备价款等。

小贴士

补偿贸易

补偿贸易是从国外引进设备，再用该设备生产的产品归还设备价款的贸易方式。国家为了增大企业开展补偿贸易，规定开展补偿贸易的企业，补偿期内免交引进设备所生产的产品的流转税，用产品归还设备价款时，视同产品销售。

二、长期应付款的账务处理

企业发生的长期应付款收付业务，应通过“长期应付款”核算，该科目的贷方登记发生的长期应付款，借方登记归还的长期应付款，贷方余额表示企业尚未支付的各种长期应付款。该科目按长期应付款的种类和债权人进行明细分类核算。

（一）企业融资租入固定资产

应在租赁开始日，将租赁开始日租赁资产的公允价值与最低租赁付款额现值两者之中较低者，加上初始直接费用，作为租入资产的入账价值，借记“固定资产——融资租入固定资产”科目，按最低租赁付款额，贷记“长期应付款”科目，按发生的初始直接费用，贷记“银行存款”、“库存现金”等科目，按其差额，借记“未确认融资费用”科目。每期支付租金费用时，借记“长期应付款”科目，贷记“银行存款”科目。

小贴士

初始直接费用内容

初始直接费用包括在租赁谈判和签订租赁合同中发生的，可以直接归属于租赁项目的手续费、律师费、差旅费、印花税等。

未确认融资费用应当在租赁期内的各个期间进行分摊，承租人分摊未确认融资费用时，应当采用实际利率法。其按当期应分摊的未确认融资费用金额，借记“财务费用”科目，贷记“未确认融资费用”科目。

企业在计算最低租赁付款额的现值时，能够取得出租人租赁内含利率的，应当采用租赁内含利率作为折现率；否则，应当采用租赁合同规定的利率作为折现率。企业无法取得出租人的租赁内含利率且租赁合同没有规定利率的，应当采用同期银行贷款利率作为折现率。租赁内含利率是指在租赁开始日，使最低租赁收款额的现值与未担保余值的现值之和等于租赁资产公允价值与出租人的初始直接费用之和的折现率。

【例 10-5】 2009 年 12 月 1 日，甲公司与乙租赁公司签订了一份生产线融资租赁合同。该租赁合同规定：租赁期开始日为 2010 年 1 月 1 日，租赁期为 3 年，每年年末支付租金 2 000 000 元；租赁期届满，生产线的估计残余价值为 400 000 元，其中甲公司担保余值为 300 000 元，未担保余值为 100 000 元。该生产线于 2009 年 12 月 31 日运抵甲公司，当日投入使用；甲公司采用年限平均法计提折旧，于每年年末一次确认融资费用并计提折旧。假设该生产线为全新生产线，租赁开始日的公允价值为 6 000 000 元；租赁内含利率为 6%。2012 年 12 月 31 日，甲公司将该生产线归还给乙租赁公司。

（1）2009 年 12 月 1 日，融资租入固定资产最低租赁付款额现值=$\frac{2\,000\,000}{(1+6\%)}+\frac{2\,000\,000}{(1+6\%)^2}+\frac{2\,000\,000}{(1+6\%)^3}+\frac{300\,000}{(1+6\%)^3}=5\,597\,880$(元)

固定资产公允价值=6 000 000（元）。

固定资产最低租赁付款额=2 000 000 × 3+300 000=6 300 000（元）。

未确认融资费用=6 300 000−5 597 880=702 120（元）。

固定资产入账价值=5 597 880（元）（公允价值>最低租赁付款额现值）

租入固定资产时的会计分录如下。

借：固定资产——融资租入固定资产　　5 597 880

　　未确认融资费用　　702 120

　　贷：长期应付款　　6 300 000

（2）未确认融资费用分摊情况如表 10-2 所示。

表 10-2　未确认融资费用分摊　单位：元

日期	租金	确认融资费用	应付本金的减少额	应付本金余额
2010 年年初				5 597 880
2010 年年末	2 000 000	335 872.80	1 664 127.20	3 933 752.80
2011 年年末	2 000 000	236 025.17	1 763 974.83	2 169 777.97
2012 年年末	2 000 000	130 222.03	1 869　777.97	300 000
合计	6 000 000	702 120	5 297 880	

（1）2010 年年末，支付租金、分摊融资费用并计提折旧的会计处理。

借：长期应付款　　2 000 000

　　贷：银行存款　　2 000 000

借：财务费用　　335 872.80

　　贷：未确认融资费用　　335 872.80

借：制造费用　　1 765 960

　　贷：累计折旧　　1 765 960（（5 597 880−300 000）/3）

（2）2011 年年末，支付租金、分摊融资费用并计提折旧的会计处理。

借：长期应付款　　2 000 000

　　贷：银行存款　　2 000 000

借：财务费用　　236 025.17

　　贷：未确认融资费用　　236 025.17

借：制造费用　　1 765 960

　　贷：累计折旧　　1 765 960

（3）2012 年年末，支付租金、分摊融资费用并计提折旧的会计处理。

借：长期应付款　　2 000 000

　　贷：银行存款　　2 000 000

借：财务费用　　130 222.03

　　贷：未确认融资费用　　130 222.03

借：制造费用　　1 765 960

　　贷：累计折旧　　1 765 960

（4）2012 年 12 月 31 日，归还生产线。

借：长期应付款　　　　　　　　　　　　　　　300 000
　　累计折旧　　　　　　　　　　　　　　　5 297 880
　　贷：固定资产——融资租入固定资产　　　　　　5 597 880

（二）企业按照补偿贸易方式引进设备

企业按照补偿贸易方式引进设备时，按设备、工具、零配件等价款的外币金额和规定汇率折算为人民币记账，借记“在建工程”、“原材料”等科目，贷记“长期应付款——融资租入固定资产应付款”科目。

引进设备时，企业支付的国外运费和保险费，折算为人民币，借记“在建工程”、“原材料”等科目，贷记“长期应付款——融资租入固定资产应付款”等科目。

企业用人民币借款或存款支付的进口关税、国内运杂费和安装费，也是设备价款的一部分，借记“在建工程”、“原材料”等科目，贷记“长期借款”、“银行存款”等科目。引进的国外设备交付验收使用时，将其全部价值，借记“固定资产”科目，贷记“在建工程”科目。

归还引进设备款时，借记“长期应付款——融资租入固定资产应付款”科目，贷记“银行存款”、“应收账款”等科目。

引进的设备，融资租入的固定资产，不需要安装即可交付使用的，可将发生的费用作为固定资产原价，借记“固定资产”科目，贷记“长期应付款——融资租入固定资产应付款”科目和其他有关科目。

长期应付款的利息支出、汇兑损失等费用，属于筹建期间的，计入开办费，借记“开办费”科目，贷记“长期应付款——融资租入固定资产应付款”科目；属于生产经营期间的，计入当期损益，借记“财务费用”科目，贷记“长期应付款——融资租入固定资产应付款”科目；属于与购建固定资产有关的，在固定资产尚未交付使用之前发生的，计入有关固定资产的购建成本，借记“在建工程”科目，贷记“长期应付款——融资租入固定资产应付款”科目。如发生汇兑收益，做相反的会计分录。

【例 10-6】2014 年年初，北方公司采用补偿贸易方式引进一套设备，该设备价款为 1 000 000 美元，支付的国外运杂费为 2 000 美元，另以人民币支付进口关税 111 500 元，国内运杂费为 2 000 元，安装费为 22 000 元。设备在一周内即安装完毕，引进设备当日美元汇率为￥8.8/USD1。

（1）引入设备时，应做账务处理如下。

借：在建工程　　　　　　　　8 817 600（1 002 000×8.8）
　　贷：长期应付款－应付引进设备款　　　8 817 600

（2）支付进口关税、国内运杂费和设备安装费时，应做账务处理如下。

借：在建工程　　　　　　　　135 500（111 500+2000+22 000）
　　贷：银行存款　　　　　　　　135 500

（3）将安装完毕的设备及进口工具和零配件交付使用时，应做账务处理如下。

借：固定资产　　　　　　　　8 953 100（8 817 600+135 500）

贷：在建工程　　　　　　　　8 953 100

（4）年末计算汇兑损益（假设当日汇率为¥8.5/USD1）。

所欠美元数=1 002 000−100 000=90 2000（美元）

折合人民币=902 000×8.5=7 667 000（元）

长期应付款人民币金额=8 817 600−890 000=7 927 600（元）

汇兑收益=7 927 600−7667 000=260 600　（元）

其账务处理如下。

借：长期应付款——应付引进设备款　　　　　　260 600

　　贷：财务费用——汇兑损益　　　　　　　　260 600

（5）以引进设备所生产的产品实现销售收入 100 000 美元，成本为 50 000 美元，并归还设备款（假设当日汇率为¥8.9/USD1）

销售实现时账务处理如下：

借：应收账款——外商××公司　　　　　　890 000

　　贷：主营业务收入　　　　　　　　890 000

结转销售成本账务处理如下：

借：主营业务成本　　　　　　445 000

　　贷：库存商品　　　　　　445 000

归还设备款账务处理如下：

借：长期应付款——应付引进设备款　　　　（USD100 000）890 000

　　贷：应收账款——外商××公司　　　　（USD100 000）　890 000

兴趣思考

- 长期借款与短期借款在账务处理上有何差异？
- 债券溢折价的摊销对每期的利息费用有何影响？
- 采用补偿贸易方式引进国外设备价款的账务处理要点是什么？

复习思考题

一、单项选择题

1. 正常经营期间长期借款的利息应记入（　　）。

　A. 其他业务成本　　B. 营业外支出　　C. 财务费用　　D. 销售费用

2. 下列项目中，不属于非流动负债的是（　　）。

　A. 长期借款　　B. 应付股利

　C. 应付债券　　D. 应付融资租赁设备款

3. 应付债券票面利率会影响债券的发行价格，假如债券是溢价发行，则票面利率（　　）。

　A. 等于发行时市场实际利率　　B. 高于发行时市场实际利率

C. 低于发行时市场实际利率　　D. 无法得出结论

4. 企业每期期末计提一次还本付息的长期借款利息，对其中应当予以资本化的部分，下列会计处理正确的是（　　）。

A. 借记“财务费用”科目，贷记“长期借款”科目

B. 借记“财务费用”科目，贷记“应付利息”科目

C. 借记“在建工程”科目，贷记“长期借款”科目

D. 借记“在建工程”科目，贷记“应付利息”科目

5. 企业折价发行债券意味着（　　）。

A. 将来多付利息而预先得到的补偿

B. 将来多付利息而预先付出的代价

C. 将来少付利息而预先得到的补偿

D. 将来少付利息而预先付出的代价

6. 某企业于2007年7月1日按面值发行5年期，到期一次还本付息的公司债券，该债券面值总额8 000万元，票面年利率为4%，自发行日起计息。假定票面利率与实际利率一致，不考虑相关税费，2008年12月31日该应付债券的账面余额为（　　）万元。

A. 8 000　　B. 8 160　　C. 8 320　　D. 8 480

7. 2010年1月1日，甲公司采用分期付款方式购入大型设备一套，当日投入使用。合同约定的价款为2 700万元，分3年等额支付；该分期支付购买价款的现值为2 430万元。假定不考虑其他因素，甲公司该设备的入账价值为（　　）万元。

A. 810　　B. 2 430　　C. 900　　D. 2 700

8. 企业采用补偿贸易方式从国外引进设备后，用引进设备生产的产品偿还设备的价款时，其会计处理正确的是（　　）。

A. 借记“长期应付款”科目，贷记“固定资产”科目

B. 借记“长期应付款”科目，贷记“库存商品”科目

C. 借记“长期应付款”科目，贷记“库存商品”科目和“应交税费”科目

D. 应在反映销售收入的同时，借记“长期应付款”科目，贷记“应收账款”科目

二、多项选择题

1. 目前，我国企业的非流动负债主要包括（　　）。

A. 长期借款　　B. 应付账款　　C. 应付债券　　D. 长期应付款

E. 应交税费

2. 长期借款发生的利息费用，根据长期借款的使用方向，可以将其直接计入的项目有（　　）。

A. 财务费用　　B. 在建工程　　C. 管理费用　　D. 营业外支出

3. 企业为了核算对外发行的公司债券，应当在“应付债券”科目下设置的明细科目有（　　）。

A. 面值　　B. 利息调整　　C. 应计利息　　D. 益折价

4. 下列各项，应作为“长期应付款”核算的有（　　）。

A. 应付在建工程人员工资　　B. 应付补偿贸易引进设备款

C. 应付经营租入固定资产租赁费　　D. 应付融资租入固定资产租赁费

三、判断题

1. 债务偿还的方式有多样，可以分期偿还本息；可以分次付息，到期还本；也可以到期一次还本付息。（　　）

2. 企业购入不需要安装的生产设备，购买价款超过正常信用条件延期支付，实质具有融资性质的，应当以购买价款的现值为基础确定其成本。（　　）

3. 长期借款利息属于筹建期间的，计入财务费用。（　　）

4. 企业发行债券，当票面利率高于市场实际利率时，一般折价发行。（　　）

5. 融资租入固定资产时，借记“固定资产”　科目，贷记“应付账款”科目。（　　）

四、计算分析题

1. 北方公司为增值税一般纳税人，为购建固定资产于2010年12月1日从银行借入资金400万元，借款期限为3年，年利率为8.4%（到期一次还本付息，不计复利）。所借款项已存入银行。北方公司用该借款于当日购买须安装的设备一台，价款300万元，增值税税额51万元，另支付运杂费及保险等费用49万元，设备已于2011年12月31日投入使用。

要求：编制取得借款、支付设备款和运杂费、保险费、计提长期借款利息、工程完工、偿还银行借款本息的会计分录。

2. 北方公司2007年7月1日发行3年期、到期时一次还本付息、年利率为8%（不计复利）、发行面值总额为4 000万元的债券，假定年利率等于实际利率。该债券按面值发行。企业发行债券所筹资金用于建造固定资产，至2009年12月31日时工程完工。

要求：编制发行债券、计提各期利息以及到期还本付息的会计分录。

3. 北方公司开展补偿贸易业务，从国外引进设备的价款为150万美元（市场汇率为1∶7.0），假定该设备不须安装即可投入使用。企业准备用所生产的产品归还引进设备款。引进设备投产后，第一批产品全部用于还款，共计1 000件，每件销售价格600元，成本350元。

要求：请编制有关会计分录。

学习情境十一　所有者权益

学习目标

本学习情境阐述非流动负债的确认、计量与核算的基本知识。

通过本学习情境的学习，应该了解和掌握以下内容：

1. 了解所有者权益的性质和内容；
2. 掌握所有者权益和负债的区别和联系；
3. 掌握投入资本、资本公积、盈余公积和未分配利润的会计处理。

情境导航

老板权益的支点——所有者权益的构成；我和投资有个约会——实收资本；天上掉下个大馅饼——资本公积；厚积才能薄发——盈余公积、未分配利润。我是股东我怕谁——股份公司股东。所有者权益是股东权益，靠什么说了算，就靠在公司的股份，它也是分配红利的依据，更是股东心目中的“上帝”，企业经营目标就在于此，让企业的积累越来越多。好好去核算吧，但是，股东权益不是算出来的，而是靠辛勤的经营干出来的。

模块一　所有者权益概述

一、所有者权益概念和分类

所有者权益是指企业资产扣除负债后由所有者享有的剩余权利。所有者权益在股份有限公司被称为股东权益。

企业的所有者权益主要包括实收资本、资本公积、盈余公积和未分配利润四部分内容。其中，盈余公积和未分配利润统称为留存收益。

实收资本是指企业实际收到的投资者投入作为资本的资金以及按照有关规定由资本公积金、盈余公积金转为资本的资金。

资本公积是指由投资者或其他人（或单位）投入，所有权归属于投资者，但不构成实收资本的那部分资本或者资产。

盈余公积是指企业按照规定从净利润中提取的各种积累基金。它属于具有特定用途的留存收益。

未分配利润是经过弥补亏损、提取法定盈余公积、提取任意盈余公积和向投资者分配利润等利润分配之后剩余的利润，它是企业留待以后年度进行分配的历年结存的利润。

二、所有者权益与债权人权益的区别

所有者权益在数量上等于企业全部资产减去全部负债后的余额。从权益原有意义来看，权益包括所有者权益和债权权益，投资者和债权人都是企业资产的提供者，他们对企业的资产都有相应的要求权。但是，两者又有显著区别，主要表现在以下几点。

（1）债权人对企业资产的要求权优于所有者权益。

（2）企业的投资者可以参与企业的经营管理，而债权人无权参与企业的经营管理。

（3）对于所有者而言，在企业持续经营的情况下，除按法律程序减资外，一般不能提前撤回投资。而负债一般都有规定的偿还期限，必须于一定期限内偿还。

（4）投资者以股利或利润的形式参与企业的利润分配，而债权人只能按规定的条件得到偿付，获取利息收入。

模块二　实收资本

按照我国有关法律规定，投资者设立企业首先必须投入资本。实收资本是投资者投入资本形成法定资本的价值，所有者向企业投入的资本，在一般情况下无须偿还，可以长期周转使用。实收资本的构成比例，即投资者的出资比例或股东的股份比例，通常是确定所有者在企业所有者权益中所占的份额和参与企业财务经营决策的基础，也是企业进行利润分配或股利分配的依据，同时还是企业清算时确定所有者对净资产的要求权的依据。

一、实收资本确认和计量的基本要求

企业应当设置“实收资本”科目，核算企业接受投资者投入的实收资本，股份有限公司应将该科目改为“股本”。投资者可以用现金投资，也可以用现金以外的其他有形资产投资，符合国家规定比例的，还可以用无形资产投资。企业收到投资时，一般应做如下会计处理：收到投资人投入的现金，应在实际收到或者存入企业开户银行时，按实际收到的金额，借记“银行存款”科目；以实物资产投资的，应在办理实物产权转移手续时，借记有关资产科目；以无形资产投资的，

应按照合同、协议或公司章程规定移交有关凭证时，借记“无形资产”科目，按投入资本在注册资本或股本中所占份额，贷记“实收资本”或“股本”科目，按其差额，贷记“资本公积——资本溢价”或“资本公积——股本溢价”等科目。

（一）接受现金资产投资

【例 11-1】甲、乙、丙共同投资设立北方有限责任公司，注册资本 2 000 000 元，甲、乙、丙持股比例分别为 60%、30%、10%。按照合同规定，甲、乙、丙投入资金分别为 1 200 000 元、600 000 无和 200 000 元。北方公司已如期收到各投资者一次缴足的款项存入银行。其会计分录如下。

借：银行存款　　2 000 000
　贷：实收资本——甲　　1200 000
　　　　　　　——乙　　600 000
　　　　　　　——丙　　200 000

在会计处理上，股份有限公司应设置“股本”科目。为提供企业股份的构成情况，企业可在“股本”科目下按股东单位或姓名设置明细账。企业的股本应在核定的股本总额范围内，发行股票取得。但值得注意的是，企业发行股票取得的收入与股本总额往往不一致，公司发行股票取得的收入大于股本总额的，称为溢价发行；小于股本总额的，称为折价发行；等于股本总额的，称为面值发行。我国不允许企业折价发行股票。在采用溢价发行股票的情况下，企业应将相当于股票面值的部分记入“股本”科目，其余部分在扣除发行手续费、佣金等发行费用后记入“资本公积——股本溢价”科目。

【例 11-2】北方股份有限公司发行普通股 10 000 000 股，每股面值 1 元，发行价格为 3 元，股款 30 000 000 元已经全部收到，假设不考虑发行费用，则北方公司应做账务处理如下。

计入股本的金额：10 000 000 × 1=10 000 000 元

计入资本公积金额：（3-1）× 10 000 000=20 000 000 元

借：银行存款　　30 000 000
　贷：股本　　10 000 000
　　　资本公积——股本溢价　　20 000 000

（二）接受非现金资产投资

股东除了以货币资金投资外，也有可能是以实物资产或无形资产投资。企业接受的实物资产或无形资产投资，应按确定的价值（或实物的发票价值）及相关的税费作为实收资本入账。

【例 11-3】北方公司收到甲股东投入的材料一批，评估确认不含税价值为 100 000 元，增值税专用发票列明税款 17 000 元。该企业接受投资时的会计分录如下。

借：原材料　　100 000
　　应交税费——应交增值税（进项税额）　　17 000
　贷：实收资本——甲股东　　117 000

【例 11-4】北方公司由甲、乙两个公司共同投资设立。按出资协议，甲公司以现金出资 80 万元；乙公司以一项专利权出资，协商确定价值为 20 万元。北方公司接受投资时的会计分录如下。

借：银行存款　　800 000
　　无形资产——专利权　　200 000
　　贷：实收资本——甲公司　　800 000
　　　　　　　　——乙公司　　200 000

二、实收资本（或股本）的增减变动核算

一般情况下，企业的实收资本应相对固定，但在某些特定情况下，实收资本也可能发生增减变化。《中华人民共和国公司登记管理条例》规定，公司增加注册资本的，有限责任公司股东认缴新增资本的出资和股份有限公司的股东认购新股，应当分别依照《公司法》设立有限责任公司缴纳出资和设立股份有限公司缴纳股款的有关规定执行。公司法定公积金转增为注册资本的，验资证明应当载明留存的该项公积金不少于转增前公司注册资本的 25%。公司减少注册资本的，应当自公告之日起 45 日后申请变更登记，并应当提交公司在报纸上登载公司减少注册资本公告的有关证明和公司债务清偿或者债务担保情况的说明。公司减资后的注册资本不得低于法定的最低限额。公司变更实收资本的，应当提交依法设立的验资机构出具的验资证明，并应当按照公司章程载明的出资时间、出资方式缴纳出资。公司应当自足额缴纳出资或者股款之日起 30 日内申请变更登记。

（一）实收资本（或股本）的增加

企业增加资本的途径一般有以下三条。

一是将资本公积转为实收资本或者股本。会计上应借记“资本公积——资本溢价”或“资本公积——股本溢价”科目，贷记“实收资本”或“股本”科目。

二是将盈余公积转为实收资本。会计上应借记“盈余公积”科目，贷记“实收资本”或“股本”科目。这里要注意的是，资本公积和盈余公积均属所有者权益，转为实收资本或者股本时，企业如为独资企业的，核算比较简单，直接结转即可；如为股份有限公司或有限责任公司的，应按原投资者所持股份同比例增加各股东的股权。

三是所有者（包括原企业所有者和新投资者）投入。企业接受投资者投入的资本，借记“银行存款”、“固定资产”、“无形资产”、“长期股权投资”等科目，贷记“实收资本”或“股本”等科目。

【例 11-5】北方有限责任公司因扩大经营规模需要，经批准，将资本公积 500 000 元转增资本。其账务处理如下。

借：资本公积　　500 000
　　贷：实收资本　　500 000

【例 11-6】A、B、C 三人共同投资设立北方有限责任公司，原注册资本为 2 000 000 元，A、B、C 出资比例分别为 30%、50%、20%。为扩大经营规模，经批准，该公司注册资本扩大为 4 000 000 元。该公司如期收到三方按原出资比例追加的现金投资，分别为：600 000 元、1 000 000 元、400 000 元。该公司账务处理如下。

借：银行存款　　2 000 000

　　贷：实收资本——A　　600 000

　　　　　　　　——B　　1 000 000

　　　　　　　　——C　　400 000

除上述增加资本的途径之外，还有股份有限公司发放股票股利、可转换公司债券持有人行使转换权利、企业将重组债务转为资本、以权益结算的股份支付的行权等方式。

（二）实收资本（或股本）的减少

企业实收资本减少的原因大体有两种，一是资本过剩；二是企业发生重大亏损而需要减少实收资本。企业因资本过剩而减资，一般要发还股款。有限责任公司和一般企业发还投资的会计处理比较简单，按法定程序报经批准减少注册资本的，借记“实收资本”或“股本”科目，贷记“库存现金”、“银行存款”等科目。

股份有限公司因减少注册资本而回购本公司股份的，应按实际支付的金额，借记“库存股”科目，贷记“银行存款”等科目。注销库存股时，应按股票面值和注销股数计算的股票面值总额，借记“股本”科目，按注销库存股的账面余额，贷记“库存股”科目，按其差额，冲减股票发行时原记入资本公积的溢价部分，借记“资本公积——股本溢价”科目，回购价格超过上述冲减“股本”及“资本公积——股本溢价”科目的部分，应依次借记“盈余公积”、“利润分配——未分配利润”等科目；如回购价格低于回购股份所对应的股本，所注销库存股的账面余额与所冲减股本的差额作为增加股本溢价处理，按回购股份所对应的股本面值，借记“股本”科目，按注销库存股的账面余额，贷记“库存股”科目，按其差额，贷记“资本公积——股本溢价”科目。

【例 11-7】 北方公司 2012 年 12 月 31 日的股本为 2 000 万股，面值为 1 元，资本公积（资本溢价）为 600 万元，盈余公积为 600 万元。经批准，北方公司以现金回购本公司股票 200 万股并注销。假定公司的回购价格为每股 1.6 元，不考虑其他因素。其账务处理如下。

（1）回购本公司股票时。

借：库存股　　3 200 000(2 000 000 × 1.6)

　　贷：银行存款　　3 200 000

（2）注销本公司股票时。

借：股本　　2 000 000(2 000 000 × 1)

　　资本公积——股本溢价　　1 200 000(2 000 000 × 1.6−2 000 000 × 1)

　　贷：库存股　　3 200 000

【例 11-8】 北方股份有限公司 2012 年 12 月 31 日，资本公积（股本溢价）6 000 000 元，盈余公积 4 000 000 元。经股东大会批准，北方公司以现金回购本公司股票 3 000 000 股并注销，每股面值 1 元，北方公司按照每股 4 元回购股票，不考虑其他因素，北方公司的账务处理如下。

库存股的成本 = 3 000 000 × 4=12 000 000（元）

借：库存股　　12 000 000

　　贷：银行存款　　12 000 000

借：股本　　3 000 000
　　资本公积——股本溢价　　6 000 000
　　盈余公积　　3 000 000
　　贷：库存股　　12 000 000

模块三　资本公积

一、资本公积概述

资本公积是企业收到投资者的超出其在企业注册资本（或股本）中所占份额的投资，以及直接计入所有者权益的利得和损失等。资本公积包括资本溢价（或股本溢价）和直接计入所有者权益的利得和损失等。

资本溢价（或股本溢价）是企业收到投资者的超出其在企业注册资本（或股本）中所占份额的投资。形成资本溢价（或股本溢价）的原因有溢价发行股票、投资者超额缴入资本等。

直接计入所有者权益的利得和损失是指不应计入当期损益，会导致所有者权益发生增减变动的，与所有者投入资本或者向所有者分配利润无关的利得或者损失。

资本公积一般应当设置“资本（或股本）溢价”、“其他资本公积”明细科目核算。

二、资本公积的确认和计量

资本溢价或股本溢价的会计处理

投资者经营的企业（不含股份有限公司），投资者依其出资份额对企业经营决策享有表决权，依其所认缴的出资额对企业承担有限责任。在企业创立时，出资者认缴的出资额全部记入“实收资本”科目。

在企业重组并有新的投资者加入时，为了维护原有投资者的权益，新加入的投资者的出资额，并不一定全部作为实收资本处理。这是因为，企业经营过程中实现利润的一部分留在企业，形成留存收益，而留存收益也属于投资者权益，但其未转入实收资本。新加入的投资者如与原投资者共享这部分留存收益，也要求其付出大于原有投资者的出资额，才能取得与原有投资者相同的投资比例。投资者投入的资本中按其投资比例计算的出资额部分，应记入“实收资本”科目，大于部分应记入“资本公积”科目。

股份有限公司是以发行股票的方式筹集股本的，企业的股本总额应按股票的面值与股份总数的乘积计算。国家规定，实收股本总额应与注册资本相等。在采用与股票面值相同的价格发行股票的情况下，企业发行股票取得的收入，应全部记入“股本”科目；在采用溢价发行股票的情况下，企业发行股票取得的收入，相当于股票面值的部分记入“股本”科目，超出股票面值的溢价收入记入“资本公积”科目。委托证券商代理发行股票而支付的手续费、佣金等，应从溢价发行收入中扣除，企业应按扣除手续费、佣金后的数额记入“资本公积”科目。

【例 11-9】北方股份有限公司原有注册资本 300 万元，为扩大经营，经批准，公司增加注册资本 100 万元，吸引新投资者投入，按协议，新投资者投入 120 万，占公司股份的 25%。不考虑其他因素，其账务处理如下。

借：银行存款　　1 200 000

　　贷：实收资本　　1 000 000

　　　　资本公积——资本溢价　　200 000

【例 11-10】北方股份有限公司公开发行普通股 50 000 000 股，每股面值 1 元，按每股 4 元发行。公司以银行存款支付发行手续费、咨询费等费用共计 6 000 000 元，假定发行收入已全部收到，发行费用已全部支付，其账务处理如下：

（1）收到发行收入。

借：银行存款　　200 000 000

　　贷：股本　　50 000 000

　　　　资本公积——股本溢价　　150 000 000

（2）支付发行费用。

借：资本公积——股本溢价　　6 000 000

　　贷：银行存款　　6 000 000

三、其他资本公积的核算

其他资本公积是指除资本溢价（或股本溢价）项目以外所形成的资本公积，其中主要包括直接计入所有者权益的利得和损失。

直接计入所有者权益的利得和损失主要由以下交易或事项引起。

（一）采用权益法核算的长期股权投资

长期股权投资采用权益法核算的，在持股比例不变的情况下，被投资单位除净损益以外所有者权益的其他变动，企业按持股比例计算应享有的份额，如果是利得，应当增加长期股权投资的账面价值，同时增加资本公积（其他资本公积）；如果是损失，应当做相反的会计分录。当处置采用权益法核算的长期股权投资时，应当将原记入资本公积的相关金额转入投资收益。

【例 11-11】北方有限责任公司 2012 年 1 月 1 日向甲公司投资，拥有甲公司 20%的股份，并对甲公司有重大影响，对甲公司长期股权投资采用权益法核算。2012 年 12 月 31 日，甲公司净损益之外的所有者权益增加了 2 000 000 元。假定除此以外，甲公司的所有者权益没有变化，北方有限责任公司的持股比例没有变化，甲公司资产的账面价值与公允价值一致，不考虑其他因素。北方有限责任公司的会计分录如下。

北方有限责任公司增加的资本公积=2 000 000×20%=400 000（元）

借：长期股权投资——其他权益变动　　400 000

　　贷：资本公积——其他资本公积　　400 000

（二）以权益结算的股份支付

以权益结算的股份支付换取职工或其他方提供服务的，应按照确定的金额，记入“管理费用”等科目，同时增加资本公积（其他资本公积）。在行权日，应按实际行权的权益工具数量计算确定的金额，借记“资本公积——其他资本公积”科目，按计入实收资本或股本的金额，贷记“实收资本”或“股本”科目，并将其差额记入“资本公积——资本溢价”或“资本公积——股本溢价”科目。

（三）存货或自用房地产转换为投资性房地产

企业将作为存货的房地产转换为采用公允价值模式计量的投资性房地产时，应当按该项房地产在转换日的公允价值，借记“投资性房地产——成本”科目，原已计提跌价准备的，借记“存货跌价准备”科目，按其账面余额，贷记“开发产品”等科目；同时，转换日的公允价值小于账面价值的，按其差额，借记“公允价值变动损益”科目，转换日的公允价值大于账面价值的，按其差额，贷记“资本公积——其他资本公积”科目。

（四）可供出售金融资产公允价值的变动

可供出售金融资产公允价值变动形成的利得，除减值损失和外币货币性金融资产形成的汇兑差额外，借记“可供出售金融资产——公允价值变动”科目，贷记“资本公积——其他资本公积”科目，公允价值变动形成的损失，做相反的会计分录。

模块四　留存收益

留存收益是指企业在历年实现的利润中提取或形成的留存于企业内部的积累，包括盈余公积和未分配利润。

一、盈余公积

盈余公积是指企业按照规定从净利润中提取的各种积累基金。它属于具有特定用途的留存收益。根据《公司法》等有关法规的规定，企业当年实现的净利润，一般应当按照如下顺序进行分配。

（一）盈余公积的有关规定

1. 提取法定公积金

公司制企业的法定公积金按照税后利润的 10%的比例提取（非公司制企业也可按照超过 10%的比例提取），在计算提取法定盈余公积的基数时，不应包括企业年初未分配利润。公司法定公积金累计额为公司注册资本的 50%以上时，可以不再提取法定公积金。公司的法定公积金不足以弥补以前年度亏损的，在提取法定公积金之前，应当先用当年利润弥补亏损。

2. 提取任意公积金

公司从税后利润中提取法定公积金后，经股东会或者股东大会决议，还可以从税后利润中提取任意公积金。非公司制企业经类似权力机构批准，也可提取任意盈余公积。

盈余公积是指企业按照规定从净利润中提取的各种积累资金。公司制企业的盈余公积分为法定盈余公积和任意盈余公积。两者的区别就在于其各自计提的依据不同。前者以国家的法律或行政规章为依据提取；后者则由企业自行决定提取。

（二）企业提取盈余公积主要可以用于以下几个方面

1. 弥补亏损

企业发生亏损时，应由企业自行弥补。以盈余公积弥补亏损。企业以提取的盈余公积弥补亏损时，应当由公司董事会提议，并经股东大会批准。

2. 转增资本

企业将盈余公积转增资本时，必须经股东大会决议批准。在实际将盈余公积转增资本时，要按股东原有持股比例结转。企业提取的盈余公积，无论是用于弥补亏损，还是用于转增资本，只不过是在企业所有者权益内部做结构上的调整，并不引起企业所有者权益总额的变动。

3. 扩大企业生产经营

盈余公积的用途并不是指其实际占用形态，提取盈余公积也并不是单独将这部分资金从企业资金周转过程中抽出。企业盈余公积的结存数，实际只表现为企业所有者权益的组成部分，表明企业生产经营资金的一个来源而已。其形成的资金可能表现为一定的货币资金，也可能表现为一定的实物资产，如存货和固定资产等，随同企业的其他来源所形成的资金进行循环周转，用于企业的生产经营。

（三）盈余公积的确认和计量

为了反映盈余公积的形成及使用情况，企业应设置“盈余公积”科目。企业应当分别“法定盈余公积”、“任意盈余公积”进行明细核算。

企业提取盈余公积时，借记“利润分配——提取法定盈余公积”、“利润分配——提取任意盈余公积”科目，贷记“盈余公积——法定盈余公积”、“盈余公积——任意盈余公积”科目。

企业用盈余公积弥补亏损或转增资本时，借记“盈余公积”科目，贷记“利润分配——盈余公积补亏”、“实收资本”或“股本”科目。经股东大会决议，用盈余公积派送新股，按派送新股计算的金额，借记“盈余公积”科目，按股票面值和派送新股总数计算的股票面值总额，贷记“股本”科目。

【例 11-12】2012 年 12 月 31 日，北方公司实现净利润 1 000 万元，年初未分配利润为 0 元。经股东大会批准，该公司按当年净利润的 10%提取法定盈余公积，按 5%提取任意盈余公积。假定不考虑其他因素，该公司的会计分录如下。

借：利润分配——提取法定盈余公积　　1 000 000
　　　　　　——提取任意盈余公积　　500 000
　贷：盈余公积——法定盈余公积　　1 000 000
　　　盈余公积——任意盈余公积　　500 000

【例 11-13】北方公司经股东大会批准，用盈余公积弥补当前亏损 100 万元。其账务处理如下。

借：盈余公积　　1 000 000

贷：利润分配——盈余公积补亏 1 000 000

【例 11-14】北方公司经股东大会批准，将盈余公积 100 万元转增资本。其账务处理如下。

借：盈余公积 1 000 000

贷：实收资本 1 000 000

二、未分配利润

未分配利润是企业留待以后年度进行分配的结存利润，也是企业所有者权益的组成部分。相对于所有者权益的其他部分来讲，企业对于未分配利润的使用分配有较大的自主权。从数量上来讲，未分配利润是期初未分配利润，加上本期实现的净利润，减去提取的各种盈余公积和分出利润后的余额。

在会计处理上，未分配利润是通过“利润分配”科目进行核算的，“利润分配”科目应当分别“提取法定盈余公积”、“提取任意盈余公积”、“应付现金股利或利润”、“转作股本的股利”、“盈余公积补亏”和“未分配利润”等进行明细核算。

企业未分配利润通过“利润分配——未分配利润”账户核算。年度终了，企业应将全年实现的盈亏，自“本年利润”账户转入“利润分配——未分配利润”账户。如果企业当年实现盈利，借记“本年利润”账户，贷记“利润分配——未分配利润”账户；如果企业当年发生亏损，借记“利润分配——未分配利润”账户，贷记“本年利润”账户。然后将“利润分配”账户所属其他明细科目的余额转入“未分配利润”明细科目。结转后，“利润分配——未分配利润”账户如为贷方余额，表示累积未分配的利润数额；如为借方余额，则表示累积未弥补的亏损数额。

【例 11-15】北方公司年初未分配利润为 0，本年实现净利润 1 000 万元，本年计提法定盈余公积 100 万元，任意盈余公积 50 万元，分配现金股利 200 万元。该公司应做会计处理如下。

（1）结转利润。

借：本年利润 10 000 000

贷：利润分配——未分配利润 10 000 000

（2）利润分配。

借：利润分配——提取法定盈余公积 1 000 000

——提取任意盈余公积 500 000

——应付现金股利 2 000 000

贷：盈余公积——提取法定盈余公积 1 000 000

——提取任意盈余公积 500 000

应付股利 2 000 000

（3）结转未分配利润。

借：利润分配——未分配利润 3 500 000

贷：利润分配——提取法定盈余公积 1 000 000

——提取任意盈余公积 500 000

——应付现金股利　　2 000 000

最后，未分配利润明细账余额为：10 000 000−3 500 000=6 500 000（元）

兴趣思考

1. 所有者权益与负债的区别。
2. 资本公积包括哪些内容，与实收资本与盈余公积有何区别联系？
3. 留存收益包括什么内容，各有什么用途？

复习思考题

一、单项选择题

1. 甲公司为增值税一般纳税人，于 2010 年 1 月设立时接受一台生产设备投资，假定不产生资本公积，实收资本入账金额为（　　）。

A. 固定资产账面价值加上进项税额　　B. 固定资产的账面价值

C. 评估确认的固定资产价值　　D. 固定资产的公允价值加进项税额

2. 下列各项中，不属于所有者权益的是（　　）。

A. 应付股利　　B. 实收资本　　C. 本年利润　　D. 资本公积

3. 企业增资扩股时，投资者实际缴纳的出资额大于其按约定比例计算的其在注册资本中所占的份额部分，应记入（　　）账户。

A. “未分配利润”　　B. “实收资本”

C. “资本公积”　　D. “营业外收入”

4. 甲企业 2012 年年初未分配利润为借方余额 10 万元，当年净利润为 30 万元，按 10%的比例提取盈余公积，当年分配现金股利 5 万。不考虑其他事项，该企业 2012 年年末未分配利润为（　　）万元。

A. 13　　B. 12　　C. 17　　D. 18

5. 北方公司 2010 年“盈余公积”账户的年初余额为 1 000 万元，本期提取盈余公积 500 万元，用盈余公积分配现金股利 600 万元，用盈余公积弥补亏损 200 万元。该公司“盈余公积”账户的年末余额为（　　）万元。

A. 710　　B. 700　　C. 900　　D. 1500

6. 北方公司年初所有者权益为 200 万元，本年度实现净利润 300 万元，以资本公积转增资本 60 万元，提取盈余公积 50 万元。假设不考虑其他因素，该公司年末所有者权益为（　　）万元。

A. 510　　B. 560　　C. 500　　D. 520

7. 2010 年 1 月 1 日北方公司所有者权益情况如下：实收资本 400 万元，资本公积 52 万元，盈余公积 56 万元，未分配利润 118 万元。该公司 2010 年 1 月 1 日留存收益为（　　）万元。

A. 64　　B. 76　　C. 140　　D. 174

8. 下列各项中，能够导致企业留存收益减少的是（　　）。

A. 用盈余公积分配现金股利　　B. 以资本公积转增资本

C. 提取盈余公积　　D. 以盈余公积弥补亏损

9. 下列各项中，影响所有者权益总额的是（　　）。

A. 以盈余公积弥补亏损　　B. 以盈余公积转增资本

C. 股东大会宣告分配现金股利　　D. 实际分配股票股利

10. 某企业年初未分配利润贷方余额550万元，当年利润总额为600万元，应交的所得税100万元，该企业按10%提取法定盈余公积。该企业可供分配的利润为（　　）万元。

A. 90　　B. 500　　C. 1 000　　D. 1 050

11. 北方公司年初未分配利润贷方余额为100万元，本年净利润为1 000万元，按10%计提法定盈余公积，按5%计提任意盈余公积，宣告发放现金股利为80万元，该公司期末未分配利润为（　　）万元。

A. 855　　B. 867　　C. 870　　D. 874

12. 某上市公司发行普通股1 000万股，每股面值1元，每股发行价格5元，支付手续费20万元，支付咨询费60万元。该公司发行普通股记入股本的金额为（　　）万元。

A. 1 000　　B. 4 920　　C. 4 980　　D. 5 000

13. 企业增资扩股时，投资者实际缴纳的出资额大于其按约定比例计算的其在注册资本金所占的份额部分，应作为（　　）。

A. 资本溢价　　B. 实收资本　　C. 盈余公积　　D. 营业外收入

二、多项选择题

1. 下列项目中，能引起盈余公积发生增减变动的有（　　）。

A. 提取任意盈余公积　　B. 以盈余公积转增资本

C. 以任意盈余公积弥补亏损　　D. 用盈余公积派发新股

2. 股份有限公司委托其他单位发行股票时支付的手续费或佣金等相关费用，在做账务处理时涉及的账户有（　　）。

A. “资本公积”　　B. “盈余公积”　　C. “利润分配”　　D. “财务费用”

3. 企业弥补亏损的渠道主要有（　　）。

A. 以资本公积弥补亏损　　B. 以盈余公积弥补亏损

C. 用以后5年税前利润弥补　　D. 用5年后的税后利润弥补

4. 企业吸收投资者投资时，下列账户的余额不会发生变化的有（　　）。

A. 库存股　　B. 股本　　C. 长期股权投资　　D. 资本公积

5. 下列各项中，能够引起企业留存收益总额发生变动的有（　　）。

A. 以盈余公积补亏　　B. 提取任意盈余公积

C. 向投资者宣告分配现金股利　　D. 用盈余公积转增资本

6. 下列各项中，影响所有者权益总额发生变动的有（　　）。

A. 用盈余公积发放现金股利　　B. 用盈余公积弥补亏损
C. 股东大会宣告分配现金股利　　D. 实际发放股票股利

7. 下列各项中，不会引起留存收益变动的有（　　）。
A. 盈余公积补亏　　B. 计提法定盈余公积
C. 盈余公积转增资本　　D.计提任意盈余公积

8. 下列各项，不会引起所有者权益总额发生增减变动的有（　　）。
A. 宣告发放股票股利　　B. 资本公积转增资本
C. 盈余公积转增资本　　D. 接受投资者追加投资

9. 企业吸收投资者出资时，下列账户的余额可能发生变化的有（　　）。
A. “盈余公积”　B. “资本公积”　C. “实收资本”　D. “利润分配”

10. 下列各项，构成企业留存收益的有（　　）。
A. 资本溢价　　B. 未分配利润
C. 任意盈余公积　　D. 法定盈余公积

11. 下各项中，年度终了需要转入“利润分配——未分配利润”账户的有（　　）。
A. 本年利润　　B. 利润分配——应付现金股利
C. 利润分配——盈余公积补亏　　D. 利润分配——提取法定盈余公积

三、判断题

1. 股份有限公司发行股票发生的手续费和佣金等费用，先从发行股票的溢价收入中抵消，发行股票的溢价不足冲减或无溢价，记入财务费用。（　　）

2. 经过股东大会或类似权力机构批准，企业可以用资本公积转增资本。（　　）

3. 企业实际支付已宣告的现金股利会导致企业所有者权益减少。（　　）

4. 企业接受投资者作价投入的材料物资，应按投资合同或协议约定价值确定材料物资价值（投资合同或协议约定价值不公允的除外）和在注册资本中应享有的份额。（　　）

5. 不管企业期初是否存在未弥补的亏损，当期计提法定盈余公积的基数都是当期实现的净利润。（　　）

6. 企业以盈余公积向投资者分配现金股利，不会引起留存收益总额的变动。（　　）

7. 所有者权益是指企业资产扣除负债后由所有者享有的剩余权益，股份公司所有者权益又称股东权益。（　　）

8. 企业股东大会通过决议宣告发放现金股利和股票股利时，应作为负债和利润分配处理。（　　）

四、计算分析题

1. 北方股份有限公司发行普通股股票100 000股，面值1元，按每股2.6元的价格出售，证券公司按发行收入的2%收取发行手续费，假定款项已经全部收到。

要求：编制会计分录。

2. 北方公司年初未分配利润为300 000元，本年实现净利润1 800 000元，按10%计提法定盈余公积，按15%计提任意盈余公积，分配现金股利500 000元。

要求：请编制结转本年利润、分配利润，结转利润分配的会计分录。

学习情境十二　收入、费用和利润

学习目标

本学习情境主要讲授营业收入、各种费用和利润的核算。

通过本学习情境的学习，应该掌握以下内容：

1. 掌握销售收入的确认标准和会计核算方法；
2. 掌握费用的确认标准和会计核算方法；
3. 掌握所得税费用的一般核算办法；
4. 掌握本年利润的期末会计处理；
5. 掌握营业税改增值税的会计处理。

情境导航

利润最大化是股东追求的目标，创造收入，控制费用，才会带来企业的更多利润。收入是利润的源泉，费用是企业经济利益的流出，收入减去费用才是企业的“真金白银”。

模块一　收入

一、收入的定义及其分类

（一）收入定义

收入是指企业在日常活动中形成的，会导致所有者权益增加的，与所有者投入资本无关的经济利益的总流入，包括商品销售收入、提供劳务收入、利息收入、使用费收入、租金收入、股利收入等，但不包括为第三方或客户代收的款项。

（二）收入分类

对收入进行分类可以按以下两种方式进行划分。一是按照企业从事日常交易活动的性质，可将收入分为销售商品收入、提供劳务收入、让渡资产使用权收入、建造合同收入等。其中，销售商品收入是指企业通过销售商品实现的收入；提供劳务收入是指企业通过提供劳务实现的收入；让渡资产使用权收入是指企业通过让渡资产使用权实现的收入；建造合同收入是指企业承担建造合同所形成的收入。二是按照企业从事日常活动在企业的重要性，可将收入分为主营业务收入、其他业务收入等。其中，主营业务收入是指企业为完成其经营目标从事的经常性活动实现的收入；其他业务收入是指与企业为完成其经营目标所从事的经常性活动相关的活动实现的收入。

二、销售商品收入

（一）销售商品收入的确认

销售商品收入必须同时满足下列条件才能加以确认。

1. 企业已将商品所有权上的主要风险和报酬转移给购货方

与商品所有权有关的风险是指商品可能发生减值或毁损等形成的损失；与商品所有权有关的报酬是指商品价值增值或通过使用商品等形成的经济利益。判断企业是否已将商品所有权上的主要风险和报酬转移给购货方，应当关注交易的实质，并结合所有权凭证的转移或实物的交付进行判断。在某些情况下，转移商品所有权凭证或交付实物后，商品所有权上的主要风险和报酬并未随之转移。如企业尚未完成售出商品的安装或检验工作，且安装或检验工作是销售合同或协议的重要组成部分。需要说明的是，在需要安装或检验的销售中，如果安装程序比较简单或检验是为了最终确定合同或协议价格而必须进行的程序，企业可以在发出商品时确认收入。

2. 企业既没有保留通常与所有权相联系的继续管理权，也没有对已售出的商品实施有效控制

通常情况下，企业售出商品后不再保留与商品所有权相联系的继续管理权，也不再对售出商品实施有效控制，商品所有权上的主要风险和报酬已经转移给购货方，通常应在发出商品时确认收入。如果企业仅保留与所有权无关的继续管理权，如房地产公司销售商品房时保留的物业管理权，则不影响收入的确认。

3. 收入的金额能够可靠地计量

对于分期收款销售商品，实质上具有融资性质的，应当按照应收的合同或协议价款的公允价值确定销售商品收入金额；对于已收或应收的价款不公允的，企业应按公允的交易价格确定收入金额。

有时，由于销售商品过程中某些不确定因素的影响，也有可能存在商品销售价格发生变动的情况，如附有销售退回条件的商品销售。如果企业不能合理估计退货的可能性，就不能够合理地估计收入的金额，不应在发出商品时确认收入，而应当在售出商品退货期满、销售商品收入金额能够可靠计量时确认收入。

4. 相关的经济利益很可能流入企业

相关的经济利益很可能流入企业是指销售商品价款收回的可能性大于不能收回的可能性，即

销售商品价款收回的可能性超过 50%。企业在确定销售商品价款收回的可能性时，应当结合以前和买方交往的直接经验、政府有关政策、其他方面取得信息等因素进行综合分析。

5. 相关的已发生或将发生的成本能够可靠地计量

通常销售商品相关的已发生或将发生的成本能够合理地估计。例如，A 公司为该大型设备发生的相关成本因 B 公司相关资料未送达而不能可靠地计量，但是 A 公司基于以往经验能够合理估计出该大型设备的成本，仍可以认为满足本确认条件。如果销售商品相关的已发生或将发生的成本不能够合理地估计，则此时企业不应确认收入，已收到的价款应确认为负债。

（二）销售商品收入的会计处理

1. 一般销售商品收入的处理

企业发生销售商品的业务，在同时满足销售商品收入确认的 5 个条件下，确认销售商品收入。企业应按已收或应收的合同或协议价款，加上应收取的增值税额，借记“银行存款”、“应收账款”、“应收票据”等科目，按确定的收入金额，贷记“主营业务收入”、“其他业务收入”等科目，按应收取的增值税额，贷记“应交税费——应交增值税（销项税额）”科目；或在资产负债表日，按已销售商品的账面价值结转销售成本，借记“主营业务成本”、“其他业务成本”等科目，贷记“库存商品”、“原材料”等科目；或在资产负债表日，按应交纳的消费税、资源税、城市维护建设税、教育费附加等税费金额，借记“营业税金及附加”科目，贷记“应交税费——应交消费税（或应交资源税、应交城市维护建设税等）”科目。

如果售出商品不符合收入确认条件，则不应确认收入，已经发出的商品，应当通过“发出商品”科目进行核算。

【例 12-1】北方公司向希望公司销售产品一批，开出的增值税专用发票上注明的销售价格为 200 000 元，增值税税额为 34 000 元，产品已经发出，款项尚未收到。该批产品成本为 160 000 元。希望公司已将该批产品验收入库。假定不考虑其他因素。北方公司的账务处理如下。

	借方	贷方
借：应收账款	234 000	
贷：主营业务收入		200 000
应交税费——应交增值税（销项税额）		34 000
借：主营业务成本	160 000	
贷：库存商品		160 000

2. 托收承付方式销售商品的处理

托收承付是指企业根据合同发货后，委托银行向异地付款单位收取款项，由购货方向银行承诺付款的销售方式。在这种销售方式下，企业通常应在发出商品且办妥托收手续时确认收入。如果商品已经发出且办妥托收手续，但由于各种原因与发出商品所有权有关的风险和报酬没有转移的，企业不应确认收入。

【例 12-2】北方公司在 2012 年 3 月 16 日向南亚公司销售商品一批，开出的增值税专用发票上注明的销售价格为 200 000 元，增值税税额为 34 000 元，款项尚未收到；该批商品成本为 100 000 元。北方公司在销售时已知南亚公司资金周转发生困难（不满足相关的经济利益很可能流入企业），但为了减少存货积压，同时也为了维持与南亚公司长期建立的商业关系，北方公司仍将商品发往南亚公司且办妥托收手续，假定北方公司销售该批商品的增值税纳税义务已经发生。北方公司的账务处理如下。

（1）2012 年 3 月 16 日发出商品时。

借：发出商品　　100 000

　　贷：库存商品　　100 000

同时，将增值税税额转入应收账款。

借：应收账款　　34 000

　　贷：应交税费——应交增值税（销项税额）　　34 000

注意

若纳税义务尚未发生，则不做这笔分录。

（2）2012 年 6 月 20 日，北方公司得知南亚公司经营情况逐渐好转，南亚公司承诺将在近期付款时。

借：应收账款　　200 000

　　贷：主营业务收入　　200 000

借：主营业务成本　　100 000

　　贷：发出商品　　100 000

（3）2012 年 6 月 28 日收到款项时。

借：银行存款　　234 000

　　贷：应收账款　　234 000

3. 销售商品涉及现金折扣、商业折扣、销售折让的处理

企业销售商品有时也会遇到现金折扣、商业折扣、销售折让等问题，应当分别不同情况进行处理，如表 12-1 所示。

表 12-1　　现金折扣、商业折扣、销售折让对销售收入确认影响比较

现金折扣	商业折扣	销售折让
这是指债权人为鼓励债务人在规定的期限内付款而向债务人提供的债务扣除。企业销售商品涉及现金折扣的，应当按照扣除现金折扣前的金额确定销售商品收入金额。现金折扣在实际发生时计入财务费用	这是指企业为促进商品销售而在商品标价上给予的价格扣除。企业销售商品涉及商业折扣的，应当按照扣除商业折扣后的金额确定销售商品收入金额	这是指企业因售出商品的质量不合格等原因而在售价上给予的减让。对于销售折让，企业应分别不同情况进行处理：①已确认收入的售出商品发生销售折让的，通常应当在发生时冲减当期销售商品收入；②已确认收入的销售折让属于资产负债表日后事项的，应当按照有关资产负债表日后事项的相关规定进行处理

【例 12-3】北方公司在 2012 年 8 月 1 日向希望公司销售商品一批，开出的增值税专用发票上注明的销售价款为 20 000 元，增值税税额为 3 400 元。为及早收回货款，北方公司和希望公司约

定的现金折扣条件为：2/10，1/20，N/30。假定计算现金折扣时不考虑增值税税额。北方公司的账务处理如下。

（1）8 月 1 日销售实现时，按销售总价确认收入。

借：应收账款　　23 400

　　贷：主营业务收入　　20 000

　　　　应交税费——应交增值税（销项税额）　　3 400

（2）如果希望公司在 8 月 9 日付清货款，则按销售总价 20 000 元的 2%享受现金折扣 400 元（20 000×2%），实际付款 23 000 元（23 400−400）。

借：银行存款　　23 000

　　财务费用　　400

　　贷：应收账款　　23 400

（3）如果希望公司在 8 月 18 日付清货款，则按销售总价 20 000 元的 1%享受现金折扣 200 元（20 000×1%），实际付款 23 200 元（23 400−200）：

借：银行存款　　23 200

　　财务费用　　200

　　贷：应收账款　　23 400

（4）如果希望公司在 8 月底才付清货款，则按全额付款。

借：银行存款　　23 400

　　贷：应收账款　　23 400

【例 12-4】 北方公司销售一批商品给希望公司，开出的增值税专用发票上注明的售价为 100 000 元，增值税税额为 17 000 元。该批商品的成本为 70 000 元。货到后希望公司发现商品质量不符合合同要求，要求在价格上给予 5%的折让。希望公司提出的销售折让要求符合原合同的约定，北方公司同意并办妥了相关手续，开具了增值税专用发票（红字）。 假定此前北方公司已确认该批商品的销售收入，销售款项尚未收到，发生的销售折让允许扣减当期增值税销项税额。北方公司应编制会计分录如下。

（1）销售实现时。

借：应收账款　　117 000

　　贷：主营业务收入　　100 000

　　　　应交税费——应交增值税（销项税额）　　17 000

借：主营业务成本　　70 000

　　贷：库存商品　　70 000

（2）发生销售折让时。

借：主营业务收入　　5 000（100 000×5%）

　　应交税费——应交增值税（销项税额）　　850

　　贷：应收账款　　5 850

（3）实际收到款项时。

借：银行存款　　111 150

　　贷：应收账款　　111 150

4. 销售退回的处理

销售退回是指企业售出的商品由于质量、品种不符合要求等原因而发生的退货。对于销售退回，企业应分别不同情况进行会计处理。

（1）对于未确认收入的售出商品发生销售退回的，企业应按已记入“发出商品”科目的商品成本金额，借记“库存商品”科目，贷记“发出商品”科目。

（2）对于已确认收入的售出商品发生退回的，企业应在发生时冲减当期销售商品收入，同时冲减当期销售商品成本。如该项销售退回已发生现金折扣的，应同时调整相关财务费用的金额；如该项销售退回允许扣减增值税额的，应同时调整“应交税费——应交增值税（销项税额）”科目的相应金额。

（3）已确认收入的售出商品发生的销售退回属于资产负债表日后事项的，应当按照有关资产负债表日后事项的相关规定进行会计处理。

【例 12-5】北方公司在 2012 年 12 月 16 日向希望公司销售商品一批，开出的增值税专用发票上注明的销售价款为 50 000 元，增值税额为 8 500 元。该批商品成本为 36 000 元。为及早收回货款，北方公司和希望公司约定的现金折扣条件为：2/10，1/20，N/30。希望公司在 2012 年 12 月 25 日支付货款。2013 年 3 月 5 日，该批商品因质量问题被希望公司退回，北方公司当日支付有关款项。假定计算现金折扣时不考虑增值税，销售退回不属于资产负债表日后事项。北方公司的账务处理如下。

（1）2012 年 12 月 16 日销售实现时，按销售总价确认收入时。

借：应收账款　　70 200

　　贷：主营业务收入　　60 000

　　　　应交税费——应交增值税（销项税额）　　10 200

借：主营业务成本　　36 000

　　贷：库存商品　　36 000

（2）在 2013 年 12 月 25 日收到货款时，按销售总价 60 000 元的 2%享受现金折扣 1 200（60 000×2%）元，实际收款 69 000（70 200-1 200）元。

借：银行存款　　69 000

　　财务费用　　1 200

　　贷：应收账款　　70 200

（3）2013 年 3 月 5 日发生销售退回时。

借：主营业务收入　　60 000

　　应交税费——应交增值税（销项税额）　　10 200

　　贷：银行存款　　69 000

财务费用 1 200

借：库存商品 36 000

贷：主营业务成本 36 000

5. 代销商品业务处理

（1）视同买断方式。视同买断方式是指委托方和受托方签订合同或协议，委托方按合同或协议价格收取代销商品的货款，实际售价可由受托方自定，实际售价与合同或协议价格之间的差额归受托方所有的销售方式。确认销售收入具体如表 12-2 所示。

表 12-2 视同买断方式下委托方和受托方的会计处理

情况分类	委托方		受托方	
	发货时	售出时	收货时	售出时
与直接销售商品没有实质区别的（是否获利与委托方无关）	确认销售收入		做购货处理	
商品没有售出可以退回，或因代销商品出现亏损时可以要求补偿的	不确认销售收入	根据已销商品确认销售收入	不做购货处理	按实际售价确认销售收入

【例 12-6】北方公司委托希望公司销售商品 100 件，协议价为每件 200 元，该商品成本为每件 100 元，增值税税率为 17%。北方公司收到希望公司开出的代销清单时开具增值税专用发票，发票上注明：售价 20 000 元，增值税 3 400 元。希望公司实际销售时开具的增值税专用发票上注明：售价 22 000 元，增值税为 3 740 元。假定按代销协议，希望公司可以将没有代销出去的商品退回给北方公司。

（1）委托方北方公司的账务处理如下。

① 北方公司将商品交付希望公司时。

借：发出商品 10 000

贷：库存商品 10 000

② 北方公司收到代销清单时。

借：应收账款——希望公司 23 400

贷：主营业务收入 20 000

应交税费——应交增值税（销项税额） 3 400

借：主营业务成本 10 000

贷：发出商品 10 000

③ 收到希望公司汇来的货款时。

借：银行存款 23 400

贷：应收账款——希望公司 23 400

（2）受托方希望公司的账务处理如下。

① 收到商品时。

借：受托代销商品或代理业务资产　　20 000

　　贷：受托代销商品款或代理业务负债　　20 000

② 实际销售时。

借：银行存款　　25 740

　　贷：主营业务收入　　22 000

　　　　应交税费——应交增值税（销项税额）　　3 740

借：主营业务成本　　20 000

　　贷：受托代销商品或代理业务资产　　20 000

借：受托代销商品款或代理业务负债　　20 000

　　贷：应付账款——北方公司　　20 000

③ 按合同协议价将款项付给北方公司时。

借：应付账款——北方公司　　20 000

　　应交税费——应交增值税（进项税额）　　3 400

　　贷：银行存款　　23 400

（2）收取手续费方式。收取手续费方式是指委托方和受托方签订合同或协议，委托方根据代销商品的数量向受托方支付手续费的一种代销方式。

收取手续费方式的主要特点是受托方一般应按照委托方规定的价格销售商品，不得自行改变售价。其会计处理如表 12-3 所示。

表 12-3　　收取手续费方式下委托方和受托方的会计处理

委托方		受托方	
①发出商品时	④商品售出，收到代销清单后	②收到商品时	③商品售出时
不确认销售收入，转入“委托代销商品”科目核算	根据已销售出去的商品金额确认收入，支付的代销手续费计入当期销售费用	不做购货处理，设置“受托代销商品”科目单独核算	计算手续费，作为劳务收入确认入账，不确认销售收入

注：①②③④标示了会计处理上的时间顺序。

【例 12-7】北方公司委托希望公司销售商品 100 件，商品已经发出，每件成本 70 元。合同约定希望公司应按每件 100 元对外销售，北方公司按售价的 10%向希望公司支付手续费。希望公司对外实际销售 100 件，开出的增值税专用发票上注明的销售价格为 10 000 元，增值税额为 1 700 元，款项已经收到。北方公司收到希望公司开具的代销清单时，向希望公司开具一张相同金额的增值税专用发票。假定北方公司发出商品时纳税义务尚未发生，不考虑其他因素。

（1）委托方北方公司的账务处理如下。

① 发出商品时。

借：发出商品　　7 000

　　贷：库存商品　　7 000

② 收到代销清单时。

借：应收账款——希望公司　　11 700

　　贷：主营业务收入　　10 000

　　　　应交税费——应交增值税（销项税额）　　1 700

借：主营业务成本　　7 000

　　贷：发出商品　　7 000

借：销售费用　　1 000

　　贷：应收账款——希望公司　　1 000

③ 收到希望公司支付的货款时。

借：银行存款　　10 700

　　贷：应收账款　　10 700

（2）受托方希望公司的账务处理如下。

① 收到商品时。

借：受托代销商品或代理业务资产　　10 000

　　贷：受托代销商品款或代理业务负债　　10 000

② 对外销售时。

借：银行存款　　11 700

　　贷：应付账款　　10 000

　　　　应交税费——应交增值税（销项税额）　　1 700

③ 收到增值税专用发票时。

借：应交税费——应交增值税（进项税额）　　1 700

　　贷：应付账款　　1 700

借：受托代销商品款或代理业务负债　　10 000

　　贷：受托代销商品或代理业务资产　　10 000

④ 支付货款并计算代销手续费时。

借：应付账款　　11 700

　　贷：银行存款　　10 700

　　　　主营业务收入　　1 000

6. 具有融资性质的分期收款销售商品

企业销售商品，有时会采取分期收款的方式，分期收款发出商品是指商品已经交付，货款分期收回。如果延期收取的货款具有融资性质，其实质是企业向购货方提供免息的信贷，在符合收入确认条件时，企业应当按照应收的合同或协议价款的公允价值确定收入金额。应收的合同或协议价款的公允价值，通常应当按照其未来现金流量现值或商品现销价格计算确定。应收的合同或协议价款与其公允价值之间的差额，应当在合同或协议期间内，按照应收款项的摊余成本和实际利率计算确定的金额进行摊销，作为财务费用的抵减处理。其中，实际利率是指具有类似信用等级的企业发行类似工具的现时利率，或者将应收的合同或协议价款折现为商品现销价格时的折现率等。在实务中，基于重要性要求，应收的合同或协议价款与其公允价值之间的差额，按照应收款项的摊余成本和实际利率进行摊销与采用直线法进行摊销结果相差不大的，也可以采用直线法进行摊销。

对于采用递延方式分期收款、具有融资性质的销售商品满足收入确认条件的，企业按应收合同或协议价款，借记“长期应收款”科目；按照应收合同或协议价款的公允价值（折现值），贷记“主营业务收入”科目；按其差额，贷记“未实现融资收益”科目。每期回收款项时，借记“银行存款”，贷记“长期应收款”科目，同时确认融资收益，借记“未实现融资收益”科目，贷记“财务费用”科目。

【例 12-8】2009 年 1 月 1 日，北方公司采用分期收款方式向希望公司销售一套大型机器设备，合同约定的销售价格为 2 050 万元，分 5 次于每年 12 月 31 日等额收取。该大型机器设备成本为 1 430 万元。在现销方式下，该大型机器设备的销售价格为 1 600 万元。假定北方公司发出商品时，其有关的增值税纳税义务尚未发生，在合同约定的收款日期，发生有关的增值税纳税义务。

根据已知资料，北方公司应当确认的销售商品收入金额为 1 600 万元。

根据“未来 5 年收款额的现值=现销方式下应收款项金额”得出：

$$400\times(P/A,\ r,\ 5)=1\ 600（万元）$$

在多次测试的基础上，用插值法计算出折现率。

当 r=7%时，400×4.100 2=1 640.08>1 600（万元）

当 r=8%时，400×3.992 7=1 597. 08<1 600（万元）

因此，7%<r<8%。用插值法计算如下：当利率为 7%时，现值为 1640.08；当利率取 8%时，现值 1597.08，则求现值为 1600 时的利率 r，可用下式求出：

由式（1 640.08−1 600）/（1 640.08−1 597.08）=（7%−r）/（7%−8%），得出 r=7.93%。

每期计入财务费用的金额如表 12-4 所示。

表 12-4　　**财务费用及已收本金计算表**　　单位：万元

年　份（t）	未收本金 $A_t=A_{t-1}-D_{t-1}$	财务费用 $B=A\times7.93\%$	收现总额 C	已收本金 $D=C-B$
2009 年 1 月 1 日	1 600			
2009 年 12 月 31 日	1 600	126.88	410	283.12
2010 年 12 月 31 日	1 316.88	104.43	410	305.57
2011 年 12 月 31 日	1 011.31	80.20	410	329.80
2012 年 12 月 31 日	681.51	54.04	410	355.96
2013 年 12 月 31 日	325.55	84.45*	410	325.55
总　额		450	2 050	1 600

注：*尾数调整

根据表 12-4 的计算结果，北方公司各期的会计分录如下。

（1）2009 年 1 月 1 日销售实现时。

借：长期应收款——希望公司	20 500 000	
贷：主营业务收入		16 000 000
未实现融资收益		4 500 000
借：主营业务成本	14 300 000	
贷：库存商品		14 300 000

（2）2009 年 12 月 31 日收取货款和增值税税额时。

借：银行存款	4 797 000	
贷：长期应收款——希望公司		4 100 000
应交税费——应交增值税（销项税额）		697 000
借：未实现融资收益	1 268 800	
贷：财务费用		1 268 800

（3）2010 年 12 月 31 日收取货款和增值税税额时。

借：银行存款	4 797 000	
贷：长期应收款——希望公司		4 100 000
应交税费——应交增值税（销项税额）		697 000
借：未实现融资收益	1 044 300	
贷：财务费用		1 044 300

（4）2011 年 12 月 31 日收取货款和增值税税额时。

借：银行存款	4 797 000	
贷：长期应收款——希望公司		4 100 000
应交税费——应交增值税（销项税额）		697 000
借：未实现融资收益	802 000	
贷：财务费用		802 000

（5）2012 年 12 月 31 日收取货款和增值税税额时。

借：银行存款	4 797 000	
贷：长期应收款——希望公司		4 100 000
应交税费——应交增值税（销项税额）		697 000
借：未实现融资收益	540 400	
贷：财务费用		540 400

（6）2013 年 12 月 31 日收取货款和增值税税额时。

借：银行存款	4 797 000	
贷：长期应收款——希望公司		4 100 000
应交税费——应交增值税（销项税额）		697 000
借：未实现融资收益	844 500	

贷：财务费用　　844 500

7. 预收款销售业务的处理

预收款销售商品是指购买方在商品尚未收到前按合同或协议约定分期付款，销货方在收到最后一次付款时才交货的销售方式。在这种方式下，商品所有权上的主要风险和报酬只有在收到最后一笔款项时才能转移给购货方。销货方通常应在发出商品时再确认收入，在此之前预收的货款应作为一项负债，记入“预收账款”科目或“应收账款”科目。

【例 12-9】北方公司与希望公司签订协议，采用分期预收款方式向希望公司销售商品一批。该批商品实际成本为 500 000 元。协议约定，该批商品销售价格为 700 000 元，增值税税额为 119 000 元；希望公司应在协议签订时预付 50%的货款（按销售价格计算），剩余货款于两个月后支付。假定不考虑其他因素，北方公司的账务处理如下。

（1）北方公司发出商品时。

借：发出商品　　500 000

　　贷：库存商品　　500 000

（2）北方公司收到 50%的货款时。

借：银行存款　　350 000

　　贷：预收账款——希望公司　　350 000

（3）北方公司收到希望公司剩余货款及增值税税额时。

借：预收账款——希望公司　　350 000

　　银行存款　　469 000

　　贷：主营业务收入　　700 000

　　　　应交税费——应交增值税（销项税额）　　119 000

借：主营业务成本　　500 000

　　贷：发出商品　　500 000

三、提供劳务收入

（一）提供劳务交易结果能够可靠估计

企业在资产负债表日提供劳务交易的结果能够可靠估计的，应当采用完工百分比法确认提供劳务收入。

1. 提供劳务交易结果能够可靠估计的条件

提供劳务交易的结果能够可靠估计要同时满足下列条件。

（1）收入的金额能够可靠地计量。这是指提供劳务收入的总额能够合理地估计。通常情况下，企业应当按照从接受劳务方已收或应收的合同或协议价款确定提供劳务收入总额。随着劳务的不断提供，可能会根据实际情况增加或减少已收或应收的合同或协议价款，此时，企业应及时调整提供劳务收入总额。

（2）相关的经济利益很可能流入企业。这是指提供劳务收入总额收回的可能性大于不能收回的可能性。企业在确定提供劳务收入总额能否收回时，应当结合接受劳务方的信誉，以前的经验以及双方就结算方式和期限达成的合同或协议条款等因素，综合进行判断。

企业在确定提供劳务收入总额收回的可能性时，应当进行定性分析。如果确定提供劳务收入总额收回的可能性大于不能收回的可能性，即可认为提供劳务收入总额很可能流入企业。通常情况下，企业提供的劳务符合合同或协议要求，接受劳务方承诺付款，就表明提供劳务收入总额收回的可能性大于不能收回的可能性。如果企业判断提供劳务收入总额不是很可能流入企业，则应当提供确凿证据。

（3）交易的完工进度能够可靠地确定。这是指交易的完工进度能够合理地估计。企业确定提供劳务交易的完工进度，可以选用表 12-5 所示的方法。

表 12-5　　交易完工进度确定方法及释义

完工进度确定方法	解释
①已完工作的测量	这是一种比较专业的测量方法，由专业测量师对已经提供的劳务进行测量，并按一定方法计算确定提供劳务交易的完工程度
②已经提供的劳务占应提供劳务总量的比例	这种方法主要以劳务量为标准确定提供劳务交易的完工程度
③已经发生的成本占估计总成本的比例	这种方法主要以成本为标准确定提供劳务交易的完工程度。只有反映已提供劳务的成本才能包括在已经发生的成本中，只有反映已提供或将提供劳务的成本才能包括在估计总成本中

在实务中，如果特定时期内提供劳务交易的数量不能确定，则该期间的收入应当采用直线法确认，除非有证据表明采用其他方法能更好地反映完工进度。当某项作业相比其他作业都重要得多时，应当在该重要作业完成之后确认收入。

（4）交易中已发生和将发生的成本能够可靠地计量。这是指交易中已经发生和将要发生的成本能够合理地估计。企业应当建立完善的内部成本核算制度和有效的内部财务预算及报告制度，准确地提供每期发生的成本，并对完成剩余劳务将要发生的成本做出科学、合理的估计。同时应随着劳务的不断提供或外部情况的不断变化，随时对将要发生的成本进行修订。

2. 完工百分比法的具体应用

完工百分比法是指按照提供劳务交易的完工进度确认收入和费用的方法。在这种方法下，确认的提供劳务收入金额能够提供各个会计期间关于提供劳务交易及其业绩的有用信息。企业应当在资产负债表日按照提供劳务收入总额乘以完工进度扣除以前会计期间累计已确认提供劳务收入后的金额，确认当期提供劳务收入；同时，按照提供劳务估计总成本乘以完工进度扣除以前会计期间累计已确认劳务成本后的金额，结转当期劳务成本。

用公式表示如下：

本期确认的收入=劳务总收入×本期末止劳务的完工进度-以前期间已确认的收入

本期确认的费用=劳务总成本×本期末止劳务的完工进度-以前期间已确认的费用

在采用完工百分比法确认提供劳务收入的情况下，企业应按计算确定的提供劳务收入金额，借记“应收账款”、“银行存款”等科目，贷记“主营业务收入”科目。结转提供劳务成本时，借记“主营业务成本”科目，贷记“劳务成本”科目。

【例 12-10】北方公司于 2012 年 12 月 1 日接受一项设备安装任务，安装期为 3 个月，合同总收入 700 000 元，至年底已预收安装费 490 000 元，实际发生安装费用 280 000 元（假定均为安装人员薪酬），估计还会发生 120 000 元。假定北方公司按实际发生的成本占估计总成本的比例确定劳务的完工进度。北方公司的账务处理如下。

实际发生的成本占估计总成本的比例 = 280 000 ÷（280 000 +120 000）× 100%= 70%

2012 年 12 月 31 日确认的提供劳务收入 =700 000 × 70% − 0= 490 000（元）

2012 年 12 月 31 日结转的提供劳务成本 =（280 000 +120 000）× 70% − 0= 280 000（元）

账务处理。

（1）实际发生劳务成本时。

借：劳务成本　　280 000

　　贷：应付职工薪酬　　280 000

（2）收到劳务款时。

借：银行存款　　490 000

　　贷：预收账款　　490 000

（3）2012 年 12 月 31 日确认提供劳务收入并结转劳务成本时。

借：预收账款　　490 000

　　贷：主营业务收入　　490 000

借：主营业务成本　　280 000

　　贷：劳务成本　　280 000

（二）提供劳务交易结果不能可靠估计

企业在资产负债表日提供劳务交易结果不能够可靠估计的，即不能同时满足上述四个条件时，企业不能采用完工百分比法确认提供劳务收入。此时，企业应正确预计已经发生的劳务成本能够得到补偿和不能得到补偿，分别进行会计处理：①已经发生的劳务成本预计能够得到补偿的，应按已收或预计能够收回的金额确认提供劳务收入，并结转已经发生的劳务成本；②已经发生的劳务成本预计全部不能得到补偿的，应将已经发生的劳务成本计入当期损益，不确认提供劳务收入。

（三）同时销售商品和提供劳务交易

企业与其他企业签订的合同或协议，有时既包括销售商品又包括提供劳务，如销售电梯的同时负责安装工作，销售软件后继续提供技术支持等。此时，如果销售商品部分和提供劳务部分能够区分且能够单独计量的，则企业应当分别核算销售商品部分和提供劳务部分，将销售商品的部分作为销售商品处理，将提供劳务的部分作为提供劳务处理；如果销售商品部分和提供劳务部分不能够区分，或虽能区分但不能够单独计量的，则企业应当将销售商品部分和提供劳务部分全部作为销售商品部分进行会计处理。

【例 12-11】北方公司与希望公司签订合同，向希望公司销售一部电梯并负责安装。北方公司开出的增值税专用发票上注明的价款合计为 1 000 000 元，其中电梯销售价格为 960 000 元，安装费为 40 000 元，增值税税额为 170 000 元。电梯的成本为 580 000 元；电梯安装过程中发生安装费 15 000 元，均为安装人员薪酬。假定电梯已经安装完成并经验收合格，款项尚未收到；安装工作是销售合同的重要组成部分。北方公司的账务处理如下。

（1）电梯发出时。

借：发出商品　　580 000

　　贷：库存商品　　580 000

（2）发生安装费用 12 000 元时。

借：劳务成本　　15 000

　　贷：应付职工薪酬　　15 000

（3）电梯销售实现确认收入 960 000 元并结转电梯成本 580 000 元时。

借：应收账款　　1 130 000

　　贷：主营业务收入　　960 000

　　　　应交税费——应交增值税（销项税额）　　170 000

借：主营业务成本　　580 000

　　贷：发出商品　　580 000

（4）确认安装费收入 40 000 元并结转安装成本 15 000 元时。

借：应收账款　　40 000

　　贷：主营业务收入　　40 000

借：主营业务成本　　15 000

　　贷：劳务成本　　15 000

四、让渡资产使用权收入

（一）让渡资产使用权收入的确认

让渡资产使用权收入主要包括利息收入和使用费收入。企业对外出租资产收取的租金，进行债权投资收取的利息，进行股权投资取得的现金股利构成让渡资产使用权收入。让渡资产使用权收入同时满足下列条件的，才能予以确认。

（1）相关的经济利益很可能流入企业。相关的经济利益很可能流入企业是指让渡资产使用权收入金额收回的可能性大于不能收回的可能性。企业在确定让渡资产使用权收入金额能否收回时，应当根据对方企业的信誉和生产经营情况，双方就结算方式和期限等达成的合同或协议条款等因素，综合进行判断。如果企业估计让渡资产使用权收入金额收回的可能性不大，就不应确认收入。

（2）收入的金额能够可靠地计量。收入的金额能够可靠地计量是指让渡资产使用权收入的金额能够合理地估计。如果让渡资产使用权收入的金额不能够合理地估计，则不应确认收入。

（二）让渡资产使用权收入的计量

（1）利息收入，主要是指金融企业对外贷款形成的利息收入，以及同业之间发生往来形成的利息收入等。企业应在资产负债表日，按照他人使用本企业货币资金的时间和实际利率计算确定利息收入金额。按计算确定的利息收入金额，借记“应收利息”、“银行存款”等科目，贷记“利息收入”、“其他业务收入”等科目。

【例 12-12】A 商业银行于 2012 年 10 月 1 日向希望公司发放一笔贷款 300 万元，期限为 1 年，年利率为 5%，A 商业银行发放贷款时没有发生交易费用，该贷款合同利率与实际利率相同。假定 A 商业银行按季度编制财务报表，不考虑其他因素。A 商业银行的账务处理如下。

（1）2012 年 10 月 1 日对外贷款时：

借：短期贷款——希望公司　　3 000 000

　　贷：活期存款　　3 000 000

（2）2012 年 12 月 31 日确认利息收入（3 000 000 × 5% ÷ 4）时。

借：应收利息　　37 500

　　贷：利息收入　　37 500

（2）使用费收入，主要是指企业转让无形资产（如商标权、专利权、专营权、软件、版权）等资产的使用权形成的使用费收入。

使用费收入应当按照有关合同或协议约定的收费时间和方法计算确定。不同的使用费收入，收费时间和方法各不相同。有一次性收取一笔固定金额的，如一次收取 15 年的场地使用费；有在合同或协议规定的有效期内分期等额收取的，如合同或协议规定在使用期内每期收取一笔固定的金额；也有分期不等额收取的，如合同或协议规定按资产使用方每期销售额的百分比收取使用费等。如果合同或协议规定一次性收取使用费，且不提供后续服务的，应当视同销售该项资产一次性确认收入；提供后续服务的，应在合同或协议规定的有效期内分期确认收入。如果合同或协议规定分期收取使用费的，通常应按合同或协议规定的收款时间和金额或规定的收费方法计算确定的金额分期确认收入。

模块二　费用

一、费用的含义及其确认

（一）费用的含义

费用是指企业在日常活动中发生的，会导致所有者权益减少的，与向所有者分配利润无关的经济利益的总流出。费用应按照权责发生制和配比原则确认，凡应属于本期发生的费用，不论其款项是否支付，均确认为本期费用；反之，不属于本期发生的费用，即使其款项已在本期支付，也不确认为本期费用。

费用有狭义和广义之分。广义的费用泛指企业各种日常活动发生的所有耗费，狭义的费用仅指与本期营业收入相配比的那部分耗费。

（二）费用的确认

费用应当按权责发生制原则及配比原则在确认有关收入的那一期间予以确认。在现行会计实务中，确认费用一般有三种标准。

（1）按其与营业收入的直接联系加以确认，即凡是与本期收入有直接关系的耗费就是该期的费用，如企业为生产产品、提供劳务等发生的可归属于产品成本、劳务成本等的费用，应当在确认产品销售收入、劳务收入等时，将已销售产品，已提供劳务的成本等计入当期损益。

（2）按系统而合理的分配方式确认。如果经济利益可望在若干会计期间发生，并且只能大致和间接地确定费用与收益的联系，就应当以有规则的合理分配程序为基础，在收益表中确认费用，如折旧和无形资产摊销等。

（3）直接作为当期费用。在企业中，有些费用不能提供明确的未来利益，且对其进行分摊没有意义，则可以直接作为当期费用予以确认，如企业发生的支出不产生经济利益的，或者即使能够产生经济利益但不符合或者不再符合资产确认条件的，应当在发生时确认为费用，计入当期损益。企业发生的交易或者事项导致其承担了一项负债而又不确认为一项资产的，应当在发生时确认为费用，计入当期损益。

二、费用的分类

按照费用的经济用途可进行以下分类。

（一）构成产品成本的费用。构成产品成本的费用具体分为直接材料费用、直接人工费用和制造费用。

（1）直接材料费用是指构成产品主要组成部分的材料成本，包括企业在生产经营过程中所耗用的原材料、半成品、辅助材料、修理用备件、外购半成品、燃料、动力、包装物和其他直接材料。

（2）直接人工费用包括企业从事产品生产人员的工资、奖金、津贴和补贴、福利费等。

（3）制造费用是指企业为生产产品而发生的各项间接费用，包括生产管理人员的工资和福利费、折旧费、修理费、办公费、水电费、机器物料消耗、劳动保护费、季节性和修理期间的停工损失等。

上述费用构成了产品的制造成本项目，简称成本项目。

（二）期间费用。期间费用是指企业当期发生的必须从当期收入中得到补偿的费用，包括销售费用、管理费用和财务费用。期间费用应当直接计入当期损益，并在利润表中分项目列示。

三、费用的核算

（一）主营业务成本

主营业务成本是企业销售商品、提供劳务等经常性活动所发生的成本。企业一般在确认销售商品、提供劳务等主营业务收入时或在月末，将已销售商品、已提供劳务的成本转入主营业务成本。主营业务成本按主营业务的种类进行明细核算，期末，将主营业务成本的余额转入“本年利润”科目，结转后本科目无余额。

企业应通过“主营业务成本”科目，核算主营业务成本的确认和结转情况。企业结转主营业务成本时，借记“主营业务成本”科目，贷记“库存商品”、“劳务成本”科目。期末，应将“主营业务成本”科目余额转入“本年利润”科目，借记“本年利润”科目，贷记“主营业务成本”科目。

（二）其他业务成本

其他业务成本是企业确认的除主营业务活动以外的其他经营活动所发生的支出。其他业务成本包括销售材料的成本、出租固定资产的折旧额、出租无形资产的摊销额、出租包装物的成本或摊销额等。

企业应通过“其他业务成本”科目，核算其他业务成本的确认和结转情况。企业发生或结转其他业务成本时，借记“其他业务成本”科目，贷记“原材料”、“周转材料”、“累计折旧”、“累计摊销”、“银行存款”等科目。期末，应将“其他业务成本”科目余额转入“本年利润”科目，借记“本年利润”科目，贷记“其他业务成本”科目。

（三）营业税金及附加

这是指企业经营活动应负担的营业税、消费税、资源税、城市维护建设税、教育费附加等相关税费。

（四）管理费用

管理费用是指企业为组织和管理企业生产经营所发生的管理费用，包括企业在筹建期间内发生的开办费、董事会和行政管理部门在企业的经营管理中发生的或者应由企业统一负担的公司经费。

（1）企业管理部门及职工的费用，主要包括公司经费、工会经费、职工教育经费、劳动保险费等。①公司经费是指应由企业统一负担的公司经费，具体包括行政管理部门人员工资、职工福利费、培训费、修理费、物料消耗、低值易耗品摊销、办公费、差旅费、其他公司经费等；②工会经费是指按职工工资总额的一定比例拨交给工会的经费；③职工教育经费是指为职工培训而发生的费用；④劳动保险费是指退休职工的退休金、价格补贴、医药费（包括离退休人员参加医疗保险交纳的医保金）、异地安家补助费、职工退职金、职工丧葬补助费、抚恤费、按规定支付给离休干部的各项经费等。

（2）用于企业直接管理之外的费用，主要包括董事会费、咨询费、聘请中介机构费、诉讼费、排污费、绿化费、土地使用费、税金等。①董事会费是指公司董事会及其成员为执行职能而发生的各项费用，包括差旅费、会议费等；②咨询费是指聘请经济技术顾问、律师等支付的费用；③审计费是指聘请中国注册会计师进行查账验资以及进行资产评估等发生的各项费用；④诉讼费是指因起诉而发生的各项费用；⑤排污费是指企业按规定交纳的排污费用；⑥绿化费是指企业对厂区、矿区进行绿化而发生的绿化费用；⑦土地使用费是指企业使用土地（海域）而支付的费用；⑧税金是指企业按规定支付的房产税、车船税、土地使用税、印花税等。

（3）提供生产技术条件的费用，主要包括研究开发费、技术转让费、无形资产摊销等。①研究开发费是指企业研究开发新产品、新技术、新工艺所发生的新产品设计费、工艺规程制定费、设备调试费、原材料和半成品试验费、技术图书资料费、研究人员的工资、研究设备的折旧、与产品试制和技术研究有关的其他经费、委托其他单位进行的科研试制费用以及试制失败损失；②技术转让费是指企业使用其他单位的专有技术而支付的费用；③无形资产摊销是指土地使用权、工业产权及非专利技术和其他无形资产的摊销。

（4）业务招待费是指企业为业务经营的合理需要而支付的费用。

（5）其他管理费用是指不包括在以上项目内的管理费用。

值得说明的是，企业生产车间（部门）和行政管理部门等发生的固定资产修理费用等后续支出，也计入管理费用。

对管理费用的核算，企业应设置“管理费用”科目，并在“管理费用”科目中按费用项目设置明细账，进行明细核算。借方登记企业发生的各项管理费用，贷方登记企业转入“本年利润”科目的管理费用，结转后，本科目应无余额。

【例 12-13】北方公司为拓展产品销售市场发生业务招待费 26 000 元，均用银行存款支付。其账务处理如下。

借：管理费用　　26 000

　贷：银行存款　　26 000

（五）销售费用

销售费用是指企业在销售商品和材料、提供劳务的过程中发生的各种费用，销售费用是指企业销售过程中发生的费用。其具体项目包括以下内容。

（1）产品自销费用，包括应由本企业负担的包装费、运输费、装卸费、保险费。

（2）产品促销费用，包括展览费、广告费、销售服务费等。

（3）销售部门的费用，一般是指专设销售机构的职工工资及福利费、类似工资性质的费用、业务费等经营费用。但企业内部销售部门所发生的费用不包括在销售费用中，而应列入管理费用。

（4）委托代销费用，主要是指企业委托其他单位代销时按合同规定支付的委托代销手续费。

（5）商品流通企业的进货费用，这是指商品流通企业在进货过程中发生的运输费、装卸费、包装费、保险费、运输途中的合理损耗和入库前的挑选整理费用等。

对销售费用的核算，企业应设置“销售费用”科目，并在“销售费用”科目中按费用项目设置明细账，进行明细核算。本科目属于损益类科目，其借方登记企业发生的各项销售费用，贷方登记企业转入“本年利润”科目的销售费用，期末，“销售费用”科目的余额结转至“本年利润”科目后无余额。

【例 12-14】北方公司销售部 2012 年 12 月份共发生费用 350 000 元，其中：销售人员薪酬 210 000 元，销售部专用办公设备折旧费 60 000 元，业务费 80 000 元（均用银行存款支付）。北方公司会计分录如下。

借：销售费用　　350 000

　贷：应付职工薪酬　　210 000

　　　累计折旧　　60 000

　　　银行存款　　80 000

（六）财务费用

财务费用是指企业为筹集生产经营所需资金而发生的费用。为购建或生产固定资产、投资性房地产和存货等资产而发生的借款费用，在该项资产达到预定可使用或者可销售状态前按规定应予资本化的部分，不作为财务费用核算。财务费用主要包括以下内容。

（1）利息净支出。这是指企业短期借款利息、长期借款利息、票据贴现息等利息支出减去银行存款利息收入后的净额。

（2）汇兑净损失。这是企业因向银行出售或购入外汇而产生的银行买入价、卖出价与记账所采用的汇率之间的差额以及月度终了各种外币账户的外币期末余额按照期末汇率折算的记账本位币金额与账面记账本位币金额之间的差额等。

（3）相关的手续费。这是指发行债券所须支付的手续费、开出汇票的银行手续费、调剂外汇手续费等。

（4）其他财务费用等。

对财务费用的核算，企业应设置“财务费用”科目，并在“财务费用”科目中按费用项目设置明细账，进行明细核算。借方登记企业发生的各项财务费用，贷方登记企业发生的应冲减财务费用的利息收入、汇兑收益。月末应将本科目余额转入“本年利润”科目，结转后，本科目应无余额。

【例 12-15】北方公司于 2012 年 3 月 1 日向银行借入生产经营用短期借款 600 000 元，期限 6 个月，年利率 5%，该借款本金到期后一次归还，利息分月预提，按季支付。假定所有利息均不符合利息资本化条件。有关利息支出的会计处理如下。

每月末，预提当月份应计利息时：600 000 × 5% ÷ 12 = 2 500（元）

借：财务费用	2 500	
贷：应付利息		2 500

模块三　利润

一、利润的构成

利润是指企业在一定会计期间的经营成果。利润包括收入减去费用后的净额，直接计入当期利润的利得和损失等。直接计入当期利润的利得和损失是指应当计入当期损益的，会导致所有者权益发生增减变动的，与所有者投入资本或者向所有者分配利润无关的利得或者损失。

（一）营业利润

营业利润 = 营业收入 − 营业成本 − 营业税金及附加 − 销售费用 − 管理费用 − 财务费用 − 资产减值损失 + 公允价值变动收益（ − 公允价值变动损失）+ 投资收益（ − 投资损失）

其中，营业收入是指企业经营业务所实现的收入总额，包括主营业务收入和其他业务收入。营业成本是指企业经营业务所发生的实际成本总额，包括主营业务成本和其他业务成本。资产减值损失是指企业计提各项资产减值准备所形成的损失。公允价值变动收益（或损失）是指企业交易性金融资产等公允价值变动形成的应计入当期损益的利得（或损失）。投资收益（或损失）是指企业以各种方式对外投资所取得的收益（或发生的损失）。

（二）利润总额

利润总额 = 营业利润 + 营业外收入 − 营业外支出

其中，营业外收入（或支出）是指企业发生的与日常活动无直接关系的各项利得（或损失）。

营业外收入，主要包括非流动资产处置利得、非货币性资产交换利得、债务重组利得、政府补助、盘盈利得、捐赠利得等。企业应设置“营业外收入”科目进行核算。本科目应按收入项目设置明细账。期末应将本科目余额转入“本年利润”科目，结转后本科目无余额。

营业外支出，主要包括非流动资产处置损失、非货币性资产交换损失、债务重组损失、公益性捐赠支出、非常损失、盘亏损失等。企业应设置“营业外支出”科目进行核算。本科目按支出项目设置明细账。期末应将本科目的余额转入“本年利润”科目，结转后本科目无余额。

（三）净利润

净利润 = 利润总额 − 所得税费用

其中，所得税费用是指企业确认的应从当期利润总额中扣除的所得税费用。

二、政府补助

（一）政府补助的概念和内容

政府补助是企业从政府无偿取得货币性资产或非货币性资产，但不包括政府作为企业所有者投入的资本。其中，“政府”包括各级政府及其所属机构，如财政、卫生、税务、环境保护部门等。

政府补助分为与资产相关的政府补助和与收益相关的政府补助。与资产相关的政府补助是指企业取得的，用于购建或以其他方式形成长期资产的政府补助；与收益相关的政府补助是指除了与资产相关的政府补助之外的政府补助。

（二）政府补助的特征

1. 政府补助是无偿的

无偿性是政府补助的基本特征。政府向企业提供补助属于非互惠交易，政府并不因此享有企业的所有权，企业将来也不需要偿还。政府补助通常附有一定的条件，企业经法定程序申请取得政府补助后，应当按照政府规定的用途使用该项补助。

2. 政府补助通常附有条件

政府补助通常附有一定的条件，主要包括政策条件和使用条件。

（1）政策条件。企业只有符合政府补助政策的规定，才有资格申请政府补助。符合政策规定不一定都能够取得政府补助；不符合政策规定、不具备申请政府补助资格的，不能取得政府补助。

（2）使用条件。企业已获批准取得政府补助的，应当按照政府规定的用途使用。

3. 政府补助不包括政府资本性投入

政府拨入的投资补助等专项拨款中，国家相关文件规定作为“资本公积”处理的，属于资本性投入的性质。政府的资本性投入无论采用何种形式，均不属于政府补助。政府代第三方支付非企业的款项，对收款企业而言不属于政府补助。

（三）政府补助的主要形式

政府补助表现为政府向企业转移资产，包括货币性资产或非货币性资产，通常为货币性资产。政府补助的主要形式有以下几种。

1. 财政拨款

财政拨款是政府无偿拨付给企业的资金，通常在拨款时明确规定了资金用途。财政拨款可以事前支付，也可以事后支付。

2. 财政贴息

财政贴息是政府为支持特定领域或区域发展，根据国家宏观经济形势和政策目标，对承贷企业的银行贷款利息给予的补贴。

3. 税收返还

税收返还是政府按照国家有关规定采取先征后返（退）、即征即退等办法向企业返还的税款，属于以税收优惠形式给予的一种政府补助。

此外，政府补助也存在无偿划拨非货币资产的情况，比如，行政划拨土地使用权、天然起源的天然林等。

（四）政府补助的账务处理

1. 与资产相关的政府补助

该类补助一般以银行转账的方式拨付。如果政府向企业无偿划拨长期非货币性资产，企业应当在实际取得资产并办妥相关受让手续时，按照其公允价值确认和计量，公允价值不能可靠取得的，按照名义金额计量。

与资产相关的政府补助，应当确认为递延收益，并在相关资产使用寿命内平均分配，计入当期损益（营业外收入）。相关资产在使用寿命结束前被出售、转让、报废或发生毁损的，应将尚未分配的递延收益余额一次性转入资产处置当期的损益（营业外收入）。

按照名义金额计量的政府补助，直接计入当期损益（营业外收入）。

【例 12-16】2002 年 3 月 1 日，政府拨付甲公司 700 万元财政拨款（同日到账），要求用于购买大型科研设备，并规定若有结余，留归公司自行支配。2002 年 4 月 1 日，甲公司购入该大型设备，以银行存款支付实际成本 600 万元（假设不需要安装），使用寿命为 10 年，净残值为 0，采用直线法计提折旧。2010 年 4 月 1 日，甲公司出售了这台设备。其账务处理如下。

（1）2002 年 3 月 1 日实际收到财政拨款。

借：银行存款　　7 000 000

　　贷：递延收益　　7 000 000

（2）2002 年 4 月 1 日购入设备。

借：固定资产　　6 000 000

　　贷：银行存款　　6 000 000

（3）在该项固定资产的使用期间，每个月计提折旧额的会计分录。

借：研发支出　　50 000

贷：累计折旧　　50 000

每个月分配递延收益。

借：递延收益　　（7000 000÷10÷12）58 333

贷：营业外收入　　58 333

（4）2010 年 4 月 1 日出售该设备时。

借：固定资产清理　　1 200 000

累计折旧　　4 800 000

贷：固定资产　　6 000 000

同时，

借：递延收益　　1 400 000

贷：营业外收入　　1 400 000

2. 与收益相关的政府补助，应当分情况处理

（1）用于补偿企业以后期间的相关费用或损失的，在取得时先确认为递延收益，然后在确认相关费用的期间，计入当期损益（营业外收入）。

（2）用于补偿企业已发生的相关费用或损失的，直接计入当期损益（营业外收入）。

【例 12-17】北方公司生产一种新型产品，按照国家相关规定，这种产品适用增值税先征后返政策，即先按规定征收增值税，然后按实际缴纳增值税税额返还 60%。2010 年 1 月，该企业实际缴纳增值税 200 万元。2010 年 2 月，该企业实际收到返还的增值税 120 万元。北方公司实际收到返还的增值税税额的会计处理如下：

借：银行存款　　1 200 000

贷：营业外收入　　1 200 000

【例 12-18】乙企业为一家储备粮企业，2010 年实际粮食储备量 5 000 万千克。根据国家有关规定，财政部门按照企业的实际储备量给予每千克 0.084 元的粮食保管费补贴，于每个季度初支付。其账务处理如下。

（1）2010 年 1 月初收到财政拨付的补贴款时。

借：银行存款　　4 200 000

贷：递延收益　　4 200 000

（2）2010 年 1 月，将本月份保管费的补贴计入当期收益时。

借：递延收益　　1 400 000

贷：营业外收入　　1 400 000

3. 与资产和收益均相关的政府补助

政府补助的对象常常是综合性项目，可能既包括设备等长期资产的购置，也包括人工费、购买服务费、管理费等费用化支出的补偿，这种政府补助与资产和收益均相关。与资产和收益均相关的政府补助，企业须将其分解为与资产相关的部分和与收益相关的部分，分别进行会计处理。

在实务中，政府常常只补贴整个项目开支的一部分，企业可能确实难以区分某政府补助中哪

些与资产相关、哪些与收益相关，或者对其进行划分不符合重要性原则或成本效益原则。在这种情况下，企业可以将整项政府补助归类为与收益相关的政府补助，视情况不同计入当期损益，或者在项目期内分期确认为当期收益。

【例 12-19】北方公司 2007 年 12 月申请某国家级研发补贴。申请报告书中的有关内容如下：本公司于 2007 年 1 月启动该技术开发项目，预计总投资 300 万元，为期 3 年，已投入资金 90 万元。项目还须新增投资 210 万（其中，购置固定资产 90 万元、人员费 100 万元、市场营销费用 20 万元），计划自筹资金 90 万元，申请财政拨款 120 万元。

2008 年 1 月 1 日，主管部门批准了甲公司的申请，签订的补贴协议规定：批准甲公司补贴申请，共补贴款项 120 万元，分两次拨付。合同签订日拨付 60 万元，结项验收时支付 60 万元（如果不能通过验收，则不支付第二笔款项）。北方公司账务处理如下。

（1）2008 年 1 月 1 日，实际收到拨款 60 万元时。

借：银行存款　　600 000

　　贷：递延收益　　600 000

（2）自 2008 年 1 月 1 日到 2010 年 1 月 1 日，每个资产负债表日，分配递延收益时（假设按年分配）。

借：递延收益　　300 000

　　贷：营业外收入　　300 000

（3）2010 年项目完成，假设通过验收，于 5 月 1 日实际收到剩余拨付 60 万元。

借：银行存款　　600 000

　　贷：营业外收入　　600 000

【例 12-20】2008 年 9 月，北方公司按照有关规定，为其自主创新的某高新技术项目申报政府财政贴息。申报材料中表明该项目已于 2008 年月启动，预计共须投入资金 2 000 万元，项目期 2.5 年，已投入资金 600 万元。项目尚须新增投资 1 400 万元，其中，计划贷款 800 万元，已与银行签订贷款协议，协议规定贷款年利率 6%，贷款期 2 年。经审核，2008 年 11 月，政府批准拨付北方公司贴息资金 70 万元，分别在 2009 年 10 月和 2010 年 10 月支付 30 万元和 40 万元。北方公司账务处理如下。

（1）2009 年 10 月实际收到贴息资金 30 万元时。

借：银行存款　　300 000

　　贷：递延收益　　300 000

（2）2009 年 10 月起，在项目期内分配递延收益时（假设按月分配）。

借：递延收益　　25 000

　　贷：营业外收入　　25 000

（3）2010 年 10 月实际收到贴息资金 40 万元时（项目完工）。

借：银行存款　　400 000

　　贷：营业外收入　　400 000

三、营业外收支的会计处理

营业外收支是指企业发生的与日常活动无直接关系的各项收支。营业外收支虽然与企业生产经营活动没有多大的关系，但从企业主体来考虑，同样带来收入或形成企业支出，也是增加或减少利润的因素，对企业的利润总额及净利润产生较大的影响。

（一）营业外收入

营业外收入是指企业发生的与日常活动无直接关系的各项利得。营业外收入并不是由企业经营资金耗费所产生的，不需要企业付出代价，实际上是一种纯收入，不可能也不需要与有关费用进行配比。因此，在会计处理上，应当严格区分营业外收入与营业收入的界限。营业外收入主要包括：非流动资产处置利得、非货币性资产交换利得、债务重组利得、盘盈利得、政府补助、捐赠利得等，如表 12-6 所示。

表 12-6　　营业外收入种类及含义

营业外收入种类	含义
非流动资产处置利得	其包括固定资产处置利得和无形资产出售利得。固定资产处置利得指企业出售固定资产所取得价款或报废固定资产的残料价值和变价收入等，扣除固定资产的账面价值、清理费用、处置相关税费后的净收益；无形资产出售利得指企业出售无形资产所取得价款扣除出售无形资产的账面价值、出售相关税费后的净收益
非货币性资产交换利得	这是指在非货币性资产交换中换出资产为固定资产、无形资产的，换入资产公允价值大于换出资产账面价值的差额，扣除相关费用后计入营业外收入的金额
债务重组利得	这是指重组债务的账面价值超过清偿债务的现金、非现金资产的公允价值、所转股份的公允价值，或者重组后债务账面价值之间的差额
盘盈利得	这是指企业对于现金等资产清查盘点中盘盈的资产，报经批准后计入营业外收入的金额
政府补助	这是指企业从政府无偿取得货币性资产或非货币性资产形成的利得
捐赠利得	这是指企业接受捐赠产生的利得

企业应当通过“营业外收入”科目，核算营业外收入的取得和结转情况。该科目可按营业外收入项目进行明细核算。期末，应将该科目余额转入“本年利润”科目，结转后该科目无余额。

【例 12-21】北方公司将固定资产报废清理的净收益 30 000 元转作营业外收入。其会计分录如下。

借：固定资产清理　　30 000
　　贷：营业外收入　　30 000

【例 12-22】北方公司本期营业外收入总额为 60 000，期末结转本年利润。其会计分录如下。

借：营业外收入　　60 000
　　贷：本年利润　　60 000

（二）营业外支出

营业外支出是指企业发生的与日常活动无直接关系的各项损失。营业外支出主要包括：非流动资产处置损失、非货币性资产交换损失、债务重组损失、公益性捐赠支出、非常损失、盘亏损失等，如表12-7所示。

表12-7　　营业外支出种类及含义

营业外支出种类	含义
非流动资产处置损失	其包括固定资产处置损失和无形资产出售损失。固定资产处置损失指企业出售固定资产所取得价款或报废固定资产的残料价值和变价收入等，不足抵补处置固定资产的账面价值、清理费用、处置相关税费后的净损失；无形资产出售损失指企业出售无形资产所取得价款，不足抵补出售无形资产的账面价值、出售相关税费后的净损失
非货币性资产交换损失	这是指在非货币性资产交换中换出资产为固定资产、无形资产的，换入资产公允价值小于换出资产账面价值的差额，扣除相关费用后计入营业外支出的金额
债务重组损失	这是指重组债权的账面余额超过受让资产的公允价值、所转股份的公允价值，或者重组后债权的账面价值之间的差额。
公益性捐赠支出	这是指企业对外进行公益性捐赠发生的支出。
非常损失	这是指企业对于因客观因素（如自然灾害等）造成的损失，在扣除保险公司赔偿后计入营业外支出的净损失。

企业应通过“营业外支出”科目，核算营业外支出的发生及结转情况。该科目可按营业外支出项目进行明细核算。期末，应将该科目余额转入“本年利润”科目，结转后该科目无余额。

【例12-23】北方公司将已经发生的原材料意外灾害损失200 000元转作营业外支出。其会计分录如下。

借：营业外支出　　200 000

　　贷：待处理财产损益-待处理流动资产损益　　200 000

【例12-24】北方公司用银行存款支付税款滞纳金30 000元，其会计分录如下。

借：营业外支出　　30 000

　　贷：银行存款　　30 000

四、所得税费用的核算

所得税会计是从资产负债表出发，通过比较资产负债表上列示的资产、负债按照企业会计准则规定确定的账面价值与按照税法规定确定的计税基础，对于两者之间的差额分别应纳税暂时性差异与可抵扣暂时性差异，确认相关的递延所得税负债与递延所得税资产，并在此基础上确定每一期间利润表中的所得税费用。企业会计准则规定，企业应采用资产负债表债务法核算所得税。

（一）当期应交所得税

应交所得税=应纳税所得额×所得税税率

（二）递延所得税

递延所得税，具体细分为递延所得税资产和递延所得税负债。通过比较资产负债表上列示的资产、负债按照会计准则规定确定的账面价值与按照税法规定确定的计税基础，对于两者之间的差异分别为应纳税暂时性差异与可抵扣暂时性差异，确认相关的递延所得税负债与递延所得税资产。通俗地讲，就是会计上认定的缴税金额与税务局认定的金额不一致，而产生的暂时性递延所得税。

比如，以各种方式取得的固定资产，初始确认时按照会计准则规定确定的入账价值基本上是被税法认可的，即取得时其账面价值一般等于计税基础。

固定资产在持有期间进行后续计量时，由于会计与税法规定就折旧方法、折旧年限以及固定资产减值准备的提取等处理的不同，可能造成固定资产的账面价值与计税基础产生差异。

【例 12-25】北方公司于 2006 年 12 月 20 日取得某项固定资产，原价为 750 万元，使用年限为 10 年，会计上采用年限平均法计提折旧，净残值为零。税法规定该类（由于技术进步、产品更新换代较快的）固定资产采用加速折旧法计提的折旧可予税前扣除，北方公司在计税时采用双倍余额递减法计提折旧，净残值为零。2008 年 12 月 31 日，企业估计该项固定资产的可收回金额为 550 万元。

若 2008 年 12 月 31 日，该项固定资产的账面余额=750−75 × 2=600（万元），该账面余额大于其可收回金额 550 万元，两者之间的差额应计提 50 万元的固定资产减值准备。

若 2008 年 12 月 31 日，该项固定资产的账面价值=750−75×2−50=550（万元），其计税基础=750−750 × 20%−600×20% = 480（万元）

该项固定资产的账面价值 550 万元与其计税基础 480 万元之间的 70 万元差额，将于未来期间计入企业的应纳税所得额。

负债的计税基础是指负债的账面价值减去未来期间计算应纳税所得额时按照税法规定可予抵扣的金额。用公式表示为：

负债的计税基础=账面价值−未来期间按照税法规定可予税前扣除的金额

负债的确认与偿还一般不会影响企业的损益，也不会影响其应纳税所得额，未来期间计算应纳税所得额时按照税法规定可予抵扣的金额为零，计税基础即为账面价值。但是，某些情况下，负债的确认可能会影响企业的损益，进而影响不同期间的应纳税所得额，使得其计税基础与账面价值之间产生差额，如按照会计规定确认的某些预计负债。

【例 12-26】北方公司 2007 年因销售产品承诺提供 3 年的保修服务，在当年度利润表中确认了 500 万元的销售费用，同时确认为预计负债，当年度未发生任何保修支出。假定按照税法规定，与产品售后服务相关的费用在实际发生时允许税前扣除。

该项预计负债在北方公司 2007 年 12 月 31 日资产负债表中的账面价值为 500 万元。该项预计负债的计税基础=账面价值−未来期间计算应纳税所得额时，按照税法规定可予抵扣的金额= 500 万元−500 万元=0（元）。

递延所得税=当期递延所得税负债的增加+当期递延所得税资产的减少−当期递延所得税负债的减少−当期递延所得税资产的增加

其中，递延所得税负债是指根据应纳税暂时性差异计算的未来期间应付所得税的金额；递延所得税资产是指对于可抵扣暂时性差异，以未来期间很可能取得用来抵扣可抵扣暂时性差异的应纳税所得额为限确认的一项资产。

（三）所得税费用

所得税费用=当期所得税+递延所得税

（四）所得税费用的会计处理

采用资产负债表债务法核算所得税的情况下，企业应于每一资产负债表日进行所得税核算，一般遵循以下步骤。

第一，确定当期所得税。

第二，确定递延所得税。

第一步，计算资产负债表中各项资产及负债的计税基础；

第二步，计算资产负债表中各项资产及负债的暂时性差异；

第三步，也是最为关键的一步，识别会产生递延所得税资产或递延所得税负债的暂时性差异，是应纳税暂时性差异还是可抵扣暂时性差异；

第四步，以预期的适用税率（预计暂时性差异转回期间的适用税率）乘以各项暂时性差异计算递延所得税资产或负债的余额；

第五步，将递延所得税资产或负债余额的变动确认为损益、权益或调整商誉。

第三，确定所得税费用。企业在计算确定当期所得税与递延所得税后，两者之和（或之差）即为利润表中的所得税费用。

计提所得税时会计分录如下。

借：所得税费用

　　贷：应交税费——应交所得税

【例 12-27】北方公司 2012 年度按企业会计准则计算的税前会计利润为 600 000 元，所得税税率为 25%。假定北方公司全年无其他纳税调整因素。

当期应交所得税额=600 000×25% =150 000（元）

其会计处理如下。

借：所得税费用　　150 000

　　贷：应交税费——应交所得税　　150 000

【例 12-28】北方公司 2007 年度利润总额 1000 万元，该公司适用所得税税率为 25%。递延所得税资产及递延所得税负债不存在期初余额。与所得税有关的情况如下：① 一项设备原价为 200 万元，累计折旧为 50 万元，按照税法规定已确认的计税折旧为 80 万元；②存货的账面余额为 200 万元，计提存货跌价准备 50 万元；③期末持有的交易性金融资产成本为 500 万元，公允价值为 700 万元，税法规定，以公允价值计量的金融资产持有期间市价变动不计入应纳税所得额；④预计诉讼准备为 200 万元，税法规定，相关损失在实际支付时抵减当期的应纳税所得额；⑤北方公司收到的与资产相关的政府补助 500 万元，该项政府补助免税，资产的折旧在以后期间不能于税前抵扣，北方公司按《企业会计准则第 16 号——政府补助》将该项政府补助确认为递延收益。

【解析】

第一步，确定 2007 年当期所得税。

应纳税所得额=1 000-30+50-200+200-500=520（万元）

应交所得税=520×25%=130（万元）

第二步，确定 2007 年递延所得税。资产负债表中各项资产及负债暂时性差异的计算如表 12-8 所示。

表 12-8　　资产负债表相关项目金额及其计税基础

项目	账面价值	计税基础	差异	
			应纳税暂时性差异	可抵扣暂时性差异
存货	1 500 000	2 000 000		500 000
固定资产				
固定资产原价	2 000 000	2 000 000		
减：累计折旧	500 000	800 000		
固定资产账面价值	1 500 000	1 200 000	300 000	
交易性金融资产	7 000 000	5 000 000	2 000 000	
预计负债	2 000 000	0		2 000 000
总计			2 300 000	2 500 000

递延所得税资产=2 500 000×25%=625 000（元）

递延所得税负债=2 300 000×25%=575 000（元）

递延所得税费用=575 000-625 000=-50 000（元）

第三步，确定 2007 年所得税费用。

所得税费用=1 300 000-50 000=1 250 000（元）

其账务处理如下。

借：所得税费用　　1 250 000

　　递延所得税资产　　625 000

　　贷：应交税费——应交所得税　　1 300 000

　　　　递延所得税负债　　575 000

五、本年利润的会计处理

企业应设置“本年利润”科目，核算企业当期实现的净利润（或发生的净亏损）。企业期（月）末结转利润时，应将各损益类科目的金额转入本科目，结平各损益类科目。结转后本科目的贷方余额为当期实现的净利润；借方余额为当期发生的净亏损。年度终了，应将本年收入利得和费用、损失相抵后结出的本年实现的净利润，转入“利润分配”科目，借记本科目，贷记“利润分配——未分配利润”科目；如为净亏损做相反的会计分录。结转后本科目应无余额。

（一）表结法

表结法即用“利润表”结转期末损益类项目，计算体现期末财务成果的方法。每月月末只结出损益类科目（包括期间费用）的月末余额，但不结转到“本年利润” 科目，只有在年末结转时才使用“本年利润”科目。“本年利润”科目集中反映当年利润财务费用的本月发生额合计并填入利润表的本月栏，将本月余额填入利润表的本年累计栏，科目不结转。表结法在平时直接在利润表结转，省去了转账环节并可以从科目余额得出本年累计的指标，同时并不影响利润表的编制及有关损益指标的利用。到了年末再使用账结法结转整个年度的累计余额。

（二）账结法

在账结法下，每月月末均需要编制转账凭证，将在账上结计出的损益类科目的月结转到“本年利润”科目。结转后的“本年利润”科目的本月合计数反映当月实现的利润或发生的亏损，“本年利润”科目的本年累计数反映本年累计实现的利润或发生的亏损，账结法在各月均可通过“本年利润”科目提供当月及本年累计实现的利润或发生的亏损额，但增加了转账环节和工作量。

【例 12-29】北方公司 2012 年有关损益类科目的年末余额如下。（该企业采用表结法年末一次结转损益类科目，所得税税率为 25%）

科目名称	年末余额
主营业务收入	600 000（贷）
其他业务收入	10 000（贷）
公允价值变动损益	20 000（贷）
投资收益	20 000（贷）
营业外收入	50 000（贷）
主营业务成本	400 000（借）
其他业务成本	15 000（借）
营业税金及附加	25 000（借）
销售费用	70 000（借）
管理费用	30 000（借）
财务费用	10 000（借）
资产减值损失	10 000（借）
营业外支出	30 000（借）

北方公司 2012 年年末结转本年利润的会计分录如下。

（1）将各损益类科目年末余额结转入“本年利润”科目。

借：主营业务收入　　600 000
　　其他业务收入　　10 000
　　公允价值变动损益　　20 000
　　投资收益　　20 000
　　营业外收入　　50 000
　　贷：本年利润　　700 000
借：本年利润　　590 000

贷：主营业务成本　　400 000
　　其他业务成本　　15 000
　　营业税金及附加　　25 000
　　销售费用　　70 000
　　管理费用　　30 000
　　财务费用　　10 000
　　资产减值损失　　10 000
　　营业外支出　　30 000

（2）经过结转，“本年利润”科目的贷方发生额合计 700 000 元减去借方发生额合计 590 000 元即为税前会计利润 110 000 元。假设将该税前会计利润进行纳税调整后，应纳所得税额为 105 000 元，则应交所得税=105 000 × 25% = 26 250（元）。假定将该应交所得税按照会计准则进行调整后计算确认的所得税费用为 26 250 元，无其他调整事项。

确认所得税费用。

借：所得税费用　　26 250
　　贷：应交税费——应交所得税　　26 250

将所得税费用转入本年利润。

借：本年利润　　26 250
　　贷：所得税费用　　26 250

（3）将“本年利润”科目年末余额 83 750（110 000 − 26 250）元转入“利润分配——未分配利润”科目。

借：本年利润　　83 750
　　贷：利润分配——未分配利润　　83 750

模块四　未分配利润

未分配利润是企业未做分配的利润。它在以后年度可继续进行分配，在未进行分配之前，属于所有者权益的组成部分。从数量上来看，未分配利润是期初未分配利润加上本期实现的净利润，减去提取的各种盈余公积和分出的利润后的余额。

企业可供分配的利润按下列顺序分配：①提取法定盈余公积；②提取任意盈余公积；③向投资者分配利润。最后剩下的就是年终未分配利润。

一、弥补亏损的会计处理

企业发生的亏损应由企业自行弥补。企业弥补亏损的渠道有三条：①用以后年度税前利润弥补；②用以后年度税后利润弥补；③用盈余公积弥补。

【例 12-30】北方公司在 2012 年发生亏损 160 万元，在年度终了时，企业应当结转本年发生的亏损。其账务处理如下。

借：利润分配——未分配利润　　　　　1 600 000

　　贷：本年利润　　　　　1 600 000

二、提取盈余公积的会计处理

提取盈余公积其账务处理如下：

借：利润分配——提取法定盈余公积

　　贷：盈余公积——法定盈余公积

【例 12-31】北方公司交纳所得税后净利润为 600 万元，按规定提取 10%的法定盈余公积。其会计分录如下。

借：利润分配——提取法定盈余公积　　　　　600 000

　　贷：盈余公积——法定盈余公积　　　　　600 000

三、向投资者分配现金股利或利润的会计处理

企业向投资者分配现金股利或利润的账务处理如下。

（1）宣告发放普通股现金股利时。

借：利润分配——应付现金股利

　　贷：应付股利

（2）发放股利款时。

借：应付股利

　　贷：银行存款

【例 12-32】北方公司经股东大会决议，宣告发放普通股现金股利 800 万元，并于宣告之日起的十天后发放股利款。其账务处理如下。

（1）宣告发放普通股现金股利时。

借：利润分配——应付现金股利　　　　　8 000 000

　　贷：应付股利　　　　　8 000 000

（2）发放股利款时。

借：应付股利　　　　　8 000 000

　　贷：银行存款　　　　　8 000 000

四、利润分配的年终结转

企业在年终利润分配结转，其账务处理如下。

（1）结转实现净利润。

借：本年利润

　　贷：利润分配——未分配利润

（2）结转利润分配其他明细账余额

借：利润分配—未分配利润

　　贷：利润分配——提取法定盈余公积

　　　　　　　　——提取任意盈余公积

　　　　　　　　——应付现金股利

【例 12-33】北方公司 2012 年度实现净利润 900 万元，年初未分配利润为 100 万元。本年已按规定提取法定盈余公积 90 万元，提取任意盈余公积 30 万元，分配普通股现金股利 400 万元。年度终了，结转本年利润及利润分配。其账务处理如下。

（1）结转实现净利润。

借：本年利润　　9 000 000

　　贷：利润分配——未分配利润　　9 000 000

（2）提取法定盈余公积、任意盈余公积、分配普通股现金股利。

借：利润分配——法定盈余公积　　900 000

　　　　　　——提取任意盈余公积　　300 000

　　　　　　——应付现金股利　　4 000 000

　　贷：盈余公积——法定盈余公积　　900 000

　　　　　　　　——任意盈余公积　　300 000

　　　　应付股利　　4 000 000

（3）结转利润分配明细账余额。

借：利润分配——未分配利润　　5 200 000

　　贷：利润分配——提取法定盈余公积　　900 000

　　　　　　　　——提取任意盈余公积　　300 000

　　　　　　　　——应付现金股利　　4 000 000

复习思考题

一、单项选择题

1. 下列各项中，符合收入会计要素定义，可以确认为收入的是（　　）。

　A 出售无形资产收取的价款　　B. 出售固定资产收取的价款

　C. 投资性房地产取得的租金收入　　D. 出售长期股权投资收取的价款

2. 采用预收款方式销售商品的，确认该商品销售收入的时点是（　　）。

　A. 货款全部付清时　　B. 首次付款

　C. 发出商品时　　D. 开出销售发票账单时

3. 企业发生以前年度的销售退回时（非资产负债表日后事项），其冲减的销售收入应在退回当期记入（　　）。

A. 以前年度损益调整 B. 营业外支出 C. 营业外收入 D. 主营业务收入

4. 在采用收取手续费方式发出商品时，委托方确认商品销售收入的时点为（ ）。

A. 委托方发出商品时

B. 受托方销售商品时

C. 委托方收到受托方开具的代销清单时

D. 受托方收到受托代销商品的销售货款时

5. 委托其他单位代销商品，在视同买断代销方式下，若协议约定受托方不能退货，商品销售收入确认的时间是（ ）。

A. 发出商品日期 B. 受托方发出商品日期

C. 收到代销单位的代销清单日期 D. 全部收到款项

6. 下列各项中，不应计入管理费用的是（ ）。

A. 发生的排污费 B. 发生的矿产资源补偿费

C. 管理部门固定资产报废净损失 D. 发生的业务招待费

7. 下列项目中，属于工业企业其他业务收入的是（ ）。

A. 罚款收入 B. 出售固定资产收入

C. 材料销售收入 D. 出售无形资产收入

8. 根据《企业会计准则》的规定,企业支付的税款滞纳金应当计入（ ）。

A. 财务费用 B. 其他业务成本 C. 营业外支出 D. 销售费用

9. 下列关于收入表述不正确的是（ ）。

A. 企业在商品销售后如能够继续对其实施有效控制，则不应确认收入

B. 企业采用交款提货方式销售商品，通常应在开出发票账单并收到货款时确认收入

C. 企业在资产负债表日提供劳务交易结果能够可靠估计的，应采用完工百分比法确认提供劳务收入

D. 企业销售商品相关的已发生或将发生的成本不能可靠计量，但已收到价款的，应按照已收到的价款确认收入

10. 企业采用支付手续费方式委托代销商品，委托方确认商品销售收入的时间是（ ）。

A. 签订代销协议时 B. 发出商品时

C. 收到代销清单时 D. 收到代销款时

11. 甲公司本年度委托乙商店代销零配件一批，代销价款 200 万元。本年度收到乙商店交来的代销清单，代销清单列明已销售代销零配件的 60%，甲公司收到代销清单时向乙商店开具增值税发票。乙商店按代销价款的 5%收取手续费。该批零配件的实际成本为 110 万元。则甲公司本年度应确认的销售收入为（ ）万元。

A. 120 B. 114 C. 200 D. 68.4

12. 企业销售商品确认收入后，对于客户实际享受的现金折扣，应当（ ）。

A. 确认当期财务费用 B. 冲减当期主营业务收入

C. 确认当期管理费用　　D. 确认当期主营业务成本

13. 企业对于已经发出但不符合收入确认条件的商品，其成本应借记的科目是（　　）。

A. 在途物资　　B. 发出商品　　C. 库存商品　　D. 主营业务成本

二、多项选择题

1. 下列项目中，应计入管理费用的有（　　）。

A. 工会经费　　B. 捐赠支出　　C. 辞退福利　　D. 印花税

E. 技术转让费

2. 下列项目中，应计入管理费用的有（　　）。

A. 企业在筹建期间内发生的开办费　　B. 矿产资源补偿费

C. 计提存货跌价准备　　D. 为推销产品发生的业务招待费

E. 预计产品质量保证损失

3. 下列各项中，工业企业应将其计入财务费用的有（　　）。

A. 流动资金借款手续费　　B. 银行承兑汇票手续费

C. 给予购货方的商业折扣　　D. 计提的带息应付票据利息

E. 外币应收账款汇兑净损失

4. 下列各项交易事项中，不会影响发生当期营业利润的有（　　）。

A. 计提应收账款的坏账准备

B. 出售无形资产取得的净收益

C. 开发无形资产时发生符合资本化条件的支出

D. 自营建造固定资产期间处置工程物资取得的净收益

E. 以公允价值进行后续计量的投资性房地产持有期间公允价值发生的变动

5. 下列交易或事项中，应确认为营业外支出的有（　　）。

A. 对外捐赠支出　　B. 债务重组损失

C. 计提的固定资产减值准备　　D. 出售无形资产发生的净损失

E. 交纳的矿产资源补偿费

6. 下列项目中，应当作为营业外收入核算的有（　　）。

A. 非货币性资产交换中换出产品的公允价值大于其账面价值的差额

B. 非货币性资产交换中换出固定资产的公允价值大于其账面价值的差额

C. 接受捐赠收到的现金

D. 出售无形资产的净收益

E. 盘盈固定资产

7. 下列各项中，属于让渡资产使用权收入的有（　　）。

A. 债券投资取得的利息　　B. 出租固定资产取得的租金

C. 股权投资取得的现金股利　　D. 转让商标使用权取得的收入

8. 下列各项中，工业企业应确认为其他业务收入的有（　　）。

A. 对外销售材料收入　　B. 出售专利所有权收入

C. 处置营业用房净收益　　D. 转让商标使用权收入

9. 在完工百分比法中，确定完工比例方法有（　　）。

A. 按专业测量师测量的结果确定

B. 按提供的劳务量占应提供劳务总量的比例确定

C. 按时间比例来确定

D. 按已发生成本占估计总成本的比例来确定

10. 下列关于现金折扣会计处理的表述中，正确的有（　　）。

A. 销售企业在确认销售收入时将现金折扣抵减收入

B. 销售企业在取得价款时将实际发生的现金折扣计入财务费用

C. 购买企业在购入商品时将现金折扣直接抵减应确认的应付账款

D. 购买企业偿付应付账款时将实际发生的现金折扣冲减财务费用

三、判断题

1. 企业已确认销售收入的售出商品发生销售折让，且不属于资产负债表日后事项的，应冲减销售月的销售收入。（　　）

2. 企业劳务的开始和完成分属于不同的会计期间，且在资产负债表日提供劳务交易的结果不能够可靠估计的，应采用完工百分比法确认劳务收入。（　　）

3. 企业资产负债表日提供劳务交易结果不能可靠估计，且已发生的劳务成本预计全部不能得到补偿的，应按已发生的劳务成本金额确认收入。（　　）

4. 企业为组织生产经营活动而发生的一切管理活动的费用，包括车间管理费用和企业管理费用，都应作为期间费用处理。（　　）

5. 期末，企业应将收入类账户贷方余额转入“本年利润”账户的借方。（　　）

6. 营业利润是企业当期利润总额减去所得税后的余额。（　　）

7. 企业将所有权凭证或实物交给对方，意味着商品所有权上的风险已经转移。（　　）

8. 企业发生的所有借款利息都作为财务费用处理。（　　）

9. 制造费用与管理费用不同，本期发生的管理费用直接影响本期损益，而本期发生的制造费用不一定影响本期的损益。（　　）

10. 企业已计入营业外支出的非公益性捐赠可以做调整减少项目，调减企业的应纳税所得额。（　　）

11. 企业确认的预收账款，其计税基础一定等于其账面价值。（　　）

12. 资产负债表债务法下，凡是形成暂时性差异确认的递延所得税资产和递延所得税负债均会影响当期确认的所得税费用。（　　）

四、计算分析题

北方公司某年9月份发生下列经济业务。

（1）9月3日，销售给五环工厂甲产品100件，单位售价400元，增值税销项税额6 800元，款项已收存银行存款户。

（2）9月5日，用银行存款支付产品广告费1 500元。

（3）9月8日，销售给光明工厂乙产品200件，单位售价300件，增值税销项税额10 200元，款项暂未收到。

（4）9月10日，销售给东风工厂A材料500千克，单位售价80元，增值税销项税额6 800元，款项已收存银行存款户。

（5）9月15日，用银行存款支付产品销售发生的运输费3 000元。

（6）9月20日，销售给长虹工厂甲产品300件，增值税销项税额5 100元，款项已收存银行存款户。

（7）9月21日，收到光明工厂前欠的乙产品货款70 200元，存入银行。

（8）9月25日，销售给永胜工厂B材料100千克，单位售价50元，增值税销项税额850元，款项暂未收到。

（9）9月30日，收到永胜工厂偿还的B材料货款5 850元，存入银行存款户。

（10）9月30日，结转本月销售甲产品900件的生产成本72 000元，乙产品300件的生产成本45 000元。

（11）9月30日，结转本月销售A材料500千克的成本25 000元，B材料100千克的成本2 000元。

（12）9月30日，按本月产品销售应交增值税22 100元的7%和3%，计算本月产品销售应缴纳的城市维护建设税1 547元和教育费附加663元。

（13）9月30日，用银行存款上交增值税22 100元，城建税1 547元和教育费附加663元。

要求：针对上述业务，做出财务处理。

学习情境十三　财务报告

学习目标

本学习情境主要讲授财务报告的编制原理和方法。

通过本学习情境的学习，要掌握资产负债表、利润表、现金流量表、所有者权益（或股东权益）变动表以及附注的编制方法。认识报表附注的重要性，熟悉附注披露的主要内容。

情境导航

冬去春又回，转眼间，公司编制年终财务报告的时间到了。财务报告是评价企业业绩的依据，也是投资者了解企业实力的一面镜子。为什么即使是资产过百亿，业务量以万笔为计算单位的巨型公司，其财务报表也仅有寥寥数页，那么，每笔经济业务与报表之间是如何联系的？就让我们揭开财务报告的神秘面纱，透视其数字财富背后的玄机吧！

模块一　财务报告概述

一、财务报告概述

企业在日常核算中，按照会计准则的要求，对发生的经济业务进行确认和计量，通过设置账簿和账户、复式记账、填制会计凭证和登记账簿等一系列会计核算的专门方法，将各项经济业务分门别类、全面系统地反映在账簿中。由此，将分散在账簿中的会计核算资料进行加工、归纳整理，使之形成一套总括性的文件，为会计信息使用者提供可靠的、完整的、有用的决策信息。这一过程是通过编制财务报告来完成的。

财务报告指企业对外提供的反映企业某一特定日期的财务状况和某一会计期间的经营成果、现金流量等会计信息的文件。财务报告是会计核算的最终成果，也是会计核算工作的总结。

财务报告包括财务报表和其他应在财务报告中披露的相关信息和资料。企业的财务报告包括财务报表及其附注和其他应当在财务会计报告中披露的相关信息和资料。

财务报表是以会计日常核算资料为依据，按照规定的格式，集中、概括地反映会计主体的财务状况、经营成果、现金流量等情况的书面文件。编制会计报表是会计核算的一种专门方法，也是财务会计报告主体内容。企业的会计报表至少应当包括资产负债表、利润表、现金流量表。小企业编制的会计报表可以不包括现金流量表。而上市公司除上述报表外，还应当编制所有者权益（或股东权益）变动表。会计报表附注是对资产负债表、利润表、现金流量表、所有者权益（或股东权益）变动表等报表的列示项目的文字描述或明细资料以及对未能在报表中列示的项目等的说明。

二、财务报表的分类

财务报表可以按照不同的标准进行分类。

（1）按财务报表编报期间的不同分类，可以分为中期财务报表和年度财务报表。中期财务报表是以短于一个完整会计年度的报告期间为基础编制的财务报表，包括月报、季报和半年报等。月报在每月终了时编报。

（2）按财务报表编报主体的不同分类，可以分为个别财务报表和合并财务报表。个别财务报表是由企业在自身会计核算基础上对账簿记录进行加工而编制的财务报表，它主要用以反映企业自身的财务状况、经营成果和现金流量情况。合并财务报表是以母公司和子公司组成的企业集团为会计主体，根据母公司和所属子公司的财务报表，由母公司编制的综合反映企业集团财务状况、经营成果及现金流量的财务报表。

（3）按反映的资金运动形态不同分类，可分为静态报表和动态报表。静态报表是反映企业某一特定日期（如月末、中期期末或年末）财务状况的财务报表，是对资产、负债和所有者权益三个基本会计要素总量的综合说明。资产负债表是重要的静态报表。动态报表是反映企业在一定时期内资金流动情况的财务报表，是对企业资金损耗和资金收回的全面说明。利润表和现金流量表属于动态报表。

（4）按编制单位不同分类，可以分为单位财务报表和汇总财务报表。单位财务报表是由独立核算的会计主体编制的财务报表，反映企业本身的财务状况和经营成果。汇总财务报表是由企业主管部门或上级机关，根据所属单位报送的财务报表，连同本单位的财务报表汇总编制的财务报表。它反映的是整个企业或一个部门所属全部企业的财务状况和经营状况。

（5）按报送对象不同分类，可以分为内部财务报表和外部财务报表。内部财务报表是企业根据内部经营管理的需要，自行设计报表的内容及格式，不对外报送，仅向内部经营管理者报送的报表，如成本报表等。外部财务报表是企业根据企业会计准则的规定必须定期编制并对外报送的报表，如资产负债表、利润表、现金流量表和所有者权益变动表等。

财务会计报告编制的一般要求。会计报告应当根据登记完整、核对无误的会计账簿记录和其他有关资料编制，做到数字真实，即编制财务报告必须以真实的交易、事项及会计账簿记录等有关资料为依据，不得虚报或瞒报。计算准确，企业应当按照核对无误的会计资料，分析、计算准确后，据以编制会计报表，做到表内各项目在编制年度报表前，应当全面清查资产、核实债务；核对各会计账簿记录与会计凭证的内容、金额是否一致，记账方向是否相符，应当按期结账。内容完整、说明清楚、编报及时。

三、财务报表列报的基本要求

（一）依据各项会计准则确认和计量的结果编制财务报表

企业应当根据实际发生的交易和事项，按照各项具体会计准则的规定进行确认和计量，在此基础上编制财务报表，并在附注中做出声明“遵循了企业会计准则”。

企业不应以在附注中披露代替对交易和事项的确认和计量。也就是说，企业若采用不恰当的会计政策，不得通过在附注中披露等其他形式予以更正。

（二）列报基础

在编制财务报表的过程中，企业董事会应当对企业持续经营的能力进行评价，评价后对企业持续经营的能力产生严重怀疑的，应在附注中披露其产生重大怀疑的重要的不确定因素。

在非持续经营情况下，企业应当在附注中声明财务报表未以持续经营为基础列报，披露未以持续经营为基础的原因以及财务报表的编制基础。

（三）重要性和项目列报

项目在财务报表中是单独列报还是合并列报，应当依据重要性原则来判断。重要性是判断项目是否单独列报的重要标准。企业进行重要性判断时，应根据所处环境，从项目的性质是否属于企业日常活动，是否对企业的财务状况和经营成果具有较大影响等因素来分析；另一方面，从项目金额大小判断其重要性，即应当通过单项金额占相关项目金额的比重加以确定。

（四）列报的一致性

可比性是会计信息质量的一项重要质量要求，目的是使同一企业不同期间和同一期间不同企业的财务报表相互可比。这一要求包括财务报表中的项目名称、项目的分类、排列顺序等方面。

在下列情况下，财务报表项目的列报是可以改变的：①会计准则要求改变；②企业经营业务的性质发生重大变化，变更财务报表项目的列报能够提供更可靠、更相关的会计信息。

（五）财务报表项目金额间的相互抵消

财务报表项目应当以总额列报，资产和负债、收入和费用不能相互抵消，即不得以净额列报，但企业会计准则另有规定的除外。下列两种情况不属于抵消，可以以净额列示：①资产项目按扣除减值准备后的净额列示，不属于抵消；②非日常活动的发生业务具有偶然性，并非企业主要的业务，从重要性来讲，非日常活动产生的损益以收入扣减费用后的净额列示，更有利于报表使用者的理解，也不属于抵消。

（六）比较信息的列报

企业在列报当期财务报表时，至少应当提供所有列报项目上可比会计期间的比较数据，以及为理解当期财务报表的说明。通过提供对比数据，提高信息在会计期间的可比性。

在财务报表项目的列报中确须发生变更的，企业应当对上期比较数据按照当期的列报要求进行调整，并在附注中披露调整的原因和性质，以及调整的各项目金额。但是，若对上期比较数据进行调整不切实可行，则应在附注中披露不能调整的原因。

模块二 资产负债表

一、资产负债表概念及作用

资产负债表是指反映企业在某一特定日期（如月末、季末、年末）的财务状况的财务报表，属于重要的静态报表。它反映企业在某一特定日期所拥有或控制的经济资源，所承担的现时义务和所有者对净资产的要求权。它的编报理论依据是“资产=负债+所有者权益”的会计恒等式，按照一定的分类标准和会计报表项目的排列顺序，将企业在某一特定日期的资产、负债和所有者权益等项目进行分类、汇总、排列而成编制的报表。资产负债表主要向报表的使用者提供以下方面的财务信息：一是企业所拥有的或控制的经济资源；二企业所承担的现实义务；三是企业所享有的权益；四是企业偿债能力及有关财务状况变动趋势。

资产负债表的主要作用表现在如下两个方面。

（1）资产负债表可以使会计信息的使用者了解企业所拥有或控制的经济资源及其分布和结构，企业资产的来源和构成，并可以分析资产、负债和所有者权益的结构是否合理，判断资本保值、增值的情况和对负债的保障程度，即负债有多少，可否按期清偿等。

（2）资产负债表可以为会计信息使用者进行财务分析提供数据资料信息。如根据资产负债表，可以计算和分析企业的各种财务指标，如将流动资产与流动负债进行比较，计算出流动比率，以反映企业的变现能力、清偿能力等；通过资产负债表可以计算应收账款存货、流动资产、固定资产、总资产的周转次数及天数等，从而反映企业资产的周转情况；通过前后各期资产负债表的对比分析，可以了解企业财务状况的变化情况，分析企业资产分布、资金来源、资本结构等发展变化情况，从而有助于报表使用者做出经济决策。

二、资产负债表的结构和内容

资产负债表的结构

资产负债表一般分为表首、正表两部分，其中，在表首部分，应当列出报表名称、编报单位、编制日期、报表编号、货币名称、计量单位等。按照我国企业会计准则的规定，企业应当以人民币作为记账本位币列报，并标明金额单位，如人民币元、人民币万元等；财务报表是合并财务报表的，应当予以标明。

正表是资产负债表的主体，列示了说明企业财务状况的各个项目。附注部分反映重大财务事项及对正表中的某些项目的补充说明。资产负债表正表的格式一般有三种：报告式、账户式和财务状况式。我国《企业会计准则》规定，企业资产负债表采用账户式结构，报表分为左右两方，左方列示资产各项目，反映全部资产的分布及存在形态，是按各项资产的流动性的大小或变现能力的强弱进行排列，流动性越大、变现能力越强的资产往前排；反之，流动性越小、变现能力越弱的资产往后排，即先流动资产，后非流动资产。右方列示负债和所有者权益各项目，反映全部负债和所有者权益的内容及构成情况，两项目按求偿权的时间顺序进行排列，负债按到期日先近期后远期排列，即先流动负债，后非流动负债。所有者权益按永久性，依次递减排列，即实收资本、资本公积、盈余公积、未分配利润。资产负债表左右双方平衡，资产总计等于负债和所有者权益总计，即“资产=负债+所有者权益”。此外，为了让使用者通过比较不同时点资产负债表的数据，掌握企业财务状况的变动情况及发展趋势，企业需要提供比较资产负债表，资产负债表还就各项目再分为“年初余额”和“期末余额”两栏分别填列。资产负债表的具体格式如表 13-1 所示。

表 13-1　　　　　　**资产负债表**　　　　　　**会企 01 表**

编制单位：北方电子有限责任公司　　　　2011 年 12 月 31 日　　　　单位：元

资　产	期末余额	年初余额	负债和股东权益	期末余额	年初余额
流动资产：			流动负债：		
货币资金	1 406 300		短期借款	300 000	
交易性金融资产	15 000		交易性金融负债	0	
应收票据	246 000		应付票据	200 000	
应收账款	299 100		应付账款	953 800	
预付款项	100 000		预收款项	0	
应收利息	0		应付职工薪酬	110 000	
应收股利	0		应交税费	36 600	
其他应收款	5 000		应付利息	1 000	
存货	2 580 000		应付股利	0	
·年内到期的非流动资产	0		其他应付款	50 000	
其他流动资产	100 000		一年内到期的非流动动负债	1 000 000	
流动资产合计	4 751 400		其他流动负债	0	
非流动资产：			流动负债合计	2 651 400	
可供出售金融资产	0		非流动负债：		
持有至到期投资	0		长期借款	600 000	
长期应收款	0		应付债券	0	
长期股权投资	250 000		长期应付款	0	
投资性房地产	0		专项应付款	0	
固定资产	1 100 000		预计负债	0	
在建工程	1 500 000		递延所得税负债	0	
工程物资	0		其他非流动负债	0	
固定资产清理	0		非流动负债合计	600 000	

续表

资　产	期末余额	年初余额	负债和股东权益	期末余额	年初余额
生产性生物资产	0		负债合计	3 251 400	
油气资产	0		股东权益：		
无形资产	600 000		实收资本（或股本）	5 000 000	
开发支出	0		资本公积	0	
商誉	0		减：库存股	0	
长期待摊费用	0		盈余公积	100 000	
递延所得税资产	0		未分配利润	50 000	
其他非流动资产	200 000		股东权益合计	5 150 000	
非流动资产合计	3 650 000				
资产总计	8 401 400		负债和股东权益总计	8 401 400	

三、资产负债表的填列方法

（一）"年初余额"栏的填列方法

资产负债表"年初余额"栏内各项数字，应根据上年末资产负债表"期末余额"内所列数字填列。若企业发生了会计政策变更、前期差错更正，应当对"年初余额"栏中的有关项目进行相应调整。而且，若上年度资产负债表规定的各个项目的名称和内容与本年度不一致，则应对上年年末资产负债表各个项目的名称和数字按本年度的规定进行调整，填入"年初余额"栏内。

（二）"期末余额"栏的填列方法

资产负债表"期末余额"栏一般应根据资产、负债和所有者权益类科目的期末余额填列。

资产负债表"期末余额"栏内各项数字，其填列方法如下。

1. 根据总账科目余额直接填列

资产负债表中一些项目，如"交易性金融资产"、"工程物资"、"固定资产清理"、"递延所得税资产"、"短期借款"、"交易性金融负债"、"应付票据"、"应付职工薪酬"、"应交税费"、"应付利息"、"应付股利"、"其他应付款"、"专项应付款"、"预计负债"、"递延所得税负债"、"实收资本（或股本）"、"资本公积"、"库存股"、"盈余公积"等项目，应根据有关总账科目的余额直接填列。

【例 13-1】北方公司 2011 年 12 月 31 日，宣告向股东发放现金股利 400 000 元，股票股利 100 000 元，2012 年末现金股利尚未支付。

应付股利项目 = 400 000（元）

【解析】本项目根据"应付股利"科目的期末余额填列，企业分配的股票股利不通过本项目列示。

2. 根据总账科目余额计算填列

有些项目则应根据几个总账科目的期末余额计算填列，如"货币资金"项目，应根据"库存现金”、“银行存款”、“其他货币资金”三个总账科目的期末余额的合计数填列；“存货”项目，应根据“材料采购”、“原材料”、“发出商品”、“库存商品”、“周转材料”、“委托加工物资”、“生产成本”、“代理业务资产”等科目的期末余额合计，减去“代理业务负债”、“存货跌价准备”科目期末余额后的金额填列，材料采用计划成本核算，以及库存商品采用计划成本核算或售价核算的企业，还应按加或减材料成本差异、商品进销差价后的金额填列。“其他非流动资产”、“其他流动负债”项目，应根据有关科目的期末余额分析填列。

货币资金=库存现金+银行存款+其他货币资金

【例 13-2】北方公司 2011 年 12 月 31 日结账后的“库存现金”科目余额为 10 000 元，“银行存款”科目余额为 4 000 000 元，“其他货币资金”科目余额为 1 000 000 元，而为近期内出售而持有的债券投资 32 000 元。

货币资金项目 = 10 000 + 4 000 000 + 1 000 000 = 5 010 000（元）

交易性金融资产项目=32 000（元）

3. 根据明细账科目余额计算填列

如“开发支出”项目，应根据“研发支出”科目中所属的“资本化支出”明细科目期末余额填列；“应付账款”项目，应根据“应付账款”和“预付账款”两个科目所属的相关明细科目的期末贷方余额合计数填列；“预收款项”项目，应根据“预收账款”和“应收账款”科目所属各明细科目的期末贷方余额合计数填列；“一年内到期的非流动资产”、“一年内到期的非流动负债”项目，应根据有关非流动资产或非流动负债项目的明细科目余额分析填列；“长期借款”、“应付债券”项目，应分别根据“长期借款”、“应付债券”科目的明细科目余额分析填列；“未分配利润”项目，应根据“利润分配”科目中所属的“未分配利润”明细科目期末余额填列。

对于债权类账户项目，如应收账款、应收票据、预付款项、应收利息、应收股利、其他应收款等可通过如下计算得到。

（1）项目=总账余额-相应的坏账准备

如应收票据、其他应收款、应收利息、应收股利等科目。

（2）项目=明细账借方余额-相应的坏账准备

应收账款=（应收账款+预收账款）明细账借方余额－对应的坏账准备

预付款项=（应付账款+预付账款）明细账借方余额－对应的坏账准备

【例 13-3】北方公司 2011 年 12 月 31 日结转账户时，有关账户余额如表 13-2 所示。

表 13-2　　**北方公司有关账户余额表**　　单位：万元

账户名称	明细账借方余额	明细账贷方余额	坏账准备
应收账款账户	160	10	20
预付账款账户	80	6	10
应付账款账户	40	180	
预收账款账户	60	140	

续表

账户名称	明细账借方余额	明细账贷方余额	坏账准备
资产项目	计算金额	负债项目	计算金额
应收账款（两收借方余额）	160＋60−20	应付账款（两付贷方余额）	186
预付款项（两付借方余额）	80＋40−10	预收款项（两收贷方余额）	150

【解析】“应收账款”项目应根据“应收账款”和“预收账款”科目所属各明细科目的期末借方余额合计数，减去“坏账准备”科目中有关应收账款计提的坏账准备期末余额后的净额填列。“预付款项”项目应根据“预付账款”和“应付账款”科目所属各明细科目的期末借方余额合计数，减去“坏账准备”科目中有关预付账款计提的坏账准备期末余额后的净额填列。

4. 根据总账科目和明细账科目余额分析计算填列

如“长期借款”项目，应根据“长期借款”总账科目余额扣除“长期借款”科目所属的明细科目中将在资产负债表日起一年内到期且企业不能自主地将清偿义务展期的长期借款后的金额计算填列；“长期待摊费用”项目，应根据“长期待摊费用”科目的期末余额减去将于一年内（含一年）摊销的数额后的金额填列；“其他非流动负债”项目，应根据有关科目的期末余额减去将于一年内（含一年）到期偿还数后的金额填列。

对于长期待摊费用与一年内到期的非流动资产项目的财务处理如下。

【例 13-4】北方公司于 2011 年 12 月 1 日，“长期待摊费用”科目的期末余额为 375 000 元，将于一年内摊销的数额为 204 000 元。

长期待摊费用项目＝375 000－204 000＝171 000（元）

一年内到期的非流动资产项目＝204 000（元）

【解析】长期待摊费用中在一年内（含一年）摊销的部分，在资产负债表“一年内到期的非流动资产”项目填列。本项目应根据“长期待摊费用”科目的期末余额减去将于一年内（含一年）摊销的数额后的金额分析填列。

长期借款与一年内到期的非流动负债=根据总账科目和明细账科目余额分析计算填列

【例 13-5】某企业 2011 年 12 月 31 日长期借款情况如表 13-3 所示：

表 13-3　某企业长期借款情况表

借款起始日期	借款期限（年）	金额（元）	到期时间
2008 年 1 月 1 日	3	1 000 000	2 年后到期
2006 年 1 月 1 日	5	2 000 000	3 年后到期
2005 年 6 月 1 日	4	1 500 000	有半年到期

“长期借款”项目＝1 000 000＋2 000 000＝3 000 000（元）

流动负债中“一年内到期的非流动负债”项目＝1 500 000（元）

【解析】“一年内到期的非流动负债”项目反映企业非流动负债中将于资产负债表日后一年内到期的部分金额，如将于一年内偿还的长期借款，根据期末余额分析填列。

5. 根据有关科目余额减去其备抵科目余额后的净额填列

如“可供出售金融资产”、“持有至到期投资”、“长期股权投资”、“在建工程”、“商誉”项目，应根据相关科目的期末余额填列，已计提减值准备的，还应扣减相应的减值准备；“固定资产”、“无形资产”、“投资性房地产”、“生产性生物资产”、“油气资产”项目，应根据相关科目的期末余额扣减相关的累计折旧（或摊销、折耗）填列，已计提减值准备的，还应扣减相应的减值准备，采用公允价值计量的上述资产，应根据相关科目的期末余额填列；“长期应收款”项目，应根据“长期应收款”科目的期末余额，减去相应的“未实现融资收益”科目和“坏账准备”科目所属相关明细科目期末余额后的金额填列；“长期应付款”项目，应根据“长期应付款”科目的期末余额，减去相应的“未确认融资费用”科目期末余额后的金额填列。

投资项目的期末额计算如下。

（1）项目=账面余额，如交易性金融资产（公允价值计量）。

（2）项目=账面余额-减值准备。

长期股权投资＝长期股权投资账面余额－长期股权投资减值准备

持有至到期投资＝持有至到期投资账面余额－持有至到期投资减值准备

可供出售金融资产（公允价值，也计提减值准备）＝可供出售金融资产账面余额－可供出售金融资产减值准备

对于固定资产、无形资产、投资性房地产、在建工程、工程物资等项目的账户期末余额可计算如下：

固定资产项目＝固定资产账面余额－累计折旧－固定资产减值准备

无形资产项目＝无形资产账面余额－累计摊销－无形资产减值准备

投资性房地产项目＝投资性房地产账面余额－投资性房地产累计折旧（摊销）－投资性房地产减值准备

在建工程项目＝在建工程账面余额－在建工程减值准备

【例 13-6】北方公司于 2011 年 12 月 31 日结账后的“固定资产”科目余额为 1 000 000 元，“累计折旧”科目余额为 90 000 元，“固定资产减值准备”科目余额为 200 000 元，“固定资产清理”科目期末为贷方余额 1 000 元，“在建工程”科目余额 20 000 元，“工程物资”科目余额 3 000 元。

固定资产项目＝1 000 000－90 000－200 000＝710 000（元）

固定资产清理项目＝−1 000（元）

在建工程项目=20 000（元）

工程物资项目=3 000（元）

【解析】“固定资产”项目应根据“固定资产”科目的期末余额，减去“累计折旧”和“固定资产减值准备”科目期末余额后的净额填列。“固定资产清理”项目应根据“固定资产清理”科目的期末借方余额填列，如果“固定资产清理”科目期末为贷方余额，则以“-”号填列。“在建工程”和“工程物资”项目根据期末余额填列。

6. 综合运用上述填列方法分析填列

其主要包括："应收票据"、"应收利息"、"应收股利"、"其他应收款"项目，应根据相关科目的期末余额，减去"坏账准备"科目中有关坏账准备期末余额后的金额填列；"应收账款"项目，应根据"应收账款"和"预收账款"科目所属各明细科目的期末借方余额合计数，减去"坏账准备"科目中有关应收账款计提的坏账准备期末余额后的金额填列；"预付款项"项目，应根据"预付账款"和"应付账款"科目所属各明细科目的期末借方余额合计数，减去"坏账准备"科目中有关预付款项计提的坏账准备期末余额后的金额填列；"存货"项目，应根据"材料采购"、"原材料"、"发出商品"、"库存商品"、"周转材料"、"委托加工物资"、"生产成本"、"代理业务资产"等科目的期末余额合计，减去"代理业务负债"、"存货跌价准备"科目期末余额后的金额填列，材料采用计划成本核算，以及库存商品采用计划成本核算或售价核算的企业，还应按加或减材料成本差异、商品进销差价后的金额填列。

存货项目=原材料+在途物资+材料采购+周转材料+委托加工物资+库存商品+发出商品+生产成本+代理业务资产+（或-）材料成本差异-存货跌价准备

【例 13-7】北方公司 2011 年 12 月 31 日结转账户时，有关账户余额如下。

材料采购账户为 140 000 元，原材料账户为 2 400 000 元，周转材料账户为 1 800 000 元，库存商品账户为 1 600 000 元，生产成本账户为 600 000 元，工程物资账户为 110 000 元，材料成本差异账户为 120 000 元（贷方），存货跌价准备账户为 210 000 元（贷方）。

"存货"项目 = 140 000 + 2 400 000 + 1 800 000 + 1 600 000 + 600 000 − 120 000 − 210 000 = 6 210 000（元）

工程物资项目=110 000 元

【解析】"存货"项目，反应企业期末在库、在途和在加工的各种存货的可变现净值，不包括"工程物资"项目。本项目应根据"材料采购"、"原材料"、"周转材料"、"生产成本"等科目的期末余额合计数，减去"存货跌价准备"等科目期末余额后的净额填列，材料采用计划成本核算，还应加或减材料成本差异。

总账余额计算填列

未分配利润项目，反映企业尚未分配的利润。1～11 月本项目应根据"本年利润"科目和"利润分配"科目的期末余额计算填列。未弥补的亏损，在本项目内以"-"号填列。12 月，本项目应根据"利润分配"科目的余额直接填列。"利润分配"科目如为借方余额，以"-"号填列，即未分配利润项目=本年利润 ± 利润分配。

【例 13-8】下列各项中，应列入资产负债表"应付利息"项目的有（　　）。

A. 计提的短期借款利息　　B. 计提的一次还本付息债券利息

C. 计提的分期付息到期还本债券利息　　D. 计提的分期付息到期还本长期借款利息

【解析】正确答案是 ACD。选项 B 记入"长期借款—应计利息"科目里。

【例 13-9】2011 年 12 月初某企业"应收账款"科目借方余额为 300 万元，相应的"坏账准备"科目贷方余额为 20 万元，本月实际发生坏账损失 6 万元。2011 年 12 月 31 日经减值测试，该企业应补提坏账准备 11 万元。假定不考虑其他因素，2011 年 12 月 31 日该企业资产负债表“应收账款”项目的金额为（　　）万元。

A. 269　　B. 274　　C. 275　　D. 280

【解析】正确答案是 A。应收账款=（300-6）-（20+11-6）=269（万元）

【例 13-10】下列各项中，应在资产负债表“预付款项”项目列示的有（　）。

A. “应付账款”科目所属明细账科目的借方余额

B. “应付账款”科目所属明细账科目的贷方余额

C. “预付账款”科目所属明细账科目的借方余额

D. “预付账款”科目所属明细账科目的贷方余额

【解析】正确答案 AC。应在资产负债表“预付款项”项目列示的有：“应付账款”科目所属明细账科目的借方余额和“预付账款”科目所属明细账科目的借方余额。

四、资产负债表编制示例

【例 13-11】北方电子有限责任公司为一般纳税人，增值税税率为 17%，所得税税率为 25%。

（1）2012 年 1 月 1 日该公司期初科目余额表，如表 13-4 所示。

表 13-4　　科目余额表

编制单位:北方电子有限责任公司　　2012 年 1 月 1 日　　单位：元

科目名称	借方余额	科目名称	贷方余额
库存现金	6 000	短期借款	600 000
银行存款	1 161 000	应付票据	400 000
其他货币资金	100 000	应付账款	367 600
交易性金融资产	400 000	其他应付款	111 200
应收票据	292 000	应付职工薪酬	200 000
应收账款	600 000	应交税费	60 000
坏账准备	-3 000	应付利息	20 000
预付账款	81 000	应付股利	0
其他应收款	10 000	长期借款	2 780 000
材料采购	120 000	其中一年内到期的长期借款	600 000
原材料	1240 000	股本	7 000 000
周转材料	100 000		456 000
库存商品	5400 000	盈余公积	624 000
材料成本差异	12.400	利润分配（未分配利润）	106 200
委托加工物资	65 600		
长期股权投资	500 000		
固定资产	3 000 000		

续表

科目名称	借方余额	科目名称	贷方余额
累计折旧	-1 000 000		
在建工程	160 000		
无形资产	600 000		
累计摊销	-120 000		
递延所得税资产	0		
其他长期资产	0		
合计	12 725 000	合计	12 725 000

（2）北方电子有限责任公司2012年度发生如下经济业务，其中原材料采用计划成本法进行日常核算，并将其经济业务做会计分录如下。

① 2012年2月2日向大华公司销售产品一批，销售价格为3 600 000元，另外增值税612 000元，该产品实际成本2 400 000元，货款已收存天津银行。

借：银行存款　　4 212 000
　　贷：主营业务收入　　3 600 000
　　　　应交税费——应交增值税（销项税额）　　612 000
借：主营业务成本　　2 400 000
　　贷：库存商品　　2 400 000

② 2012年2月12日北方公司将短期持有的中兴公司股票以300 000元的价格出售，该股票购买时的成本为240 000元。

借：银行存款　　300 000
　　贷：交易性金融资产　　240 000
　　　　投资收益　　60000

③ 2012年2月13日从招商银行借入5年期借款1 200 000元，用于生产经营。

借：银行存款　　1 200 000
　　贷：长期借款　　1 200 000

④ 2012年2月2日购入材料，用银行存款支付货款20万元，增值税34 000元，材料未收到。

借：材料采购　　200 000
　　应交税费——应交增值税（进项税额）　　34 000
　　贷：银行存款　　234 000

⑤ 2012年3月2日，公司将两台使用到期车床予以报废，其原值为200 000元，已累计提取折旧费196 000元，以现金支付清理费600元，取得残值1 600元，已存入天津银行。

借：固定资产清理　　4 000
　　累计折旧　　196 000

贷：固定资产 200 000

借：固定资产清理 600

贷：库存现金 600

借：银行存款 1 600

贷：固定资产清理 1 600

借：营业外支出 3 000

贷：固定资产清理 3 000

⑥ 2012 年 4 月 2 日公司购进原材料一批，增值税专用发票标明的价款为 1 600 000 元，增值税为 272 000 元。材料已入库，计划成本 1 584 160 元，款项尚未支付。

借：材料采购 1 600 000

应交税费——应交税费（进项税额） 272 000

贷：应付账款 1 872 000

⑦ 2012 年 4 月 5 日，电器生产车间生产产品领用材料一批，该材料计划成本为 1 040 000。

借：生产成本 1 040 000

贷：原材料 1 040 000

⑧ 2012 年 4 月 2 日，公司购入不需安装生产设备 2 台，合计价款为 180 000 元，支付的增值税为 30 600 元，另付运杂费 2 000 元，款项用银行存款支付，设备已交付使用。

借：固定资产 182 000

应交税费——应交增值税（进项税额） 30 600

贷：银行存款 212 600

⑨ 2012 年 5 月 2 日，公司持有的面值为 252 000 元，不带息的商业汇票到期，收回票款并存入天津银行。

借：银行存款 252 000

贷：应收票据 252 000

⑩ 2012 年 5 月 12 日，仓库出售剩余材料 4680 元（含增值税），已收到现金。该材料计划成本为 3 000 元。

借：库存现金 4 680

贷：其他业务收入 4 000

应交税费——应交增值税（进项税额） 680

借：其他业务成本 3 000

贷：原材料 3 000

⑪ 2012 年 5 月 16 日用银行存款支付到期商业汇票的票款 100 000 元。

借：应付票据 100 000

贷：银行存款 100 000

⑫ 2012 年 6 月 12 日出售一台不用的设备，该设备原值 160 000 元，已提折旧 40 000 元，出

售收入 130 000）元，已收存银行。（不考虑相关税费）

借：固定资产清理　　120 000
　　累计折旧　　40 000
　　贷：固定资产　　160 000

借：银行存款　　130 000
　　贷：固定资产清理　　130 000

借：固定资产清理　　10 000
　　贷：营业外收入　　10 000

⑬ 2012 年度分配应支付的职工工资 4 600 000 元。其中，应付生产工人工资 3 300 000 元，应付车间管理人员工资 600 000 元，应付行政管理人员工资 700 000 元。

借：生产成本　　3 300 000
　　制造费用　　600 000
　　管理费用　　700 000
　　贷：应付职工薪酬　　4 600 000

⑭ 2012 年度提取职工福利费 644 000。其中，生产工人福利费 462 000 元，车间管理人员福利费用 84 000 元，行政管理人员福利费用 98 000 元。

借：生产成本　　462 000
　　制造费用　　84 000
　　管理费用　　98 000
　　贷：应付职工薪酬　　644 000

⑮ 2012 年 6 月 22 日销售产品一批，售价 4 400 000 元（不含增值税），该批产品实际成本 2 920 000 元，产品已发出，货款尚未收到。

借：应付账款　　5 148 000
　　贷：主营业务收入　　4 400 000
　　　　应交税费——应交增值税（销项税额）　　748 000

借：主营业务成本　　2 920 000
　　贷：库存商品　　2 920 000

⑯ 2012 年 6 月 23 日收回西江公司所欠的货款 5 600 000 元。

借：银行存款　　5 600 000
　　贷：应收账款　　5 600 000

⑰ 2012 年 6 月 24 日用银行存款支付本公司产品的广告费 180 000 元。

借：销售费用　　180 000
　　贷：银行存款　　180 000

⑱ 2012 年 6 月 26 日归还短期借款本息共 379 440 元，其中本金 360 000 元，利息 19 440 元（该利息已预提）

借：短期借款　　360 000

　　应付利息　　19 440

　　贷：银行存款　　379 440

⑲ 2012年度通过银行支付工资4 600 000元。

借：应付职工薪酬　　4 600 000

　　贷：银行存款　　4 600 000

⑳ 2012年6月30日被投资单位宣告发放现金股利，本公司可得50 000元。本公司对该单位的投资采用成本法核算。

借：应收股利　　50 000

　　贷：投资收益　　50 000

㉑ 2012年12月26日计提固定资产折旧150 000元。其中行政管理部门固定资产应提折旧30 000元，车间固定资产应提折旧120 000元。

借：制造费用　　120 000

　　管理费用　　30 000

　　贷：累积折旧　　150 000

㉒ 摊销企业自用的无形资产60 000元。

借：管理费用　　60 000

　　贷：累计摊销　　60 000

㉓ 2012年12月27日，结转本期领用原材料应分摊的材料成本差异。设本期材料成本差异率为1%。

借：生产成本　　104 000

　　其他业务成本　　300

　　贷：材料成本差异　　104 300

㉔ 2012年12月28日，结转本期完工产品成本5 616 400元。（假设本期期初、期末均无在产品。）

借：生产成本　　804 000

　　贷：制造费用　　804 000

借：库存商品　　5 616 400

　　贷：生产成本　　5 616 400

㉕ 2012年12月29日，提取本年借款利息252 954元。其中，短期借款利息12 960元，长期借款利息239 994元（银行要求长期借款分期付息）。

借：财务费用　　252 954

　　贷：应付利息　　252 954

㉖ 2012年12月30日，以银行存款偿还长期借款本息共636 180，其中本金600 000元，已提利息36 180元。

借：长期借款　　600 000

　　应付利息　　36 180

　　贷：银行存款　　636 180

㉗ 2012 年 12 月 31 日本期应纳城市维护建设税为 52 000 元，教育费附加为 31 200 元。

借：营业税金及附加　　83 200

　　贷：应交税费——应交城市维护建设税　　52 000

　　　　　　　　——应交教育费附加　　31 200

㉘ 2012 年 12 月 31 日，北方公司本期用银行存款交纳增值税 1 020 000 元，城市维护建设税 52 000 元，教育费附加 31 200 元。

借：应交税费——应交增值税（已交税金）　　1 020 000

　　　　　　——应交城市维护建设税　　52 000

　　　　　　——应交教育费附加　　31 200

　　贷：银行存款　　1 103 200

㉙ 2012 年 12 月 31 日，本年末北方公司应收账款余额为 148 000 元，计提坏账准备的比例为 5‰，期末坏账准备贷方余额为 3 000 元。

借：坏账准备　　2 260

　　贷：资产减值损失　　2 260

㉚ 2012 年 12 月 31 日，将各损益类科目结转至“本年利润”账户。

借：主营业务收入　　8 000 000

　　其他业务收入　　4 000

　　营业外收入　　10 000

　　投资收益　　110 000

　　贷：本年利润　　8 124 000

借：本年利润　　6 727 924

　　资产减值损失　　2 260

　　贷：主营业务成本　　5 320 000

　　　　营业税金及附加　　83 200

　　　　其他业务成本　　3 030

　　　　营业外支出　　3 000

　　　　管理费用　　888 000

　　　　销售费用　　180 000

　　　　财务费用　　252 954

㉛ 2012 年 12 月 31 日公司，计算并结转应交纳的所得税 349 019 元。（假设资产、负债的账面价值与其计税基础之间没有产生暂时性差异。）

借：所得税费用　　349 019

贷：应交税费　——应交所得税　349 019

借：本年利润　349 019

贷：所得税费用　349 019

㉜ 2012 年 12 月 31 日，北方公司按净利润的 10% 计提法定盈余公积金。

借：利润分配——提取法定盈余公积　104 704.7

贷：盈余公积——法定盈余公积　104 705.7

㉝ 2012 年 12 月 31 日，向投资者分配利润 100 000 元。

借：利润分配——应付利润　100 000

贷：应付股利　100 000

㉞ 2012 年 12 月 31 日，将本年利润的余额转入“未分配利润”明细科目。

借：本年利润　1 047 057

贷：利润分配——未分配利润　1 047 057

㉟ 2012 年 12 月 31 日，将利润分配各明细科目的余额转入“未分配利润”明细科目。

借：利润分配——未分配利润　204 705.7

贷：利润分配——提取法定盈余公积　104 705.7

——应付利润　100 000

㊱ 2012 年 12 月 31 日，北方公司用银行存款支付所得税。

借：应交税费——应交所得税　349 019

贷：银行存款　349 019

（3）将北方电子有限责任公司 2012 年度发生的上述经济业务登记账簿。

将上述经济业务登记总账及明细账簿，进行结账核算，结出各账户的期末余额，丁字账簿（略）。

（4）编制科目期末余额表

根据【例 13-11】发生的经济业务资料，利用各账户的期末余额编制北方电子有限责任公司 2012 年 12 月 31 日期末科目余额表，如表 13-5 所示。

表 13-5　科目余额表

编制单位：　北方电子有限责任公司　2012 年 12 月 31 日　单位：元

科目名称	借方余额	科目名称	贷方余额
库存现金	10 080	短期借款	240 000
银行存款	5 062 161	应付票据	300 000
其他货币资金	100 000	应付账款	2 239 600
交易性金融资产	160 00O	其他应付款	111 200
应收票据	40 000	应付职工薪酬	844 000
应收账款	148 000	应交税费	64 080
坏账准备	-740	应付利息	217 334
预付账款	81 000	应付股利	100 000

续表

科目名称	借方余额	科目名称	贷方余额
应收股利	50 000	长期借款	3 380 000
其他应收款	10 000	其中一年内到期的长期借款	0
材料采购	320 000	实收资本（股本）	7 000 000
原材料	1 781 160	资本公积	456 000
周转材料	100 000	盈余公积	728 705.70
库存商品	5 696 400	利润分配	
材料成本差异	17 810	（未分配利润）	948 551.30
委托加工物资	65 600		
长期股权投资	500 000		
固定资产	2 822 000		
累计折旧	−914 000		
在建工程	160 000		
无形资产	600 000		
累计摊销	−180 000		
递延所得税资产	0		
其他长期资产	0		
合计	16 629 471	合计	16 629 471

（5）编制试算平衡表。对经济业务数据进行核对，检查记账方向，进行试算平衡。试算平衡表（略）

（6）编制资产负债表。根据【例 13-11】的经济业务资料，表 13-4 及表 13-5 编制北方电子有限责任公司 2012 年 12 月 31 日资产负债表，如表 13-6 所示，填制包括期初和期末数在内的各个项目金额。

表 13-6　　资产负债表　　会企 01 表

编制单位：北方电子有限责任公司　　2012 年 12 月 31 日　　单位：元

资　产	期末余额	年初余额	负债和股东权益	期末余额	年初余额
流动资产：			流动负债：		
货币资金	5 171 241	1267 000	短期借款	240 000	600 000
交易性金融资产	160 000	400 000	交易性金融负债	0	
应收票据	40 000	292 000	应付票据	300 000	400 000
应收账款	147 260	579 000	应付账款	2 239 600	367 600
预付款项	81 000	81 000	预收款项	0	
应收利息	0		应付职工薪酬	844 000	200 000
应收股利	50 000		应交税费	640 480	600 000

续表

资　产	期末余额	年初余额	负债和股东权益	期末余额	年初余额
其他应收款	10 000	10 000	应付利息	217 334	20 000
存货	7 980 970	6 938 000	应付股利	10 000	
一年内到期的非流动资产	0	0	其他应付款	111 200	111 200
其他流动资产	0	0	一年内到期的非流动负债		600 000
流动资产合计	13 641 471	9 585 000	其他流动负债	0	
非流动资产：			流动负债合计	41 116 314	2 358 800
可供出售金融资产	0		非流动负债：		
持有至到期投资	0		长期借款	600 000	2180 000
长期应收款	0		应付债券	0	
长期股权投资	500 000	500 000	长期应付款	0	
投资性房地产	0		专项应付款	0	
固定资产	1 908 000	2 000 000	预计负债	0	
在建工程	1 60 000	1 60 000	递延所得税负债	0	
工程物资	0		其他非流动负债	0	
固定资产清理	0		非流动负债合计	3 380 000	2 180 000
生产性生物资产	0		负债合计	749 621 4	4 538 800
油气资产	0		股东权益：	0	
无形资产	420 000	480 000	实收资本（或股本）	7 000 000	7 000 000
开发支出	0		资本公积	456 000	456 000
商誉	0		减：库存股	0	
长期待摊费用	0		盈余公积	728 905.7	624 000
递延所得税资产	0		未分配利润	9 485 515.3	106 200
其他非流动资产			股东权益合计	91 332 575	8 186 200
非流动资产合计	2 988 000	3 140 000			
资产总计	16 629 471	12 725 000	负债和股东权益总计	16 629 471	12 725 000

模块三　利润表及综合收益

一、利润表概述

（一）利润表的性质

利润表是反映一定会计期间经营成果的报表。利润表的列报必须充分反映企业经营业绩的主要来源和构成，是一个动态报表。如企业编制的年度利润表是反映企业该年度的收入、费用、投资收益、营业外收支及利润等情况。通过该表可以评价企业的经营成果、获利能力，评价企业管理者经营绩效等。将利润表中的信息与资产负债表中的信息相结合，可以提供进行财务分析的基本资料，还可以表现企业资金周转情况以及企业的盈利能力和水平，便于报表使用者判断企业未来的发展趋势，做出经济决策。

（二）利润表的结构

常见的利润表结构主要有单步式和多步式两种。在我国，企业利润表采用的基本上是多步式结构，即通过对当期的收入、费用、支出项目按性质加以归类，按利润形成的主要环节列示中间性利润指标，分步计算当期净损益。

多步式利润表基本格式如表 13-7 所示。

表 13-7　　利润表及综合收益　　会企 02 表

编制单位：××××　　××××年××月　　单位：元

项目	本期金额	上期金额
一、营业收入		
减：营业成本		
营业税金及附加		
销售费用		
管理费用		
财务费用		
资产减值损失		
加：公允价值变动收益（损失以“-”号填列）		
投资收益（损失以“-”号填列）		
其中：对联营企业和合营企业的投资收益		
二、营业利润（亏损以“-”号填列）		
加：营业外收入		
减：营业外支出		
其中：非流动资产处置损失		
三、利润总额（亏损总额以“-”号填列）		
减：所得税费用		
四、净利润（净亏损以“-”号填列）		
五、其他综合收益		
六、综合收益总额		
七、每股收益		
（一）基本每股收益		
（二）稀释每股收益		

（三）利润表各个项目的填制方法

（1）营业收入，反映企业经营的主要业务和其他业务所确认的收入总额。根据“主营业务收入”和“其他业务收入”科目的发生额分析填列。

（2）营业利润，营业收入减去营业成本（主营业务成本、其他业务成本）、营业税金及附加、销售费用、管理费用、财务费用、资产减值损失，加上公允价值变动收益、投资收益，即为营业利润。

（3）利润总额，营业利润加上营业外收入，减去营业外支出，即为利润总额。

（4）净利润，利润总额减去所得税费用，即为净利润。

（5）每股收益，普通股或潜在普通股已公开交易的企业，以及正处于公开发行普通股或潜在普通股过程中的企业，还应当在利润表中列示每股收益信息，包括基本每股收益和稀释每股收益两项指标。

（6）综合收益，包括其他综合收益和综合收益总额。其中，其他综合收益是指企业根据其他会计准则规定未在当期损益中确认的各项利得和损失。同时将其他综合收益项目进一步划分为“以后会计期间不能重分类进损益的其他综合收益项目”和“以后会计期间在满足规定条件时将重分类进损益的其他综合收益项目”两类区别，并以扣除所得税的净额列报。

综合收益总额是指企业在某一期间除与所有者以其所有者身份进行的交易之外的其他交易或事项所引起的所有者权益变动。综合收益总额项目反映净利润和其他综合收益扣除所得税影响后的净额相加后的合计金额。

综合收益可以列示于利润表的下方，也可以单独编制综合收益表。

此外，为了使报表使用者通过比较不同期间利润的实现情况，判断企业经营成果的未来发展趋势，企业需要提供比较利润表，利润表还就各项目再分为“本期金额”和“上期金额”两栏分别填列。利润表具体格式如表 13-7 所示。

二、利润表的填列方法

本表中的栏目分为“本期金额”栏和“上期金额”栏。“本期金额”栏根据“营业收入”、“营业成本”、“营业税金及附加”、“销售费用”、“管理费用”、“财务费用”、“资产减值损失”、“公允价值变动损益”、“营业外收入”、“营业外支出”、“所得税费用”等损益类科目的发生额分析填列。其中，“营业利润”、“利润总额”、“净利润”项目根据本表中相关项目计算填列。

本表中的“上期金额”栏应根据上年该期利润表“本期金额”栏内所列数字填列。如果上年该期利润表规定的各个项目的名称和内容同本期不一致，应对上年该期利润表各项目的名称和数字按本期的规定进行调整，填入“上期金额”栏中。

三、利润表编制示例

【例 13-12】根据【例 13-11】发生的经济业务数据资料，北方电子有限责任公司 2012 年度有关损益类科目本年累计发生净额如表 13-8 所示。

表 13-8 **损益类科目发生净额**

编制单位：北方电子有限责任公司 2012 年 单位：元

科目名称	借方发生额	贷方发生额
主营业务收入		8 000 000
主营业务成本	5 230 000	
营业税金及附加	832 00	
销售费用	180 000	
管理费用	888 000	
财务费用	252 954	
其他业务收入		4 000
其他业务成本	3030	
资产减值损失		2 260
投资收益		110 000
营业外收入		10 000
营业外支出	3 000	
所得税费用	349 019	

根据上述资料，若北方电子有限责任公司 2012 年底有发行在外的普通股 1000 万股，另有发行折合 200 万股的可转换公司债券。此外，北方公司持有乙公司 30%的股份，能够对乙公司施加重大影响。2012 年度，乙公司因持有的可供出售金融资产公允价值变动计入资本公积的金额为 40 000 元。假定北方公司与乙公司适用的会计政策、会计期间相同，投资时乙公司有关资产、负债的公允价值与其账面价值相同，双方在当期及以前期间未发生任何内部交易，并且假定不考虑交易费用及其他相关因素。根据上述资料，编制北方电子有限责任公司 2012 年度利润表及综合收益表，如表 13-9 所示。

其中：

营业收入=主营业务收入+其他业务收入=8 000 000+4 000=8 004 000（元）

营业成本=主营业务成本+其他业务成本=5 320 000+3 030=5 323 030（元）

表 13-9 **利润表及综合收益** **会企 02 表**

编制单位：北方电子有限责任公司 2012 年 单位：元

项　　目	本期金额	上期金额（略）
一、营业收入	8 004 000.00	
减：营业成本	5 323 030.00	
营业税金及附加	83 200.00	
销售费用	180 000.00	
管理费用	888 000.00	
财务费用	252 954.00	
资产减值损失	−2260.00	

续表

项　　目	本期金额	上期金额（略）
加：公允价值变动收益（损失以“-”号填列）		
投资收益（损失以“-”号填列）	110 000.00	
其中：对联营企业和合营企业的投资收益		
二、营业利润（亏损以“-”号填列）	1 389 076.00	
加：营业外收入	10 000.00	
减：营业外支出	3 000.00	
其中：非流动资产处置损失		
三、利润总额（亏损总额以“-”号填列）	1 396 076.00	
减：所得税费用	349 019.00	
四、净利润（净亏损以“-”号填列）	1 047 057.00	
五、其他综合收益		
（一）以后会计期间不能重分类进损益的其他综合收益		
其中：重新计量设定受益计划净负债和净资产导致的变动税后净利	0	
按照权益法核算的在被投资单位不能重分类进损益其他综合收益中所享有份额的税后净额	0	
（二）以后会计期间在满足规定条件时将重分类进损益的其他综合收益		
其中：按照权益法核算的在被投资单位可重分类进损益其他综合收益中所享有份额的税后净额	12 000	
可供出售金融资产公允价值变动产生利得（损失以“-”号填列）的税后净额	0	
持有至到期投资重分类为可供出售金融资产形成的利得（损失以“-”号填列）的税后净额	0	
现金流量套期工具产生的利得中属于有效套期的部分（损失以“-”号填列）的税后净额	0	
外币财务报表折算差额的税后净额	0	
其他综合收益税后净额	12 000	
六、综合收益总额	1 059 057.00	
七、每股收益：		
（一）基本每股收益	0.1045	
（二）稀释每股收益	0.0871	

下列各项，影响当期利润表中利润总额的有（　　）。

A. 固定资产盘盈　　B. 确认所得税费用

C. 对外捐赠固定资产　　D. 无形资产出售利得

【解析】正确答案 CD。固定资产的盘盈用来调整年初留存收益；所得税费用是在利润总额确认后计算的。

模块四 现金流量表

一、现金流量表的内容及编制基础

（一）现金流量表的内容

现金流量表是指反映企业在一定会计期间现金、现金等价物流入和流出的报表。是一个静态报表。从编制原则上看，现金流量表按照收付实现制原则编制，将权责发生制下的盈利信息调整为收付实现制下的现金流量信息，便于信息使用者了解企业净利润的质量情况，因为在权责发生制下，企业的利润的多少与可使用的现金的数量并不一致，现金流量表主要提供企业现金流量方面的信息。从内容上看，现金流量表被划分为经营活动、投资活动和筹资活动三个部分，每类活动又分为各具体项目，这些项目从不同角度反映企业业务活动的现金流入与流出。通过现金流量表，能够了解现金流量的影响因素，评价企业的支付能力、偿债能力和周转能力，有助于分析企业的收益质量及影响现金净流量的情况，从而预测企业未来现金流量，为其决策提供有力依据。

（二）现金流量表的编制基础

现金流量表是以现金为基础编制的。现金包括库存现金、可以随时用于支付的存款以及现金等价物。具体包括以下几类。库存现金，即"库存现金"账户核算的现金。银行存款，是企业存入金融机构的，随时可用于支付的存款，如结算户存款、通知存款等，不能随时用于支付的存款不属于现金。其他货币资金，是企业存入金融机构的有特定用途的款项，如外埠存款、银行本票存款、银行汇票存款、信用证存款等。现金等价物，是企业持有的期限短、流动性强、易于转换为已知金额现金、价值变动很小的投资。期限短，一般是从购买日期起 3 个月到期的各种债券。权益性投资，如股票等，因变现的金额通常不确定，所以不属于现金等价物。企业现金形式的转换不会产生现金的流入和流出。例如，企业从银行提取现金，是企业现金存放形式的转换，并未流出企业，不构成现金流量。同样，现金与现金等价物之间的转换也不属于现金流量，例如，企业用现金购买 3 个月到期的国库券。根据企业业务活动的性质和现金流量的来源，现金流量表在结构上将企业一定期间产生的现金流量分为三类：经营活动产生的现金流量、投资活动产生的现金流量和筹资活动产生的现金流量。现金流量表的具体格式如表 13-10 所示。

表 13-10　　现金流量表工作底稿

项目	期初数	调整分录				期末数
			借方		贷方	
一、资产负债表项目						
借方项目						
货币资金	1 267 000.00	23	3 905 241.00			5 172 241.00
交易性金融资产	400 000.00			8	240 000.00	160 000.00

续表

项目	期初数	调整分录				期末数
			借方		贷方	
应收票据	292 000.00			1	252 000.00	40 000.00
应收账款	600 000.00			1	452 000.00	148 000.00
预付账款	81 000.00					81 000.00
应收股利		8	50 000.00			50 000.00
其他应收款	10 000.00					10 000.00
存货	6 938 000.00	2	1 042 970.00			7 980 970.00
长期股权投资	500 000.00					500 000.00
固定资产	3 000 000.00	13	182 000.00	9	160 000.00	2 822 000.00
				10	200 000.00	
在建工程	160 000.00					160 000.00
无形资产	600 000.00					600 000.00
递延所得税资产						
借方项目合计	13 848 000.00					17 724 211.00
贷方项目						
坏账准备	3 000.00	7	2 260.00			740.00
累计折旧	1 000 000.00	9	40 000.00		150 000.00	914 000.00
		10	196 000.00	14		
累计摊销	120 000.00			15	60 000.00	180 000.00
短期借款	600 000.00	16	360 000.00			240 000.00
应付票据	400 000.00	2	100 000.00			300 000.00
应付账款	367 600.00			2	1 872 000.00	2 239 600.00
其他应付款	111 200.00					111 200.00
应付职工薪酬	200 000.00			17	644 000.00	844 000.00
应交税费	60 000.00	2	306 000.00	1	136 068.00	64 080.00
		13	30 600.00	3	83 200.00	
		18	1 452 219.00	11	349 010.00	
应付股利		19	55 620.00	20	100 000.00	100 000.00
应付利息	20 000.00			6	252 954.00	217 334.00
长期借款	2 780 000.00			21	600 000.00	3 380 000.00
实收资本	7 000 000.00					7 000 000.00
资本公积	456 000.00					456 000.00
盈余公积	624 000.00			22	104 705.70	728 705.70

续表

项目	期初数	调整分录				期末数
			借方		贷方	
未分配利润	106 200.00	20	100 000.00	12	1 047 057.00	948 551.30
		22	104 705.70			
贷方项目合计	13 848 000.00					17 724 211.00
二、利润表项目		调整分录				本期数
			借方		贷方	
营业收入				1	8 004 000.00	8 004 000.00
营业成本		2	5 323 030.00			5 323 030.00
营业税金及附加		3	83 200.00			83 200.00
销售费用		4	180 000.00			180 000.00
管理费用		5	888 000.00			888 000.00
财务费用		6	252 954.00			252 954.00
资产减值损失				7	2 260.00	−2 260.00
投资收益				8	110 000.00	110 000.00
营业外收入				9	10 000.00	10 000.00
营业外支出		10	3 000.00			3 000.00
所得税费用		11	349 019.00			349 019.00
净利润		12	1 047 057.00			1 047 057.00

二、现金流量表的结构与内容

（一）现金流量表的结构

现金流量表由表头、正表和补充资料三部分构成。表头包括报表名称、报表编号、编制单位、编制日期和金额单位等。正表包括六项内容：经营活动产生的现金流量、投资活动产生的现金流量、筹资活动产生的现金流量、汇率变动对现金及现金等价物的影响、现金及现金等价物净增加额、期末现金及现金等价物余额。补充资料包括三项内容：一是将净利润调节为经营活动产生的现金流量；二是不涉及现金收支的投资和筹资活动；三是现金及现金等价物净变动情况。正表与补充资料的关系在于：正表中的第一项“经营活动产生的现金流量净额”与补充资料中的第一项“经营活动产生的现金流量净额”应当核对相符；正表中的第五项“现金及现金等价物净增加额”和补充资料中的第三项存在勾稽关系，金额应当一致；正表中的金额是现金流入与现金流入的差额，补充资料中的金额是现金与现金等价物的期末数与期初数的差额，虽然其计算依据不同，但结果应当一致，两者应核对相符。现金流量表格式如表 13-11、表 13-12 所示。

表 13-11　　　　现金流量表工作底稿

三、现金流量表项目	调整分录				本期数
	借方		贷方		
（一）经营活动产生的现金流量					
销售商品、提供劳务收到的现金	1	10 068 680.00			10 068 680.00
收到税费返还					
现金流入小计					10 068 680.00
购买商品、提供劳务支付的现金	14	120 000.00	2	4 900 000.00	334 000.00
	17	546 000.00			
	17	3 900 000.00			
支付给职工以及为职工支付的现金			17	4 600 000.00	4 600 000.00
支付的各项税费			18	1 452 219.00	1 452 219.00
支付的与其他与经营活动有关的现金	14	30 000.00			180 000.00
	15	60 000.00	4	180 000.00	
	17	98 000.00	5	888 000.00	
	17	700 000.00			
现金流出小计					6 566 219.00
经营活动产生的现金流量净额					3 502 461.00
（二）投资活动产生的现金流量					
收回投资所收到的现金	8	300 000.00			300 000.00
取得投资收益所收到的现金					
处置固定资产所回收的现金净额	9	130 000.00			131 000.00
	10	1 000.00			
现金流入小计					431 000.00
构建固定资产所支付的现金			13	212 600.00	212 600.00
现金流出小计					212 600.00
投资活动产生的现金流量净额					218 400.00
（三）筹资活动产生的现金流量					
取得借款所收到的现金	21	1 200 000.00			1 200 000.00
现金流入小计					1 200 000.00
偿还债务所支付的现金			16	360 000.00	960 000.00
			21	600 000.00	
分配股利、利润或偿付利息支付的现金			19	55 620.00	55 620.00
现金流出小计					1 015 620.00

续表

三、现金流量表项目	调整分录				本期数
	借方		贷方		
筹资活动产生的现金流量净额					184 380.00
（四）现金及现金等价物净增加额			23	3 905 241.00	3 905,241.00
调整分录借贷合计		17 153 680.00		17 153 680.00	

表 13-12　　现金流量表　　会企 03 表

编制单位：北方有限责任公司　　2012 年　　单位：元

项　　目	本期金额	上期金额
一、经营活动产生的现金流量		
销售商品、提供劳务收到的现金	10 068 680.00	
收到税费返还		
收到其他与经营活动有关的现金		
经营活动现金流入小计	10 068 680.00	
购买商品、提供劳务支付的现金	334 000.00	
支付给职工以及为职工支付的现金	4 600 000.00	
支付的各项税费	1 452 219.00	
支付的与其他与经营活动有关的现金	180 000.00	
经营活动现金流出小计	6 566 219.00	
经营活动产生的现金流量净额	3 502 461.00	
二、投资活动产生的现金流量		
收回投资所收到的现金	300 000.00	
取得投资收益所收到的现金	—	
处置固定资产、无形资产和其他长期资产收回的现金净额	131 000.00	
处置子公司及其他营业单位收到的现金净额		
收到其他与投资活动有关的现金		
投资活动现金流入小计	431 000.00	
构建固定资产、无形资产和其他长期资产支付的现金	212 600.00	
投资支付的现金		
取得子公司及其他经营单位支付的现金净额		
支付的其他与投资活动有关的现金		
投资活动现金流出小计	212 600.00	
投资活动产生的现金流量净额	218 400.00	
三、筹资活动产生的现金流量		

续表

项　　目	本期金额	上期金额
吸收投资收到的现金		
取得借款所收到的现金	1 200 000.00	
收到其他与筹资活动有关的现金		
筹资活动现金流入小计	1 200 000.00	
偿还债务所支付的现金	960 000.00	
分配股利、利润或偿付利息支付的现金	55 620.00	
支付其他与筹资活动有关的现金		
筹资活动现金流出小计	1 015 620.00	
筹资活动产生的现金流量净额	184 380.00	
四、汇率变动对现金及现金等价物的影响		
五、现金及现金等价物净增加额	3 905 241.00	
加：期初现金及现金等价物余额	1 267 000.00	
六、期末现金及现金等价物余额	5 172 241.00	

（二）现金流量表的内容

现金流量包括现金的流入和流出。现金流量有不同的来源，也有不同的用途。在现金流量表中，将影响现金流量的信息分为三类，即经营活动产生的现金流量、投资活动产生的现金流量和筹资活动产生的现金流量。现金流量净额是指现金流入与现金流出的差额，反映企业各类活动形成的现金流量的最终结果，可能是正数（表示净流入），也可能是负数（表示净流出）。对现金流量进行合理分类，有助于分析企业财务状况变动情况，预测企业现金流量未来前景。

1. 经营活动产生的现金流量

经营活动是指企业投资活动和筹资活动以外的所有交易和事项。对于工商企业而言，经营活动主要包括销售商品、提供劳务、购买商品、接受劳务、支付税费等。经营活动产生的现金流量包括流入和流出两部分。

经营活动产生的流入项目主要有：①销售商品、提供劳务收到的现金；②收到税费返还；③收到其他与经营活动有关的现金。

经营活动产生的流出项目主要有：①购买商品、接受劳务支付的现金；②支付给职工以及为职工支付的现金；③支付的各项税费；④支付其他与经营活动有关的现金。经营活动产生的现金流入量与现金流出量的差额就是经营活动产生的现金流量净额。

2. 投资活动产生的现金流量

投资活动是指企业长期资产的购建和不包括在现金等价物范围内的投资和处置活动。它既包括实物资产的投资，又包括金融资产投资。这里的长期资产是指固定资产、无形资产、在建工程等期限在一年或一个营业周期以上的资产。

投资活动产生的现金流量包括现金流入和流出两部分：投资活动产生的现金流入项目主要有：①收回投资收到的现金；②取得投资收益收到的现金；③处置固定资产、无形资产和其他长期资产收回的现金净额；④收到其他与投资活动有关的现金。

投资活动产生的现金流出项目主要有：①购建固定资产、无形资产和其他长期资产支付的现金；②投资支付的现金；③取得子公司及其他营业单位支付的现金净额；④支付其他与投资活动有关的现金。投资活动产生的现金流入量与现金流出量的差额就是投资活动产生的现金流量净额。

3. 筹资活动产生的现金流量

筹资活动是指导致企业资本及债务规模和构成发生变化的活动。这里的资本包括实收资本（股本）和资本溢价（或股本溢价）；这里的债务是指对外举债，包括向银行借款、发行债券等，但应付账款、应付票据等商业应付款属于经营活动，不属于筹资活动。

筹资活动产生的现金流量包括流入和流出两部分：筹资活动产生的现金流入项目主要有：①吸收投资收到的现金；②取得借款收到的现金；③收到其他与筹资活动有关的现金。

筹资活动产生的现金流出项目主要有：①偿还债务支付的现金；②分配股利、利润或偿付利息支付的现金；③支付其他与筹资活动有关的现金。筹资活动产生的现金流入量与现金流出量的差额就是筹资活动产生的现金流量净额。

上述经营活动产生的现金流量净额、投资活动产生的现金流量净额和筹资活动产生的现金流量净额，构成了企业一定时期总的现金净流量。如企业有外汇收支，还应当考虑汇率变动对现金流量的影响。

三、现金流量表的编制方法和程序

（一）现金流量表的编制方法

编制现金流量表时，经营活动现金流量的确定方法有两种，即直接法和间接法。在我国，企业经营活动产生的现金流量应当采用直接法填列。直接法是指通过现金收入和现金支出的主要类别列示经营活动的现金流量。一般是以利润表中的营业收入为起算点，调节与经营活动有关的项目的增减变动，然后计算出经营活动产生的现金流量。间接法以本期净利润为起点，调整不涉及现金的收入、费用、营业外收支及有关应收、应付项目的增减变动，据此计算出经营活动的现金流量。间接法多用于现金流量表的补充资料项目的编制。

采用直接法编报的现金流量表，便于分析企业经营活动产生的现金流量的来源和用途，预测企业现金流量的未来前景。采用间接法编报的现金流量表，便于将净利润与经营活动产生的现金流量净额进行比较，了解净利润与经营活动产生的现金流量差异的原因，从现金流量的角度分析净利润的质量。因此，要求在补充资料中提供以净利润为基础调节到经营活动现金流量的信息。

1. 经营活动产生的现金流量

（1）“销售商品、提供劳务收到的现金”项目，反映企业销售商品、提供劳务实际收到的现金（含销售收入和应向购买者收取的增值税税额），包括本期销售商品、提供劳务收到的现金以及前期销售商品和提供劳务本期收到的现金和本期预收的账款，减去本期销售本期退回的商品和前期销售本期退回的商品支付的现金。企业销售材料和代购代销业务收到的现金，也在本项目反映。本项目可以根据“库存现金”、“银行存款”、“应收账款”、“应收票据”、“预收账款”、“主营业务收入”、“其他业务收入”等科目的记录分析填列。

（2）“收到的税费返还”项目，反映企业收到返还的各种税费，如收到的增值税、消费税、营业税、所得税、教育费附加返还等。本项目可以根据“库存现金”、“银行存款”、“营业税金及附加”等科目的记录分析填列。

（3）“收到其他与经营活动有关的现金”项目，反映企业除了上述各项目外，收到的其他与经营活动有关的现金流入，如罚款收入、流动资产损失中由个人赔偿的现金收入等。其他现金流入如价值较大的，应单列项目反映。本项目可以根据“库存现金”、“银行存款”、“营业外收入”等科目的记录分析填列。

（4）“购买商品、接受劳务支付的现金”项目，反映企业购买材料、商品、接受劳务实际支付的现金，包括本期购入材料、商品、接受劳务支付的现金（包括增值税进项税额）以及本期支付前期购入商品、接受劳务的未付款项和本期预付款项。本期发生的购货退回收到的现金应从本项目内减去。本项目可以根据“库存现金”、“银行存款”、“应付账款”、“应付票据”、“主营业务成本”等科目的记录分析填列。

（5）“支付给职工以及为职工支付的现金”项目，反映企业实际支付给职工以及为职工支付的现金，包括本期实际支付给职工的工资、奖金、各种津贴和补贴以及为职工支付的其他费用，不包括支付的离退休人员的各项费用和支付给在建工程人员的工资等。企业支付给离退休人员的各项费用，包括支付的统筹退休金以及未参加统筹的退休人员的费用，在“支付其他与经营活动有关的现金”项目中反映；支付给在建工程人员的工资，在“购建固定资产、无形资产和其他长期资产支付的现金”项目中反映。本项目可以根据“应付职工薪酬”、“库存现金”、“银行存款”等科目的记录分析填列。

企业为职工支付的养老、失业等社会保险基金、补充养老保险、住房公积金，支付给职工的住房困难补助以及企业支付给职工或为职工支付的其他福利费用等，应按职工的工作性质和服务对象，分别在本项目和“购建固定资产、无形资产和其他长期资产支付的现金”项目中反映。

（6）“支付的各项税费”项目，反映企业按规定支付的各种税费，包括本期发生并支付的税费以及本期支付以前各期发生的税费和预交的税金，如支付的教育费附加、矿产资源补偿费、印花税、房产税、土地增值税、车船税、预交的营业税等，不包括计入固定资产价值、实际支付的耕地占用税等，也不包括本期退回的增值税、所得税。本期退回的增值税、所得税在“收到的税费返还”项目反映。本项目可以根据“应交税费”、“库存现金”、“银行存款”等科目的记录分析填列。

（7）“支付其他与经营活动有关的现金”项目，反映企业除上述各项目外，支付的其他与经营活动有关的现金流出，如罚款支出、支付的差旅费、业务招待费现金支出、支付的保险费等，其他现金流出如价值较大的，应单列项目反映。本项目可以根据有关科目的记录分析填列。

2. 投资活动产生的现金流量

（1）“收回投资收到的现金”项目，反映企业出售、转让或到期收回除现金等价物以外的金融资产、长期股权投资而收到的现金，但不包括持有至到期投资收回的利息以及收回的非现金资产。本项目可以根据“长期股权投资”、“库存现金”、“银行存款”等科目的记录分析填列。

（2）“取得投资收益收到的现金”项目，反映企业因股权性投资和债权性投资而取得的现金股利、利息以及从子公司、联营企业和合营企业分回利润收到的现金，不包括股票股利。本项目可以根据“库存现金”、“银行存款”、“投资收益”等科目的记录分析填列。

（3）“处置固定资产、无形资产和其他长期资产收回的现金净额”项目，反映企业处置固定资产、无形资产和其他长期资产所取得的现金减去为处置这些资产而支付的有关费用后的净额。由于自然灾害所造成的固定资产等长期资产损失而收到的保险赔偿收入，也在本项目反映。本项目可以根据“固定资产清理”、“库存现金”、“银行存款”等科目的记录分析填列。

（4）“收到其他与投资活动有关的现金”项目，反映企业除了上述各项以外，收到的其他与投资活动有关的现金流入。其他现金流入如价值较大的，应单列项目反映。本项目可以根据有关科目的记录分析填列。

（5）“购建固定资产、无形资产和其他长期资产支付的现金”项目，反映企业为购建固定资产、取得无形资产和其他长期资产所支付的现金，不包括为购建固定资产而发生的借款利息资本化的部分以及融资租入固定资产支付的租赁费。借款利息和融资租入固定资产支付的租赁费，在筹资活动产生的现金流量中反映。本项目可以根据“固定资产”、“在建工程”、“无形资产”、“库存现金”、“银行存款”等科目的记录分析填列。

（6）“投资支付的现金”项目，反映企业进行权益性投资和债权性投资支付的现金，包括企业取得的除现金等价物以外的短期股票投资、短期债券投资、长期股权投资、长期债权投资支付的现金以及支付的佣金、手续费等附加费用。本项目可以根据“长期股权投资”、“交易性金融资产”、“可供出售金融资产”、“库存现金”、“银行存款”等科目的记录分析填列。

企业购买股票和债券时，实际支付的价款中包含的已宣告但尚未领取的现金股利或已到付息期但尚未领取的债券利息，应在投资活动的“支付其他与投资活动有关的现金”项目反映；收回购买股票和债券时支付的已宣告但尚未领取的现金股利或已到付息期但尚未领取的债券利息，在投资活动的“收到其他与投资活动有关的现金”项目反映。

（7）“支付其他与投资活动有关的现金”项目，反映企业除了上述各项以外，支付的其他与投资活动有关的现金流出。其他现金流出如价值较大的，应单列项目反映。本项目可以根据有关科目的记录分析填列。

3. 筹资活动产生的现金流量

（1）“吸收投资收到的现金”项目，反映企业收到的投资者投入的现金，包括以发行股票、债券等方式筹集的资金实际收到的款项净额（发行收入减去支付的佣金等发行费用后的净额）。以发行股票、债券等方式筹集资金而由企业直接支付的审计、咨询等费用，在“支付其他与筹资活动有关的现金”项目反映，不从本项目内减去。本项目可以根据“实收资本（或股本）”、“库存现金”、“银行存款”等科目的记录分析填列。

（2）“取得借款收到的现金”项目，反映企业举借各种短期、长期借款所收到的现金。本项目可以根据“短期借款”、“长期借款”、“库存现金”、“银行存款”等科目的记录分析填列。

（3）“收到其他与筹资活动有关的现金”项目，反映企业除上述各项目外，收到的其他与筹资活动有关的现金流入，如接受现金捐赠等。其他现金流入如价值较大的，应单列项目反映。本项目可以根据有关科目的记录分析填列。

（4）“偿还债务支付的现金”项目，反映企业以现金偿还债务的本金，包括偿还金融企业的借款本金、偿还债券本金等。企业偿还的借款利息、债券利息，在“分配股利、利润或偿付利息支付的现金”项目反映，不包括在本项目内。本项目可以根据“短期借款”、“长期借款”、“库存现金”、“银行存款”等科目的记录分析填列。

（5）“分配股利、利润或偿付利息支付的现金”项目，反映企业实际支付的现金股利，支付给其他投资单位的利润以及支付的借款利息、债券利息等。本项目可以根据“应付股利”、“财务费用”、“长期借款”、“库存现金”、“银行存款”等科目的记录分析填列。

（6）“支付其他与筹资活动有关的现金”项目，反映企业除了上述各项外，支付的其他与筹资活动有关的现金流出，如捐赠现金支出、融资租入固定资产支付的租赁费等。其他现金流出如价值较大的，应单列项目反映。本项目可以根据有关科目的记录分析填列。

4. “汇率变动对现金及现金等价物的影响”项目，反映企业外币现金流量及境外子公司的现金流量折算为人民币时，所采用的现金流量发生日的汇率或平均汇率折算的人民币金额，而现金流量表“现金及现金等价物净增加额”项目中外币现金净增加额是按资产负债表日的即期汇率折算的。这两者的差额即为汇率变动对现金的影响额。

在编制现金流量表时，对当期发生的外币业务，也可不必逐笔计算汇率变动对现金的影响，可以通过现金流量表补充资料中“现金及现金等价物净增加额”数额与现金流量表中“经营活动产生的现金流量净额”、“投资活动产生的现金流量净额”、“筹资活动产生的现金流量净额”三项之和比较，其差额即为“汇率变动对现金的影响额”。

5. 现金流量表补充资料项目的内容及填列

除现金流量表反映的信息外，企业还应在附注中披露将净利润调节为经营活动现金流量。不涉及现金收支的重大投资和筹资活动、现金及现金等价物净变动情况等信息。

（1）“将净利润调节为经营活动现金流量”各项目的填列方法如下。

①“计提的资产减值准备”项目，反映企业计提的各项资产的减值准备。本项目可以根据“资产减值损失”等科目的记录分析填列。

②“固定资产折旧、油气资产折耗、生产性生物资产折旧”项目，分别反映企业本期累计提取的折旧、油气资产的累计折耗和使用寿命有限的无形资产计提的累计摊销。本项目可以根据“累计折旧”、“累计折耗”和“累计摊销”科目的贷方发生额分析填列。

③“无形资产摊销”和“长期待摊费用摊销”两个项目，分别反映企业本期累计摊入成本费用的无形资产的价值及长期待摊费用。这两个项目可以根据“累计摊销”、“长期待摊费用”科目

的贷方发生额分析填列。

④ “处置固定资产、无形资产和其他长期资产的损失（或收益）”项目，反映企业本期由于处置固定资产、无形资产和其他长期资产而发生的净损失。本项目可以根据“营业外收入”、“营业外支出”科目所属有关明细科目的记录分析填列；如为净收益，以“-”号填列。

⑤ “固定资产报废损失”项目，反映企业本期固定资产盘亏（或盘盈）后的净损失。本项目可以根据“营业外支出”、“营业外收入”科目所属有关明细科目中固定资产盘亏损失减去固定资产盘盈收益后的差额填列。

⑥ “公允价值变动损失（或收益）”项目，反映企业交易性金融资产、交易性金融负债以及采用公允价值模式计量的投资性房地产、衍生工具、套期保值业务等公允价值变动形成的应计入当期损益的利得或损失。

⑦ “财务费用”项目，反映企业本期发生的应属于投资活动或筹资活动的财务费用。本项目可以根据“财务费用”科目的本期借方发生额分析填列；如为收益，以“-”号填列。

⑧ “投资损失（或收益）”项目，反映企业本期投资所发生的损失减去收益后的净损失。本项目可以根据利润表“投资收益”项目的数字填列；如为投资收益，以“-”号填列。

⑨ “递延所得税负债（或资产）”项目，反映企业本期递延所得税的净增加或净减少。本项目可以根据资产负债表“递延所得税资产”、“递延所得税负债”项目的期初、期末余额的差额填列。“递延所得税资产”的期末数小于期初数的差额和“递延所得税负债”的期末数大于期初数的差额，以正数填列；“递延所得税资产”的期末数大于期初数的差额和“递延所得税负债”的期末数小于期初数的差额，以“-”号填列。

⑩ “存货的减少（或增加）”项目，反映企业本期存货的减少（或增加）。本项目可以根据资产负债表“存货”项目的期初、期末余额的差额填列；期末数大于期初数的差额，以“-”号填列。

⑪ “经营性应收项目的减少（或增加）”项目，反映企业本期经营性应收项目（包括应收账款、应收票据和其他应收款中与经营活动有关的部分及应收的增值税销项税额等）的减少（或增加）。

⑫ “经营性应付项目的增加（或减少）”项目，反映企业本期经营性应付项目（包括应付账款、应付票据、应付职工薪酬、应交税费、其他应付款中与经营活动有关的部分以及应付的增值税进项税额等）的增加（或减少）。

（2）“不涉及现金收支的重大投资和筹资活动”各项目，反映企业一定期间内影响资产或负债但不形成该期现金收支的所有投资和筹资活动的信息。不涉及现金收支的投资和筹资活动各项目的填列方法如下。

① “债务转为资本”项目，反映企业本期转为资本的债务金额。

② “一年内到期的可转换公司债券”项目，反映企业一年内到期的可转换公司债券的本息。

③ “融资租入固定资产”项目，反映企业本期融资租入固定资产记入“长期应付款”科目的金额。

（3）“现金及现金等价物净变动情况”项目与现金流量表中的“现金及现金等价物净增加额”

项目的金额相等。

（4）现金和现金等价物的构成。企业应当在附注中披露与现金和现金等价物有关的下列信息：①现金和现金等价物的构成及其在资产负债表中的相应金额；②企业持有但不能由母公司或集团内其他子公司使用的大额现金和现金等价物金额。企业持有现金和现金等价物余额但不能被集团使用的情形多种多样，例如，国外经营的子公司，由于受当地外汇管制或其他立法的限制，其持有的现金和现金等价物不能由母公司或其他子公司正常使用。

（二）现金流量表的编制程序

采用直接法编制现金流量表的增减变动时，可以采用工作底稿法、T 形账户法和根据有关科目记录分析填列。

下面简要介绍这三种方法的编制程序。

1. 工作底稿法编制现金流量表的程序

工作底稿法是以工作底稿为手段，以利润表和资产负债表数据为基础，结合有关科目的记录，对现金流量表的每一项目进行分析并编制调整分录，从而编制出现金流量表的一种方法。其编制步骤如下。

（1）将资产负债表的期初数和期末数过入工作底稿的期初数栏和期末数栏。

（2）对当期业务进行分析并编制调整分录。调整分录大致有以下几类：第一类，通过调整，将权责发生制下的有关收入和费用转换成现金基础；第二类，涉及资产负债表和现金流量表中的投资、筹资项目，反映投资和筹资活动的现金流量；第三类，将利润表中有关投资和筹资方面的收入和费用列入现金流量表投资、筹资现金流量中去。此外，为了核对资产负债表项目的期末数变动情况，虽不涉及现金收支，也须编制调整分录。

在调整分录中，有关现金及现金等价物的事项，并不直接借记或贷记现金，而是分别计入“经营活动产生的现金流量”、“投资活动产生的现金流量”、“筹资活动产生的现金流量”等项目，借记表明现金流入，贷记表明现金流出。

（3）将调整分录过入工作底稿中的相应部分。

（4）核对调整分录，借贷合计应当相等，资产负债表项目期初数加减调整分录中的借贷金额以后应当等于期末数。

（5）根据工作底稿中的现金流量表项目部分，编制正式的现金流量表。

2. T 形账户法

采用 T 形账户法编制现金流量表，是以 T 形账户为手段，以资产负债表和利润表数据为基础，对每一项目进行分析并编制调整分录，从而编制现金流量表。T 形账户法的程序如下。

（1）为所有的非现金项目（包括资产负债表项目和利润表项目）分别开设 T 形账户，并将各自的期末期初变动数过入各该账户。如果项目的期末数大于期初数，则将差额过入和项目余额相同的方向；反之，过入相反的方向。

（2）开设一个大的“现金及现金等价物”T 形账户，每边分为经营活动、投资活动和筹资活动三个部分，左边记现金流入，右边记现金流出。与其他账户一样，过入期末期初变动数。

（3）以利润表项目为基础，结合资产负债表分析每一个非现金项目的增减变动，并据此编制调整分录。

（4）将调整分录过入各 T 形账户，并进行核对，该账户借贷相抵后的余额与原先过入的期末期初变动数应当一致。

（5）根据大的“现金及现金等价物”T 形账户编制正式的现金流量表。

3. 分析填列法

分析填列法是直接根据资产负债表、利润表和有关会计科目明细账的记录，分析计算出现金流量表各项目的金额，并据以编制现金流量表的一种方法。

四、现金流量表编制实例

我国企业会计准则规定企业应当采用直接法编报现金流量表，同时要求在附注中提供以净利润为基础调节到经营活动现金流量的信息。在具体编制现金流量表时，可以采用工作底稿法或 T 形账户法，也可以根据有关科目记录分析填列。

采用工作底稿法编制现金流量表，是以工作底稿为手段，以资产负债表和利润表数据为基础，对每一项目进行分析并编制调整分录，从而编制现金流量表。下面是工作底稿法的编制实例。

【例 13-13】根据【例 13-11】提供的经济业务资料，采用工作底稿法编制北方电子有限责任公司的现金流量表。具体步骤如下。

采用工作底稿法编制现金流量表，方法如下。

（一）将数据过入工作底稿

将资产负债表期初、期末数和利润表的本期发生数过入工作底稿有关栏目。

（二）对经济业务进行分析并编制调整分录

编制调整分录时，要以利润表项目为基础。从营业收入开始，结合有关的账簿资料。对利润表和资产负债表项目逐一进行调整。

采用工作底稿法编制现金流量表，就是以工作底稿为手段，以利润表和资产负债表数据为基础，结合有关的账簿资料（主要是有关经济业务的明细资料和备查账簿），对利润表项目和资产负债表项目逐一进行分析，并编制相应的调整分录，进而编制出现金流量表。工作底稿的格式如表 13-10 所示。

编制调整分录时，要以利润表项目为基础，从“产品销售收入”，即营业收入开始，结合有关的账簿资料，对利润表和资产负债表项目逐一进行调整。其中，对资产负债表项目的调整主要是调整期初、期末余额的差额。

编制调整分录时的基本思路是：先假设本期损益表中发生的各项收支（净利润）均为现金收支，然后再结合资产负债表项目对应收、应付、待摊、预提项目进行调整。在对资产负债表项目进行调整时，按照各项目在资产负债表中的排列顺序，当前项目容易一次性做出调整的，一次性进行调整；当前项目难于一次性调整的，在后面的有关项目中再进行调整。现调整会计分录如下。

1. 分析调整营业收入

借：经营活动现金流量——销售商品收到的现金　　10 068 680

　贷：营业收入　　8 004 000

　　应收票据　　252 000

　　应收账款　　452 000

　　应交税费　　1 360 680

利润表中的营业收入是按权责发生制反映的，现应转换为现金收付制。为此，应调整应收票据和应收账款的期初和期末的增减变动，本例中期末比期初应收票据减少 252 000 元，应收账款减少 452 000 元，则现金流入量增加。应交税费为增值税销项税金额合计数。

2. 分析调整营业成本

借：营业成本　　5 323 030

　应付票据　　100 000

　存货　　1 042 970

　应交税费　　306 000

　贷：应付账款　　1 872 000

　　经营活动现金流量——购买商品支付的现金　　4 900 000

本年度该公司应付票据减少 100 000 元，存货增加 1 042 970 元，表明购买存货的现金支出增加，应付账款增加，购买存货现金减少 1 872 000 元。应交税费为增值税进项税额。

3. 分析调整营业税金及附加

借：营业税金及附加　　83 200

　贷：应交税费　　83 200

将营业税金及附加 83 200 元调整为应交税费

4. 分析调整销售费用

借：销售费用　　180 000

　贷：经营活动现金流量——支付的其他与经营活动有关的现金　　180 000

　销售费用的数据来自于利润表。

5. 分析调整管理费用

借：管理费用　　888 000

　贷：经营活动现金流量——支付的其他与经营活动有关的现金　　888 000

因管理费用涉及不需要支付现金的项目。此分录先将管理费用全额转入“经营活动现金流量——支付的其他与经营活动有关的现金”中，而不涉及现金支出项目，如折旧等以后再分别进行调整。

6. 分析调整财务费用

借：财务费用　　252 954

　贷：应付利息　　252 954

计提的利息转到财务费用。

7. 分析调整资产减值损失

借：坏账准备 2 260

贷：资产减值损失 2 260

计提坏账准备只影响净利润，不影响现金流量。

8. 分析调整投资收益

借：投资活动现金流量——收回投资所收到的现金 300 000

应付股利 50 000

贷：投资收益 110 000

交易性金融资产 240 000

出售交易性金融资产获得 240 000 元，宣告应付股利 50 000 元，只影响利润，不影响现金。

9. 分析调整营业外收入

借：投资活动现金流量——处置固定资产收回

现金净额 130 000

累计折旧 40 000

贷：营业外收入 10 000

固定资产 160 000

处置固定资产利得 10 000 元，收到现金。

10. 分析调整营业外支出

借：营业外支出 3 000

投资活动现金流量——处置固定资产收回现金净额 1 000

累计折旧 196 000

贷：固定资产 200 000

此处为处置固定资产损失 3 000 元。

11. 分析调整所得税费用

借：所得税费用 349 019

贷：应交税费 349 019

利润表中的所得税费用和应交税费。

12. 分析结转净利润

借：净利润 1 047 057

贷：未分配利润 1 047 057

13. 分析调整固定资产

借：固定资产 182 000

应交税费 30 600

贷：投资活动现金流量——购置固定资产所支付现金 212 600

14. 分析调整累计折旧

借：经营活动现金流量——购买商品支付的现金　　120 000
　　经营活动现金流量——支付的其他与经营活动有关的现金　　30 000
　　贷：累计折旧　　150 000

将制造费用 120 000 元和管理费用 30 000 元，做补充调整。

15. 分析调整累计摊销

借：经营活动现金流量——支付的其他与经营活动有关的现金　　60 000
　　贷：累计摊销　　60 000

将已计入管理费用的无形资产摊销，因实际未支付现金而补回。

16. 分析调整短期借款

借：短期借款　　360 000
　　贷：筹资活动现金流量——偿还债务支付的现金　　360 000

17. 分析调整应付职工薪酬

借：经营活动现金流量——购买商品、接受劳务支付的现金　　546 000
　　经营活动现金流量——支付的其他与经营活动有关的现金　　98 000
　　贷：应付职工薪酬　　644 000

计提已计入有关费用的职工福利，现补充调整。

借：经营活动现金流量——购买商品、接受劳务支付的现金　　3 900 000
　　经营活动现金流量——支付的其他与经营活动有关的现金　　700 000
　　贷：经营活动现金流量——支付给职工及应付职工的现金　　4 600 000

18. 分析调整应交税费

借：应交税费　　1 452 219
　　贷：经营活动现金流量——支付的各项税费　　1 452 219

本期支付的各项税费。

19. 分析调整应付利息

借：应付利息　　55 620
　　贷：筹资活动现金流量——分配股利、利润或偿付利息支付的现金　　55 620

本期支付的短期和长期借款利息。

20. 分析调整应付股利

借：未分配股利　　100 000
　　贷：应付股利　　100 000

21. 分析调整长期借款

借：筹资活动现金流量——取得借款所收到的现金　　1 200 000
　　贷：筹资活动现金流量——偿还债务所支付的现金　　600 000
　　　　长期借款——招商银行　　600 000

长期借款分两部分：一部分是从中信银行借入 120 000 元，另一部分是偿还招商银行借款 600 000 元。

22. 分析调整盈余公积

借：未分配利润　　104 705.7

　　贷：盈余公积　　104 705.7

　　　　计提盈余公积与现金流量无关。

23. 最后调整现金流量净额

借：现金　　3 905 241

　　贷：现金净增加额　　3 905 241

将各项经营活动、投资活动、筹资活动的现金流入量和流出量相抵后汇总得到的总额现金净增加额。

将调整的会计分录分别过入现金流量表工作底稿的相应部分，过入后的数据如表 13-10 所示。

（三）核对调整的会计分录

核对会计分录，借方、贷方的合计数均已相等，资产负债表期初数加减调整分录中的借贷金额以后，也已等于期末数。

（四）根据工作底稿中的现金流量表项目部分的本期数据，即得到编制的正式现金流量表的金额，如表 13-12 所示

（五）现金流量表补充资料编制实例

除现金流量表反映的信息外，企业还应在附注中披露将净利润调节为经营活动现金流量。不涉及现金收支的重大投资和筹资活动、现金及现金等价物净变动情况等信息。

利用【例 13-11】经济业务数据资料，编制现金流量表的补充资料如表 13-13 所示。

表 13-13　　现金流量表补充资料

补充资料	本期金额	上期金额
1. 将净利润调节为经营活动现金流量：		略
净利润	1 047 057.00	
加：资产减值准备	−2 260.00	
固定资产折旧、油气资产折耗、生产性生物资产折旧	150 000.00	
无形资产摊销	60 000.00	
长期待摊费用摊销	0	
处置固定资产、无形资产和其他长期资产的损失（收益以“-”号填列）	−7 000.00	
固定资产报废损失（收益以“-”号填列）	0	
公允价值变动损失（收益以“-”号填列）	0	
财务费用（收益以“-”号填列）	252 954.00	
投资损失（收益以“-”号填列）	−110 000.00	
递延所得税资产减少（增加以“-”号填列）	0	

续表

补充资料	本期金额	上期金额
递延所得税负债增加（减少以“-”号填列）	0	
存货的减少（增加以“-”号填列）	-1 042 970.00	
经营性应收项目的减少（增加以“-”号填列）	704 000.00	
经营性应付项目的增加（减少以“-”号填列）	2 420 080.00	
其他	30 600.00	
经营活动产生的现金流量净额	3 502 461.00	
2. 不涉及现金收支的重大投资和筹资活动：		
债务转为资本	0	
一年内到期的可转换公司债券	0	
融资租入固定资产	0	
3. 现金及现金等价物净变动情况：		
现金的期末余额	5 172 241.00	
减：现金的期初余额	1 267 000.00	
加：现金等价物的期末余额	0	
减：现金等价物的期初余额	0	
现金及现金等价物净增加额	3 905 241.00	

（六）将净利润调节为经营活动现金流量分析计算

（1）净利润 =1 047 057.00 （元）

（2）资产减值准备=本期计提的减值准备= -2 260.00 （元）

（3）固定资产折旧=本期计提累计折旧=150 000（元）

（4）无形资产摊销金额+本期计提的累计摊销 =60 000（元）

（5）处置固定资产的损失（收益以“-”）=-10 000（元）

（6）固定资产报废损失=3 000（元）

（7）财务费用=252 954.00（元）

（8）投资损失（减：收益） =-110 000（元 ）

（9）存货的减少= -1 042 970（元）

（10）经营性应收项目的减少=应收账款（452 000）+应收票据（252 000）=704 000（元）

（11）经营性应付项目的增加=应付账款（1 872 000）+应付票据（-100 000）+应付职工薪酬（644 000）+应交税费（4 080）=2 420 080（元）

（12）其他=购入固定资产的增值税进项税额（30 600）=30 600（元）

编报现金流量表的直接法和间接法的区别是什么?

模块五 所有者权益变动表

一、所有者权益变动表的内容及结构

所有者权益变动表是指反映构成所有者权益各组成部分当期增减变动情况的报表。所有者权益变动表应当全面反映一定时期所有者权益变动的情况，不仅包括所有者权益总量的增减变动，还包括所有者权益增减变动的重要结构性信息，特别是要反映直接计入所有者权益的利得和损失，让报表使用者准确理解所有者权益增减变动的根源。本表应在一定程度上体现企业综合收益的特点，除列示直接计入所有者权益的利得和损失外，还包含最终属于所有者权益变动的净利润。

为了清楚地表明构成所有者权益的各组成部分当期的增减变动情况，所有者权益变动表应当以矩阵的形式列示：一方面，列示导致所有者权益变动的交易或事项，改变了以往仅仅按照所有者权益的各组成部分反映所有者权益变动情况，从所有者权益变动的来源对一定时期所有者权益变动情况进行全面反映；另一方面，按照所有者权益各组成部分（包括实收资本、资本公积、盈余公积、未分配利润和库存股）及其总额列示交易或事项对所有者权益的影响。此外，企业还需要提供比较所有者权益变动表，所有者权益变动表还就各项目再分为“本年金额”和“上年金额”两栏分别填列。所有者权益变动表的具体格式如表 13-16 所示。

在所有者权益变动表中，企业至少应当单独列示反映下列信息的项目：①综合收益总额；②会计政策变更和差错更正的累积影响金额；③所有者投入资本和向所有者分配利润等；④提取的盈余公积；⑤实收资本或股本、资本公积、盈余公积、未分配利润的期初和期末余额及其调节情况。

二、所有者权益变动表的填列方法

本表各项目应当根据当期净利润，直接计入所有者权益的利得和损失，所有者投入资本和提取盈余公积，向所有者分配利润等情况分析填列。

所有者权益变动表的编制方法如下。

（一）“上年金额”栏的填列方法

所有者权益变动表“上年金额”栏内各项数字，应根据上年度所有者权益变动表“本年金额”栏内所列数字填列。如果上年度所有者权益变动表规定的各个项目的名称和内容同本年度不相一致，应对上年度所有者权益变动表各项目的名称和数字按本年度的规定进行调整，填入所有者权益变动表“上年金额”栏内。

（二）“本年金额”栏的填列方法

所有者权益变动表“本年金额”栏内各项数字一般应根据“实收资本（或股本）”、“资本公积”、“盈余公积”、“利润分配”、“库存股”、“以前年度损益调整”科目的发生额分析填列。

表 13-14　所有者权益项目　单位：元

所有者权益项目	2012 年 12 月 31 日	2011 年 12 月 31 日
实收资本（或股本）	7 000 000	7 000 000
资本公积	456 000	456 000
盈余公积	728 705.7	624 000
未分配利润	948 551.3	106 200
合计	9 133 257	8 186 200

表 13-15　净利润分配情况　单位：元

项目	2012 年	2011 年
净利润	1 047 057	
提取法定盈余公积	104 705.7	
应付利润	100 000	
未分配利润	842 351.3	106 200

表 13-16　所有者权益变动表　会企 04 表

编制单位：北方电子有限责任公司　2012 年度　单位：元

项　目	本年金额						
	实收资本（或股 本）	资本（或股 本）溢价	减：库存股	其他综合收益	盈余公积	未分配利润	所有者权益合计
一、上年年末余额	7 000 000	456 000	0		624 000	106 200	8 186 200
加：会计政策变更							
前期差错更正							
二、本年年初余额	7 000 000	456 000	0		624 000	106 200	8 186 200
三、本年增减变动金额（减少以“-”号填列）							
（一）综合收益总额				12 000		1 047 057	1 059 057
（二）所有者投入和减少资本							
1. 所有者投入资本							
2. 股份支付计入所有者权益的金额							
3. 其他							
（三）利润分配							

续表

项 目	本年金额						
	实收资本（或股 本）	资本（或股 本）溢价	减：库存股	其他综合收益	盈余公积	未分配利润	所有者权益合计
1. 提取盈余公积					104 705.7	-104 705.7	0
2. 对所有者（或股东）的分配						-100 000	-100 000
3. 其他							
（四）所有者权益内部结转							
1. 资本公积转增资本（或股本）							
2. 盈余公积转增资本（或股本）							
3. 盈余公积弥补亏损							
4. 其他							
四、本年年末余额	7 000 000		456 000	12 000	728 705.7	948 551.3	9 145 257

续表上年金额（略）

模块六 财务报表附注

财务报表附注是对资产负债表、利润表、现金流量表和所有者权益变动表等报表中列示项目的文字描述或明细资料，以及对未能在这些报表中列示项目的说明等。附注是财务报表的重要组成部分。附注应当按照如下顺序披露有关内容。

（一）企业的基本情况

（1）企业注册地、组织形式和总部地址。

（2）企业的业务性质和主要经营活动。

（3）母公司以及集团最终母公司的名称。

（4）财务报告的批准报出者和财务报告批准报出日。

（二）财务报表的编制基础

（三）遵循企业会计准则的声明

企业应当明确说明编制的财务报表符合企业会计准则的要求，真实、公允地反映了企业的财务状况、经营成果和现金流量等有关信息，以此明确企业编制财务报表所依据的制度基础。

如果企业编制的财务报表只是部分地遵循了企业会计准则，则附注中不得做出这种表述。

（四）重要会计政策和会计估计

企业应当披露采用的重要会计政策和会计估计，不重要的会计政策和会计估计可以不披露。

1. 重要会计政策的说明

由于企业经济业务的复杂性和多样化，某些经济业务可以有多种会计处理方法，也存在不止一种可供选择的会计政策。企业在发生某项经济业务时，必须从允许的会计处理方法中选择适合本企业特点的会计政策。企业选择不同的会计处理方法，可能极大地影响企业的财务状况和经营成果，进而编制出不同的财务报表。为了有助于使用者理解，有必要对这些会计政策加以披露。

需要特别指出的是，说明会计政策时还需要披露下列两项内容。

（1）财务报表项目的计量基础。会计计量基础包括历史成本、重置成本、可变现净值、现值和公允价值，这直接显著影响报表使用者的分析，这项披露要求便于使用者了解企业财务报表中的项目是按何种计量基础予以计量的，如存货是按成本还是可变现净值计量等。

（2）会计政策的确定依据。这主要是指企业在运用会计政策过程中所作的对报表中确认的项目金额最具影响的判断。例如，企业如何判断持有的金融资产是持有至到期的投资而不是交易性投资；又比如，对于拥有的持股不足50%的关联企业，企业为何判断企业拥有控制权因此将其纳入合并范围；再比如，企业如何判断与租赁资产相关的所有风险和报酬已转移给企业，从而符合融资租赁的标准；以及投资性房地产的判断标准是什么等，这些判断对在报表中确认的项目金额具有重要影响。因此，这项披露要求有助于使用者理解企业选择和运用会计政策的背景，增加财务报表的可理解性。

2. 重要会计估计的说明

企业应当披露会计估计中所采用的关键假设和不确定因素的确定依据，这些关键假设和不确定因素在下一会计期间内很可能导致资产、负债账面价值进行重大调整。在确定报表中确认的资产和负债的账面金额过程中，企业有时需要对不确定的未来事项在资产负债表日对这些资产和负债的影响加以估计。例如，固定资产可收回金额的计算需要根据其公允价值减去处置费用后的净额与预计未来现金流量的现值两者之间的较高者确定，在计算资产预计未来现金流量的现值时需要对未来现金流量进行预测，并选择适当的折现率，应当在附注中披露未来现金流量预测所采用的假设及其依据，所选择的折现率为什么是合理的等。这些假设的变动对这些资产和负债项目金额的确定影响很大，有可能会在下一个会计年度内做出重大调整。因此，强调这一披露要求有助于提高财务报表的可理解性。

（五）会计政策和会计估计变更以及差错更正的说明

企业应当按照《企业会计准则第28号——会计政策、会计估计变更和差错更正》及其应用指南的规定，披露会计政策和会计估计变更以及差错更正的有关情况。

（六）重要报表项目的说明

企业应当以文字和数字描述相结合，尽可能以列表形式披露重要报表项目的构成或当期增减变动情况，并且报表重要项目的明细金额合计，应当与报表项目金额相衔接。在披露顺序上，一般应当按照资产负债表、利润表、现金流量表、所有者权益变动表的顺序及其报表项目列示的顺序进行披露。

此外，企业还应当在附注中披露费用按照性质分类的利润表补充资料，可将费用分为耗用的原材料、职工薪酬费用、折旧费用、摊销费用等。

（七）其他需要说明的重要事项

这主要包括或有和承诺事项、资产负债表日后非调整事项、关联方关系及其交易等。

（八）有助于财务报表使用者评价企业管理资本的目标、政策及程序的信息

复习思考题

一、单项选择题

1. 会计基本准则提出了报表的最低要求，规定会计报表至少应当包括（　　）。
   A. 资产负债表、利润表、现金流量表、所有者权益变动表、附注
   B. 资产负债表、利润表、现金流量表
   C. 静态报表、动态报表
   D. 对外报送的会计报表、会计报表附注和财务情况说明书

2. 会计报表中有关报表项目的金额，其直接来源是（　　）。
   A. 原始凭证　B. 记账凭证　C. 日记账　D. 账簿记录
3. 资产负债表中报表项目（　　）。
   A. 都可以按账户余额直接填列
   B. 必须对账户发生额进行分析计算才能填列
   C. 大多数项目可以直接根据账户余额填列，少数报表项目需要根据账户发生额分析计算后才能填列
   D. 大多数项目可以直接根据账户余额填列，少数报表项目需要根据账户余额分析计算后才能填列
4. 资产负债表设计的主要依据是（　　）。
   A. 会计恒等式　B. 复式记账原理
   C. 账户结构原理　D. 收入-费用=利润
5. 多步式利润表通过多步计算求出当期损益，通常把利润计算分解为（　　）。
   A. 主营业务利润、营业利润、利润总额和净利润
   B. 毛利、营业利润和应税利润额
   C. 营业利润、利润总额、净利润和每股收益
   D. 毛利、营业利润和利润总额
6. 购买机器设备的现金支出属于现金流量表的（　　）现金流量。
   A. 经营活动　B. 筹资活动　C. 投资活动　D. 其他活动

7. 我国的资产负债表依据（　　）格式编制。

A. 账户式　　B. 报告式　　C. 多步式　　D. 单步式

8. 通过资产负债表不能了解（　　）。

A. 企业的经济资源及分布情况　　B. 企业资源的来源渠道和构成

C. 企业固定资产的新旧程度　　D. 企业财务成果及其形成过程

9. 通过现金流量表可以了解到的会计信息是（　　）。

A. 企业固定资产的新旧程度

B. 企业资金的来源渠道和构成

C. 企业所掌握的经济资源及其分布情况

D. 企业在一定时间内的现金流入和流出的信息及其现金增减变动的原因

10. 北方公司的“应付账款”明细账期末余额情况如下：A 企业贷方余额为 200 000 元，B 企业借方余额为 180 000 元，C 企业贷方余额为 300 000 元。假如该企业“预付账款”明细账均为借方余额，则根据以上数据计算的反映在资产负债表上“应付账款”项目的数额为（　　）元。

A. 680 000　　B. 320 000　　C. 500 000　　D. 80 000

11. 某公司 2011 年末有关科目余额如下：“发出商品”科目余额为 250 万元，“生产成本”科目余额为 335 万元，“原材料”科目余额为 300 万元，“材料成本差异”科目的贷方余额为 25 万元，“存货跌价准备”科目余额为 100 万元，“代理业务负债”科目余额为 1 200 万元，“代理业务资产”科目余额为 600 万元，“受托代销商品款”科目余额为 600 万元，“工程施工”科目余额为 400 万元，“工程结算”科目余额为 300 万元。则该公司 2011 年 12 月 31 日资产负债表中“存货”项目的金额为（　　）万元。

A. 1 960　　B. 2 060　　C. 2 460　　D. 2 485

二、多项选择题

1. 财务报表的使用者有（　　）。

A. 投资者　　B. 债权人

C. 国家经济管理机关　　D. 企业内部管理人员

2. 资产负债表中的存货项目应根据（　　）账户的期末余额合计数填列。

A. 在途物资　　B. 库存商品　　C. 原材料　　D. 生产成本

3. 会计报表按编制时间分类，可分为（　　）。

A. 月度报表　　B. 季度报表　　C. 年度报表　　D. 对外报表

4. 关于资产负债表的说法，正确的有（　　）。

A. 资产负债表是静态报表

B. 资产负债表是反映企业财产状况的报表

C. 资产负债表的编制原理是会计恒等式

D. 我国企业资产负债表采用报告式

5. 下列项目，属于经营活动现金流量的有（　　）。

A. 销售商品、提供劳务收到的现金

B. 购买商品、接受劳务支付的现金

C. 支付的各项税费

D. 购买固定资产、无形资产及其他长期资产的支出

6. 在编制现金流量表时，符合（　　）特点的投资被认为是现金等价物。

A. 期限短　　B. 流动性强

C. 易于转换为已知金额现金　　D. 价值变动风险小

7. 以下属于现金流量表中筹资活动产生的现金流量项目的有（　　）。

A. 收回投资所收到的现金

B. 吸收投资所收到的现金

C. 偿还债务所支付的现金

D. 分配股利、利润或偿付利息支付的现金

8. 通过阅读利润表可以做到（　　）。

A. 了解企业的收入、费用及净利润（或亏损）的实现及构成情况

B. 了解投资者投入资本的保值、增值情况

C. 分析企业的获利能力及利润的未来发展趋势

D. 评价企业管理者的工作业绩

9. 下列各项中，不能根据总账余额直接填列的项目有（　　）。

A. 应收账款　　B. 长期借款　　C. 应收票据　　D. 预付账款

10. “货币资金”项目，应根据（　　）科目的期末余额合计填列。

A. 库存现金　　B. 银行存款　　C. 其他货币资金　　D. 银行借款

11. 关于资产负债表，下列表述中正确的有（　　）。

A. 资产负债表反映的是企业在某一特定日期财务状况的会计报表

B. 资产负债表反映的是企业在某一特定日期财务状况、经营成果和现金流量的报表

C. 资产负债表反映企业在某一特定日期所拥有或控制的经济资源，所承担的现时义务和所有者对净资产的要求权

D. 资产负债表采用账户式结构

12. 下列事项中，会导致股份有限公司股本发生增减变动的有（　　）。

A. 资本公积转增资本　　B. 盈余公积转增资本

C. 盈余公积弥补亏损　　D. 股东大会宣告发放现金股利

13. 下列直接计入所有者权益的利得和损失的有（　　）。

A. 投资者投入资本时记入“资本公积——股本溢价”科目的金额

B. 债务人债务重组过程中产生的损失

C. 可供出售金融资产公允价值大于账面价值的差额

D. 企业将自用房地产转换为采用公允价值模式计量的投资性房地产时，在转换日房地产的公允价值大于账面价值的差额

三、判断题

1. 会计账簿是会计核算的中心环节，会计对外提供信息的主要方式是会计账簿。（　）

2. 资产负债表是反映企业在某一时期财务状况的报表。（　）

3. 资产负债表左侧各项目是按照各自的流动性大小、变现能力的强弱来排列的，反映企业资产可变现的数额和变现的速度，提供企业支付能力的信息。（　）

4. 非流动负债中将于一年内到期的，应在“一年内到期的非流动负债”项目中反映。（　）

5. 汇总会计报表和合并会计报表均是对所属独立核算的企业上报的会计报表汇总综合编制而成，故两者的编制结果是相同的。（　）

6. 为了保证会计报表的及时性，可以提前结账。（　）

7. 现金流量表对于不涉及现金收支的投资和筹资活动均不予以反映。（　）

8. 虽然资产负债表中的项目有些根据账簿记录直接填列，有些根据账簿记录计算填列，但它们共同之处都是来源于账簿的期末余额。（　）

9. 购买管理用汽车的现金支出，在现金流量表中应列示为经营活动现金流量。（　）

10. 所有者权益变动表“未分配利润”栏目的本年年末余额应当与本年资产负债表“未分配利润”项目的年末余额相等。（　）

四. 案例分析题

1. 2013 年 12 月 31 日，北方公司各科目的余额情况如表 13-17 所示（单位：万元）

表 13-17　　北方公司各科目的余额情况　　单位：万元

一级科目	明细科目	借方	贷方	一级科目	明细科目	借方	贷方
库存现金		1 000		短期借款			20 000
银行存款		40 000		应付账款	应付甲单位		20 000
应收账款	应收 A 单位	40 000			应付乙单位	50 000	
	应收 B 单位		30 000		应付职工薪酬		10 000
坏账准备			10 000	应交税费			30 000
原材料		8 000		实收资本			180 000
库存商品		2 000		资本公积			20 000
固定资产		270 000		盈余公积			40 000
累计折旧			40 000	利润分配	未分配利润		11 000

要求：根据上述资料，为该公司编制 2013 年 12 月 31 日的资产负债表。

2. 2013 年 12 月，北方公司损益类账户的发生额如表 12-18 所示（单位：万元）。

表 12-18　　北方公司损益类账户发生额　　单位：万元

科目名称	余额方向	金额（元）
主营业务收入	贷	6 000 000
其他业务收入	贷	700 000
公允价值变动损益	贷	150 000
投资收益	贷	400 000
营业外收入	贷	50 000
主营业务成本	借	4 000 000
其他业务成本	借	400 000
营业税金及附加	借	80 000
销售费用	借	800 000
管理费用	借	770 000
财务费用	贷	200 000
资产减值损失	借	0
营业外支出	借	250 000

要求：根据上述资料，编制该企业 2013 年 12 月份的利润表。

3. 表 13-19 是北方公司 2013 年 12 月 31 日的资产负债表，请问如何进行正确阅读，并对有关报表中的数据的真实性进行考核。

表 13-19　　资产负债表　　单位：万元

资　产	期末余额	年初余额	负债和股东权益	期末余额	年初余额
流动资产：			流动负债：		
货币资金	900	800	短期借款	2 300	2 000
交易性金融资产	500	1 000	应付账款	1 200	1 000
应收票据	1 300	1 200	预收账款	400	300
预付账款	70	40	其他应付款	100	100
存货	5 200	4000	流动负债合计	4 000	3 400
其他流动资产	80	60	非流动负债		
流动资产合计	8 050	7 100	长期借款	2 500	2 000
非流动资产：			非流动负债合计	2 500	2 000
持有至到期投资	400	400	负债合计	6 500	5 400
固定资产	14 000	12 000	所有者权益：		
无形资产	550	500	实收资本	12 000	12 000
非流动资产合计	14 950	12 900	盈余公积	1 600	1 600
			未分配利润	2 900	1 000
			所有者权益合计	16 500	14 600
资产总计	23 000	20 000	负债和所有者权益总计	23 000	20 000

参 考 文 献

[1] 中华人民共和国财政部. 企业会计准则(2006年)[M]. 北京:经济科学出版社,2006.

[2] 中华人民共和国财政部. 企业会计准则——应用指南(2006年)[M]. 北京:中国财政经济出版社. 2006.

[3] 《中华人民共和国会计法》.(中华人民共和国主席令第24号. 1999年10月31日).

[4] 《企业财务会计报告条例》.(中华人民共和国国务院令第287号. 2000年6月21日).

[5] 中华人民共和国财政部. 企业会计准则解释第1号(财会[2007]14号).

[6] 中华人民共和国财政部. 企业会计准则解释第2号(财会[2008]11号).

[7] 中华人民共和国财政部. 企业会计准则解释第3号(财会[2009]8号).

[8] 中华人民共和国财政部财政部. 关于做好执行企业会计准则企业 2008 年年报工作的通知(财会函[2008]60号).

[9] 中华人民共和国财政部,关于执行会计准则的上市公司和非上市企业做好 2009 年年报工作的通知(财会[2009]16号).

[10] 中华人民共和国财政部,企业会计准则解释第4号(财会[2010]15号).

[11] 中华人民共和国财政部. 关于执行企业会计准则的上市公司和非上市企业做好2010年年报工作的通知(财会[2010]25号).

[12] 中华人民共和国财政部. 关于做好执行企业会计准则的企业2011年年报监管工作的通知(财会[2011]25号).

[13] 中华人民共和国财政部. 关于印发《营业税改征增值税试点有关企业会计处理规定》的通知(财会[2012]13号).

[14] 中华人民共和国财政部. 企业会计准则解释第5号(财会[2012]19号).

[15] 刘国锋. 财务会计[M]. 四川:西南财经大学出版社. 2007.

[16] 戴德明等,财务会计[M]. 北京:中国人民大学出版社. 2006.

[17] 汪静,财务会计[M]. 北京:人民邮电出版社. 2012.

[18] 中华人民共和国财政部. 企业会计准则第30号——财务报表列报(修订)(财会[2014]7号).

[19] 中华人民共和国财政部. 企业会计准则第9号——职工薪酬(修订).(财会[2014]8号).

[20] 中华人民共和国财政部.《企业会计准则第39号——公允价值计量》(财会[2014]6号).

参考文献